漢字音符字典

改訂新版

山本康喬［編著］

東京堂出版

目次

この字典について……（ii）
はじめに……（iv）
改訂新版にあたって……（v）
学年別（漢検級別）配当漢字数表……（viii）
漢字の分類（象形、指事、会意、形声、仮借）と音符……（x）

漢字音符字典　改訂新版……1

参考文献……271
音訓索引……272

この字典について

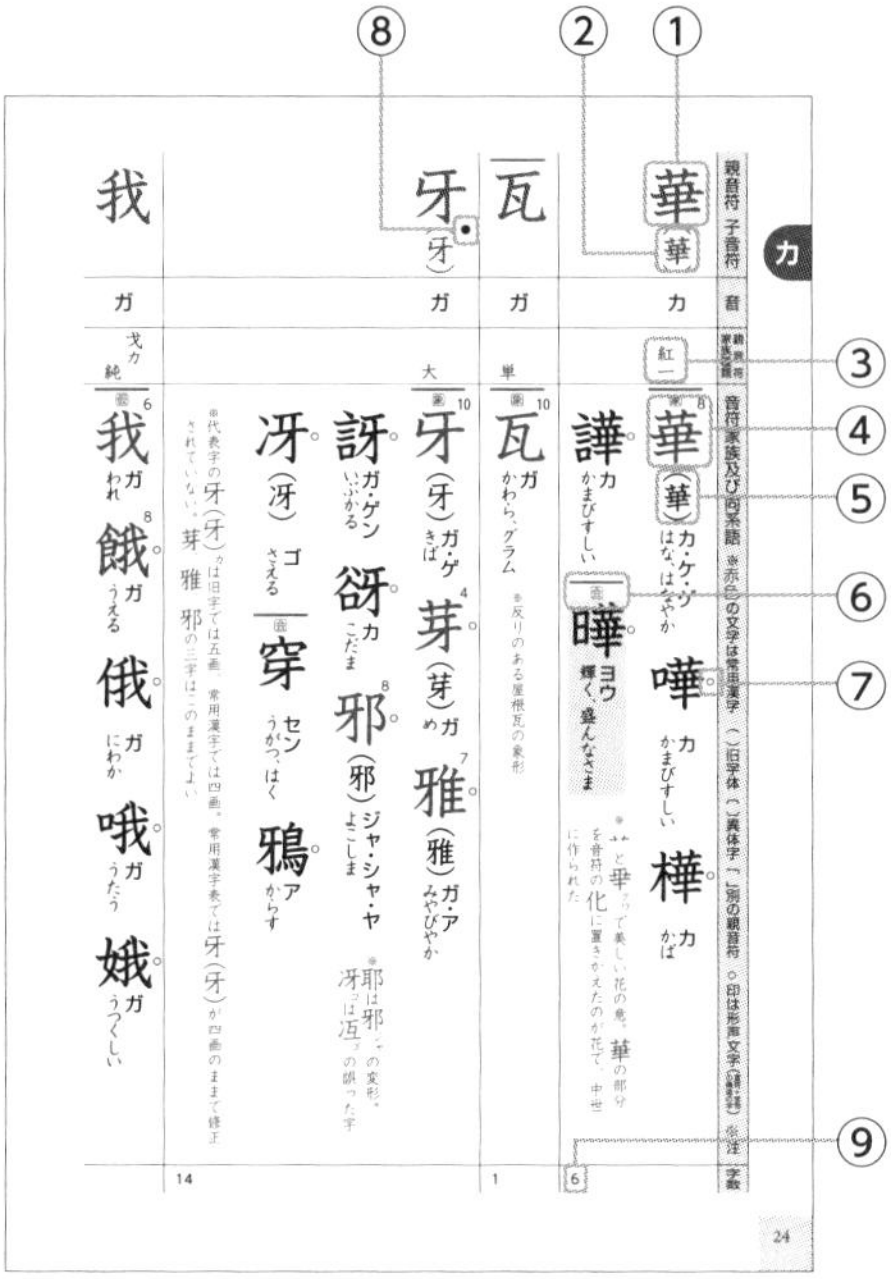

①音符（親音符）。
②（　）内は親音符の旧字体を示す。
③親音符の家族の種類を表す。

単…家族が一文字のみ。

純…親音符の筆頭音が一音のみ。この音符の家族の字はすべて同じ音がある。

二…家族の筆頭音が二種のみ。

紅一…家族の筆頭音がただ一字だけ異なるが、他の字の音はすべてそろっている。漢字に薄く赤い色を敷いた。

三…家族の筆頭音が三種。

四…家族の筆頭音が四種。

五…家族の筆頭音が五種。

大…家族の筆頭音が六種以上。

雑…音がばらばらで同じ家族とはいえないような音符の家族。

④赤い文字は常用漢字。右肩の黒い数字は以下を示す。

1〜6は、小学1年〜6年までの配当漢字。

7〜10は、中学以上で学ぶ漢字。

ⅷ、ⅸページの「学年別（漢検級別）配当漢字数表」を参照のこと。

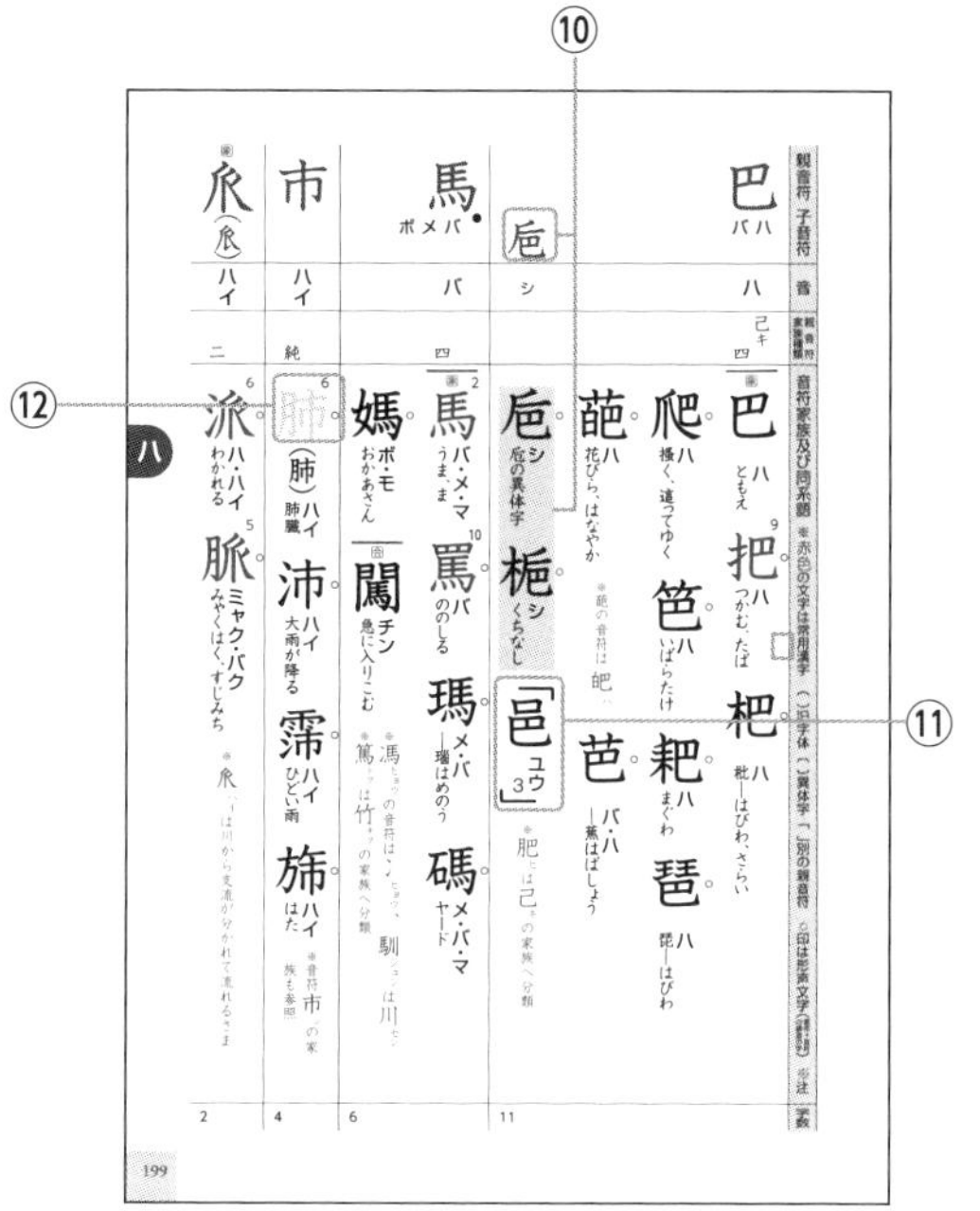

⑤（　）は旧字体を示す。
［　］は異体字を示す。
⑥本来、音符を持たない字（非表音文字）を▬で示し、六書による分類などを示す以下の記号を添えた。
象 象形文字　指 指事文字　会 会意文字　仮 仮借文字
国 国字
⑦形声文字を示す。
⑧音符であり、部首であることを示す。
⑨家族の字数を示す。「　」となっている字や、薄くしている字は含まない。
⑩子音符を示す。子音符の家族は薄く黒い色を敷いた。
⑪「　」は親音符であり、別のページに掲載されていることを示す。左下の数字は親音符の家族の字数である。「　」内の字は、下段の字数には含んでいない。
⑫音符家族のうち字が薄くなっているものは、別のページに音符家族として掲載されているものを示す。重複しているので下段の字数には含んでいない。

※本字典の本文では、
シンニュウは、1点で統一した。常用漢字でも「⻍」とはしていない。
ショクヘンは、「飠」に統一した。常用漢字でも「𩙿」とはしていない。
ただし、巻末の音訓索引はその限りではない。

はじめに

年賀状に「頌春」とあります。何と読むのだろう。辞書を引くと「ショウ」とあります。ああそうかとわかった気になりますが、しばらくすると何だったのかな？　となります。確実に覚えていないのです。「頌」の字の音符である「公」に着目して、同じ音符を持つ「松」が「ショウ」と読むことは確かに知っています。「頌」と「松」を一組にして覚えれば頌の読みも字形も忘れることはありません。「頌」と「松」が同じ仲間であると知ることがポイントです。

すでによく知っている字と仲間にすることで読みはすぐに覚えられ、思い出す時も知っている字から類推できるので確実性が高くなります。私自身が漢検一級の合格を目指して苦労している時、これだと思いました。これが最も効率の良い記憶法だと感じました。

ではどのような仲間にするのが良いのでしょうか。以前から漢字には同じ字形をその一部に持ち、しかも同じ音のグループがあることに気が付いていました。例えば「僉」を一部に持つ「倹」「剣」「険」「検」「験」というような字です。これらをグループとして捉えるのが最適だと思いました。

実際に自分でやってみました。効果は大変大きく、１級の検定で160点すれすれだったのが、初めて180点に迫る点を頂きました。特に苦手だった音読みがかなり安定して向上できました。

この本でその方法を紹介します。「漢字音符字典」(「主として音符で分類した漢字辞典」)はこれまで刊行されたことがなく類書はありません。これから漢字を勉強しようとする人が、より効率よく確実に身に付ける方法として、この字典の活用を自信を持ってお勧めします。この音符字典を眺めていると、ある字が別の字と共通の音符を持った仲間であることを発見する喜びがあります。特に用がなくてもつい手に取って眺めていたくなるような字典にしたいと思って作りました。

音符による漢字の分類は、部首による分類に慣れてきた目には新鮮で新たな発見の喜びや驚きに満ちています。漢字の勉強がより楽しくなり、私のような退役者には優れた趣味となっています。

この漢字音符字典が皆さんの漢字習得の助けとなり、特に若い人たちの読書離れを防ぐのにお役に立つよう願っています。

改訂新版にあたって

この度、既刊『漢字音符字典　増補改訂版』に新たな機能を盛り込み、誤りを訂正した改訂新版を世に問うことにしました。２０１２年10月に東京堂出版より刊行以来9年、内容に研鑽を重ねて正確を期して編集を繰り返してきました。音符で漢字を分類するのはわが国初の試みで、先例のない作業でした。またこの度はすべての漢字を六書で分類することを行いましたが、学者先生方の歴史ある業績に敬意を払いながらの作業でした。最終的には『角川　新字源』の判定を尊重致しました。改訂新版にあたっての旧版からの変更点は以下の通りです。

その一

漢字音符字典は音符のみが分類の対象になり得るので、それ以外の象形文字、指事文字、会意文字、仮借文字、国字などの非表音文字は分類の対象になり得ません。しかし既刊本では、主として音符で分類したとして、すべての字形を対象に分類しておりました。この点に気付き、非表音文字にはすべて対象外の字であることを示すマークとして、赤いオーバーヘッドラインとともに六書や国字といった分類を示すマークを小さく付しました。

その二

全漢字の80％近くを占める形声文字には、赤い○印を付しました。

その三

残る約20％の音符を持たない字には、その一にあるように、赤いオーバーヘッドラインを記すとともに、形声以外の六書（象形、指事、会意、仮借）、および国字のいずれかを記しました（六書についてはxページを参照）。

その四

新たに子音符とその音を記載し、子音符の家族を明示しました。このことによって、親音符および子音符の階層構造が明確になります。子音符は約２００字ほどあります。

その五

各音符別に、可能なかぎり字形構造の説明、字源を添付して記載しました。

その六

同じ字形構造（字素）を持つ字を列挙し、異なる音符を持つ家族を明示しました。

（例）同じ字素、示《ジ》を持つ字……禁《キン》、祭《サイ》、票《ヒョウ》、尉《イ》、宗《シュウ》、奈《ナ》

その七

既刊本では巻末に分類せずにまとめて記載していた漢検1級対象漢字37字と1級対象国字107字は、すべて分類しました。国字は上部に赤いオーバーヘッドラインと国の小赤字を付けました。

その八

音符名の2欄目に家族種類と名付けた欄があります。「純」「紅一」「二」「三」「四」「五」「大」「雑」の字が並んでいます。これに「単」を加えました。これは単体の家族を表します。

その九

巻末の索引は、音訓索引のみに一新しました。

1	漢検等級 10級（小1修了）		
2	9級（小2修了）		
3	8級（小3修了）		
4	7級（小4修了）		
5	6級（小5修了）		
6	5級（小6修了）		
	4級		1339
	3級	284	1623
	準2級	328	1951
	2級	185	2136
	準1級（高校卒）	約900字	約3000字
	1級（大学、社会人程度）	約3400字	約6400字

4級～2級：学年配当の公式規定はない。教科書会社・日本漢字能力検定協会が適宜定めている。

学年別（漢検級別）配当漢字数表

漢字習得ステップ／常用漢字／学習漢字

学年	常用漢字分類コード	漢字字数	累計
小学１年		80	
小学２年		160	240
小学３年		200	440
小学４年		202	642
小学５年		202	844
小学６年配当漢字		182	1026
中学１年相当漢字	7	313	
中学２年相当漢字	8		
中学３年相当漢字	9		
平成 22 年増加新常用漢字	10		
高校・大学・社会人での自主勉強			

漢字字数 →

漢字の分類（象形、指事、会意、形声、仮借）と音符——音符は六書のどこから来ているのか

私は、漢字を音符で分類して、漢字の持つ問題点、すなわちその習得が大変困難であることを解消する方法を開発したいと考えて活動しています。まず、漢字そのものを分類するものとして六書があります。その六書について実態を解明します。

1　六書とは

紀元100年に許慎が「説文解字」を著し、そのなかで漢字が作られた方法を説き、六書を初めて紹介しました。

それは、象形、指事、会意、形声、仮借、転注です。まず常用漢字（2136字）を六書で分類してみます。最初に作られた漢字が象形文字です。目に見えるものの形をヒントに作られました。

また、指事文字も少し遅れてですが同時期に作られました。抽象的な概念を表すために、既に作られた文字の特定の部分を指し示す記号を付けて表した形です（上、下、本、末など）。

象形文字は単体の文字です。また、漢和辞典の説明を読むと、何の形から作られた字であるかは明確です。従って、漢字の基

○常用漢字の六書別一覧（主として字統に準拠した）

六書	字数	比率	備考
象形	265字	12・4％	日、月、山、川、田、木、鳥、魚、九、など
指事	10字	0・5％	一、二、三、八、十、百、上、下、本、末
会意	530字	24・8％	解、安、定、家、官、など
形声	1312字	61・4％	江、河、など（字数がアップすると、比率アップ）
仮借	11字	0・5％	五、六、七、我、今、東、西、不、無、など
転注	なし	定義がはっきりせず不明	
国字	6字	0・3％	込、峠、栃、匂、畑、枠
合計	2136字	100％	

＊国字は六書ではない

形声文字は音符の音を用います。また字形も音符の字形が遺伝子のごとく引き継がれます。一つの音符から生まれた形声文字のつながりは、学習し記憶するのに便利であり、脳内に漢字を記憶し保持しておくのに基本の体系をなすので、多数の漢字を整理して記憶する手段として有用です。

常用漢字では形声文字が全体の約61%、会意文字が約25%を占めています。ただしこれは主として字統（白川説）によるもので、形声文字が少なめにカウントされています。

次に字を作る方法の一つに仮借があります。目に見えない抽象的な概念を表す方法として、既にある文字を借り、字形と音は同じですが、意味は抽象的な概念を表す字としました。形と音を他の字から借用するので仮借と名づけています。どういう字が仮借なのか（我、今、東、西、不、無、など）、前ページの表の字を覚えてください。特に指事と仮借の字は貴重で重要な字です。

その他に、わが国で作られた国字があります。訓のみで音はありません。これも数が少ないので覚えてください。音はないので、音符で分類する方法では枠外の字です。

転注はいまだに何を表すのか不明の方法です。

2 音符と意符

六書とは別に、漢字の働きを表す言葉に音符と意符（部首）というのがあります。皆さんは漢字を覚える際に部首を学びましたが、形声文字は、字形と音を表す音符と、字の意味する範疇を表す意符（部首）とを組み合わせて作られました。字が作られるはるか以前から身の回りのものには呼び名がありました。この呼び名を表す音を持つ音符と部首を組み合わせると、誰にもわかりやすく、しかも呼び名をそのまま発音とする文字ができました。木や草の名前、魚や家畜の名前、場所の名前などを表す文字はほとんどがこうして作られました。合理的な方法で作られたので、以後の漢字の主流となりました。

本を理解するには常用漢字のなかの象形文字（260字ほどある）が何を表しているのかを整理して理解することが基礎をなすと思います。

会意文字は二つ以上の文字を組み合わせ、その意味のまとまりから新たな意味を表した字です。牛と角に刀で、「解く」「解剖する」という意味を表します。この方法により多くの意味を表す字が工夫されました。会意文字は特に制約や規則はありません。自由に組み合わせてよいのです。その字の音も任意に決められました。音を決める方法や根拠は全く不明なので、音を推測する手がかりすらなく、学習するうえで最も厄介です。「解」は会意文字の代表です。カイという音は牛、角、刀のどの音とも異なるので、とにかく覚えるのみです。また、「信」も会意文字の代表といわれています。人の言葉から「まこと」の意を表したのです。

すので、たいていの漢字の部首は知っていますね。しかし漢字の世界では、意符という言葉がより正確に表現できるので用いられますが、大部分は部首と同じと思ってください。会意文字は部首以外の部分は意符と呼びます。

音符という言葉は、私の『漢字音符字典　増補改訂版』で用いましたので、少しは知られるようになりました。以前は、「音記号」や「声符」とか「声は」などと呼ばれ、研究者により呼び方が違うことがありました。最近では多くの先生が音符と呼んでいます。しかし、ほとんどの人は音符について学んでいません。なじみがない言葉ですが、漢字を学ぶには今後非常に有用になるので要注意です。漢字の発音を表す字で、字形と合わせて音を表します。表音字です。形声文字は部首と音符を組み合わせた字ですので、形声文字には必ず音符が必要です。

ここで漢検1級対象漢字約6400字（JIS第1、第2水準）の六書分類を見てみましょう。字数の（　）内は常用漢字です。

○漢検1級対象漢字約6400字の六書別一覧（新字源準拠）

六書	字数
象形	463字（265字）
指事	17字（10字）
会意	731字（530字）
形声	5069字（1312字）
仮借	11字（11字）
国字	142字（6字）

常用漢字と対比して、六書別の字数を見てみると、全体の字数は3倍になりましたが、象形文字、会意文字、指事文字、仮借文字については、そこまで増加しておりません。

ところが形声文字は、文字数の増加の割合（3倍）よりもさらに多くなっており、比率も78%を超えました。形声文字がこれほどまでに増えたということは、音符の数が急増していることにほかなりません。その音符は大部分が象形および会意文字から転換したものです。

3　音符とは何か、どこから来たか

形声文字において音を表す文字要素（部分）である、これが唯一の音符の定義です。したがって「形声文字のあるところ音符あり」です。意符と音符を組み合わせて形声文字が生まれるとき、今回新たに音符となる文字要素とは、今使われている漢字（象形、会意、形声）のどれかです。もちろん既に音符になっている既存の音符でもよいのです。このようにして時代が進むにつれて漢字が増加し、形声文字が増加します。これまで象形文字や会意文字であった字が音符に変身するのです。象形文字や会意文字があまり増加せず、音符が大幅に増加しているのは、象形文字や会意文字が音符に変身していると考えると辻褄が合うのです。

まず『漢字音符字典　増補改訂版』で会意文字の見本といわれる「解」の字を引いてみましょう。

［音符］解《カイ・ゲ　とく》

［形声文字］廨《カイ　役所》　懈《カイ・ケ　怠る、だるい》　邂《カイ　あう》　蟹《カイ　かに》

会意文字として生まれた「解」は、4個の形声文字において立派に音符として機能しています。会意文字が音符になったのです。

また、「連」の字も会意文字ですが、

［音符］連《レン　つらなる》

［形声文字］蓮《レン　はす》　漣《レン　さざなみ》　縺《レン　もつれる》　鏈《レン　くさり》

同様に会意文字の「連」は、4個の形声文字において音符の役割を果しています。

このように、字はすべて音符字に部首を組み合わせて作られていることがわかります。どんな字も、また文字要素であっても別の形声文字で音符としての働きをしている限り、音符になり得るのです。音符を持たない字から音符そのものに変身したのです。会意字として生まれた字が、音符という新たな機能を担った字に転換したのです。非表音字が表音文字に転化したともいえます。

しかしここで疑問が生じます。「解」「連」は会意文字として分類すべきか、音符として分類したらよいのかという疑問です。出自を主体にすると会意、現在の機能を主体にすると音符です。漢字分類の目的によってどちらかになるでしょう。

「解」や「連」は、会意文字であると同時に音符です。音符かどうかを確かめるには、他の同じ音の漢字において音符の役割を果たしているかどうかです。一つでも形声文字があれば、音符です。一般に、一つの音符はせいぜい十数個程度（平均5個）の形声文字を作ります。同じ音の字はそうたくさんは存在できません。

このように、六書として作られた字が、広く普及し字形と音が一般に定着した後に、音符に転換しました。音符に変身するのに特に条件はありません。ただ、形声文字において音符の役割を果たしていればよいのです。

いずれにしても国字以外の字はすべて音符に変身できる可能性があります。

国字については、この字典では、その字形を含む音符家族に含めました。例えば、音符「入《ニュウ》」の家族には、「込《こむ》」「叺《かます》」「魞《えり》」「鳰《にお》」などです。国字であることを示すために国を赤字で付加し、また音符による分類からはみ出した字であることを示す赤いオーバーヘッドラインを付けています。

非表音漢字である、象形、指事、会意、仮借文字も音符を持っていませんので、厳密にはこの音符字典には含まれない字です。しかしあえて含めて分類しています。

これらの方法は純粋な音符の視点からははずれますが、音符と結びつきのない字を、できるだけ音符と関連づけることにより漢字の習得を容易にしたいと思うからです。こうした字にはやはり六書の略字（象、指、会、仮のどれか）を付加するとともに赤いオーバーヘッドラインを付加しました。本書は漢字の字典というよりも漢字の学習参考書と位置付けられるでしょう。

4　会意字と形成字（六書）の見分けについて

本書を作成するにあたり最も厄介だったのは会意文字と形声文字の区分です。辞書によって相違があり、どちらが真実なのかの判定がつかないからです。

極端に言えば研究者の数だけ相違があり、対応しきれないと感じたからです。したがって一覧表の六書ごとの数字は必ずしも確定されたものではなく、今後、変動する可能性があることをお断りしておきます。多くの漢和辞典において六書の相違があり、そのままで見過ごされている現状では、六書を明示すると誰かから異論が出される可能性があることは避けられません。もっとも、会意か形声かいずれになってもそれほど大きな影響がないのも事実です。学問的な論争をしても決着がつきません。

漢字を勉強する多くの方々にとって、ほんの一部の会意と形声の区別がそれほど重要だとは思いません。それより、漢字の習得が困難であるという問題を音符による学習で克服できる可能性を大事にしていきたいのです。

漢字音符字典　改訂新版

親音符 子音符	音	親音符家族種類	音符家族及び同系語 ※赤色の文字は常用漢字 （ ）旧字体 〔 〕異体字 「 」別の親音符 ○印は形声文字（意符＋音符の構造の字） ※注	字数
丫	ア	単	象 丫 ア あげまき、みずら ※二つに束ねた少女の髪型	1
亜（亞） ア アク オ	ア	三	象 9 ○亜（亞） ア つぐ、次位 ○椏 ア 木のまた ○錏 ア しころ ○啞 準1級 ア・アク 言葉の不自由な人 ○堊 ア・アク 白土、あら壁	
悪	アク		3 悪（惡） アク・オ わるい、にくむ ○噁 ①オ 怒る ②アク 鳥の声 ○鐚 ア しころ、びた	10
阿	ア	可カ 純	○阿 準1級 ア くま、おもねる ○婀 ア たおやか ○痾 ア やまい	3
愛	アイ	純	4 ○愛 アイ いとしい 10 ○曖 アイ くらい、はっきりしない ○噯 アイ おくび ○靉 アイ 雲がたなびくさま	4
安	アン	女ジョ 純	会 3 ○安 アン やすい、やすんじる 4 ○案 アン 考える ○按 準1級 アン おさえる、調べる ○晏 アン おそい、やすらか ○鞍 準1級 アン くら ○鮟 アン ―鱇はあんこう	6

親音符 子音符	音	親音符家族種類	音符家族及び同系語 ※赤色の文字は常用漢字 （ ）旧字体 〔 〕異体字 「 」別の親音符 ○印は形声文字（意符＋音符の構造の字） ※注	字数
以	イ	ム《シ》 二	象 4 以 イ もって ○苡 イ・シ 薏—はよくい ○似 5 ジ・シ にる、ごとし ※刃先の丸いすきを表す吕《シ》は、以、厶に変化し、音もイに変化した	3
衣●	イ	二	象 4 衣 イ・エ ころも ○依 7 イ・エ よりかかる、そのまま ○哀 8 アイ あわれ、かなしい ※衣＋口の合成字	3
夷	イ	紅 一	象 夷 準1級 イ えびす、えみし ○姨 イ おば ○洟 イ・テイ はなみず、なみだ ○痍 イ きず ○銕 テツ 鉄の異体字 ※矢にひもを巻きつけた、いぐるみの形。東方の異民族（えびす）を表す	5
医	イ	二	○医 3 （醫） イ いやす ○翳 エイ かざす、かげる ※醫は酉《ユウ》と音符殹《イ》の形声字。病を治す薬酒を用いる医者の意	3
矣 イ アイ シ	イ	ム《シ》 三	○矣 イ 漢文の終助字 ○肄 イ ならう、手習 ○挨 10 アイ 押す、せまる ○埃 アイ ほこり ○欸 アイ ああと驚く声、—乃はあいだい（舟歌） ○俟 シ 待つ ○竢 シ 待つ ※矣《イ》は音を表す吕《シ》（厶は変化した形。イは変化した音。とどまる意）＋矢。矢が物に当たって止まる意 ※挨拶《あいさつ》の書き方を憶える口調は「ムヤミクタ」	7

親音符　子音符	音	親音符家族種類	音符家族及び同系語　※赤色の文字は常用漢字　（　）旧字体　〔　〕異体字　「　」別の親音符　○印は形声文字（意符＋音符の構造の字）　※注	字数
委 イ ギ ワ ワイ 魏	イ ギ	禾カ 四	会 3 委 イ ゆだねる、まかせる 10 萎○ イ なえる 痿○ イ なえる ※委イは禾カ《いね》の作りものを被って舞う女の姿。舞う男は年ネンの形 魏○ ギ 中国の国名 巍○ ギ たかい 倭○ 準1級 ワ・イ 昔の日本の呼び名 矮○ ワイ・アイ ひくい、短い	7
為（爲）	イ	三	象 7 為（爲） イ する、ため 9 偽○（僞） ギ いつわる、にせ 譌○ カ なまり、訛の異体字	5
畏	イ	二	象 10 畏 イ おそれる、かしこまる 隈○ 準1級 ワイ くま、すみ 猥○ ワイ みだり	3
韋（韋）● イ キ エイ	イ	三	会 韋 ①イ・②イ めぐる、なめし皮 7 偉○ イ えらい 7 違○（違） イ ちがう ※①城をめぐる足あと ②なめし皮を束ねた象形 5 囲○（圍） イ かこむ 7 緯○ イ よこいと 葦○ 準1級 イ あし、よし 幃○ イ とばり 諱○ キ いむ、いみな 5 衛○〔衞〕 エイ・エ まもる、古代の中国の国名 ※韓カンは倝カンが音符	12
胃	イ	紅一	象 6 胃 イ いぶくろ 渭○ イ 中国の川の名 蝟○ イ はりねずみ、密集する	

親音符 子音符	音	親音符家族種類	音符家族及び同系語 ※赤色の文字は常用漢字 （ ）旧字体 〔 〕異体字 「 」別の親音符 ○印は形声文字（意符＋音符の構造の字） ※注	字数
			謂○ 準1級 イ いう、いわれ 喟○ キ ため息をつく 彙 10 ○ イ はりねずみ、集める	6
異 冀	イ キ	三	象 6 異 イ ことなる 象 糞 準1級 フン くそ 翼 7 ○ ヨク つばさ 象 冀 キ こいねがう 驥○ キ 駿馬	5
尉	イ	紅一	象 9 尉 イ じょう、軍隊の階級の一 慰 8 ○ イ なぐさめる 熨○ イ・ウツ 火のし 蔚○ 準1級 ウツ・イ 草木の盛んに茂るさま ※尉は火のし（アイロン）をかけてシワをのばす	4
意 イ オク ヨク	イ	音オン 三	会 3 意 イ こころ 噫○ イ・アイ ああ、おくび 億 4 ○ オク 数の名、おしはかる 憶 7 ○ オク おぼえる、思う 臆 10 ○ オク おじける、おしはかる 薏○ ヨク —苡はよくい（はとむぎ、じゅずだま）	6
彝	イ	単	象 彝〈彝〉イ つね、のり ※彝器は先祖に供える重厚な器の名	2

親音符 子音符	音	親音符家族種類	音符家族及び同系語 ※赤色の文字は常用漢字 （　）旧字体 〔　〕異体字 「　」別の親音符 ○印は形声文字（意符＋音符の構造の字） ※注	字数
壱（壹） イチ イ エツ エイ	イチ	四	指 1 一〔弌〕 イチ・イツ ひとつ、はじめ 7 壱（壹）○ イチ・イツ ひとつ 饐○ イ・エツ すえる、食物がくさる 懿○ イ よい、うるわしい 噎○ エツ・イツ むせぶ、むせる 殪○ エイ たおれる 指 閂 サン かんぬき 国 辷 すべる	10
聿● イツ ヒツ シン リツ	イツ	四	象 聿 イツ・イチ ふで、ここに 3 筆○ ヒツ ふで 9 津○ シン つ 会 2 昼（晝） チュウ ひる 会 肇 準1級 チョウ はじめ ※同じ字素を持つ字「建《ケン》」「画（畫）《ガ》」「盡《ジン》」。書の音符は者《シャ》⇩「者」 ※聿は手でふでを立てて持つ形。きちんとそろうまっすぐ立つ意を表す。津《シン》の音符は𦘔《シン》で筆から汁がしたたる形	8
律	リツ		6 律○ リツ・リチ おきて、のっとる 葎○ 準1級 リツ むぐら	
允	イン	二	允○ 準1級 イン まこと、ゆるす 吮○ セン・シュン すう、なめる 「夋 シュン 11」	2
尹	イン	二	象 尹 イン おさめる、長官 伊○ 準1級 イ これ、かれ 笋○ ジュン たけのこ、筍の異体字	

親音符 子音符	音	親音符家族種類	音符家族及び同系語 ※赤色の文字は常用漢字 （　）旧字体 〔　〕異体字 「　」別の親音符 ○印は形声文字（意符＋音符の構造の字） ※注	字数
			「君 クン 5」 ※尹は｜（杖）＋ヨ（手の形）。神聖なつえを持つ人	3
引	イン	二	会 2 引 イン ひく ／ 蚓○ イン みみず ／ 矧○ 準1級 シン はぐ、いわんや ※弓のつるをひきしぼるさま	3
因 イン オン エン	イン	大ダイ 三	会 5 因 イン よる ／ 9 姻○ イン とつぐ、親類 ／ 10 咽○ イン・エツ・エン のど、むせぶ ／ 茵○ イン しとね ／ 6 恩○ オン めぐみ、いつくしむ ／ 烟○ エン 煙の異体字	6
㸒	イン	壬テイ 純	淫○〔淫〕イン みだら、ふける ／ 婬○ イン みだら、おぼれる ／ 霪○ イン 十日以上の長雨	4
侌○	イン	純	7 陰○ イン・オン かげ、かげる ／ 蔭○ 準1級 イン かげ、おかげ ※侌は日かげ、くらい、で日のあたらない側の意	2
胤	イン	純	会 胤 準1級 イン たね、血すじ ／ 酳○ イン 酒で口すすぐ、酒を供える	2
垔（垔）	イン	三	堙○ イン ふさぐ、ほろびる ／ 湮○ イン しずむ、ふさぐ	

親音符 子音符	音	親音符家族種類	音符家族及び同系語 ※赤色の文字は常用漢字 （）旧字体 〈〉異体字 「」別の親音符 ○印は形声文字（意符＋音符の構造の字） ※注	字数
亜の つづき イン エン ケン			7 煙○〈煙〉〈烟〉エン けむり　甄○ ケン やきもの、みわける	5
殷	イン	純	殷○ イン・アン さかん、中国の王朝名　慇○ イン ていねい　※月イン は身シン の裏返しの形で、身ごもった人の象形	2
員 イン エン ソン	イン	三	象 3 員○ イン 人や物の数　9 韻○〈韵〉イン ひびき　隕○ イン おちる　殞○ イン 死ぬ、おちる	
			1 円○（圓）エン まるい、満ちている　5 損○ ソン そこなう　※員イン の部首は口、貝はかなえの意	8
寅	イン	二	会 寅 準1級 イン 十二支のとら、つつしむ　螾○ イン みみず　5 演○ エン 説く、練習する	3
会 㥯（㥯）	イン	二	7 隠○（隱）イン・オン かくす、かくれる　8 穏○（穩）オン おだやか　※㥯、虐、𠬝、尋、帚などの字は、常用漢字はヨの形、旧字はヨの形	4
于 ウ ク オ	ウ	四	象 于 ウ・ク ここに、ああ　6 宇○ ウ のき、そら　7 芋○ ウ いも　迂○ 準1級 ウ まがる、うとい　盂○ ウ 鉢　竽○ ウ ふえ　紆○ ウ まがる、まつわる　吁○ ク ああ、なげく	

親音符 子音符	音	親音符家族種類	音符家族及び同系語 ※赤色の文字は常用漢字 （）旧字体 〔〕異体字 「」別の親音符 ○印は形声文字（意符＋音符の構造の字） ※注	字数
			汚[7]○ オ けがす、よごす、きたない　粤○ エツ ※音符于《ウ→エツ》（亐は変わった形）　樗○ 準1級 チョ おうち（せんだんの古名）、ごんずい ※于は一＋丂（つかえて曲がるさま）でゆるやかに曲がったものの意。于は亐、亏の形にもなる	11
羽●（羽）	ウ	二	象 羽[2] ウ はね　栩○ ク くぬぎ ＝ 櫟《レキ》 くぬぎ　象 飛[4] ヒ とぶ　※翌《ヨク》、翊《ヨク》は立《リツ》に分類　※同じ字素を持つ字「習《シュウ》」「翟《ヨウ》」「扇《セン》」「翏《リョウ》」 翼《ヨク》 翻《ホン》 翔《ショウ》	3
雨●	ウ	雑	象 雨[1] ウ あめ、あま　漏[8]○ ロウ もる、もらす ※漏の音符は屚《ロウ》で雨がもる意	2
禹	ウ	純	象 禹 ウ 中国古代の王　齲○ ウ・ク むしば ※属（屬）《ゾク》は蜀《ショク》が音符	2
烏	ウ	純	象 烏 準1級 ウ・オ からす　嗚○ オ ああ、なげく	2
云 ウン ドン コン	ウン	紅一	象 云 準1級 ウン いう　芸○ ウン 香草の名　紜○ ウン みだれる　耘○ ウン くさぎる	

親音符 子音符	音	親音符家族種類	音符家族及び同系語 ※赤色の文字は常用漢字 （）旧字体 〔〕異体字 「」別の親音符 ○印は形声文字（意符＋音符の構造の字）	※注	字数
云のつづき			「雲 ウン 5」 ○魂 8 コン たましい	※芸《ゲイ》は藝の略字で音符は埶《ゲイ》。伝、転は専《セン》が、会は會の略字で曽《ソ》が音符	5
雲	ウン	云ウン 二	○雲 2 ウン くも　○繧 ウン —繝はうんげん		
曇	ドン		会 曇 7 ドン・タン くもる　○罎〔罈〕 ドン・タン びん、酒がめ		5
永	エイ	紅 一	象 永 5 エイ・ヨウ ながい　○泳 3 エイ およぐ　○詠 8〔咏〕 エイ よむ、うたう、詩歌を作る　会 昶 チョウ ひさしい、のびる　国 怺 こらえる		6
𤇾（𤇾） エイ オウ ケイ ラク ロウ	エイ	五	○栄 4（榮） エイ さかえる　○営 5（營） エイ いとなむ　○塋 エイ はか　○瑩 エイ あきらか　○蠑 エイ —螈はいもり　○鶯 準1級 オウ うぐいす　○蛍 9（螢） ケイ ほたる　○煢 ケイ ひとり者　○犖 ラク まだら牛、すぐれる		

親音符	子音符	音	親音符家族種類	音符家族及び同系語 ※赤色の文字は常用漢字 （ ）旧字体 〔 〕異体字 「 」別の親音符 ○印は形声文字（意符+音符の構造の字） ※注	字数
	労	ロウ		会 4 労（勞）ロウ はたらき　撈○ ロウ すくいとる　癆○ ロウ やせおとろえる	16
曳		エイ	二	曳○ 準1級 エイ ひく　洩○ 準1級 エイ・セツ もれる　絏○ セツ 紲の異体字、きずな、つなぐ	3
盈		エイ	純	盈○ 準1級 エイ みちる　楹○ エイ 丸くて太い柱　※盈《エイ》は盥に坐した人の膝の肉があふれる様な豊満なさま。楹《エイ》は円柱で中太りのエンタシスをいう	2
𣎆	エイ ルイ	エイ	二	嬴○ エイ あまる、勝つ　瀛○ エイ うみ　羸○ ルイ 疲れる、弱い　※𣎆《ラ》は殻をはなれたやどかりの形	3
睿		エイ	二	会 叡○ 準1級 エイ かしこい、天子、天皇に関する尊敬語　濬○ シュン さらう、深い　※叡《カク》（深くする）と目から成り、すぐれた才能	2
嬰	エイ オウ ヨウ	エイ	三	嬰○ 準1級 エイ あかご、とりまく　纓○ エイ・ヨウ 冠のひも　癭○ エイ 首にできるこぶ　5 桜（櫻）○ オウ さくら　嚶○ オウ 鳥がなく　鸚○ 準1級 オウ・イン —鵡はおうむ、—哥はいんこ　罌○ オウ かめ　瓔○ ヨウ・エイ —珞は玉をつないだ首飾　※嬰《エイ》は女+賏《エイ》（首かざり）のかたち。めぐらす、かける、つらなる意	9

親音符 子音符	音	親音符家族種類	音符家族及び同系語 ※赤色の文字は常用漢字 （ ）旧字体 〔 〕異体字 「 」別の親音符 ○印は形声文字（意符+音符の構造の字） ※注	字数
会 尺（睪） エキ タク ヤク シャク	エキ	幸コウ 四	3 駅（驛）○ エキ 停車場 懌○ エキ よろこぶ 繹○ エキ たずねる、引き出す 8 択（擇）○ タク えらぶ 7 沢（澤）○ タク さわ、うるおう 鐸○ 準1級 タク 大きな鈴 6 訳（譯）○ ヤク・エキ 翻訳する、わけ 7 釈（釋）○ シャク・セキ ときあかす ※尺《シャク》は別の字 ※睪《エキ》、は罒《め》+羍《ジョウ》《つみ》（幸は変わった形）で、うかがいみる意	13
亦	エキ	二	指 亦 準1級 エキ また、わき 奕○ エキ・ヤク 大きい、ばくち 7 跡○ セキ・シャク あと 迹○ セキ・シャク あと ※亦《エキ》は直立した両腋に点をつけて腋の下の意を表す。借りてまたの意 ※恋、変、蛮などの亦は䜌《ラン》の略字で別の字	4
易 エキ セキ テキ シ	エキ	五	象 5 易 エキ・イ 変わる、やさしい 蜴○ エキ 蜥——はとかげ 鯣○ エキ するめ 裼○ セキ・テイ はだぬぐ 剔○ テキ・テイ えぐる 9 賜○ シ たまわる 錫○ 準1級 シャク・セキ・シ すず ※賜《シ》の音符は易《シ》 国 鶍 いすか ※昜《ヨウ》との混同に注意 ※易《エキ》はとかげの象形	8

親音符 子音符	音	親音符家族種類	音符家族及び同系語　※赤色の文字は常用漢字　（）旧字体　〔〕異体字　「」別の親音符　○印は形声文字（意符＋音符の構造の字）　※注	字数
益（益）	エキ	二	会 5 益○ エキ・ヤク 増す、もうけ 溢○〈溢〉 準1級 イツ あふれる 鎰○ イツ 鍵、金貨の重さの単位	4
	イ	四	縊○ イ くびる（首しめる） 隘○ アイ・ヤク せまい、ふさぐ 搤○ ヤク・アク おさえる ＝扼《ヤク・アク》 おさえる 鷁○ ゲキ さぎに似た水鳥、船首の飾り ※諡《シ》 おくりな は兮《ケイ》の項参照 ※益《エキ》は水が器上にあふれる形。縊《イ》は二叉に分れた糸の末端をくくった形。もと異なる字が楷書化されて混同した。鷁《ゲキ》の音符は兒《ゲイ》	4
曰●	エツ	二	象 曰 エツ いわく、のたまわく 汩○ ベキ・コツ しずむ ※曰の音符は冥《ベイ→ベキ》。曰は口から舌を伸ばしたさま。声を出してものを言う	2
戉	エツ	戈カ 純	象 戉 エツ まさかり 7 越○ エツ・オチ・オツ こす、こえる 鉞○ エツ まさかり	3
兌（兑） エツ エイ セイ ゼツ ダイ ダツ	エツ	兄ケイ 大	8 悦○ エツ よろこぶ 8 閲○ エツ けみする 7 鋭○ エイ するどい 4 説○ セツ・ゼイ・エツ とく 梲○ セツ・タツ うだつ 5 税○ ゼイ・セイ 税金 蛻○ ゼイ・セイ ぬけがら	

親音符 子音符	音	親音符家族種類	音符家族及び同系語 ※赤色の文字は常用漢字 （ ）旧字体 〈 〉異体字 「 」別の親音符 ○印は形声文字（意符＋音符の構造の字） ※注	字数
兌のつづき			脱 7 ○ ダツ・タツ ぬぐ / 会 兌 ダ・タイ・エツ とりかえる、よろこぶ ※人が口をあけて笑うさま。よろこぶ意	9
会 㕣	エン	二	沿 6 ○ エン そう / 鉛 7 ○ エン なまり / 船 2 ○ セン ふね ※口（山あいの谷間）＋八（水が見えるさま）	3
夗 エン ワン	エン	二	宛 10 ○ エン あて、あたかも / 怨 10 ○ エン・オン うらむ / 苑 ○ 準1級 エン・オン 庭園 / 婉 ○ エン しとやか / 蜿 ○ エン まがりくねる / 豌 ○ エン ―豆はえんどう / 鋺 ○ エン 金属製のわん / 鴛 ○ 準1級 エン おしどり / 腕 7 ○ ワン うで / 椀 ○ 準1級 ワン わん、こばち / 碗 ○ 〈盌〉 準1級 ワン わん、こばち ※夗は人が坐してそのひざのふくよかなさま	12
会 妟	エン	純	宴 8 ○ エン うたげ / 偃 ○ エン 伏せる、やめる / 堰 ○ 準1級 エン せき / 蝘 ○ エン なつぜみ / 鼴 ○ エン もぐら	5
炎 エン タン ダン	エン	三 火カ	会 炎 8 エン ほのお / 淡 7 ○ タン あわい / 啖 ○ タン くらう / 毯 ○ タン 毛織の敷物 / 痰 ○ タン たん / 餤 ○ タン 食う、すすめる / 談 3 ○ ダン・タン かたる / 会 燮 ショウ やわらげる、煮る	8

ア

親音符 子音符	音	親音符家族種類	音符家族及び同系語 ※赤色の文字は常用漢字 （）旧字体 〔〕異体字 「」別の親音符 ○印は形声文字（意符＋音符の構造の字） ※注	字数
奄 エン アン	エン	二	会 奄○ 準1級 エン おおう、俄か / 俺○[10] エン おれ / 掩○ 準1級 エン おおう / 淹○ エン ひたす、いれる / 閹○ エン 門番、宦官 / 庵○ 準1級 アン いおり / 菴○ アン いおり / 罨○ アン・エン あみ、おおう / ※奄《エン》は大＋申（のびる）でおおう意	8
延（延） エン セン タン	エン	三	延○[6] エン のびる / 莚○ エン むしろ / 筵○ エン むしろ / 蜒○ エン 蚰—はげじげじ / 涎○ セン・エン・ゼン よだれ / 誕○[6] タン うまれる、いつわる / 蜑○ タン 海女（あま） / 蛋○ 準1級 タン 鳥のたまご / ※蜑《タン》の音符の延《エン》は地の果ての意	8
衍	エン	二 水スイ	会 衍 エン はびこる、ひろがる / 愆○ ケン あやまち、つみ / ※衍《エン》は大きな川が流れ下るさま	2
爰（爰） エン カン ダン	エン	三	象 爰 エン ここに / 援○[7] エン たすける / 媛○[4] エン ひめ / 湲○ エン・カン 水がゆるやかにめぐる / 緩○[8] カン ゆるい、ゆるむ / 暖○[6] ダン・ノン あたためる / 煖○ ダン・ナン あたためる / ※暖《ノン》は唐音で暖簾《ノレン》 暖気《ノンキ》などに用いられる	7
会 彖（彖）	エン	四	縁○[7]（緣） エン ふち、ゆかり / 掾○ エン じょう、たすける / ※彑＋豕《シ》（いのしし）。いのししの頭の意 / ※录《ロク》との混同に注意	

親音符	子音符	音	親音符家族種類	音符家族及び同系語 ※赤色の文字は常用漢字（ ）旧字体〈 〉異体字「 」別の親音符 ○印は形声文字（意符＋音符の構造の字） ※注	字数
彖の《つづき》	エン テン カイ レイ			椽○ テン たるき ＝ 榱《スイ》 たるき　篆○ テン 古代の漢字の書体　喙○ カイ くちばし、ことば　蠡○ レイ・ラ・リ ひさご、にな、范――はんれい	7
袁		エン	純	袁○ エン 着物が長いようす　遠[2]○ エン・オン とおい　園[2]○〈薗〉エン・オン その　猿[9]○ エン さる　轅○ エン ながえ　※袁《エン》は衣と音符叀《セン→エン》（古は省略形）	6
𣶒		エン	単	会 淵〈渕〉準1級 エン ふち、奥深い　※深い水たまりの水がうずまいているさま　※同じ字素を持つ字「肅《シュク》」	2
焉		エン	純	象 焉 エン いずくんぞ　嫣○ エン にっこり笑う　※焉《エン》はもともと鳥の名。しかしその名は不明	2
厭	エン アツ ヨウ	エン	三	会 厭 準1級 エン・オン・ヨウ いや、あきる　魘○ エン うなされる　黶○ エン ほくろ、あざ　圧[5]○（壓）アツ・オウ おさえる　靨○ ヨウ えくぼ　※厭《エン》は厂＋猒《エン》（あきる）の会意	6

親音符 子音符	音	親音符家族種類	音符家族及び同系語 ※赤色の文字は常用漢字 （ ）旧字体 〔 〕異体字 「 」別の親音符 ○印は形声文字（意符＋音符の構造の字） ※注	字数
燕	エン	純	象 燕 準1級 エン つばめ、くつろぐ／嚥○ エン 呑む／臙○ エン のど、べに／讌○ エン くつろいで語り合う、さかもり	4
於（扵）	オ	紅一	象 於 準1級 オ おいて／唹○ オ・ヨ わらう／淤○ オ・ヨ 泥／閼○ アツ・ア・エン ふさぐ、さえぎる／国 鯲 どじょう ※もと烏《ヲ→ウ》に同じで、烏（からす）と同じ形。のちに烏と区別して用いられる。借りて、感嘆詞や助字	5
王 オウ キョウ ジュン	オウ	三	象 1 王 オウ 国君／10 旺○ オウ さかん、美しい／汪○ オウ ひろい／枉○ オウ まげる／5 往○ オウ ゆく、むかし 「皇 コウ 11」 ※往《オウ》の音符は王《オウ》で主《シュ》とは別の成り立ち。王の出行の安全を祈る儀式を表す	12
狂	キョウ		7 狂○ キョウ くるう／誑○ キョウ たぶらかす	
匡	キョウ		匡○ 準1級 キョウ ただす、すくう／框○ キョウ かまち／筐○ キョウ かご、はこ	
閏	ジュン		会 閏 準1級 ジュン うるう／8 潤○ ジュン うるおう	

親音符 子音符	音	親音符家族種類	音符家族及び同系語 ※赤色の文字は常用漢字 （ ）旧字体 〔 〕異体字 「 」別の親音符 ○印は形声文字（意符＋音符の構造の字） ※注	字数
凹	オウ	雑	象 9 凹 オウ くぼむ、へこむ 象 9 凸 トツ でこ ※凹の筆順は①⺄ ②⼁ ③⼁ ④⺃ ⑤⼁ 凸は①⼁ ②⼁ ③⺄ ④⺃ ⑤ノ で共に5画	2
央 オウ エイ	オウ	二	象 3 央 オウ まんなか 怏○ オウ・ヨウ うらむ 殃○ オウ わざわい 秧○ オウ 苗 鞅○ オウ むながい 鴦○ 準1級 オウ おしどり 6 映○ エイ うつる、はえる	10
英	エイ		4 英○ エイ すぐれる、花房 瑛○ 準1級 エイ 透明な美しい玉 霙○ エイ みぞれ	
奥（奧） オウ イク	オウ	二	7 奥（奧）○ オウ おく 懊○ オウ なやむ 襖○ 準1級 オウ ふすま、うわぎ 澳○ イク・オウ くま（隈）、おき（沖） 燠○ イク・オウ あたたかい、おき火 ※意符宀（へや）と音符𢍏 クエン→アウ の形	6
雁 オウ ヨウ	オウ	二	5 応（應）○ オウ こたえる 膺○ ヨウ・オウ むね、伐つ 鷹○ 準1級 ヨウ・オウ たか 国 軈 やがて	5
屋 オク アク	オク	紅一	会 3 屋 オク 家、や 7 握○ アク にぎる 偓○ 準1級 アク こせこせする 渥○ 準1級 アク てあつい	

親音符 子音符	音	親音符家族種類	音符家族及び同系語 ※赤色の文字は常用漢字 ( )旧字体 〔 〕異体字 「 」別の親音符 ○印は形声文字(意符＋音符の構造の字) ※注	字数
			幄○ アク とばり 齷○ アク こせこせする ※尸(居の省略形。すまい)＋至(矢がとどく所)	6
乙●	オツ	二	乙 象 8 オツ・イツ きのと 「札 サツ 3」 軋○ アツ きしる、きしむ 糺○ キュウ 糾の異字体	3
音● オン イン アン	オン	三	音 会 1 オン・イン おと、ね 喑○ イン 泣く、口をつぐむ 暗○ 3 アン くらい 闇○ 10 アン やみ、くらい 諳○ アン そらんじる 黯○ アン くろい、くらい ※言(ことば、立は省略形)＋曰《エツ》(いう)。 ※同じ字素を持つ字「意《イ》」「竟《キョウ》」	6
象 昷(𥁕) オン オウ オツ ウン	オン	四	温(溫)○ 3 オン・ウン あたたかい 瘟○ オン えやみ、はやり病 鰮○ オン いわし 媼○ オウ おうな 膃○ オツ —肭臍はおっとせい ※皿の上に煮えた食物を盛ったさま。あたたかい意 慍○ ウン・オン いかる、うらむ 褞○ ウン・オン わたいれ 韞○ ウン おさめる、つつむ 饂○ ウン —飩はうどん	6
縕	ウン		縕○ ウン・オン 古い綿 蘊〔薀〕○ ウン たくわえる、おく深い	13

親音符	子音符	音	親音符家族種類	音符家族及び同系語　※赤色の文字は常用漢字　（）旧字体　〈〉異体字　「」別の親音符　○印は形声文字（意符＋音符の構造の字）　※注	字数
火・		カ	四	象 1 火 カ ひ／3 炭○ タン すみ／「炎 エン 8」／「秋 シュウ 11」／耿○ コウ 明るい	6
	灰	カイ		会 6 灰 カイ はい／恢○ 準1級 カイ ひろい、大きい／詼○ カイ たわむれる、おどける ※灰カイは火と又ユウ（ナは変わった形）。手でつかめるようになった火の意 ※炭タンは音符屵ゲン→タン	
化（化）		カ	純	3 化○ カ・ケ ばける、かわる／囮○〈囮〉カ おとり／4 貨○ カ 金銭／訛○〈譌〉カ なまり／9 靴○ カ くつ ※齔シンは歯と匕カの会意なので匕に分類	
	花	カ		1 花○ カ・ケ はな／国 椛〈椛〉準1級 もみじ／国 糀 こうじ／国 錵 にえ	11
戈・		カ	二	象 戈 カ ほこ／找○ ①カ さおさす、たずねさがす ②ソウ／会 戟○ 準1級 ゲキ・ケキ ほこ ※同じ字素を持つ字「戉エツ」「戋（戔）セン」「𢧵セン」「𢦏サイ」「伐バツ」「戊ボ」「或ワク」「戎ジュウ」「戌ジュツ」「咸カン」「歳サイ」「幾キ」「戚セキ」「我ガ」「戒カイ」	3

親音符 子音符	音	親音符家族種類	音符家族及び同系語　※赤色の文字は常用漢字　（ ）旧字体　〔 〕異体字　「 」別の親音符　○印は形声文字（意符＋音符の構造の字）　※注	字数
可	カ	純	5 可○ カ べし　5 河○ カ かわ　10 苛○ カ からい、いらだつ　呵○ カ 叱る、大声で笑う　柯○ カ 枝、斧の柄	13
何	カ		2 何○ カ なに　3 荷○ カ に、せおう　珂○ 準1級 カ 白瑪瑙、くつわ貝　舸○ カ おおぶね、大きな舟	
哥	カ	会	2 哥 カ うた　2 歌○ カ うた　訶○ カ 叱る　軻○ カ 物事がうまく運ばない　※可は口と音符丂カ（丁は変化した形）	
加 ケガカ	カ	三	会 4 加 カ くわえる　8 架○ カ かける　伽○ 準1級 カ・ガ・キャ とぎ　茄○ 準1級 カ なすび　迦○ 準1級 カ 梵語のカ音訳字　枷○ カ くびかせ　珈○ カ ―琲はコーヒー　痂○ カ・ケ かさぶた　笳○ カ あしぶえ　跏○ カ あぐらをかく　嘉○ 準1級 カ よい、ほめる　4 賀○ ガ 祝う　駕○ 準1級 ガ のりもの　袈○ 準1級 ケ ―裟はけさ　※加は力と口（くち、ことば）の会意	14

親音符 子音符	音	親音符家族種類	音符家族及び同系語 ※赤色の文字は常用漢字 （）旧字体 〔〕異体字 「」別の親音符 ○印は形声文字(意符+音符の構造の字) ※注	字数
禾 ソワカ	カ	三	会 禾 準1級 カ いね、のぎ / 3 和○ ワ・オ・カ やわらぐ、なごむ / 会 4 香 コウ・キョウ かおり / 会 黍 準1級 ショ きび ※禾《カ》は穂の垂れたいねの象形。委、季は稲束で仮装した女、子の姿	8
科	カ		2 科○ カ とが、区分 / 蝌○ カ ―蚪はおたまじゃくし	
穌	ソ		酥○ ソ ちちしる / 蘇○ 準1級 ソ・ス よみがえる / 「委《イ》7」「季《キ》2」「年《ネン》2」 ※年《ネン》は禾《カ》稲束＋人の形。豊作を祈り、稲束で仮装して舞う人の象形。いねは年に一度みのるので「とし」の意に用いられた	
瓜(瓜) コカ	カ	紅一	象 瓜(瓜) 準1級 カ うり / 8 弧○ コ 弓なりに曲がった形 / 狐○ 準1級 コ きつね / 呱○ コ 赤子の泣き声 / 觚○ コ さかずき、四角い木札 ※瓜《うり》《カ》と似た形の爪《つめ》《ソウ》を間違わない覚え方「瓜につめあり、爪につめなし」	8
孤	コ		8 孤○ コ みなしご、ひとり / 菰○ 準1級 コ こも	
果 ラカ	カ	二	象 4 果 カ はたす、くだもの / 7 菓○ カ かし、くだもの / 4 課○ カ わりあてる / 裹○ カ つつむ	

親音符 子音符	音	親音符家族種類	音符家族及び同系語　※赤色の文字は常用漢字　（　）旧字体　〔　〕異体字　「　」別の親音符　○印は形声文字（意符＋音符の構造の字）　※注	字数
			課○ カ くるぶし 夥○ カ おびただしい 顆○ カ つぶ 8 裸○ ラ はだか	8
象 段	カ	純	5 仮○（假○） カ・ケ かり 7 暇○ カ ひま 葭○ カ あし、よし 瑕○ カ きず 遐○ カ 遠い、はるか 蝦○ 準1級 カ・ガ えび 霞○ 準1級 カ かすみ 鰕○ カ えび ※仮は略字で反《ハン》とは別の字 ※叚《カ》は手で玉を取り出す形。借りてまにあわせの意	9
象 咼	カ	紅一	9 渦○ カ うず 5 過○ カ すぎる、あやまち 9 禍○ カ わざわい 10 鍋○ カ なべ 堝○ カ るつぼ 窩○ カ あな、かくす 蝸○ カ・ラ かたつむり 萵○ ワ・カ —苣はちしゃ ※咼《カ》は冎の形から。大きなすねの骨の継手の部分の形から肉をえぐり取ったさまを表す	8
夏	カ	三	象 2 夏 カ・ゲ なつ 廈○ カ 大きい家 榎○ 準1級 カ えのき 会 9 寡 カ 少ない、やもめ 会 戛〈戞〉 カツ うつ、金属や石がふれ合って鳴る音 嗄○ サ 声がかれる	7
家	カ	豕シ 純	会 2 家 カ・ケ いえ、や 8 嫁○ カ よめ、とつぐ 9 稼○ カ かせぐ、植える	3

親音符 子音符	音	親音符家族種類	音符家族及び同系語 ※赤色の文字は常用漢字 （ ）旧字体 〔 〕異体字 「 」別の親音符 ○印は形声文字（意符＋音符の構造の字） ※注	字数
華（華）	カ	紅一	象 8 華（華） カ・ケ・ゲ はな、はなやか／○嘩 準1級 カ かまびすしい／○樺 準1級 カ かば／○譁 カ かまびすしい／会 ○曄 ヨウ 輝く、盛んなさま／※艹と𠌶《クワ》で美しい花の意。華の部分を音符の化に置きかえたのが花で、中世に作られた	6
瓦	ガ	単	象 10 瓦 ガ かわら、グラム／※反りのある屋根瓦の象形	1
牙●（牙）	ガ	大	象 10 牙（牙） ガ・ゲ きば／4 ○芽（芽） ガ め／7 ○雅（雅） ガ・ア みやびやか／○訝 ガ・ゲン いぶかる／○谺 カ こだま／8 ○邪（邪） ジャ・シャ・ヤ よこしま／※耶は邪《ジャ》の変形。冴《ゴ》は冱《ゴ》の誤った字／○冴（冴） 準1級 ゴ さえる／会 穿 準1級 セン うがつ、はく／○鴉 ア からす／※代表字の牙（牙）《ガ》は旧字では五画、常用漢字では四画。常用漢字表では牙（牙）が四画のままで修正されていない。芽、雅、邪の三字はこのままでよい	14
我	ガ	戈カ 純	仮 6 我 ガ われ／8 ○餓 ガ うえる／○俄 準1級 ガ にわか／○哦 ガ うたう／○娥 ガ うつくしい	

カ

親音符 子音符	音	親音符家族種類	音符家族及び同系語 ※赤色の文字は常用漢字 〔 〕旧字体 〈 〉異体字 「 」別の親音符 ○印は形声文字(意符+音符の構造の字) ※注	字数
			峨〈峩〉○ 準1級 ガ けわしい / 莪○ ガ つのよもぎ / 蛾○ 準1級 ガ・ギ あり / 鵝〈鵞〉○ ガ がちょう / 「義」11ギ / ※我はもとはのこぎりを表す字。後になって仮借されて自分の意に用いられた	11
画〔畫〕	ガ	聿イツ 二	会 2 画〔畫〕 ガ・カク えがく、くぎる / 劃○ 準1級 カク くぎる / ※畫《ガ》は聿《イツ》(ふでの意)+田の会意。田畑の区切りを書いた図面のこと	3
介	カイ	純	会 7 介 カイ たすける、なかだち / 价○ カイ よい / 芥○ 準1級 カイ・ケ からし、あくた / 疥○ カイ ひぜん、はたけ	6
界	カイ		3 界○ カイ さかい / 堺○ 準1級 カイ さかい	
象 另(咼)	カイ	三	9 拐○ カイ かどわかす、かたる / 柺〈枴〉○ カイ 杖 / ※另、咼は共に冎《カイ》(関節の骨の形)と同じ。咼《カ》骨《コツ》拐《カイ》別《ベツ》は同じ字源を音符(咼《クワ→クワイ》)に持つ字	5
別	ベツ		会 4 別 ベツ・ベチ わかれる / 捌○ 準1級 ハチ・ハツ・ベツ さばく、はける	
回 カイ ウイ	カイ	紅 一	象 2 回 カイ・エ まわる、まわす / 廻○ 準1級 カイ・エ まわす、めぐる / 徊○ カイ さまよう / 迴○ カイ まわる	

親音符 子音符	音	親音符家族種類	音符家族及び同系語 ※赤色の文字は常用漢字 （）旧字体 〔〕異体字 「」別の親音符 ○印は形声文字（意符＋音符の構造の字）	※注	字数
回のつづき			蛔○ カイ はらのむし / 茴○ ウイ・カイ ―香はういきょう	※囘カイは旧字体の異体字であるが、漢検の対象外	6
会（會） カイ ワイ	カイ	曽ソ 紅一	[会] 会[2]（會） カイ・エ あう / 絵[2]○（繪） カイ・エ / 獪○ カイ わるがしこい / 檜○〔桧〕 準1級 カイ ひのき / 膾○ カイ なます / 鱠○ カイ なます / 薈○ ワイ 茂る、草むら	※會ソウ（こしき、蒸し器）にふたをかぶせたさま	10
戒	カイ	戈カ 純	[会] 戒[7] カイ いましめる / 械[4]○ カイ かせ、からくり / 誡○ カイ いましめる		3
皆	カイ	純	[会] 皆[7] カイ みな / 階[3]○ カイ きざはし / 楷[10]○ カイ のっとる / 諧[10]○ カイ ととのう、かなう / 偕○ カイ ともに / 揩○ カイ こする、ぬぐう	※皆とは多くの人が口をそろえて言う意	6
解	カイ	純	[会] 解[5] カイ・ゲ とく、とける / 廨○ カイ 役所 / 懈○ カイ・ケ 怠る、だるい / 邂○ カイ あう / 蟹○ 準1級 カイ かに		5
褱（褱）	カイ	純	壊[7]○（壞） カイ・エ こわす、やぶる / 懐[9]○（懷） カイ ふところ、なつかしい		

親音符 子音符	音	親音符家族種類	音符家族及び同系語 ※赤色の文字は常用漢字 （ ）旧字体 〔 〕異体字 「 」別の親音符 ○印は形声文字（意符＋音符の構造の字） ※注	字数
			※音符褱《クヮイ》は衣の字を上下に分け、その間に目から涙を流している形。おもう、いだく	4
乂	ガイ	純	指 乂 ガイ かる、おさめる 7 刈○ ガイ・カイ かる 艾○ ガイ もぐさ、よもぎ 苅○ 準1級 ガイ かる ※乂《ガイ》は二本の線を交差させた形。草をはさみで切る、かる意。「爻《コウ》」、「父《フ》」、「交《コウ》」などとの混同に注意。また學《ガク》などの爻は屋根の上の千木という	4
亥 ガイ カク コク	ガイ	三	象 亥 準1級 ガイ 十二支のい 9 劾○ ガイ 告発する 8 該○ ガイ・カイ あてはまる 10 骸○ ガイ・カイ むくろ、ほね 咳○ 準1級 ガイ・カイ せき 垓○ ガイ・カイ さかい、はて 孩○ ガイ・カイ あかご 駭○ ガイ・カイ おどろく 9 核○ カク たね、物事の中心 6 刻○ コク きざむ、とき ※亥《ガイ》はいのししの象形。豕《シ》も、いのしし、ぶたを表す	10
厓	ガイ	圭ケイ 純	9 涯○ ガイ みぎわ、はて 10 崖○〔崕〕準1級 ガイ がけ 啀○ ガイ いがむ 睚○ ガイ まなじり、にらむ	5
害（害） ガイ	ガイ	紅一	4 害○ ガイ・カイ そこなう 6 割○ カツ わる、わり、さく 9 轄○ カツ くさび、とりしまる 瞎○ カツ 片目	

※赤色の文字は常用漢字　（　）旧字体　〔　〕異体字　「　」別の親音符　○印は形声文字（意符＋音符の構造の字）　※注

親音符	子音符	音	親音符家族種類	音符家族及び同系語	字数
害のつづき	カツ			豁○ カツ ひらける、ひろい ※害《ガイ》は宀と口（くち）と音符丰《カイ》（丰は変わった形）の形。きずをおわせる意を表す。似た字形の憲《ケン》は単独字とする	5
豈		ガイ	紅一	豈○ ガイ・キ あに、楽しむ 凱○ 準1級 ガイ・カイ かちどき、やわらぐ 剴○ ガイ きる、あてはまる 皚○ ガイ 白い 磑○ ガイ 石臼 鎧○ 準1級 ガイ・カイ よろい 覬○ キ のぞむ、ねがう ※豈《ガイ》は豆（たかつき）＋音符𢼸《ビ→キ》（山は省略形）の形声文字。かちどき、凱旋の音楽の意。覬《キ》は見＋音符豈《キ》の形。のぞむ、ねがうの意。一字だけ全く異なる音なので要注意	7
𦥑（𦥯）	カク ガク コウ ゴウ	カク	爻コウ 四	4 覚○（覺） カク おぼえる、さます 鷽○ カク・ガク うそ 1 学○（學） ガク まなぶ 攪○ 準1級 コウ・カク みだす、かきまぜる 黌 コウ 古代の学校 鱟○ ゴウ かぶとがに ※覚《カク》は音符𦥑《カク》＋見の形。さとる意 ※黌《コウ》（古代の学校）は音符黄《コウ、きいろ》なので黄《コウ》に分類	7
各	カク ガク キャク	カク	大	会 4 各 カク おのおの 5 格○ カク・コウ・キャク おきて、いたる 恪○ カク つつしむ 骼○ カク ほね	

親音符 子音符	音	親音符家族種類	音符家族及び同系語 ※赤色の文字は常用漢字 （）旧字体 〔〕異体字 「」別の親音符 ○印は形声文字（意符＋音符の構造の字） ※注
ラク リャク ロ			挌○ カク うつ、なぐる　狢○ カク むじな　貉○ カク むじな　会 咎 キュウ とがめる ※各＋人の合成字
閣	カク		6 閣○ カク たかどの　擱○ カク 置く、やめる
客	キャク		会 3 客 キャク・カク まろうど　喀○ カク はく　5 額○ ガク ひたい
洛	ラク		洛○ 準1級 ラク 洛陽、みやこ　3 落○ ラク おちる　7 絡○ ラク からむ　9 酪○ ラク 乳製品　烙○ ラク・ロク やく　珞○ ラク 瓔—はようらく　駱○ ラク らくだ　5 略○ リャク ほぼ、はぶく
路	ロ		3 路○ ロ じ、みち　蕗○ 準1級 ロ ふき　7 露○ ロ・ロウ つゆ、表れる　鷺○ 準1級 ロ さぎ　10 賂○ ロ まいない　輅○ ロ 天子の乗る車 ※各《カク》は夂《チ》（神霊）がくだる足先の形＋口《くち》（神が降りる場所）の字。格の原字
角● カク コク	カク	二	象 2 角 カク かど、つの　埆○ カク 石の多いやせ地　桷○ カク たるき　国 鵤 いかるが
			27

親音符 子音符	音	親音符家族種類	音符家族及び同系語　※赤色の文字は常用漢字　（ ）旧字体　〔 〕異体字　「 」別の親音符　○印は形声文字（意符＋音符の構造の字）　※注	字数
角のつづき 斛	コク		斛○ コク ます、容量の単位 槲○ コク かしわ 「解 カイ 5」 ※解《カイ》の部首は角《カク》、解《カイ》は全体として音符である	6
革●	カク	雑	革6○（象） カク かわ、あらためる 覇9○（霸） ハ はたがしら 羈（会）（羈） キ おもがい、たづな ※羇《キ》の音符は奇《キ》 ※羈《キ》は罒《あみがしら》＋馬＋革の会意	5
㱿●（㱿）カク コク	カク	二	殻9○（殼） カク から、外皮 愨○ カク つつしむ、まこと 穀6○（穀） コク こく物 轂10○ コク こしき（車輪の輪の集まる中央の部分） ※殻《カク》の儿と同じ字素を持つ字は禿《トク》 ※㱿《カク》は音符青《カク》（壳は変わった形）で上から下へ打ちたたく意	6
隺（会）	カク	隹スイ 純	確5○ カク たしかめる、かたい 鶴10○ カク つる ※隺ではない、十画のこと。隺《カク》はつるの名。千年の長寿の鳥として尊ばれる	2
蒦（会）	カク	隻セキ 紅一	護5○ ゴ まもる 獲7○ カク える、えものを捕らえる 穫8○ カク とりいれる 蠖○ カク・ワク 尺―はしゃくとりむし ※音符蒦《カク》は又（手）で萑《カン》（鳥）をつかまえる形。獲《カク》は犬を使う狩りで鳥獣をとらえる形	4

親音符 子音符	音	親音符家族種類	音符家族及び同系語 ※赤色の文字は常用漢字 （）旧字体 〔〕異体字 「」別の親音符 ○印は形声文字（意符＋音符の構造の字） ※注	字数
靃	カク	隹スイ 純	会 靃 カク にわか 癨○ カク 一乱は暑気あたり ※雨＋雔カク（多くの鳥）。急な雨にあって鳥が急に飛び散るさま	2
矍	カク	隻セキ 純	会 矍 カク あわてる、元気である 攫○ カク つかむ、さらう 钁○ カク 鍬 ※両目＋隹（とり）＋又（手）の会意	3
咢	ガク	屰ギャク 純	会 咢 ガク 驚く、大声で言い争う 10 顎○ ガク あご 愕○ ガク おどろく 萼○ ガク うてな 鄂○ ガク 昔の楚の地名 諤○ ガク 恐れず直言する 鍔○ 準1級 ガク つば 鰐○ 準1級 ガク わに 鶚○ ガク みさご 齶○ ガク はぐき ※吅（わめく意）＋屰ゲキ→ガク 大声で言い争う意	10
楽（樂） ガク シャク ヤク リャク レキ	ガク	五	象 2 楽（樂） ガク・ラク・ゴウ・ギョウ たのしい、たのしむ 爍○ シャク かがやく 鑠○ シャク 金属を溶かす、老いても元気 3 薬（藥）○ ヤク くすり 擽○ リャク・レキ くすぐる ※楽は神にいのり、病を治療する時にかざして振る鈴の形。あるいは木に糸を張った弦楽器をかたどったものか 櫟○ レキ くぬぎ 礫○ レキ 小石、つぶて 轢○ レキ きしむ、車でひく	10

親音符 子音符	音	親音符家族種類	音符家族及び同系語 ※赤色の文字は常用漢字 ( )旧字体 〈 〉異体字 「 」別の親音符 ○印は形声文字(意符+音符の構造の字) ※注	字数
曷○(曷) カツ カイ ケツ ケイ アツ アイ エツ ロウ	カツ	大	曷○ カツ なんぞ 喝○ 9 (喝) カツ 叱る ※匃 カツ・カイ は乞う、求める意。曷 カツ は 曰 エツ (言う)+匃 カツ でとどめて疑い問う意。どうして、なぜの意 渇○ 9 (渴) カツ かわく 葛○ 10 〈葛〉 カツ かずら、くず 褐○ 9 (褐) カツ 粗末な服、こげ茶色 羯○ カツ えびす 蝎○ カツ さそり 鞨○ カツ はきもの 愒○ カイ・カツ・ケイ むさぼる、おどす、いこう 偈○ ケツ・ケイ・ゲ お経で詩の形式をした部分 碣○ ケツ いしぶみ 竭○ ケツ つきる、つくす 歇○ ケツ やめる 蠍○ カツ・ケツ さそり 掲○ 8 (揭) ケイ かかげる 遏○ アツ とどめる 臈○ 〈臈〉 ロウ 年のくれ =臘 ロウ 謁○ 9 (謁) エツ まみえる 藹○ アイ 心がなごむ 靄○ アイ もや	27
歇	ケツ			
謁	エツ			
干● カン ガン	カン	四	干 象 6 カン ほす、ひる、たて、えと 刊○ 5 カン 出版する、削る 汗○ 7 カン あせ 肝○ 8 カン きも	

親音符	子音符	音	親音符家族種類	音符家族及び同系語 ※赤色の文字は常用漢字 （）旧字体 〔〕異体字 「」別の親音符 ○印は形声文字（意符＋音符の構造の字） ※注	字数
	ケン ケツ 旱	カン		○奸 カン おかす、よこしま ○扞（捍） カン 防ぐ ○旰 カン 日がくれる ○杆 カン てこ、てすり ○罕 カン まれに ○竿 準1級 カン さお ○骭 カン すね ○鼾 カン いびき ※幹《カン》みき 澣《カン》洗う の音符は𠦝《カン》 ○旱 カン ひでり ○悍 カン あらい ○稈 カン わら ○駻 カン あらうま ○岸 3 ガン きし ○軒 7 ケン のき ○訐 ケツ あばく ※先にかざりをつけた盾《たて》の形。ふせぐ、おかす意	20
甘● カン ケン コン	拑	カン カン	三	指 7 甘 カン あまい ○坩 カン るつぼ ○邯 カン 中国の地名 ○酣 カン たけなわ ○柑 準1級 カン みかん ○疳 カン 小児胃腸病 ○蚶 カン あかがい ○嵌 カン はめる ○拑 カン・ケン はさむ、口をつぐむ ○箝 カン・ケン はさむ、くびかせ ○鉗 ケン・カン くびかせ、口をつぐむ ○紺 8 コン こん色	12

親音符 子音符	音	親音符家族種類	音符家族及び同系語　※赤色の文字は常用漢字　（ ）旧字体　〔 〕異体字　「 」別の親音符　○印は形声文字（意符＋音符の構造の字）　※注	字数
丱	カン	二	象 丱 4 カン・ケン あげまき、幼い／関○ 4 （關） カン せき、かかわる／会 聯 準1級 レン つらなる	4
串	カン	二	象 串 10 カン・セン くし、つらぬく／患○ 9 カン・ゲン わずらう、うれえる／※串《カン》は貫《カン》と同じ意	2
臽（𦥑）	カン	四	陷○ 9 （陥） カン おちいる、おとしいれる／餡○ アン・カン あん／焔○ 準1級 エン ほのお／閻○ エン ―魔はえんま／諂○ テン へつらう／※臽《カン》は人が小さなおとしあなに落ちる形。舀（𦥒）《トウ》と混同しない様に注意	6
完 カン イン コウ	カン	元《ゲン》 三	完○ 4 カン まっとうする／浣○ カン 洗う／莞○ 準1級 カン いぐさ、にっこり笑う／皖○ カン あきらか／会 冠 8 カン かんむり／院○ 3 イン 寺、役所／会 寇〔寇〕 コウ あだ、外敵／※完は宀《ベン》＋音符元《ゲン→カン》の形。欠けたところがない意	8
官	カン	紅 一	会 官 4 カン おおやけ／棺○ 9 カン ひつぎ／管○ 4 カン くだ／館○ 3 〔舘〕 準1級 カン やかた／菅○ 準1級 カン すが／綰○ ワン わがねる／※官《カン》は宀《ベン》（家屋の屋根の形）＋𠂤《タイ》（集団の意） 家の中にいる人の集団を示す	7

親音符 子音符	音	親音符家族種類	音符家族及び同系語 ※赤色の文字は常用漢字 （ ）旧字体 〔 〕異体字 「 」別の親音符 ○印は形声文字（意符＋音符の構造の字） ※注	字数
侃	カン	単	[会] 侃○ 準1級 カン つよい	1
函	カン	純	[象] 函〈凾〉 準1級 カン はこ 涵○ カン ひたす、うるおう ※丞《ショウ》との違いに注意 ※矢を入れておく容器。ゴルフバッグのようなものか	3
柬（柬） カン レン	カン	二	[会] 柬 カン えりわける、手紙 揀○ カン えらぶ 諫○ 準1級 カン いさめる 練○（練） レン ねる、きたえる 錬○（鍊） レン 金属をきたえる 煉○ 準1級 レン ねり固める 楝○ レン おうち（せんだんの古名） 鰊○ レン にしん ※柬《トウ》は別の生い立ち [国] 鶫 つぐみ ※柬（たばねる）＋八（わける）。物を解き分ける、えらぶ意 ※同じ字素を持つ字「闌《ラン》」「薫《クン》」「黑《コク》」	11
奐	カン	純	奐○ カン とりかえる 喚○ カン 呼ぶ、わめく 換○ カン かえる、かわる、とりかえる ※奐《カン》の上半分の⺈は、敻《ケイ》の省略形で、とりかえる意。大は廾《キョウ》（両手）で支えるさまの変形	

親音符 子音符	音	親音符家族種類	音符家族及び同系語 ※赤色の文字は常用漢字 （ ）旧字体 〔 〕異体字 「 」別の親音符 ○印は形声文字（意符＋音符の構造の字） ※注	字数
奐のつづき			渙○ カン 解きはなつ 煥○ カン あきらか	5
巻（卷） カン ケン	カン（ケン）	失ケン 紅一	6 巻○（卷） カン・ケン まく、まき 7 圏○（圈） ケン 限られた区域 ※常用漢字では己キの形で一画多くなる。旧字では㔾ハンの形であった 倦○ 準1級 ケン うむ、つかれる 惓○ ケン つつしむ、ねんごろ 捲○ 準1級 ケン まくる、めくる 綣○ ケン まきつく、ねんごろ 蜷○ ケン にな、巻貝	9
咸 カン シン ゲン	カン	三	咸○ 会 カン ことごとく 喊○ カン さけぶ 緘○ カン とじる 鰔○ カン かれい 鹹○ カン しおからい 箴○ シン はり、いましめる 鍼○ シン はり ＝針シン はり 5 減○ ゲン へる、へらす	
感	カン	咸カン 純	3 感○ カン かんじる 9 憾○ カン うらむ 撼○ カン うごかす 轗○ カン 車が行きなやむ、人の失意、不遇	12
𦰩（𦰌） カン	カン	五	3 漢○（漢） カン 中国の王朝名、おとこ 7 嘆○（嘆） タン なげく 歎○ 準1級 タン なげく	

親音符	子音符	音	親音符家族種類	音符家族及び同系語 ※赤色の文字は常用漢字 （）旧字体 〔〕異体字 「」別の親音符 ○印は形声文字（意符＋音符の構造の字） ※注	字数
	難 タン ダン ナン ナ	ナン		[6] 〇難（難） ナン・ダン かたい、むずかしい 〇灘 準1級 ダン・タン なだ 〇攤 タン ひらく、ひろげる 〇儺 ナ・ダ 鬼やらい	10
倝		カン	三	[7] 〇乾 カン・ケン かわく、いぬい [10] 〇韓 カン から、朝鮮の古称 〇斡 準1級 アッ・ワツ めぐる	
	幹	カン		[5] 〇幹 カン みき 〇澣 カン 洗う ※韓《カン》の音符は倝の省略形	
	翰	カン		〇翰 準1級 カン 手紙、鳥のはね 〇瀚 カン ひろい ※朝《あさ チョウ》は別の生い立ち。 倝は旗竿の上に吹き流しをつけた形	7
象 雚	雚（雚） カン ケン	カン	二	[4] 〇観（觀） カン みる [7] 〇勧（勸） カン・ケン すすめる [7] 〇歓（歡） カン よろこぶ 象 [9] 缶 〇（罐）〇〔鑵〕 カン・フ ブリキの入れ物、ほとぎ 〇灌 準1級 カン そそぐ 〇懽 カン よろこぶ 〇讙 カン かまびすしい 〇驩 カン よろこぶ 〇鸛 カン こうのとり ※权《ケン》は漢字にあらず！ 一級対象漢字では雚も許容字体	

親音符 子音符	音	親音符家族種類	音符家族及び同系語 ※赤色の文字は常用漢字 （ ）旧字体 〔 〕異体字 「 」別の親音符 ○印は形声文字（意符＋音符の構造の字） ※注	字数
雈のつづき			6 権（權）○ ケン・ゴン いきおい、権利 顴○ ケン・カン 頰骨 ※雚カンは、こうのとり ※缶 ①象形。土器のほとぎ、かめ ②形声。音符雚。広く入れ物の意	17
実 カン ケン ソク サイ	カン	四	会 3 寒 カン さむい ※音符寒カンは宀＋茻ボウ（草のむしろ）＋人＋冫（ヒョウ、こおり）の形。家の中で人が枯れ草にくるまって寝ているさま。足元には冫（氷）があり、さむさをこらえているさま。音符実カン→ケンとなり多くの形声字を生んだ 搴○ ケン 取る、掲げる 謇○ ケン どもる、直言する 蹇○ ケン あしなえ、滞る 騫○ ケン 欠ける 会 10 塞 ソク、サイ ふさがる、ふさぐ、とりで 寨○ サイ とりで、まがき ＝砦サイ とりで 賽○ サイ お礼参り、さいころ	8
貫	カン	二	会 8 貫 カン つらぬく、重さの単位 5 慣○ カン なれる、ならす、ならわし ※貫カンは貝＋毌（つらぬく）で、つき通す意 会 3 実（實） ジツ み、みのる	4
敢〔敢〕	カン	純	8 敢○ カン あえて 橄○ カン ―欖はかんらん 瞰○ カン 見おろす 「厳 ゲン 4」 ※敢カンは音符爫ヒョウ（上下から手を出したさま）＋音符古コ→カム	3

親音符 子音符	音	親音符家族種類	音符家族及び同系語 ※赤色の文字は常用漢字 （）旧字体 〔〕異体字 「」別の親音符 ○印は形声文字（意符＋音符の構造の字） ※注	字数
間（閒） カン ケン ラン	カン	三	会 2 間 カン・ケン あいだ、ま 6 簡○ カン・ケン ふだ、手紙 澗〈澗〉○ 準1級 カン・ケン たに 嫺○ カン みやびやか 癇○ カン ひきつけ 繝○ ケン・ゲン にしき模様 燗○ ラン かん、煮る ※門＋月の会意。門のすきまから月が見えるさまで、すきまの意	8
睘	カン	純	9 還○ カン・ゲン かえる、ひと回り 7 環○ カン 輪、めぐる 圜○ カン・エン めぐる、まるい 寰○ カン 天子直轄の領地 鐶○ カン たまき、輪 鬟○ カン わげ、みずら ※音符睘《カン》。まるい、円形、めぐる意など	6
監 カン ラン エン	カン	三	象 7 監 カン・ケン みはる、牢屋 9 艦○ カン いくさぶね 7 鑑○ カン かんがみる、手本 檻○ カン おり ※監は臥《ガ》と皿《ベイ》とを組み合わせた形。臥は人がうつむいて下方を見る形。皿はさらで、水を入れた水盤。したがって監は水盤に自分の姿を映して見ている形でかがみの意味となる 8 濫○ ラン みだりに、溢れる 10 藍○ ラン あい 襤○ ラン ぼろ 籃○ ラン かご	

親音符 子音符	音	親音符家族種類	音符家族及び同系語 ※赤色の文字は常用漢字 （ ）旧字体 〔 〕異体字 「 」別の親音符 ○印は形声文字（意符＋音符の構造の字）	※注	字数
監のつづき			「覧（覽）ラン 5」 塩 4 ○（鹽）エン しお	※塩は旧字が監《カン》＋鹵《ロ》の合成字	10
厂・ 象	ガン	純	雁 ○ 準1級 ガン かり 贋 ○ 準1級 ガン にせ 「产（产）ゲン 9」「原 ゲン 5」	※厂《ガン》は石の初文である厈《カン》の略体。厈は打楽器の石磬の象形。产（产）《ゲン》の厂は人の額《ひたい》の形で別系の字。原《ゲン》は厂＋泉の会意	2
含	ガン	純	含 7 ○ ガン・カン ふくむ 莟 ○ ガン つぼみ 頷 ○ ガン・カン あご、うなずく		3
几・	キ	紅一	象 几 キ つくえ、ひじかけ 机 6 ○ キ つくえ 肌 9 ○ キ はだ 飢 9 ○ キ うえる 会 鳧〈鳬〉フ かも、けり	※几《キ》は物をのせる台の形 ※同じ字素を持つ字「凡《ボン》」「亢《コウ》」「風《フウ》」 ※凱《ガイ》の音符は豈《ガイ》。凭《ヒョウ》は壬《ジン》に分類	6
己・ キ ヒ カイ ハイ	キ	四	象 己 6 キ・コ おのれ、つちのと 記 2 ○ キ しるす 起 3 ○ キ おきる 忌 8 ○ キ いむ 紀 5 ○ キ のり、しるす 杞 ○ キ・コ くこ、おうち 妃 9 ○ ヒ きさき 肥 5 ○ ヒ こえる、ふとる	※音符己キ→ヒ（巴は変わった形）	

親音符 子音符	音	親音符家族種類	音符家族及び同系語 ※赤色の文字は常用漢字 （ ）旧字体 〔 〕異体字 「 」別の親音符 ○印は形声文字（意符＋音符の構造の字） ※注	字数
			4 改○ カイ あらためる　3 配○ ハイ くばる、したがえる　※巳、已、己の形、音、義を覚える口調「みは上に、すでに、やむ、のみ中程に、おのれ、つちのと、下につくなり」シ、イ、キと読む	10
气	キ	二	1 気○（氣）キ・ケ 空気、けはい　2 汽○ キ 水蒸気　愾 ガイ・カイ・キ なげく、いかる　※氣は米と音符气《キ》。食物などを他人に贈る意	4
危	キ	三	会 6 危 キ あやうい　詭○ キ いつわる　跪○ キ ひざまずく　脆○ 準1級 ゼイ・セイ もろい　鮠○ ガイ はや、はえ　※ク（崖にさしかかってしゃがみこんでいる人）＋厂（切り立ったガケ）＋㔾（ひざまずく人の姿）。同じ字形の字「厄《ヤク》」	5
希	キ	爻コウ 純	会 4 希 キ・ケ まれ、ねがう　唏○ キ すすり泣き　晞○ キ 乾く、日に当てる　欷○ キ すすりなく　稀○ 準1級 キ・ケ まれ、うすい　国 鯑 かずのこ　※布《フ》《ぬの》は別の生い立ち	6
𦣝	キ	二	8 姫○（姬）キ ひめ　熙○ キ 光る、やわらぐ　会 頤 イ おとがい、あご	4
奇	キ	可カ 二	会 7 奇 キ めずらしい、あやしい　5 寄○ キ よる　4 埼○ キ さき、さい　4 崎○〔碕〕キ さき	

親音符 子音符	音	親音符家族種類	音符家族及び同系語 ※赤色の文字は常用漢字 （）旧字体 〈〉異体字 「」別の親音符 ○印は形声文字（意符＋音符の構造の字） ※注	字数
奇のつづき			8 騎○ キ 馬に乗る 剞○ キ きざむ 掎○ キ ひく、ひっぱる 畸○ キ めずらしい 綺○ キ うつくしい 羇○ キ 旅、旅人 10 椅○ イ いす 倚○ イ・キ よる、よりかかる 猗○ イ ああ（感嘆）、うつくしい 欹○ イ・キ ああ、そばだてる ※奇《キ》は大《ダイ》（手足をひろげて立つ）＋可《カ→キ》（まがる）	15
季	キ	禾力 純	4 季○ キ 時節、すえ 悸○ キ おそれる ※委《イ》、季《キ》、年《ネン》は豊作を祈って稲束をかぶって舞う女、子供、男をかたどる	2
其	キ ギ ゴ	三	象 其 準1級 キ その、み 5 基○ キ もと 3 期○〈朞〉キ・ゴ 時、ねがう 8 棋○〈棊〉キ・ゴ 碁、将棋 ※簸《ハ》《ひる》の音符は皮《ヒ》 4 旗○ キ はた 萁○ キ まめがら 祺○ キ さいわい 箕○ 準1級 キ み ※箕《み》（大型のちりとり。昔の農作業の用具）は上から見ると四角の形をしていたので、碁や将棋の盤を表す。簸《ハ》（ひる）は箕《み》であおって穀物の中に混じっているごみやからを除く作業を言う 綦○ キ もえぎ色、くつひも 踑○ キ あしあと、あぐら 騏○ キ すぐれた馬	

親音符　子音符	音	親音符家族種類	音符家族及び同系語　※赤色の文字は常用漢字　（ ）旧字体　〔 〕異体字　「 」別の親音符　○印は形声文字（意符＋音符の構造の字）　※注	字数
			麒○ 準1級 キ きりん 欺○ 8 ギ・キ あざむく 碁○ 9 ゴ・キ 「斯 シ 5」	16
癸	キ	純	癸 象 キ みずのと 揆○ キ はかりごと 葵○ 準1級 キ あおい ※三つ股の刃先があるほこを組み合わせた象形	3
耆	キ	二 旨シ	耆○ キ・シ 老いる、たしなむ ※耆と音符旨シ→キの形声字。としより、しいる意 嗜○ シ たしなむ 蓍○ シ めどき、筮竹 鰭○ 準1級 キ ひれ	4
既（旣）（既） キ カイ	キ	三	既 会 8 （旣） キ すでに 曁○ キ 及ぶ 廐○〈廏・厩〉 準1級 キュウ うまや ※即ソク 郷キョウ 食ショクは同じ字素皀キュウを持つ 慨○ 8 （慨） ガイ なげく 概○ 8 （槪） ガイ・カイ おおむね 漑○ 準1級 ガイ そそぐ ※皀、皀はごちそうを器に盛ったさま	11
鬼● キ カイ シュウ	キ	三	鬼 象 7 キ おに 愧○ キ はじる 餽○ キ 贈る、霊に食べ物を供える ※King キング→Kite カイトと、キ・カイ音の字多し 塊○ 8 カイ かたまり 傀○ カイ 大きい、くぐつ 嵬○ カイ・ガイ・ギ 高い、大きい 隗○ カイ けわしい	

親音符 子音符	音	親音符家族種類	音符家族及び同系語 ※赤色の文字は常用漢字 （　）旧字体 〔　〕異体字 「　」別の親音符 ○印は形声文字（意符＋音符の構造の字） ※注	字数
鬼のつづき			槐○ カイ えんじゅ 瑰○ カイ 美しい玉、すぐれている 魁○ 準1級 カイ かしら、さきがけ 会 蒐 準1級 シュウ 集める ※醜《シュウ》の音符は酉《ユウ》なので、酉に分類した。蒐《シュウ》は会意文字なので音符はなし	11
亀●	キ	黽 ヨウ 二	象 10 亀（龜）キ・キュウ・キン かめ、ひび、あかぎれ 鬮○ キュウ くじ 穐○ 準1級 〈龝〉シュウ あき、とき、秋の異字体	5
規	キ	夫 フ 純	会 5 規 キ のり、ただす 槻○ 準1級 キ つき、けやき ＝欅《キョ》《けやき》 窺○ 準1級 キ うかがう、のぞく	3
貴 匱	キ イ カイ キ	三	6 貴○ キ とうとい 簣○ キ もっこ ＝畚《ホン》《もっこ》 饋○ キ 贈る、食事 ※貴《キ》は臼《キョク》（両手）＋貝《バイ》の形。貝を両手で捧げ持つさま 匱○ キ・ギ ひつ 櫃○ キ ひつ 6 遺○ イ・ユイ のこす 10 潰○ カイ ついえる、つぶす、つぶれる	7
幾	キ	幺 ヨウ 純	会 7 幾 キ いくつ、こいねがう 4 機○ キ はた、しかけ 10 畿○ キ みやこ 磯○ 準1級 キ いそ 譏○ キ そしる 饑○ キ うえる ＝飢《キ》《うえる》	6

親音符 子音符	音	親音符家族種類	音符家族及び同系語 ※赤色の文字は常用漢字 （ ）旧字体 〔 〕異体字 「 」別の親音符 ○印は形声文字（意符＋音符の構造の字） ※注	字数
喜	キ	壴コ 純	会 5 喜 キ よろこぶ 僖○ キ よろこぶ 嬉○ 準1級 キ うれしい 熹○ キ 焼く、火がさかん 禧○ キ さいわい 国 鱚 キ きす	6
毀	キ	純	10 毀○ キ こわす、そしる 燬○ キ はげしい火、やける	2
毅	キ	単	毅○ 準1級 キ つよい ※音符は豙キ。豕は省略形 ※土＋音符毀キの形声。毀キは臼で米をつくさま。土を米のかわりにつくのでこわす意を表した	1
疑 ギ ギョウ ガイ	ギ	四	象 6 疑 ギ うたがう 9 擬○ ギ なぞらえる 嶷○ ギ・ギョク 高い、さとい 8 凝○ ギョウ こる 礙○ ガイ・ゲ 碍の異体字、さまたげる 癡○ チ 痴の旧字	6
宜	ギ	且ソ 純	会 9 宜 ギ よろしい 誼○ 準1級 ギ よしみ	2
義	ギ	我ガ 純	会 5 義 ギ よい 7 儀○ ギ 作法、手本 8 犠○（犧）ギ いけにえ 4 議○ ギ はかる	

親音符 子音符	音	親音符家族種類	音符家族及び同系語 ※赤色の文字は常用漢字 （　）旧字体 〔　〕異体字 「　」別の親音符 ○印は形声文字（意符＋音符の構造の字） ※注	字数
義のつづき 羲	ギ		嶬○ ギ けわしい 礒○ ギ いそ 艤○ ギ ふなよそおい 蟻○ 準1級 ギ あり 会 羲 ギ 姓の一 曦○ ギ・キ 日の色 ※いけにえの羊を鋸で切断し、その後ろ足が下に垂れている形が羲の形	11
会 匊 鞠	キク キク	純	菊○ 8 キク 掬○ 準1級 キク すくう 椈○ キク ぶな 麹○〈麴〉 準1級 キク こうじ ※匊《キク》は米を両手ですくい集めるの意 鞠○ 準1級 キク まり、育てる 鞫○ キク ただす、しらべる ※鞫《キク》は音符匊《キク》の略体＋言の字形。言は部首	7
吉 キチ キツ ケツ カツ ケイ 頡	キチ ケツ	士シ 大	会 吉 8 キチ・キツ よい、さいわい 詰○ 7 キツ つめる、つむ 佶○ キツ かたい 拮○ キツ・ケツ はたらく、はりあう 桔○ 準1級 キツ・ケツ ―梗はききょう 結○ 4 ケツ・ケチ むすぶ、ゆう 頡○ ケツ・キツ まっすぐ伸びた首すじ 襭○ ケツ 褄を帯にはさむ 纈○ ケチ・ケツ しぼりぞめ 劼○ カツ つつしむ、つとめる 黠○ カツ わるがしこい 髻○ ケイ もとどり、みずら（古代、男子の髪の結い方）	12

親音符 子音符	音	親音符家族種類	音符家族及び同系語 ※赤色の文字は常用漢字 （ ）旧字体 〔 〕異体字 「 」別の親音符 ○印は形声文字（意符＋音符の構造の字） ※注	字数
乞	キツ	乙オツ 紅一	象 10 乞 キツ・コツ こう、ものごいする / 吃○ 準1級 キツ どもる / 迄○ 準1級 キツ およぶ、まで / 屹○ キツ そばだつ / 訖○ キツ おわる、いたる / 矻○ コツ たゆまず働くさま / ※乾《カン》《かわく》の音符は倝《カン》	6
矞○	キツ（イツ）	冏ケイ 三	橘○ 準1級 キツ たちばな / 譎○ ケツ・キツ いつわる、あざむく / ※類似の訓を持つ字に、詭《キ》、詐《サ》《いつわる》、騙《ヘン》《だます》 / 鷸○ イツ しぎ	3
谷	キャク	二	卻○ キャク 却の異体字、しりぞく / 郤○ ゲキ・ケキ すきま、なかたがい / ※谷は口の上のくぼみ、人中をかたどる。くぼむ意。谷《コク》《たに》は別字	2
指 屰	ギャク	純	5 逆○ ギャク・ゲキ さか、さからう / 「朔 サク 6」 / 国 [金+逆] さかほこ / ※屰は人の字を上下逆にした	2
虐（虐）	ギャク	純	会 8 虐 ギャク しいたげる / 瘧○ ギャク おこり / 謔○ ギャク たわむれる / ※⺕は爪の形。虎が襲いかかるような手荒い行いを表す	3

親音符 子音符	音	親音符家族種類	音符家族及び同系語 ※赤色の文字は常用漢字 （ ）旧字体 〈 〉異体字 「 」別の親音符 ○印は形声文字（意符＋音符の構造の字） ※注	字数
九 キュウ キ キョク コウ	キュウ	四	象 1 九 キュウ・ク ここのつ 3 究○ キュウ・ク きわめる 仇○ 準1級 キュウ あだ、かたき 鳩○ 準1級 キュウ・ク はと、あつめる 8 軌○ キ わだち 馗○ キ 九方に通じる道 旭○ 準1級 キョク あさひ 10 尻○ コウ しり ※尸＋音符九キウ→カウ 6 染○ セン・ゼン そめる、しみる 指 2 丸 ガン まるい ※染センは水と朶ダ（木から花が垂れ下がる）の変わった形。木の枝葉を水につけて染色する意	10
久	キュウ	純	指 5 久 キュウ・ク ひさしい 灸○ 準1級 キュウ やいと 玖○ 準1級 キュウ・ク 黒色の美しい石 疚○ キュウ やましい 柩○ キュウ ひつぎ 国 粂 準1級 くめ ※久キュウは人を後ろから支える形	6
丩（丩） キュウ キョウ シュウ	キュウ	三	9 糾○（糾）〈糺〉 キュウ あざなう、ただす 赳○ キュウ 強い、勇ましい 7 叫○（呌） キョウ さけぶ 6 収○（收） シュウ おさめる ※丩は縄をより合わせる形。もつれる、まつわる意	8
弓●	キュウ	純	象 2 弓 キュウ ゆみ 穹○ キュウ 空、丸天井 国 弖 て	

親音符 子音符	音	親音符家族種類	音符家族及び同系語 ※赤色の文字は常用漢字 （ ）旧字体 〔 〕異体字 「 」別の親音符 ○印は形声文字（意符＋音符の構造の字） ※注	字数
躬	キュウ		会 躬 キュウ 窮○ 9 キュウ きわまる、貧しい	5
及（及）	キュウ	純	会 7 及（及） キュウ およぶ、およぼす 吸○ 6 （吸） キュウ すう 扱○ 7 （扱） キュウ・ソウ あつかう、しごく 級○ 3 （級） キュウ くらい、組 急○ 3 キュウ いそぐ 汲○ 準1級 キュウ くむ ※𠬝《フク》と同じ形 岌○ キュウ・ギュウ 高い 笈○ 準1級 キュウ おい ※及は𠂊（人）＋又（手の形）。前の人に手を伸ばすさま。急は及＋心。追いつこうとしてはやる心。又《ユウ》の項参照	12
丘	キュウ	紅一	象 7 丘 キュウ おか 邱○ キュウ おか 蚯○ キュウ ―蚓はみみず 駈○ 準1級 ク 駆の異体字	4
臼•	キュウ	純	象 10 臼 キュウ うす 舅○ キュウ しゅうと、おじ 旧○ 5 （舊） キュウ ふるい ※同じ字素を持つ字「舂《ショウ》」「臽《カン》」「舀《トウ》」	4
求	キュウ	純	象 4 求 キュウ・グ もとめる 救○ 5 キュウ・グ・ク すくう 球○ 3 キュウ たま 逑○ キュウ つれあい 毬○ キュウ まり、いが 裘○ キュウ 皮ごろも ※つり下げた毛皮製の衣類、かわごろもの意、もとめる意。最新の研究では求の字源は祭祀に用いる植物であるが、詳しくは今のところ不明	6

親音符 子音符	音	親音符家族種類	音符家族及び同系語 ※赤色の文字は常用漢字 （）旧字体 〈〉異体字 「」別の親音符 ○印は形声文字（意符＋音符の構造の字） ※注	字数
韭・	キュウ	雑	象 韮〈韭〉 準1級 キュウ にら ○薤 カイ らっきょう ※同じ字素を持つ字「𢦏（韱）《セン》」	3
牛・	ギュウ	雑	象 2 牛 ギュウ・ゴ うし 会 吽 ゴウ・ウン 阿—はあうん 会 牢 準1級 ロウ 牢獄 会 5 件 ケン ことがら 会 犇 ホン ひしめく ※同じ字素を持つ字「牟《ボウ》」「解《カイ》」「犀《サイ》」「半《ハン》」牽《ケン》「告《コク》」	5
巨（巨） キョ ク	キョ	紅一	象 7 巨（巨） キョ おおきい ○9 拒 キョ こばむ ○7 距 キョ へだたり ○苣 キョ 萵—はちしゃ ○炬（炬） キョ・コ たいまつ ○秬 キョ くろきび ○渠 準1級 キョ みぞ ○鉅 キョ はがね、大きい ○矩 準1級 ク さしがね、のり ※旧字は巨の形なので部首は工《コウ》	11
去 キョ キョウ キャク ホウ	キョ	四	○3 去 キョ さる、すてる ※去《キョ》は意符大（土は変わった形）＋音符凵《カン→キョ》（ムは変わった形）の形声字。人がたがいに遠ざかる意 ○劫 準1級 キョウ・ゴウ・コウ おびやかす ○怯 準1級 キョウ・コウ おびえる、ひるむ 「盍 コウ 4」	

親音符	子音符	音	親音符家族種類	音符家族及び同系語 ※赤色の文字は常用漢字 （）旧字体 〔〕異体字 「」別の親音符 ○印は形声文字（意符＋音符の構造の字） ※注	字数
	却	キャク		却〔卻〕○ 7 キャク しりぞく、かえって 脚○ 7 キャク・キャ・カク あし	7
	法	ホウ		法 会 4 ホウ・ハッ・ホッ きまり、おきて 琺○ ホウ —瑯はほうろう ※法の正字は水＋廌チ＋去の形。廌は神判に用いる羊に似た神聖な獣	
居		キョ	古コ 純	居○ 5 キョ・コ いる、住まい 据○ 9 キョ すえる 裾○ 10 キョ すそ 倨○ キョ おごる 踞○ キョ・コ うずくまる 鋸○ 準1級 キョ のこぎり	6
虚	（虛）	キョ	虍コ 紅一	虚（虛）○ 8 キョ・コ むなしい、うつろ 嘘○ 準1級 キョ うそ 墟○ キョ あと、旧跡 歔○ キョ すすり泣く 戯（戲）○ 7 ギ・ゲ たわむれる ※戯は旧字で分かるように異なる字であるが、あえて含めた	7
豦		キョ	虍コ 二	遽○ キョ にわか、あわただしい 醵○ キョ 金品を出し合う 據〔拠 7〕キョ・コ	

親音符 子音符	音	親音符 家族種類	音符家族及び同系語 ※赤色の文字は常用漢字 ( )旧字体 〔 〕異体字 「 」別の親音符 ○印は形声文字(意符＋音符の構造の字) ※注	字数
豦のつづき			6 劇○ ゲキ はげしい、芝居 ※豦《キョ》は虎《コ》＋豕《シ》(いのしし)の形 ※拠(據)《キョ・コ》は処《ショ》の項に含めた	3
魚●	ギョ	三	象 2 魚 ギョ うお、さかな 4 漁○ ギョ・リョウ すなどる、あさる ※同じ字素を持つ字「魯《ロ》」「鮮《セン》」「穌《ソ》」鰥《カン》	
魝	ケイ		魝○ ケイ 薊○ ケイ あざみ 鰥○ カン やもお、妻を先に亡くした男	5
了	キョウ	単	象 孑 キョウ ぼうふら、左手のない子	1
凶	キョウ	純	象 7 凶 キョウ わるい 会 兇 準1級 キョウ わるい	
匈	キョウ		象 匈 キョウ 恐れる、匈奴 6 胸○ キョウ むね 恟○ キョウ おそれる 洶○ キョウ 水が湧く、どよめく	6
夹(夾)	キョウ	紅一	象 夾 キョウ はさむ 8 峡○(峽) キョウ たにあい 9 挟○(挾) キョウ はさむ ※両脇に人をはさんでいる形 7 狭○(狹) キョウ・コウ せまい 俠○ 準1級 キョウ きゃん 莢○ キョウ さや	

親音符 子音符	音	親音符家族種類	音符家族及び同系語 ※赤色の文字は常用漢字 （ ）旧字体 〔 〕異体字 「 」別の親音符 ○印は形声文字（意符＋音符の構造の字） ※注	字数
			陜○ キョウ せまい　筴○ キョウ・サク めどき、筮竹　篋○ キョウ はこ　鋏○ キョウ はさみ　頰○〈頬〉 キョウ ほお　浹○ ショウ あまねし、ひとめぐり　※陝《セン》（陝西省の略）は別字	16
㊎劦	キョウ	純	4 協○ キョウ 力を合わせる　8 脅○ キョウ おびやかす、おどす　10 脇○ キョウ わき、かたわら　愶○ キョウ かなう、おびやかす　※劦《キョウ》は会意。力三つから成り、力を合わせる意	4
巩○	キョウ	純	7 恐○ キョウ おそれる、おそろしい　蛩○ キョウ 蟬のぬけがら　跫○ キョウ あしおと　鞏○ キョウ かたい、かたくしばる　※巩《キョウ》は意符丮《ケキ》（丮は省略形、手で持つ）＋音符工《コウ→キョウ》。手で持つ、いだく意	4
共 キョウ キョク コウ	キョウ	三	㊧4 共 キョウ とも　6 供○ キョウ・ク そなえる、とも　9 恭○ キョウ うやうやしい　拱○ キョウ こまぬく　蛬○ キョウ こおろぎ　檋○ キョク・キョウ かんじき	

親音符 子音符	音	親音符家族種類	音符家族及び同系語　※赤色の文字は常用漢字　（ ）旧字体　〔 〕異体字　「 」別の親音符　○印は形声文字（意符＋音符の構造の字）　※注	字数
共のつづき 巷	コウ		9 洪○ コウ 大水 哄○ コウ 大声で笑う 閧○ コウ 村里の中の道 鬨○ コウ たたかう、ときの声 巷○〔巷〕 準1級 コウ ちまた 3 港○ コウ みなと ※同じ字素を持つ字「異《イ》」「巽《ソン》」「暴《ボウ》」	13
京 キョウ ケイ ゲイ エイ リョウ リャク	キョウ	大	象 2 京 キョウ・ケイ みやこ、首都、数の名 9 涼○ リョウ すずしい 椋○ 準1級 リョウ むく 諒○ 準1級 リョウ まこと、思いやり 「亮 リョウ 2」 掠○ 準1級 リャク・リョウ かすめる 勍○ ケイ 強い 8 鯨○ ゲイ・ケイ くじら 黥○ ゲイ・ケイ いれずみ	
景	ケイ		4 景○ ケイ・エイ けしき、そえる 10 憬○ ケイ あこがれる 会 7 影 エイ・ヨウ かげ	11
享 キョウ コウ カク ジュン	キョウ	大	会 9 享 キョウ うける、もてなす 会 5 厚 コウ あつい、あつみ 会 亨 準1級 コウ・キョウ・ホウ とおる、すすめる 烹○ 準1級 ホウ 煮る ※享は古くは高い（𠮛は省略形）＋曰（神前に供える）の形。亨、享はともにその変形で饗《キョウ》（酒や食物を神にたてまつる）の意	

音符家族及び同系語　※赤色の文字は常用漢字　（）旧字体　〔〕異体字　「」別の親音符　○印は形声文字（意符＋音符の構造の字）　※注

親音符 子音符	音	親音符家族種類	音符家族及び同系語	字数
郭	カク		8 ○郭 カク くるわ、かこい ○廓 準1級 カク くるわ、かこい ○椁〈槨〉カク ひつぎ	
孰	ジュク		○惇 準1級 ジュン・トン あつい、まこと ○淳 準1級 ジュン あつい ○醇 準1級 ジュン・シュン もっぱら、あつい ○諄 ジュン・シュン あつい、くどい ○鶉 ジュン うずら ※同じ字素を持つ字「孰《ジュク》」「敦《トン》」 ○孰 ジュク たれか、いずれか ○塾 ジュク 私設学校 ○熟 ジュク うれる、つくづく	16
竟	キョウ	純	会 竟 キョウ・ケイ 終わる、ついに 5 ○境 キョウ・ケイ さかい 4 ○鏡 キョウ かがみ	3
強	キョウ	ム《コウ》 純	2 ○強 キョウ・ゴウ つよい ○繦 キョウ むつき、せおいおび ○繈〈繦〉キョウ むつき ※強＝弘《コウ》＋虫の合成字	4
郷（鄕）（鄉）	キョウ	紅一	象 6 ○郷（鄕・鄉）キョウ・ゴウ さと、ふるさと 7 ○響（響・響）キョウ ひびく ○嚮 キョウ・コウ むかう、さきに ○饗 準1級 キョウ もてなす 会 卿 準1級 ケイ・キョウ きみ、高官 ※即《ソク》・既《キ》も同じ字素、皀《キュウ》を持つ	9

親音符 子音符	音	親音符家族種類	音符家族及び同系語 ※赤色の文字は常用漢字 （ ）旧字体 〔 〕異体字 「 」別の親音符 ○印は形声文字（意符＋音符の構造の字） ※注	字数
喬	キョウ	純	会 喬○ 準1級 キョウ たかい、おごる 3 橋○ キョウ はし 9 矯○ キョウ ためる ※高い＋夭《ヨウ》（まがる）の形 僑○ 準1級 キョウ 仮住まい 嬌○ キョウ なまめかしい 蕎○ 準1級 キョウ ―麦はそば 蹻○ キョウ・キャク 足をあげて歩く、わらじ 轎○ キョウ かご 驕○ キョウ おごる、いばる ※夭《ヨウ》＋高《コウ》の合成字。 YOU ＋ KOU ＝ KYOU	9
象 畺	キョウ	純	疆○ キョウ さかい ※田にしきりを施したさま。土地の境界を表す 僵○ キョウ 倒れる 薑○ キョウ はじかみ、しょうが 彊○ 準1級 キョウ つよい 橿○ 準1級 キョウ かし	5
会 敫 キョウ ゲキ カク シャク ヨウ	キョウ	方ホウ 五	徼○ キョウ めぐる、求める ※敫《キョウ》は白（ひかり）＋放（はなつ）の会意。光が流れるさま 竅○ キョウ 人体にある孔 6 激○ ゲキ はげしい、はげます 檄○ ゲキ・ケキ ふれぶみ 覈○ カク しらべる 繳○ シャク・キョウ いぐるみ、まつわる 邀○ ヨウ むかえる ※白《ハク》＋放《ホウ》の合成字。特に激は泊＋放の形	7

親音符 子音符	音	親音符家族種類	音符家族及び同系語 ※赤色の文字は常用漢字 （ ）旧字体 〔 〕異体字 「 」別の親音符 ○印は形声文字（意符＋音符の構造の字） ※注	字数
尭（堯） ギョウ ショウ ジョウ ドウ コウ	ギョウ	五	会 尭（堯） 準1級 ギョウ 高い、古代の名君 9 暁（曉）○ ギョウ あかつき 僥○ ギョウ もとめる 嶢○ ギョウ けわしい 澆○ ギョウ そそぐ、うすい 翹○ ギョウ つまだてる 蟯○ ギョウ・ジョウ はらのむし 驍○ ギョウ・キョウ 強い 4 焼（燒）○ ショウ やく 蕘○ ジョウ たきぎ 遶○ ジョウ・ニョウ めぐる、かこむ 繞○ ジョウ・ニョウ まとう 饒○ ジョウ・ニョウ 豊か、十分ある 撓○ ドウ・トウ たわむ、しなう 橈○ ドウ・ジョウ・ニョウ たわむ、舟のかじ 鐃○ ドウ・ニョウ どら、じんがね 磽○ コウ・キョウ やせ地	20
曲	キョク	純	象 3 曲 キョク まがる、音楽のふし 髷○ キョク まげ	2
局	キョク	純	象 3 局 キョク 区切り、物事のなりゆき 跼○ キョク かがむ、せぐくまる ※尺＋口の合成字	2

親音符	子音符	音	親音符家族種類	音符家族及び同系語 ※赤色の文字は常用漢字 （ ）旧字体 〈 〉異体字 「 」別の親音符 ○印は形声文字（意符＋音符の構造の字）	※注	字数
亟		キョク	純	指 亟 キョク・キ すみやか、しばしば 4 極○ キョク・ゴク きわめる、きわみ	※二（天地を示す二本の横線）＋人＋口＋又《ユウ》（手）の形。機敏で速い ※丞《ショウ》・函《カン》との混同に注意	2
玉●		ギョク	雑	象 1 玉 ギョク たま 会 6 宝（寶） ホウ たから 「国 コク 5」	※同じ字素を持つ字 「全《ゼン》」「玨《ハン》」「弄《ロウ》」	3
巾●		キン	雑	象 10 巾 キン きれ、かぶりもの 象 吊 準1級 チョウ つるす 指 帀〈帀〉 準1級 ソウ めぐる、とり巻く 国 凧 準1級 たこ	※帛《ハク》は白《ハク》に分類	4
斤●	欣	キン キン	五	象 8 斤○ キン おの、重さの単位 2 近○ キン・コン ちかい 听○ キン 笑う 忻○ キン よろこぶ 芹○ 準1級 キン せり 釿○ キン・ギン おの 欣○ 準1級 キン・ゴン よろこぶ 掀○ キン・ケン かかげる 7 祈○ キ いのる 圻○ キ 王城の周囲千里四方の地 沂○ ギ・キ・ギン 川の名、岸、ほとり 会 8 匠 ショウ たくみ 会 4 兵 ヘイ・ヒョウ つわもの 国 鋲 準1級 ビョウ	※斤《キン》は手おのの形 ※斧《フ》《おの》は父《フ》が音符 ※兵は斤《キン》＋廾（両手）で武器を持つ人の意	14

親音符	子音符	音	親音符家族種類	音符家族及び同系語　※赤色の文字は常用漢字　（ ）旧字体　〔 〕異体字　「 」別の親音符　○印は形声文字（意符＋音符の構造の字）　※注	字数
会 勻		キン	純	5 ○均 キン ひとしい、ならす ○鈞 キン ひとしい、ろくろ ※勻（勺《シャク》）との混同に注意	2
金		キン	三	1 ○金 キン・コン かね、こがね 10 ○錦 キン にしき ○欽 準1級 キン つつしむ ○崟 ギン 高くけわしいみね 会 銜〔啣〕カン・ガン くつわ、ふくむ ※金《キン》は音符今《キン、コン》＋意符土（つち）＋八（鉱物を示す形）	5
会 囷		キン	禾カ 純	9 ○菌 キン かび、ばいきん ○箘 キン しのだけ ○麕〔麇〕キン・クン のろじか、むらがる ※囷《キン》は口＋禾《カ》（いね）でこめぐらの意 ※菌《キン》はきのこ。たけ、ばいきんの意	4
会 堇（堇）	勤	キン	莫カン 純	○菫 キン すみれ 9 ○謹（謹）キン つつしむ 10 ○僅〔僅〕キン わずか ○瑾 キン 美しい玉 ○槿 キン むくげ ○覲 キン 天子にお目にかかる ○饉 キン うえる ※堇《キン》は土＋黄《きいろ》の形。黄色い土、粘土の意 6 ○勤（勤）キン・ゴン つとめる ○懃 キン・ゴン ねんごろ	12

親音符	子音符	音	親音符家族種類	音符家族及び同系語　※赤色の文字は常用漢字　（　）旧字体　〔　〕異体字　「　」別の親音符　○印は形声文字（意符＋音符の構造の字）　※注	字数
禽		キン	純	禽（象）準1級 キン 鳥、いけどる／擒○ キン とらえる、とりこ／檎○ 準1級 キン・ゴ 林―はりんご	3
禁		キン	林リン 純	禁5（会） キン とどめる、宮中／襟9○ キン えり／噤○ キン 口をつぐむ	3
区（區）	ク オウ スウ ウ	ク	品ヒン 四	区3（会）（區） ク くぎる ※旧字區クは品＋匸。くぎってかこう意／駆7○（驅）〔駈〕ク かける、かる／嶇○ ク けわしい／軀○ 準1級 ク からだ／欧8○（歐） オウ 吐く、ヨーロッパ／殴8○（毆） オウ なぐる／嘔○ オウ・ク 吐く、うたう／嫗○ オウ・ウ おうな、暖める／甌○ オウ かめ、はち／謳○ オウ うたう／鷗○ 準1級 オウ かもめ／枢9○（樞） スウ とぼそ、かなめ／傴○ ウ かがむ、背を曲げる	18
句	ク コウ コン	ク	口コウ 四	句5○ ク・コウ 文章の区切り、詩歌の一節	

親音符 子音符	音	親音符家族種類	音符家族及び同系語　※赤色の文字は常用漢字　（ ）旧字体　〔 〕異体字　「 」別の親音符　○印は形声文字（意符＋音符の構造の字）　※注	字数
			駒○ 10 ク こま 佝○ ク・コウ 背の曲がっていること 劬○ ク・グ つかれる 狗○ 準1級 ク・コウ いぬ 枸○ ク・コウ —橘はからたち 煦○ ク あたためる 拘○ 8 コウ とらえる、かかわる 苟○ コウ いやしくも 鉤○〔鈎〕準1級 コウ・ク かぎ、ひっかける 蒟○ コン・ク —蒻はこんにゃく 会 齣 シュツ・セキ こま（フィルムの）、くさり（講談の一段落）	12
瞿	ク	純	会 瞿 ク みる、おそれる 懼○ ク・グ びくびくする 衢○ ク 広い四つ辻、ちまた ※隹と両眼から成る。鳥のするどい目の意	3
具 グ ク	グ	二	会 3 具 グ そなわる、つぶさに 颶○ グ つむじかぜ、はやて 惧○ 10 ク・グ おそれる 倶○ 準1級 ク・グ ともに 「算 サン 3」 ※貝《バイ》（鼎《ティ》の略形）＋廾《キョウ》（両手）の形。両手で鼎を捧げる形。竹かんむりをつけると算の形となる。貞《ティ》の項参照	4
禺 グ グウ	グ	二	象 禺 グ・グウ 長尾猿、隅 愚○ 8 グ おろか 偶○ 8 グウ つれあう ※禺《グ》は大きな頭と長い尾のさるの形。おながざる	

親音符 子音符	音	親音符家族種類	音符家族及び同系語 ※赤色の文字は常用漢字 （ ）旧字体 〔 〕異体字 「 」別の親音符 ○印は形声文字（意符＋音符の構造の字） ※注	字数
禺のつづき 耦	グウ		8 遇○ グウ・グ 出合う、たまたま 9 隅○ グウ・グ すみ 寓○ 準1級 グウ・グ 仮住い、かこつける 嵎○ グウ・グ 山のくま ※万（萬）《マン》は別の生い立ち。同じ字素 禸 を持つ字「禹《ウ》」「离《リ》」「禽《キン》」「万（萬）《マン》」「厉（厲）《レイ》」 耦○ グウ たぐい、つれあい 藕○ グウ はす、れんこん	9
空	クウ	工《コウ》 紅 一	1 空○ クウ そら、あく、から 8 控○ コウ ひかえる 倥○ コウ 忙しい、愚か 悾○ コウ まこと 腔○ 準1級 コウ・クウ 体内の空虚な部分 箜○ コウ・ク ―篌はくだら琴 ※穴（あな）＋音符工《コウ》 から、むなしい、あくの意	6
屈	クツ	出《シュツ》 純	7 屈○ クツ かがむ 7 掘○ クツ ほる 9 堀○ クツ・コツ ほり 10 窟○ クツ いわや 倔○ クツ 意地が強い 崛○ クツ そばだつ	6
君 クン グン キン	クン	尹《イン》 三	会 3 君 クン きみ 裙○ クン もすそ、下着 4 郡○ グン・クン こおり、地方行政区 4 群○ グン むれ	

親音符 子音符	音	親音符家族種類	音符家族及び同系語 ※赤色の文字は常用漢字 （ ）旧字体 〔 〕異体字 「 」別の親音符 ○印は形声文字（意符＋音符の構造の字） ※注	字数
			窘○ キン 苦しむ、たしなめる	5
熏 会（熏）	クン	紅一	9 勲○（勳） クン いさお、てがら／9 薫○（薰） クン かおる／燻○ クン いぶす、くすぶる／醺○ クン ほろよい／壎○ ケン つちぶえ、土を焼いて作った卵型の笛／※熏《クン》は黑（すす）＋屮《テツ》（上にのびる）	7
軍 グン クン ウン コン キ	グン	車シャ 五	会 4 軍○ グン・クン いくさ、兵士の集団／葷○ クン においの強い野菜／皸○〔皹〕 クン ひび、あかぎれ／3 運○ ウン はこぶ／暈○ ウン かさ、めまい／渾○ コン すべて、にごる／褌○ コン ふんどし／諢○ コン・ゴン たわむれる、―名はあだ名／鶤○ コン しゃも／※軍は車の上に立てた旗がなびいている形。あるいは勹（包の省略形）、車でつつむ、かこむ／6 揮○ キ ふるう、指図する／7 輝○ キ かがやく／暉○ キ ひかり、かがやく／※輝《キ》は音符軍《グン→キ》と意符光。部首は例外的に車とする	13
幵（井）	ケイ	紅一	2 形○ ケイ・ギョウ かたち、すがた／5 耕○（耕） コウ たがやす	

親音符 子音符	音	親音符家族種類	音符家族及び同系語　※赤色の文字は常用漢字　（　）旧字体　〈　〉異体字　「　」別の親音符　○印は形声文字（意符＋音符の構造の字）　※注	字数
开のつづき　刑	ケイ		刑○ 8 ケイ・ギョウ しおき、罰する　型○ 5 ケイ かた、いがた、手本　荊○〈荆〉 準1級 ケイ いばら	7
（幵） ケン ケイ カン	ケン	三	会 幵 ケン そろえる、たいら　研○ 3（硏）ケン・ゲン みがく、とぐ　妍○ ケン・ゲン 美しい　枅○〈枅〉ケン・ケイ とがた　笄○ ケイ こうがい、かんざし　栞○ カン しおり　※音符はケン→カン　会 開 3 カイ ひらく、あく　※井《ケイ》は型枠の形。幵《ケン》はさおを揃えた形　※開は門（かんぬき）＋廾（両手）の形。かんぬきをあげるさま	9
象 兮	ケイ	丂《コウ》 雑	盻○ ケイ にらむ　謚○〈諡〉シ おくりな、よびな　※兮は鳴子板の形。楚辞に多く用いられる	3
兄	ケイ	四	指 兄 2 ケイ・キョウ あに　況○ 7 キョウ ようす　会 競 4 キョウ・ケイ きそう、せる　会 祝 4 シュク・シュウ いわう　会 呪 10〈咒〉ジュ・シュウ のろう、まじない　「兑」（兌）エツ 9　「克」コク 3　※競《キョウ》は竟＋竟の形	6
象 圣（巠）	ケイ	紅一	形 茎○ 9（莖）ケイ くき　径○ 4（徑）〈逕〉ケイ こみち	

親音符 子音符	音	親音符家族種類	音符家族及び同系語 ※赤色の文字は常用漢字 （ ）旧字体 〔 〕異体字 「 」別の親音符 ○印は形声文字（意符＋音符の構造の字） ※注	字数
			5 ○経（經） ケイ・キョウ・キン へる、たていと ○勁 ケイ つよい ○脛 ケイ すね ○痙 ケイ ひきつる ○頸 準1級 ケイ くび 3 ○軽（輕） ケイ・キン かるい ○剄 ケイ くびきる 8 ○怪 カイ・ケ あやしい ※怪の音符は圣《コツ》で別の字 ※巠《ケイ》は織機にピンと張ったたて糸の象形。まっすぐに通ったものを表す	15
圭 ケイ アイ ア イ カ カイ ガイ ワ	ケイ	大	象 ○圭 準1級 ケイ 先のとがった玉 ○奎 ケイ・キ またぐら ○挂 ケイ・カイ 掛ける ○桂 準1級 ケイ かつら 象 ○珪 準1級 ケイ 玉 ○畦 準1級 ケイ あぜ ○硅 ケイ やぶる、けい素 ○袿 ケイ うちかけ ○罫 準1級 ケイ すじめ ○閨 ケイ ねや、小門 ○鮭 準1級 ケイ・カイ さけ ○蛙 準1級 ア・ワ かえる ○哇 アイ・ア・ワ 吐く、みだらな声 ○娃 準1級 アイ・ア 美しい ○鞋 アイ・カイ わらじ、くつ ○恚 イ いかる 8 ○佳 カ・カイ よい、すぐれる 4 ○街 ガイ・カイ まち ○窪 準1級 ワ・ア くぼ、くぼむ ※圭《ケイ》は先の尖った玉 ※封《フウ》の音符は丰《ホウ》	

親音符 子音符	音	親音符家族種類	音符家族及び同系語 ※赤色の文字は常用漢字 （）旧字体 〈〉異体字 「」別の親音符 ○印は形声文字（意符＋音符の構造の字） ※注	字数
圭のつづき 卦	カ		卦○ 準1級 カ・ケ うらない／8 掛○ カ・カイ かける、かかり／褂○ カイ うちかけ	22
㓞 ケイ キツ ケツ ゲツ セツ	ケイ	五	会 8 契○ ケイ・キツ・ケツ きざむ、ちぎる／禊○ ケイ みそぎ、はらう／8 喫○ キツ のむ／5 潔○ ケツ いさぎよい、きよい／挈○ ケツ・ケイ ひっさげる／齧○〈囓〉ゲツ・ケツ かじる／楔○ セツ・ケツ くさび／※丯＋刀。刃物で刻み目をつけるさまを示し、約束の印をつける意	8
系 ケイ ソン コン	ケイ	糸シ 三	象 6 系 ケイ つなぐ、すじ／3 係○ ケイ かかり／鯀○ コン 大きい魚／※飾り糸を連ねて垂れている形。連なるものの意	5
孫	ソン		会 4 孫 ソン まご／遜○ ソン へりくだる	
冏	ケイ	紅一	象 冏 ケイ・キョウ あきらか、光り輝く／炯○〈烱〉ケイ あきらか／迥○ ケイ はるか／絅○ ケイ うすぎぬ／8 携○（攜）ケイ たずさえる／裔○ エイ 子孫、もすそ／※冏《ケイ》は太陽の光り輝くさま。またはあかり窓の形／※巂《ケイ》はつばめ／※啇《ショウ》は章に分類した	8

親音符 子音符	音	親音符家族種類	音符家族及び同系語　※赤色の文字は常用漢字　（　）旧字体　〈　〉異体字　「　」別の親音符　○印は形声文字（意符＋音符の構造の字）　※注	字数
㡭（𢇍）	ケイ	雑	継（繼）ケイ つぐ、つなぐ（象・7）○ 断（斷）ダン たつ、ことわる（会・5）※𢇍は織機にかけた糸を二つに切っている形	4
[戸攵]	ケイ	二	啓 ケイ ひらく、申す（会・8）綮（綮）ケイ 急所、骨と肉のつなぎ目 ○ 肇 準1級 チョウ はじめ（会）	3
奚（奚）	ケイ	純	奚 ケイ なんぞ（象）渓（溪）ケイ たに（9）○ 鶏（鷄）ケイ にわとり（8）○ 谿 ケイ たにがわ ○ 蹊 ケイ こみち ○ ※奚《ケイ》は大（人を正面からみた形）＋幺（人の首をつないだ紐）＋爫（その紐を持つ手）を表す形。お下げ髪を結った人の形で女の奴隷を表す	7
恵（惠）ケイ	ケイ	二	恵（惠）ケイ・エ めぐむ（会・7）蟪 ケイ —蛄はせみの一種 ○ 穂（穗）スイ ほ（8）○ ※同じ字素を持つ字「專（専）《セン》」。専《セン》は糸巻きを持ち、糸を巻きつける形、転じてもっぱら　[魚恵] さば（国）※叀《ケイ》は上部をくくった袋の形	6
頃 ケイ エイ	ケイ	二	頃 ケイ・キョウ ころ、しばらく（会・10）○ 傾 ケイ かたむく（7）○ ※頁＋匕《カ》（ひっくり返る）。頭をかたむける、かたむくの意　穎〈頴〉準1級 エイ ほさき、秀れている ○ ※禾＋頃の合成字	4

親音符	子音符	音	親音符家族種類	音符家族及び同系語 ※赤色の文字は常用漢字 （）旧字体 〈〉異体字 「」別の親音符 ○印は形声文字（意符＋音符の構造の字） ※注	字数
敬	（敬）	ケイ	紅一	会 6 敬 ケイ・キョウ うやまう、つつしむ 6 警○ ケイ いましめる、禁ずる 檠○ ケイ ゆだめ（弓の曲りを矯正する道具） 7 驚○ キョウ おどろく	4
夐		ケイ	純	会 夐 ケイ はるか、とおい 瓊○ ケイ 美しい玉 ※人＋穴（あな）＋目＋攴の会意、遠くを見わたすさま ※奐《カン》と上部は共通	2
埶	ゲイ セイ セツ ネツ	ゲイ	四	会 4 芸（藝） ゲイ わざ、植える ※埶《ゲイ》＋云《ウン》、土に草木を植える、技術才能の意。熱《ネツ》は埶《ゲイ》＋火であつい意 囈○ ゲイ うわごと、たわごと 会 5 勢 セイ・セ いきおい 4 熱○ ネツ あつい 褻○ セツ ふだん着、けがらわしい ※執《シツ》との混同に注意	6
狊		ケキ	二	鶪○〈鵙〉 ケキ・ゲキ もず 闃○ ゲキ しずか、人気がない ※音符狊《クエキ》。もずは性質があらく、他の小鳥や虫などをえさにする	3
𡭴		ゲキ	単	10 隙○〈隙〉準1級 ゲキ・ケキ すき、ひま ※神梯の前に玉を置き、その光の放射するさま神霊が表れ出たことを示す字。音符は𡭴《ケキ》	2

親音符 子音符	音	親音符家族種類	音符家族及び同系語 ※赤色の文字は常用漢字 （ ）旧字体 〔 〕異体字 「 」別の親音符 ○印は形声文字（意符＋音符の構造の字） ※注	字数
毄（毃）	ゲキ	車シャ 二	7 撃○（擊）ゲキ・ケキ うつ 繫○〔繋〕 準1級 ケイ つなぐ、かかる ※音符毄ケキ（毃は変わった形）、強く打つ、たたく、ぶつ意	4
子	ケツ	単	象 孑 ケツ・ゲツ ひとり、小さい	1
夬	ケツ	四	3 決○ ケツ きめる 刔○ ケツ えぐる 抉○ ケツ えぐる、こじる 象 4 欠（缺○）ケツ かける、かく 訣○ 準1級 ケツ 別れる 鴃○〔鴂〕ゲキ・ケツ もず ＝鵙ケキ・ゲキ もず 会 袂 ベイ たもと 「欮 ケツ 5」 会 夬 カイ・ケツ ゆがけ（右手の親指につけて弓のつるを引く道具） 5 快○ カイ・ケ こころよい	11
穴	ケツ	雑	象 6 穴 ケツ あな [illegible]○〔鴥〕イツ はやい、とぶ	3
血	ケツ	雑	象 3 血 ケツ・ケチ ち 洫○ キョク・ケキ みぞ、ほり 恤○〔卹〕ジュツ・シュツ うれえる、めぐむ	4
頁	ケツ	雑	象 頁 準1級 ケツ・ヨウ かしら、ページ 会 9 煩 ハン・ボン わずらう、うるさい 会 囂 ゴウ やかましい	3

親音符 子音符	音	親音符家族種類	音符家族及び同系語 ※赤色の文字は常用漢字 （）旧字体 〔〕異体字 「」別の親音符 ○印は形声文字（意符＋音符の構造の字） ※注	字数
欮	ケツ	夬《ケツ》純	○厥 ケツ・クツ 其の、ぬかずく ○獗 ケツ たけりくるう ○蕨 準1級 ケツ わらび ○闕 ケツ 宮殿の門 ○蹶 ケツ・ケイ つまずく、はね起きる ※厥《ケツ》は厂＋音符欮《クエツ》。戦のとき、しかけて射かける石の意	5
月●	ゲツ	単	象 1 月 ゲツ・ガツ つき ※三日月の象形。夕方の月をかたどる夕《セキ》には点一つ	1
辥	ゲツ	紅一	○孼 ゲツ わざわい、妾の生んだ子 ○櫱 ゲツ ひこばえ ○糱 ゲツ もやし、こうじ ○薛 セツ かわらよもぎ、はますげ ※薛《セツ→ゲツ》は艸＋音符辥《セツ》の形。草の名 辥《セツ》は辛《シン》＋音符𡴎《ゲツ→セツ》。つみ	4
欠●	ケン	雑	象 欠 ケン あくび 会 7 吹 スイ ふく 8 ○炊 スイ たく、かしぐ ※常用漢字の欠《ケツ》かけるは夬《ケツ》の項参照 ※音符欠《ケン》の家族は雑居で統一した音は存在しない 9 ○軟 ナン・ゼン・ネン やわらかい 会 3 飲 イン・オン のむ ○坎 カン あな、なやむ 会 7 盗（盜）トウ ぬすむ 10 ○羨 セン・ゼン・エン うらやむ ※欠《ケン》は口を開いて立っている人。次《セン》はよだれ。次《ジ》の項参照。羨《セン》は羊とよだれとで、ごちそうを見てよだれを流す意	9

親音符 子音符	音	親音符家族種類	音符家族及び同系語 ※赤色の文字は常用漢字　( )旧字体　〔 〕異体字　「 」別の親音符　○印は形声文字(意符＋音符の構造の字)	※注	字数
犬・	ケン	雑	象 犬 ケン いぬ 1 ○献(獻) ケン・コン ささげる 9 会 突(突) トツ つく、つきでる 7 会 吠 ハイ・バイ ほえる 準1級 会 哭 コク なく 会 器(器) キ うつわ 4	※突《トツ》は穴から犬が急に飛び出す ※音符犬《ケン》の家族は雑居で統一した音は存在しない	11
猋	ヒョウ		会 猋 ヒョウ 犬がむらがり走る、つむじ風 ○飆 ヒョウ つむじ風		
龹(龹) ケン カン	ケン	紅一	○券 ケン 手形、切符 5 ○拳 ケン・ゲン こぶし 10 ○眷 ケン かえりみる、みうち 「巻 カン 9」 ○豢 カン やしなう、家畜を飼う	※龹《ケン》の音符は釆《クエン》(龹は変わった形) ※同じ字素を持つ字「朕《トウ》」	4
象 肙 ケン エン	ケン	二	○娟 ケン・エン うつくしい ○涓 ケン 小さな流れ、わずか ○蜎 ケン 美しい 準1級 ○狷 ケン 心がせまい、かたいじ		9
絹	ケン		○絹 ケン きぬ 6 ○羂 ケン わな、つなぐ ○鵑 ケン 杜—はほととぎす ○悁 エン・ケン いかる、うれえる ○捐 エン 捨てる、寄付する	※肙《エン》(ぼうふら)の形	

親音符 子音符	音	親音符家族種類	音符家族及び同系語 ※赤色の文字は常用漢字 （ ）旧字体 〈 〉異体字 「 」別の親音符 ○印は形声文字（意符＋音符の構造の字） ※注	字数
見● ケン ゲン テン カン	ケン	四	会 1 見 ケン・ゲン みる ／ 倪○ ケン うかがう ／ 硯○ 準1級 ケン・ゲン すずり ／ 筧○ ケン かけい ／ 蜆○ ケン しじみ ／ 5 現○ ゲン あらわれる ／ 靦○ テン あつかましい ／ 9 寛○（寬） カン くつろぐ ／ 覡○ ゲキ かんなぎ、男のみこ ※見《ケン》は目玉の大きい人が目をみはるさまを描いた形 ※寛《カン》の音符は萈《クワン》 ※覡《ゲキ》は意符巫《フ》（みこ）＋音符見《ケン→ゲキ》	10
僉（僉） ケン セン カン レン	ケン	四	8 倹○（儉） ケン つましい ／ 7 剣○（劍）〈劒・劔〉 ケン つるぎ ／ 5 険○（險） ケン けわしい ※音符の発音にはケンを採用したが、セン→ケンに転音したものである 5 検○（檢） ケン しらべる ／ 4 験○（驗） ケン・ゲン ためす、しるす ／ 嶮○ ケン けわしい ／ 臉○ ケン・レン ほお ／ 瞼○ ケン まぶた ／ 鹸○〈鹼〉 準1級 ケン 石けん、しおけ ／ 国 籡 しんし ／ 会 僉 セン みな ／ 簽○ セン ふだ、題—はだいせん ／ 歛○ カン 望む、欲しがる ／ 匳○〈奩〉 レン 小箱、化粧箱 ※亼（集めることを示す符号）＋吅从。口人は祝詞（のりと）を収める器の𠙵（さい）を戴いておいのりする人の形で、二人並んでおいのりする形でみなの意を表した	

親音符 子音符	音	親音符家族種類	音符家族及び同系語 ※赤色の文字は常用漢字 （ ）旧字体 〔 〕異体字 「 」別の親音符 ○印は形声文字(意符＋音符の構造の字) ※注	字数
斂	レン		斂○ レン おさめる、納棺する 瀲○ レン 水が満ちあふれる、みぎわ	25
会 显(㬎)	ケン	二	9 顕(顯)○ ケン あきらか、あらわれる 8 湿(濕)○ シツ しめる、うるおう 隰○ シツ・シュウ さわ、低湿地 ※㬎《ケン》(あきらか)は日と絲から成る。日ざしの中で細い糸がはっきり見えるさま	5
臤○ ケン キン コウ	ケン	三	8 緊○ キン ひきしめる 8 賢○ ケン かしこい 国 樫 準1級 かし ※臤《ケン》は音符臣《シン→カン》＋音符又《ユウ》(手で持つ)の形声	
堅	ケン		7 堅○ ケン かたい 鏗○ コウ 金属のふれあう音 慳○ ケン・カン 惜しむ、意地が悪い 鰹○ 準1級 ケン かつお	7
建	ケン	聿イツ 純	会 4 建 ケン・コン たてる、たつ 4 健○ ケン すこやか 10 鍵○ ケン かぎ 腱○ ケン すじ ※建《ケン》は廷《テイ》(廴は省略形、朝廷)と聿《イツ》(筆の原字)から成る	4
県(縣)	ケン	純	会 3 県(縣) ケン 日本の地方自治体、あがた 9 懸○ ケン・ケ かける、かかる ※同じ字素を持つ字「真(眞)《シン》」。県、眞は不可	3
兼(兼)ケン	ケン	三	会 7 兼 ケン かねる、予め 9 嫌○ ケン・ゲン きらう、いや 9 謙○ ケン・キョウ へりくだる、つつしむ	

親音符	子音符	音	親音符家族種類	音符家族及び同系語　※赤色の文字は常用漢字　（）旧字体　〔〕異体字　「」別の親音符　○印は形声文字（意符＋音符の構造の字）　※注	字数
兼のつづき	廉 レン タン	レン		○慊 ケン・キョウ あきたりる、満足する ○蒹 ケン おぎ ○歉 ケン あきたりない ○鎌 10 レン かま ○廉 8 レン やすい、心が清い ○簾 準1級 レン すだれ ○蠊 レン 蜚蠊—はごきぶり 秉 会 ヘイ つかみとる ○賺 タン なだめすかす、だます ※秉ヘイは一つの手（ヨ）で一本のいね（禾）を持っているさま ※兼ケンは一つの手（ヨ）で二株のいね（禾）を合わせ持っているさま。かねる意を表す	12
遣		ケン	純	○遣 7 ケン つかう、つかわす、やる ○譴 ケン せめる、とがめる 鑓 国 準1級 やり ※音符は𠳋ケン。ときはなつ意	3
憲		ケン	単	憲 会 6 ケン のり、のっとる ※憲の上部は害の上部と同じでとってのついた大きい針。この針で目の上に罰として入れ墨を入れる。おきて、法の意	1
元	ゲン ガン	ゲン	二	元 指 2 ゲン・ガン もと、はじめ ○芫 ゲン ふじもどき ○阮 ゲン 中国周代の国名、姓の一 ○頑 9 ガン かたくな、じょうぶ ○玩 10 ガン もてあそぶ ○翫 準1級 ガン もてあそぶ 「完 カン 8」 ※二一（人の頭部の象徴）＋儿（人の足の形で人を表す）。人の頭、かしら、ひいてはもと、はじめの意がある	6

親音符 子音符	音	親音符家族種類	音符家族及び同系語 ※赤色の文字は常用漢字 （ ）旧字体 〔 〕異体字 「 」別の親音符 ○印は形声文字（意符＋音符の構造の字）	※注	字数
玄●	ゲン	幺ヨウ 二	象 7 玄 ゲン くろい、ふかい 会 9 弦○ ゲン つる 10 舷○ ゲン ふなばた 呟○ ゲン つぶやく 眩○ ゲン くらむ、まぶしい 絃○ 準1級 ゲン いと、つる 衒○ ゲン てらう 鉉○ ゲン・ケン つる 牽○ 準1級 ケン ひく 痃○ ケン・ゲン 筋肉のひきつる病気	※玄《ゲン》は黒い糸をねじってたばねた形。ふかい意 ※同じ字素を持つ字「率《ソツ》」「畜《チク》」	10
产○（产） ゲン ガン サン サツ 産	ゲン サン	厂ガン 四	彦○（彥） 準1級 ゲン ひこ ※文（文身、朱色などで一時的に描いた入れ墨）＋厂（額の形）。その色の美しさを彡で示した。生まれた子供の額に入れ墨を加える儀礼を産という 諺○ 準1級 ゲン ことわざ 2 顔○（顏） ガン かお 偐○ ガン・ゲン にせ 4 産○（產） サン うむ 薩○ 準1級 サツ 梵語のサツ音訳字		9
言●	ゲン	雑	象 2 言 ゲン・ゴン いう、ことば 会 4 信 シン まこと 這○ 準1級 シャ・ゲン この、はう 会 詈 リ ののしる 会 7 罰 バツ・バチ・ハツ しおき	※同じ字素を持つ字「日（詹）《タン》」	5

親音符 子音符	音	親音符家族種類	音符家族及び同系語　※赤色の文字は常用漢字　（）旧字体　〔〕異体字　「」別の親音符　○印は形声文字（意符＋音符の構造の字）　※注	字数
原	ゲン	厂《ガン》 紅一	会 2 原 ゲン はら、もと ※原は厂《ガン》＋泉《セン》の字、水源の意 6 源○ ゲン みなもと 愿○ ゲン つつしむ 螈○ ゲン 蠑─はいもり 4 願○ ガン ねがう	5
厳（嚴）	ゲン	厂《ガン》 二	6 厳○（嚴） ゲン・ゴン おごそか、きびしい 儼○ ゲン おごそか 巖○ 準1級 ガン いわお、けわしい	4
戸（戶）•	コ	三	象 2 戸 コ と、家 象 7 肩 ケン かた 3 所○ ショ・ソ ところ ※片側に開くとびらの形をかたどったもの。同じ字素を持つ字「扁《ヘン》」「攷《ケイ》」「扇《セン》」	7
雇	コ		8 雇○ コ やとう 8 顧○ コ かえりみる	
扈	コ		扈○ コ したがう 滬○ コ えり、川の名	
古	コ	紅一	会 2 古 コ ふるい 7 枯○ コ かれる 估○ コ 値、売る 姑○ 準1級 コ しゅうとめ、しばらく 怙○ コ たのむ、父母 沽○ コ 売る、買う 罟○ コ 魚・獣をとるあみ	

親音符	子音符	音	親音符家族種類	音符家族及び同系語 ※赤色の文字は常用漢字 （ ）旧字体 〔 〕異体字 「 」別の親音符 ○印は形声文字（意符＋音符の構造の字）	※注	字数
	故	コ		○蛄 コ 螻蛄—はけら ○詁 コ 古い言葉を読みとく ○辜 コ つみ ○鈷 準1級 コ 仏具の名 ○鴣 コ 鷓鴣—はしゃこ 「固」7 コ 「胡」7 コ ○苦 3 ク くるしい、にがい ○故 5 コ ゆえに、ふるい ○做 サ	※做《なす、する》は人＋音符故コ→サ。もとは作《サク》の俗字	15
乎		コ	二	指 乎 準1級 コ か、や、かな ○呼 6 コ よぶ、息をはく ○罅 カ ひび、すきま		3
夸		コ	于ウ 純	○夸 コ・カ ほこる、おごる ○誇 7 コ ほこる ○刳 コ えぐる ○胯 コ またぐら ○袴 準1級 コ はかま ○跨 準1級 コ またぐ ○瓠 コ ひさご、ふくべ	※夸《コ》は大＋音符亏《ウ》。足をひろげて大またにまたぐ意	7
固		コ	古コ 紅一	○固 4 コ かたい ○個 5 コ・カ ひとり、物を数えることば ○錮 10 コ とじこめる ○凅 コ 氷る ○涸 コ かれる ○痼 コ しこり ○箇 7 カ・コ 物を数えることば		7

親音符	子音符	音	親音符家族種類	音符家族及び同系語　※赤色の文字は常用漢字　（　）旧字体　〔　〕異体字　「　」別の親音符　○印は形声文字（意符＋音符の構造の字）　※注	字数
虎		コ	三	象 10 虎 コ とら／○琥 コ —珀はこはく／○虧 キ 欠ける／「虚 キョ 7」／「豦 キョ 3」／会 彪 準1級 ヒュウ・ヒョウ あや、まだら／国 鯱 しゃち	5
胡		コ	古コ 紅一	○胡 準1級 コ・ゴ・ウ えびす、なんぞ／○湖 3 コ みずうみ／○瑚 準1級 コ・ゴ 珊—はさんご／○糊 準1級 コ のり／○蝴 コ —蝶はこちょう／○餬 コ かゆ／○醐 準1級 ゴ・コ 醍—はだいご	7
壴		コ	三	※樹、廚の音符は尌《ジュ》　※嘉《カ》の音符は加《カ》。鼕《トウ》は冬《トウ》　※同じ字素を持つ字「彭《ホウ》」「喜《キ》」	4
	尌	ジュ		6 ○樹 ジュ 立ち木／○廚 チュウ・ズ 廚の異体字、くりや	
	鼓	コ		会 7 鼓 コ つづみ／○瞽 コ 目が見えない	
壺		コ	二	象 壺 準1級 コ つぼ／象 壼 コン 宮中の通路、奥に仕える女性	2

親音符	子音符	音	親音符家族種類	音符家族及び同系語　※赤色の文字は常用漢字　（　）旧字体　〔　〕異体字　「　」別の親音符　○印は形声文字（意符＋音符の構造の字）　※注	字数
賈		コ	二	賈○ コ・カ あきなう、あきんど 価5 (價)○ カ あたい ※賈《コ》の意符貝＋音符襾《コ》	3
午	許 ゴ・コ・キョ・ショ	ゴ / キョ	四	午 象 2 ゴ 十二支のうま 忤○ ゴ さからう 杵○ 準1級 ショ きね 「卸 シャ 4」 許5○ キョ・コ ゆるす 滸○ コ ほとり、みぎわ ※午《ゴ》はきねを描いた形	5
五	吾	ゴ / ゴ	紅一	五 指 1 ゴ いつつ 伍○ 準1級 ゴ くみ、いつつ 吾○ 準1級 ゴ われ 悟8○ ゴ さとる 語2○ ゴ・ギョ かたる、ことば 圄○ ゴ・ギョ 牢屋 唔○ ゴ くちごもる 晤○ ゴ あきらか 梧○ 準1級 ゴ あおぎり 牾○ ゴ さからう 寤○ ゴ 目がさめる 鼯○ ゴ むささび 齬○ ゴ くいちがう 衙○ ガ つかさ、役所	14
互		ゴ	二	互 象 7 ゴ たがい 沍○ ゴ・コ 水がかれる、凍る 冱○ ゴ・コ 冴える、凍る ※よく似た形の字に亙《コウ》。亘（亙）《コウ》の項参照	3

親音符 子音符	音	親音符家族種類	音符家族及び同系語 ※赤色の文字は常用漢字 （）旧字体 〔〕異体字 「」別の親音符 ○印は形声文字（意符＋音符の構造の字） ※注	字数
呉（呉） グ ゴ	ゴ	二	会 9 呉 ゴ 昔の中国の国名、くれる／8 娯○ ゴ たのしむ／6 誤○ ゴ あやまる／茣○ ゴ いぐさに似た草／蜈○ ゴ 一蚣はむかで／9 虞○ グ おそれ／麌○ グ・ゴ おじか	7
厶・（㠯）／勾／弘	コウ／コウ／コウ	紅一	「公 コウ 13」 ※仏は佛《ブツ》、払は拂《フツ》の略字／象 10 勾 コウ まがる、とらえる／鈎○ コウ 鉤の異体字／弘○ 準1級 コウ・グ ひろい、ひろめる／泓○ オウ 深いふち	4
	シ	純	6 私○ シ わたし／「以 イ 3」／「矣 イ 7」 ※厶《シ》は耜《すき》《シ》の象形。イは変化した音。すきを用いて耕作する人を私という ※同じ字素を持つ字「台《タイ》」「夋《シュン》」	1
象 丂／号	コウ／ゴウ	雑	8 巧○ コウ たくみ／「考 コウ 3」／攷○ コウ かんがえる／7 朽○ キュウ くちる／会 3 号（號） ゴウ さけぶ、なまえ／饕○ トウ むさぼる ※同じ字素を持つ字「兮《ケイ》」「甹《ヘイ》」	6
口・	コウ	紅一	象 1 口 コウ・ク くち／叩○ 準1級 コウ たたく／扣○ コウ ひかえる、たたく／釦○ 準1級 コウ ぼたん	

親音符 子音符	音	親音符家族種類	音符家族及び同系語 ※赤色の文字は常用漢字 （ ）旧字体 〔 〕異体字 「 」別の親音符 ○印は形声文字（意符＋音符の構造の字） ※注	字数
			「后 コウ 4」「向 コウ 2」 杏○ 準1級 キョウ・アン あんず	5
工•	コウ	純	工 象 2 コウ・ク 物をつくる、たくみ 功○ 4 コウ・ク てがら 紅○ 6 コウ・ク・グ べに、くれない 攻○ 7 コウ せめる 項○ 7 コウ 項目、うなじ 虹○ 10 コウ にじ 扛○ コウ かつぐ、かつぎあげる 杠○ コウ 小さな橋、よこぎ 汞○ コウ みずかね（水銀） 肛○ コウ しりのあな 矼○ コウ かたい、石橋 缸○ コウ 大きなかめ 訌○ コウ うちわもめ 「空 クウ 6」	18
江	コウ		江○ 9 コウ え 鴻○ 準1級 コウ おおとり	
貢	コウ		貢○ 9 コウ・ク みつぐ 熕○ コウ 大砲 槓○ コウ てこ	
孔	コウ	二	孔 指 8 コウ・ク あな 吼○ ク・コウ ほえる	2
厷 象	コウ	ムコウ 純	宏○ 準1級 コウ ひろい 肱○ 準1級 コウ ひじ 紘○ 準1級 コウ おおづな ※雄は元は雄《ユウ》で音符は右《ユウ》	3

親音符 子音符	音	親音符家族種類	音符家族及び同系語 ※赤色の文字は常用漢字 （ ）旧字体 〔 〕異体字 「 」別の親音符 ○印は形声文字（意符＋音符の構造の字） ※注	字数
亢	コウ	純	亢（象） コウ たかぶる、のど ／ ○坑 8 コウ あな、生きうめ ／ ○抗 7 コウ はむかう ／ ○航 4 コウ 水や空をわたる ／ ○伉 コウ つれあい、匹敵する ／ ○吭 コウ のど ／ ○杭 準1級 コウ くい ／ ○頏 コウ のど、くび	8
公 コウ コン ショウ スウ オウ	コウ	ム《コウ》 五	公（会） 2 コウ・ク おおやけ、きみ ／ ○蚣 コウ むかで ／ ○訟 9 ショウ・ジュ うったえる ／ ○頌 ショウ・ジュ ほめる	13
袞	コン		○袞〈衮〉 コン 天子の礼服 ／ ○滾 コン たぎる ※頌偈《ジュゲ》はお経で詩の形式をした部分で仏の徳をたたえたもの	
松	ショウ		○松 4 ショウ まつ ／ ○鬆 ショウ・ソウ す、粗い ／ ○菘 スウ・シュウ すずな ※袞《コン》は㕣《エン》＋衣の形	
翁	オウ		○翁 9 オウ おきな ／ ○鶲 オウ ひたき ／ ○瓮 オウ かめ、もたい ／ 「忩 ソウ 6」	
爻	コウ	四	○駮 準1級 バク・ハク まだら、非難する ／ ○肴 準1級 コウ さかな ／ ○淆 コウ まじる、入りみだれる ／ 「希 キ 6」 ／ 教（会） 2 （敎） キョウ おしえる ※同じ字素を持つ字「𦥯《カク》」「樊《ハン》」。爻は千木《ちぎ》形式の屋根のある建物の形。神聖な建物である	5

親音符 子音符	音	親音符家族種類	音符家族及び同系語 ※赤色の文字は常用漢字 （）旧字体 〔〕異体字 「」別の親音符 ○印は形声文字（意符＋音符の構造の字） ※注	字数
象 卬	コウ	雑	○昂 準1級 コウ・ゴウ あがる、たかぶる ○仰 7 ギョウ・コウ あおぐ、おおせ ○迎 7 ゲイ・ギョウ・ゴウ むかえる 会 抑 8 ヨク おさえる 会 印 4 イン しるし、はんこ ※卯《ボウ》と混同しないように注意 ※𠤎（立ち姿の人）＋卩（ひざまずいている人）。人が向い合う形。地位が下の人は仰ぐ、むかえるとなり、上の人は抑えるとなる。 印は卬の変形。人を押さえつける意	5
甲 コウ オウ	コウ	二	象 甲 8 コウ・カン きのえ、よろい ○岬 9 コウ みさき ○匣 コウ はこ ○呷 コウ あおる ○狎 コウ なれる、あなどる ○胛 コウ かいがらぼね ○閘 コウ・オウ 水門、ひのくち ○押 7 オウ おす、おさえる ○鴨 準1級 オウ かも ※よろいの姿にかたどる	9
広（廣） コウ カク	コウ	黄コウ 紅一	○広 2（廣） コウ ひろい ※広は广と音符黄《コウ》の形 ○鉱 5（鑛） コウ あらがね ○壙 コウ あな ○曠 コウ あきらか、むなしい	

親音符 子音符	音	親音符家族種類	音符家族及び同系語 ※赤色の文字は常用漢字 （ ）旧字体 〔 〕異体字 「 」別の親音符 ○印は形声文字（意符＋音符の構造の字） ※注	字数
広のつづき			礦○ 準1級 コウ あらがね／纊○ コウ わた入れ／6 拡○（擴） カク ひろげる	10
交 コウ カク キョウ ハク	コウ	四	象 2 交 コウ まじわる／1 校○ コウ・キョウ 学校、しらべる／8 郊○ コウ 都の外郭／狡○ コウ ずるい／佼○ 準1級 コウ 美しい、わるがしこい／咬○ コウ かむ／鵁○ コウ さぎの一種／蛟○ コウ みずち	
絞	コウ		餃○ コウ ―子はぎょうざ／鮫○ 準1級 コウ さめ／8 絞○ コウ しぼる、しめる／纐○ コウ しぼりぞめ	
			7 較○ カク・コウ くらべる／皎○ キョウ・コウ しろい、きよい／駮○ ハク・バク まだら、非難する	
効	コウ		5 効○（效） コウ きく、てがら／傚○ コウ みならう	18
向	コウ	ロコウ 二	象 8 向 コウ・キョウ むく、むかう／餉○ ショウ かれいい、食糧をおくる／「尚（尙） ショウ 16」	2
光	コウ	純	会 2 光 コウ ひかり／恍○ コウ とぼける、うっとりする／洸○ コウ 水が広く深いさま	

親音符 子音符	音	親音符家族種類	音符家族及び同系語 ※赤色の文字は常用漢字 （）旧字体 〔〕異体字 「」別の親音符 ○印は形声文字（意符＋音符の構造の字） ※注	字数
晃	コウ		○桄 コウ はしごの横木　○胱 コウ 膀—はぼうこう　○絖 コウ わた、ぬの　○觥 コウ つのさかずき　※光は部首ではない　○晃〔晄〕 準1級 コウ あきらか　○幌 準1級 コウ ほろ　○滉 コウ ひろい　※火＋儿（人の足の形）。馳せる足の上に大きな火を描き火を強調している。目を強調した見、頭を強調した元、足跡を強調した先など同じ作り	11
行●	コウ	純	象 2 行 コウ・ギョウ・アン いく、ゆく、おこなう　10 ○桁 コウ けた　9 ○衡 コウ はかり　○絎 コウ へり、くける　国 衍 ゆき　国 鵆 ちどり　※十字路の形をかたどった。大きな道が交叉している形を表す	6
后	コウ	ロコウ 純	会 6 后 コウ・ゴ きさき、あと　○垢 準1級 コウ・ク あか　○逅 コウ めぐりあう　○詬 コウ・ク はずかしめる、ののしる　※口＋人（⼫は変わった形）。うしろ、のち。きさき	4
亘〔亙〕コウ	コウ（カン）	三	会 亙 準1級 コウ わたる　象 亘 準1級 コウ・セン わたる、めぐる　7 ○恒（恆） コウ つね	

親音符 子音符	音	親音符家族種類	音符家族及び同系語 ※赤色の文字は常用漢字 （）旧字体 〈〉異体字 「」別の親音符 ○印は形声文字（意符+音符の構造の字） ※注	字数
亘の《つづき》 エン カン			姮○〈嫦〉 コウ ―娥は月に住む美女 ／ 9 垣○ エン かき ／ 桓○ 準1級 カン しるしとして立てた木、ぐるぐるめぐる ／ 「宣 セン 7」 ／ ※亙は二+舟。舟が対岸とを行き来する。わたる ／ ※亘はまわりを囲った形。めぐる	8
会 夅（夅）	コウ	純	6 降○（降） コウ・ゴウ おりる、ふる ／ 絳○ コウ 深い赤色 ／ ※夅《コウ》は下に向かっていく足の形。くだる意	3
考	コウ	丂《コウ》 二	2 考○ コウ かんがえる ／ 9 拷○ ゴウ・コウ うつ、たたく ／ 栲○ コウ・ゴウ たえ、ぬるで ／ ※考は老+音符丂《コウ》	3
孝	コウ	純	会 6 孝 コウ・キョウ 親によく仕える ／ 8 酵○ コウ こうじ、かもす ／ 哮○ コウ ほえる ／ ※教《キョウ》は爻《コウ》に分類	3
更 コウ ベン ソ	コウ	三	7 更○ コウ さら、ふける ／ 8 硬○ コウ かたい ／ 10 梗○ コウ・キョウ ふさがる、桔―はききょう ／ 哽○ コウ むせぶ ／ 粳○ コウ うるち ／ 会 甦 ソ よみがえる ＝蘇《ソ・ス》 ／ ※更《コウ》は意符攴《ボク》+音符丙《ヘイ→カウ》	8
便	ベン		会 4 便 ベン・ビン 便利、たより ／ 鞭○ 準1級 ベン・ヘン むち	

親音符 子音符	音	親音符家族種類	音符家族及び同系語 ※赤色の文字は常用漢字 〔 〕旧字体 〈 〉異体字 「 」別の親音符 ○印は形声文字(意符+音符の構造の字)	※注	字数
岡	コウ	紅一	4 岡○ コウ おか 〈堽〉／8 綱○ コウ つな／6 鋼○ コウ はがね／崗○ コウ おか／会 9 剛 ゴウ・コウ つよい	※岡は鋳物や陶器を焼く竈の形で、山は火の変化した形。本当の岡は崗。鋳物の型を外すのに刀を加えて取り出すのが剛である	6
幸	コウ	紅一	会 3 幸 コウ さいわい、さち／倖○ 準1級 コウ 思いがけない幸せ／睾○ コウ きんたま／「尺(睪) エキ 13」／会 圉 ギョ・ゴ 牢獄、馬飼い／「執 シツ 5」	※幸は手かせの象形。執は両手をさし出して手かせをかけられ捕われているさま	4
荒	コウ	巟コウ 純	7 荒○ コウ あれる、あらい／8 慌○ コウ あわてる		2
侯(矦)	コウ	純	9 侯○ コウ 爵位の二位、大名／10 喉○ コウ のど／猴○ コウ さる／篌○ コウ・ゴ 箜―はこうこう(くだら琴)／4 候○ コウ そうろう、うかがう	※本来は矦コウの形で人が弓矢で的をうかがうさま／※初形は医コウ(矢と的の垂れ幕)。のちに矦→侯→候と変わった	5
皇	コウ	王オウ 紅一	象 6 皇 コウ・オウ 君、天皇	※土(のち王の形に)の上に火の光(白は変わった形)がかがやくさま。おおきみ。天上の神	

親音符 子音符	音	親音符家族種類	音符家族及び同系語 ※赤色の文字は常用漢字 （ ）旧字体 〔 〕異体字 「 」別の親音符 ○印は形声文字（意符＋音符の構造の字） ※注	字数
皇のつづき			徨○ コウ さまよう　惶○ コウ おそれる　隍○ コウ から堀　煌○ コウ かがやく　遑○ コウ いとま、あわただしい　篁○ コウ たかむら　蝗○ コウ いなご　鍠○ コウ 鐘の音、まさかり　鰉○ コウ ひがい（コイ科の淡水魚）　凰○ 準1級 オウ・コウ おおとり	11
冓（冓）	コウ	紅 一	象 冓 コウ 組み立てる、かまえる　9 溝○ コウ みぞ　5 構○ コウ かまえる　5 講○ コウ 説き明かす　9 購○ コウ あがなう　媾○ コウ まじわる　搆○ コウ 組み立てる　遘○ コウ 出合う　篝○ コウ ふせご、かがり　覯○ コウ めぐり合う　※媾以下の字はすべて冓も許容字体　会 5 再 サイ・サ ふたたび　※竹で編んだかごの形。くみ立てる、かまえる意	11
羔	コウ	羊ヨウ 二	羔○ コウ 小羊　羹○ コウ・カン あつもの、肉や野菜を煮た吸い物　9 窯○ ヨウ かま　※羔コウは羊ヨウ＋音符照ショウ→コウ（灬は省略形）	3
高● コウ ゴウ	コウ	四	象 2 高 コウ たかい　7 稿○ コウ わら、したがき　槁○ コウ 枯れ木　犒○ コウ ねぎらう　敲○ コウ たたく	

親音符 子音符	音	親音符家族種類	音符家族及び同系語 ※赤色の文字は常用漢字 （ ）旧字体 〈 〉異体字 「 」別の親音符 ○印は形声文字（意符＋音符の構造の字） ※注	字数
カク 蒿 豪	 コウ ゴウ		○膏 準1級 コウ あぶら ○縞 準1級 コウ しま、白い絹 ○鎬 コウ しのぎ、鍋 ○毫 ゴウ 細い毛、僅か ○塙 準1級 カク・コウ やせ地、はなわ 嵩 会 準1級 スウ・シュウ かさ、かさむ、たかい、かさだかい ○蒿 コウ よもぎ ○嚆 コウ さけぶ、矢が鳴る ○藁 準1級 コウ わら 7 ○豪 ゴウ・コウ つよい ○壕 準1級 ゴウ ほり ○濠 準1級 ゴウ ほり	17
盍	コウ	去キョ 紅一	盍 象 コウ おおう、なんぞ ○闔 コウ とびら、とじる ○溘 コウ たちまち、にわかに 蓋 会 10 〈葢〉 準1級 ガイ・コウ おおう、ふた ※皿にふたをした形。ふたやとびらをとじる意	5
康	コウ	純	康 会 4 コウ すこやか、やすい ○慷 コウ なげく ○糠 準1級 コウ ぬか ○鱇 コウ 鮟―はあんこう 庚 会 準1級 コウ かのえ ※逮《タイ》の音符は隶《タイ》（獣尾を彐(手)で持つ形）で別の生い立ちの字 同じ字素を持つ字「唐《トウ》」「庸《ヨウ》」 ※康《コウ》は庚《コウ》＋米の会意	5

親音符 子音符	音	親音符家族種類	音符家族及び同系語　※赤色の文字は常用漢字　（）旧字体　〈〉異体字　「」別の親音符　○印は形声文字（意符＋音符の構造の字）　※注	字数
黄・（黃）	コウ	二	2 [象] 黄（黃） コウ・オウ き 3 横○（橫） オウ・コウ よこ、正しくない 簧○ コウ 笛の舌 黌○ コウ 古代の学校 「広（廣） コウ 10」 ※黌《コウ》学校の音符は黄《コウ》	6
皐	コウ	純	[会] 皐〈皋〉 準1級 コウ 沢、五月の異名さつき ※白＋本《トウ》（すすむ） 槹○〈槔〉 コウ 桔—はきっこう（はねつるべ）	4
合 ゴウ コウ キュウ トウ シュウ	ゴウ	口《コウ》 大	2 [会] 合 ゴウ・ガッ・カッ・コウ あう 哈○ ゴウ・コウ・ソウ・ハ すする 盒○ ゴウ ふたつきの器 恰○ 準1級 コウ・カッ あたかも 洽○ コウ あまねし 袷○ 準1級 コウ あわせ 蛤○ 準1級 コウ はまぐり 閤○ 準1級 コウ ごてん、くぐりど 鴿○ コウ どばと 姶○ 準1級 オウ みめよい 4 給○ キュウ 足す、与える 3 拾○ シュウ・ジュウ ひろう、十 龕○ ガン・カン・コン ずし [会] 拿〈拏〉 ダ・ナ 捕らえる	
翕	キュウ		[会] 翕 キュウ あつまる、一斉におこる 歙○ キュウ・キュウ・キョウ 吸う、ちぢめる ※亼《シュウ》（集まる）＋口（うつわのくち）。多くの人が集まる意を表す	

親音符	子音符	音	親音符家族種類	音符家族及び同系語 ※赤色の文字は常用漢字　（）旧字体　〔〕異体字　「」別の親音符　○印は形声文字（意符＋音符の構造の字）　※注	字数
	塔	トウ		7 塔○ トウ 高い建物　9 搭○ トウ のる、のせる　荅○ トウ 小豆、こたえる　剳○ トウ・サツ 鎌	24
	答	トウ		2 答○ トウ こたえ、こたえる　劄〈剳〉○ サツ・トウ 挿す、上申書　鞳○ トウ 兵器、つづみの音	
敖		ゴウ	方ホウ 紅一	会 敖 ゴウ あそぶ、おごる　10 傲○ ゴウ おごる　嗷○ ゴウ かまびすしい　熬○ ゴウ いる、焼く　遨○ ゴウ あそぶ　螯○ ゴウ かにやえびのはさみ　鼇○ ゴウ 大亀、大すっぽん　会 贅 ゼイ・セイ むだ、余計なもの　※敖《ゴウ》は出＋放の合成文字。気ままに遊ぶ、転じてやかましい意	8
谷・		コク	三	象 2 谷 コク たに　峪○ ヨク たに　壑○ ガク たに、みぞ　国 硲 準1級 はざま　国 迫 さこ	10
	欲	ヨク		「容 ヨウ 6」　4 浴○ ヨク あびる　6 欲○ ヨク ほしい　慾○ 準1級 ヨク ほっする、ほしがる気持ち　9 裕○ ユウ ゆたか、ひろい　7 俗○ ゾク ならわし、いやしい　※郤《ゲキ》《すきま》の音符は𧮫《キャク》	

親音符 子音符	音	親音符家族種類	音符家族及び同系語 ※赤色の文字は常用漢字 （）旧字体 〔〕異体字 「」別の親音符 ○印は形声文字（意符＋音符の構造の字） ※注	字数
克	コク	二 兄ケイ	克 象 8 コク かつ、うちかつ、よく 剋○ コク かつ、うちかつ、きざむ 兢 会 キョウ おそれつつしむ	3
告（告） コク コウ ゾウ	コク	三	告 会 5 コク つげる、言いつける 酷○ 9 コク むごい 梏○ コク 手かせ 浩○ 準1級 コウ ひろい 晧○ コウ しろい、あきらか 皓○ コウ しろい 窖○ コウ あなぐら 誥○ コウ 上の人が下の人につげる 靠○ コウ もたれる 鵠○〔鵠〕 準1級 コウ・コク くぐい、的の中心	13
造	ゾウ		造 5 ○ ゾウ つくる、いたる 慥○ ゾウ・ソウ たしか ※告《コク》は口＋牛（うし）から成る。つげる、知らせる意	
国（國）	コク	二 玉ギョク 或ワク	国 会 2 （國）〔圀〕 コク くに 摑○ 準1級 カク つかむ 幗○ カク かみかざり	5
黒•（黑）	コク	三	黒 象 2 （黑） コク くろ 墨○ 8 （墨） ボク・モク すみ 默○ 7 （默） ボク・モク だまる	6
獄	ゴク	二	獄 会 8 ゴク 牢屋 岳 象 8 （嶽）○ ガク たけ	3

親音符 子音符	音	親音符家族種類	音符家族及び同系語 ※赤色の文字は常用漢字 （ ）旧字体 〔 〕異体字 「 」別の親音符 ○印は形声文字（意符＋音符の構造の字） ※注	字数
兀	コツ	単	兀 (象) コツ・ゴツ 高く突き出たさま	1
骨• コツ コウ カツ	コツ	三	骨 (会) 6 コツ ほね 榾○ コツ ほた（木の切れはし） 鶻○ コツ はやぶさ 肯 (象) 9 コウ うなずく、肉のついた骨 滑○ 8 カツ・コツ すべる、なめらか 猾○ カツ わるがしこい ※肯《コウ》の正字は肎《コウ》。上部は骨、下部は肉の意	6
今 コン キン ギン タン	コン（キン）	大	今 (仮) 2 コン・キン いま 琴○ 9 キン・ゴン こと 衿○ 準1級 キン えり 衾○ キン ふすま、夜具、掛けぶとん 吟○ 9 ギン うたう 矜○ キョウ・キン あわれむ、ほこる 黔○ ケン くろい 岑○ シン・ギン みね、けわしい 貪○ 10 タン・ドン・トン むさぼる ※同じ字素を持つ字「侌《イン》」「含《ガン》」「念《ネン》」。今は壺などのふたの形から作られた字である	9
艮• コン カン ガン ギン ゲン	コン	四	艮 (会) 準1級 コン・ゴン うしとら、もとる 根○ 3 コン ね 恨○ 8 コン うらむ 痕○ 10 コン あと ※艮は目（め）＋匕（後ろ向き）。目を後ろにそらす、そむく 很○ コン もとる、さからう 狠○ コン もとる 跟○ コン かかと、人の後をついてゆく	

親音符	子音符	音	親音符家族種類	音符家族及び同系語 ※赤色の文字は常用漢字 （ ）旧字体 〔 〕異体字 「 」別の親音符 ○印は形声文字（意符＋音符の構造の字） ※注	字数
艮のつづき	豤	コン		墾[8]○ コン ひらく ／ 懇[9]○ コン ねんごろ ／ 艱○ カン むずかしい ／ 眼[5]○ ガン・ゲン め、まなこ ／ 銀[3]○ ギン しろがね ／ 垠○ ギン かぎり、はて ／ 齦○ ギン・コン はぐき ／ 限[5]○ ゲン かぎる ／ ※退《タイ》は別の生い立ちの字 ※艱《カン》の音符は艮《コン》	15
困		コン	木ボク 純	困[6] 会 コン こまる、苦しむ ／ 悃○ コン まこと、まごころ ／ 梱○ 準1級 コン たばねる、行李 ／ ※困はたばねてしばる形	3
圂		コン	純	圂 会 コン かわや、ぶたごや ／ 溷○ コン にごる、かわや	2
昏		コン	純	昏 会 準1級 コン ひぐれ、くらい ／ 婚[7]○ コン 夫婦になる ／ ※昏は日＋氏《テイ》（ひくい）。ひぐれ、くらい意	2
昆		コン	純	昆[9] 会 コン 兄、むし ／ 混[5]○ コン まぜる、まじる、こむ ／ 崑○ コン 山の名 ／ 菎○ コン 香草の一種 ／ 棍○ コン 木の棒、わるもの ／ 焜○ コン かがやく ／ 鯤○ コン 魚のたまご、伝説上の大魚	7

親音符	子音符	音	親音符家族種類	音符家族及び同系語　※赤色の文字は常用漢字　（）旧字体　〔〕異体字　「」別の親音符　○印は形声文字（意符＋音符の構造の字）　※注	字数
叉 サ サイ		サ	二	象 叉 準1級 サ・シャ ふたまた、やす　○扠 サ さて　○釵 サイ・サ 二本足のかんざし	4
				○靫 サイ・サ うつぼ、ゆぎ（矢を入れる道具）　※右手（又）の指の間にものをはさんださま。又《ユウ》、叉《ソウ》と混同しないように	
左		サ	純	会 1 左 サ ひだり　4 ○佐 サ すけ、たすける　「差 サ 9」	2
乍 サ サク ソ		サ	三	会 乍 準1級 サ ながら、たちまち　4 ○昨 サク きのう　9 ○詐 サ いつわる　○鮓 サ すし	14
				9 ○酢 サク・ソ す　○柞 サク ははそ、草木を切りはらう　○炸 サク・サ はじける	
	作	サク		2 ○作 サク・サ つくる　○筰 サク たなづけ、舟をひくための竹で作ったなわ　※乍《サ》は刀＋ト《ボク》（われめ）の会意。刀でさいて割れ目をつくる意	
	窄	サク		○窄 準1級 サク せまい、すぼむ　8 ○搾 サク しぼる	
				○怎 ソ・シン・ソウ いかで　○胙 ソ ひもろぎ（神に供える肉）　○祚 ソ さいわい	

親音符 子音符	音	親音符家族種類	音符家族及び同系語 ※赤色の文字は常用漢字 ( )旧字体 〔 〕異体字 「 」別の親音符 ○印は形声文字(意符＋音符の構造の字) ※注	字数
差	サ	左《サ》 紅一	会 4 差○ サ・シ さす、ちがう／嗟○ サ ああ、なげく／嵯○ 準1級 サ 山がけわしい／搓○ サ よる／槎○ サ いかだ／瑳○ 準1級 サ みがく／磋○ サ みがく、はげむ／蹉○ サ つまずく／縒○ シ より合わせる／※差《サ》は左＋𠂹《スイ》(垂れる)でくいちがい、ふぞろいなさま	9
𧴪(貟)	サ	小《ショウ》 純	7 鎖○ サ くさり、とざす／瑣○ サ 小さい、細かい／※貟《サ》は小＋貝の形声	2
坐	ザ	純	象 坐 準1級 ザ すわる、いながら／6 座○ ザ すわる、すわる場所／10 挫○ ザ くじく／国 蓙 ござ	4
才 サイ ザイ ヘイ	サイ	三	象 2 才 サイ 頭脳のはたらき／豺○〔犲〕サイ やまいぬ／「𢦏 サイ 5」／4 材○ ザイ、サイ 原料となるもの／5 財○ ザイ・サイ たから／5 在○ ザイ ある、いる／会 6 閉 ヘイ・ヘツ とじる、しめる／「存 ソン 4」	7
𢦏 サイ タイ	サイ	才《サイ》 紅一	9 栽○ サイ 植える／6 裁○ サイ たつ、さばく／7 載○ サイ のせる／哉○ 準1級 サイ かな、や、はじめ	

親音符 子音符	音	親音符家族種類	音符家族及び同系語 ※赤色の文字は常用漢字 ( )旧字体 ( )異体字 「 」別の親音符 ○印は形声文字(意符＋音符の構造の字) ※注	字数
			10 戴○ タイ いただく ※𢦏は音符才(呪符)＋意符戈(ほこ)の形。新しい戈をはらい清める儀礼をいう	5
采(釆)	サイ	純	会 10 采 サイ とる、いろどり 7 彩○ サイ いろどる 5 採○ サイ とる 4 菜○ サイ な、やさい 綵○ サイ あやぎぬ ※采は木の上に手(爪《ソウ》、指先の意味)を加えて、木の実を手でとる意	5
妻	サイ	紅一	象 5 妻 サイ・セイ つま 10 凄○ セイ すさまじい、すごい 悽○ セイ いたむ、いたましい 淒○ セイ さむい、すごい 棲○ 準1級 セイ すむ ＝栖 国 褄 つま ※妻《サイ》はかんざしをさして髪飾りをしている女性	6
祭 サイ サツ 察	サイ サツ	二	会 3 祭 サイ まつり 5 際○ サイ きわ、まじわる 蔡○ サイ 草の乱れるさま、周代の国の名 4 察○ サツ みる 8 擦○ サツ すれる、こする ※肉を表す夕の字素を持つ字「祭《サイ》」「炙《シャ》」「㸒《ヨウ》」「然《ゼン》」「有《ユウ》」	5
崔	サイ	隹スイ 純	崔○ サイ・スイ 山の高く大きいさま 8 催○ サイ もよおす、企てる 摧○ サイ くだく	3

親音符 子音符	音	親音符家族種類	音符家族及び同系語 ※赤色の文字は常用漢字 （ ）旧字体 〔 〕異体字 「 」別の親音符 ○印は形声文字（意符＋音符の構造の字）	※注	字数
最	サイ	取シュ 二	会 4 最○ サイ もっとも 8 撮○ サツ とる、つまみ（器物のふたなどの）	※冃ボウ（目かくし、おかす意）と取（耳を切り取る）の会意 ※曼マン、最サイは同じつくりの字	2
犀 サイ チ	サイ	二	犀○ 準1級 サイ・セイ さい、かたい 7 遅○（遲）チ おくれる、おそい 8 稚○ チ おさない	※尾＋牛。サイを表すのになぜ尾を用いたのか不明。サイは行動がゆったりした動物と見られそういうイメージを表す。稚は稺が本字でイネの成長がおそいさま	4
歳（歲）	サイ	雑	7 歳○ サイ・セイ とし、年齢 噦○ エツ しゃっくり 穢○ ワイ・アイ・エ けがれる	※戌ジュツ＋歩。歩を戌の上・下に分けて書いた形	3
朔 サク ソ	サク	屰ギャク 二	朔○ 準1級 サク ついたち、北 槊○ サク ほこ、すごろく 9 塑○ ソ 粘土で形をつくる 10 遡○〔遡 準1級〕〔泝〕ソ さかのぼる 愬○ ソ・サク うったえる	※「欮ケツ」と混同しないように！	6
丵 象	サク	雑	鑿○ サク のみ、うがつ 「業 ボク 5」 会 3 対（對）タイ・ツイ むきあう、こたえる 象 3 業 ギョウ・ゴウ わざ、しごと、行い	※丵＋土＋寸の会意 ※丵サクは草が乱れ生えているさま ※業は楽器をかける台 ※先端がぎざぎざと不揃いに生えている草木を描いた形	4

親音符 子音符	音	親音符家族種類	音符家族及び同系語 ※赤色の文字は常用漢字 ( )旧字体 〔 〕異体字 「 」別の親音符 ○印は形声文字(意符+音符の構造の字) ※注	字数
札	サツ	純	4 札○ サツ ふだ 扎○ サツ 突き刺す 紮○ サツ からげる、たばねる ※札《サツ》は木+音符乙《イツ→サツ》	3
冊 サツ サク サン	サツ	三	象 6 冊○(册) サツ・サク 綴じた書物、書きとめる札 10 柵○ サク しがらみ、とりで ※冊《サツ》は文字を書いた札をひもでとじたもの。書物 删○ サン 木簡より不要の字を削る 珊○ 準1級 サン 珊瑚はさんご 跚○ サン 蹣跚はまんさん ※同じ字素を持つ字「典《テン》」「扁《ヘン》」「侖《リン》」「龠《ヤク》」	6
杀(杀)	サツ	純	5 殺○(殺) サツ・サイ・セツ ころす、そぐ 10 刹○ サツ・セツ 寺、梵語の音訳字 ※弑《シ》の音符は式《シキ》	3
刷	サツ	単	4 刷○ サツ する、はく ※㕞《サツ》は人が前の帯から垂らした巾《きれ》で手(又《ユウ》)をぬぐう形。刷は刀で木簡などを削り再び字を書く意で、する、印刷する意	1
拶	サツ	単	10 拶○ サツ せまる ※𡿺は毛の残っている頭骨で断首のかたち。挨拶はもとは群衆をおしわけ前に出る意	1
山・	サン	三	象 1 山○ サン・セン やま 汕○ サン 魚の泳ぐさま 9 仙○ セン せんにん 疝○ セン・サン せんき	

親音符 子音符	音	親音符家族種類	音符家族及び同系語 ※赤色の文字は常用漢字 （ ）旧字体 〔 〕異体字 「 」別の親音符 ○印は形声文字（意符＋音符の構造の字） ※注	字数
山のつづき			辿○ 準1級 テン たどる、尋ねあるく / 国 杣 そま / 国 閊 つかえる	7
彡・	サン	三	杉[9]○ サン すぎ / 衫○ サン 袖なしの肌着 / 「参 サン[10]」 / 指 三[1] サン みっつ / 「須 ス[2]」 / 「㐱 シン[9]」 / 穆○ 準1級 ボク・モク やわらぐ、てあつい	6
尨	ボウ		会 尨 ボウ むく犬、大きい / 厖○ ボウ 大きい	
奴	サン（ザン）	純	粲○ サン 白米、ごちそう / 餐○ 準1級 サン 飲み食いする、ごちそう / 燦○ 準1級 サン あきらか、きらめく	3
参（參） サン シン ソウ	サン	彡サン 三	参[4]○（參） サン・シン まいる、加わる / 惨[7]○（慘） サン・ザン みじめ、むごい / 糝○ サン・シン 米の粉、こながき / 驂○ サン そえ馬 / 滲○ シン にじむ、しみる / 蔘○ シン・サン にんじん / 鰺○〔鯵〕 準1級 ソウ あじ	10
祘	サン	単	蒜○ 準1級 サン ひる、のびる、大—はにんにく ※示《ジ》は算木の形で数を示す。祘《サン》、算《サン》はもと同じ字でかぞえる意	1

親音符 子音符	音	親音符家族種類	音符家族及び同系語 ※赤色の文字は常用漢字 （）旧字体 〔〕異体字 「」別の親音符 ○印は形声文字（意符＋音符の構造の字） ※注	字数
散	サン	紅一	4 散○ サン ちる 繖○ サン きぬがさ 霰○ サン・セン あられ 撒○ 準1級 サッ・サン まく、まきちらす	4
傘	サン	単	象 9 傘 サン かさ ※雨がさを開いた象形	1
算	サン	具グ 純	会 2 算 サン かぞえる 簒○ サン・セン 奪う 纂○ 準1級 サン あつめる、まとめる ※竹＋具グ（そろえる）で竹をそろえてかぞえる意	3
賛（贊）	サン	純	5 賛（贊）○ サン たすける、たたえる 攢○ サン 集める 讃○ 準1級 サン ほめる 纉○ サン 受けつぐ 鑽○ サン 錐で穴をあける、深く研究する	6
斬 ザン ゼン	ザン	斤キン 紅一	会 10 斬 ザン・サン きる 8 暫○ ザン しばらく 塹○ ザン・セン ほり 嶄○ ザン・サン 山が高くけわしい 慙〔慚〕○ ザン はじる 槧○ ザン・サン・セン ふだ、版木 鏨○ ザン・サン たがね、彫る 9 漸○ ゼン・ザン ようやく、進む ※斬ザンは斤キン（おの）と車（くるま）の会意	9

親音符 子音符	音	親音符家族種類	音符家族及び同系語 ※赤色の文字は常用漢字 （ ）旧字体 〔 〕異体字 「 」別の親音符 ○印は形声文字（意符＋音符の構造の字） ※注	字数
会 毚	ザン	紅一	儳○ ザン・サン ふぞろい　巉○ ザン・サン 山が切り立ってけわしい　讒○ ザン・サン そしる　纔○ サイ わずか、やっと　※毚《ザン》の字形を覚える口調「クロヒヒウサギ」 㲋《チャク》（大きなうさぎ）＋兎《ト》（うさぎ）の形	4
子・	シ	四	象 1 子 シ・ス こ、十二支のね　仔○ 準1級 シ こ、くわしい　孜○ 準1級 シ つとめる、はげむ　会 1 字 ジ あざ、あざな　李○ 準1級 リ すもも　会 4 好 コウ このむ、すく　「孱 セン 2」	6
尸・	シ	純	象 尸 シ しかばね、かたしろ　会 屎 シ くそ　※屍《シ》しかばね、なきがらは死に分類　※人が尻を突き出している姿。硬直した死体を尸の形で表した。屋、層、漏などに含まれる尸は屋根や垂れ幕を示す符号	2
巳	シ	純	象 巳 準1級 シ 十二支のみ　祀○ シ まつる　※巳は蛇の形　象 已 イ すでに、やむ、のみ	3
士・	シ	純	象 5 士 シ さむらい　3 仕○ シ・ジ つかえる　※士は小さな鉞まさかりの頭部で刃を下に向けた形。まさかりは士の身分を示す儀礼用の品	

親音符 子音符	音	親音符家族種類	音符家族及び同系語　※赤色の文字は常用漢字　（　）旧字体　〔　〕異体字　「　」別の親音符　○印は形声文字（意符＋音符の構造の字）　※注	字数
志	シ		5 志○ シ こころざす 6 誌○ シ しるす、雑誌 痣○ シ あざ、ほくろ	5
之	シ	純	象 之 準1級 シ ゆく、この 8 芝○ シ しば 「寺 ジ 14」 ※之はあしあとの形。止と同源	2
止・	シ	三	象 2 止 シ やむ、とまる 8 祉○ シ さいわい 「歯（齒） シ 4」 国 凪 準1級 なぎ 址○〔阯〕 シ あと、いしずえ 沚○ シ 中州 趾○ シ あしあと 徙○ シ うつす 会 8 企 キ くわだてる 9 渋○（澁） ジュウ・シュウ しぶ、しぶい ※止はあしあとのかたち。甲骨文字の字形は之と同じでまっすぐ進むという意味もある	10
支・ ギキシ	シ	三	象 5 支 シ ささえる 5 枝○ シ えだ 9 肢○ シ てあし 翅○ シ つばさ、はね 4 岐○ キ・ギ ちまた、分れる 跂○ キ・ギ つまだてる ※手に小枝を持った形。わかれでたもの。わざの意を表す 5 技○ ギ わざ 10 伎○ ギ、キ わざ、芸人 妓○ 準1級 ギ 芸者、女優	9

親音符 子音符	音	親音符家族種類	音符家族及び同系語 ※赤色の文字は常用漢字 （ ）旧字体 〔 〕異体字 「 」別の親音符 ○印は形声文字（意符＋音符の構造の字） ※注	字数
㠯	シ	純	象 㠯○ シ / 耜○ シ すき / ※音符 㠯 イ→シ。すきの先につける木や金属の刃	2
氏	シ	紅一	象4 氏 シ うじ / 2 紙○ シ かみ / 舐○ シ なめる / 祇○（祇） 準1級 ギ くにつかみ	5
四	シ	純	象1 四 シ よつ、よん / 泗○ シ はなじる、なみだ / 駟○ シ 四頭立ての馬車 / ※四 よん は開けた口の形	3
史 リジシ	シ	三	象5 史 シ ふみ、ふみびと / 駛○ シ はやい、はせる / 3 事○ ジ・ズ こと、しごと	5
吏	リ		象8 吏 リ 役人 / 3 使○ シ つかう / ※亊 ジ は漢字にあらず！	
只	シ	二	会 只 準1級 シ ただ / 咫○ シ た、あた（長さの単位、尺より少し短い） / 枳○ キ・シ からたち	3
司	シ	純	象4 司 シ つかさどる / 7 伺○ シ うかがう / 6 詞○ シ ことば / 9 嗣○ シ つぐ、あとつぎ / 5 飼○ シ かう / 笥○ 準1級 シ・ス け、四角い竹製のはこ / 祠○ シ ほこら、まつる / 覗○ 準1級 シ うかがう、のぞく	8

親音符 子音符	音	親音符家族種類	音符家族及び同系語　※赤色の文字は常用漢字　(　)旧字体　〔　〕異体字　「　」別の親音符　○印は形声文字(意符+音符の構造の字)　※注	字数
矢・	シ	四	象 矢[2] シ や 「知[5] チ」 ※同じ字素を持つ字「族《ゾク》」「矣《イ》」「疑《ギ》」「侯《コウ》」	5
疾	シツ		○疾[8] シツ やまい、はやい ○嫉[10] シツ ねたむ	
雉	チ		○雉 チ・ジ きじ ○薙 準1級 テイ・チ なぐ	
市	シ	紅一	○市[2] シ いち、市場 ○姉[2] シ あね ○柿[10] シ かき 会 鬧〈閙〉 トウ・ドウ さわがしい ※これらの音符は朩《シ》で五画	5
	ハイ	純	○沛 ハイ 大雨が降る ○霈 ハイ ひどい雨 ○肺[6]（肺） ハイ 肺臓 ○旆 ハイ はた ※これらの音符は市《ハイ》で四画 ※肺《ハイ》は常用漢字では市《シ》と同形で五画、旧字では市《ハイ》で四画。柿《ハイ》《こけら》は柿《シ》《かき》とは別の字で漢検対象外 ※音符市《ハイ》の家族も参照	1
此 シ サシ サイ セイ	シ	止《シ》 四	会 此 準1級 シ これ、この ○紫[7] シ むらさき ○雌[7] シ めす ○呰 シ そしる、きず	
觜	シ		○觜 シ くちばし ○嘴 シ くちばし	

親音符 子音符	音	親音符家族種類	音符家族及び同系語 ※赤色の文字は常用漢字 （）旧字体 〈〉異体字 「」別の親音符 ○印は形声文字（意符＋音符の構造の字） ※注	字数
此のつづき			疵○ シ きず／貲○ シ たから、あがなう／髭○ 準1級 シ 口ひげ／些 準1級 サ いささか、少し／柴○ 準1級 サイ しば／砦○ 準1級 サイ とりで／眥〈眦〉○ セイ・シ・サイ まなじり、にらむ	14
旨	シ	純	旨 7 ○ シ むね、うまい／指 3 ○ シ ゆび、さす／脂 7 ○ シ あぶら／鮨○ シ すし／「耆 4 キ」	4
	ケイ	純	詣 10 ○ ケイ もうでる、いたる、まいる／稽 10 ○ ケイ かんがえる／※嘗ショウの音符は尚ショウ ※音符匕はシの音、ケイの音も表す	2
至● シ シツ	シ	大	指 至 6 シ いたる／鴟○ シ とび／室 2 ○ シツ むろ、へや／桎○ シツ 足かせ／蛭○ 準1級 シツ・テツ ひる	
致 チ	チ		致 7 ○ チ いたす／緻 10 ○ チ こまかい／輊○ チ 車の前が重く下がっている／国 鰘 むろあじ	
窒	チツ		窒 8 ○ チツ ふさがる／膣○ チツ 女性器官／※至シは地面に矢が突き刺さった形。矢の到達点を示す	
			姪○ 準1級 テツ めい／咥○ テツ・キ くわえる／垤○ テツ ありづか／耋○ テツ 老人、八十才	

親音符 子音符	音	親音符家族種類	音符家族及び同系語 ※赤色の文字は常用漢字 （ ）旧字体 〔 〕異体字 「 」別の親音符 ○印は形声文字（意符＋音符の構造の字） ※注	字数
			国 榁 むろ ※同じ字素を持つ字「屋オク」「台（臺）ダイ」「到トウ」	16
束 シ サク キョク ソウ 棘	シ キョク	四	象 束 シ とげ ○刺 7 シ・セキ さす、とげ ○策 6 サク はかりごと、むち ※束ソクとの混同に注意 会 棘 キョク いばら、とげ ○蕀 キョク ユリ科の草 会 棗 ソウ なつめ ※木＋冂（とげの形を表した）。とげの出た姿で先のとがったもので刺す意 「責 セキ 11」 ※責は束シ＋貝の形	6
死	シ	純	会 死 3 シ しぬ ○屍 準1級 シ しかばね ※歹ガツ（かばねへん）＋人（匕は変化した形）。人の死を表す	2
糸•（絲）	シ	三	象 糸（絲）1 シ いと 「茲（茲）5 シ」 「系 5 ケイ」 ○素 5 ソ・ス もと、しろぎぬ 象 索 9 サク なわ、もとめる	4
豕•	シ	雑	象 豕 シ いのこ、いのしし ○燹 セン 野火、兵火 「家 3 カ」「豚 2 トン」「圂 2 コン」	

親音符 子音符	音	親音符家族種類	音符家族及び同系語 ※赤色の文字は常用漢字 （ ）旧字体 〔 〕異体字 「 」別の親音符 ○印は形声文字（意符＋音符の構造の字） ※注	字数
豕のつづき			※同じ字素を持つ字「彔（彖）《エン》」「象《ショウ》」「遂《スイ》」「豦《キョ》」「蒙《モウ》」「隊《タイ》」「豕（豖）《タク》」	2
甾 象	シ	純	緇○ シ 黒色、黒い衣服 輜○ シ ほろぐるま 錙○ シ わずか、古代の重さの単位 鯔○ シ ぼら、いな ※甾《シ》は酒のかめ、ほとぎを表す。また災いの意も ※巛は川の変形したもの。同じ字素を持つ字「雝《ヨウ》」、巡《ジュン》、災《サイ》	4
思 シ サイ	シ	二	会 2 思 シ おもう 偲○ 準1級 シ しのぶ 顋○〔腮〕 サイ あご、えら 鰓○ サイ えら、あご 2 細○ サイ ほそい、こまかい ※音符は囟《シ》で赤子の頭蓋骨の姿。囟は田などに変形したを示す。メ印はひよめき	6
茲（茲）	シ	糸シ 紅一	茲○ シ・ジ ここに、しげる 4 滋○ ジ・シ しげる、そだてる 8 慈○ ジ・シ いつくしむ 6 磁○ ジ・シ 磁石、せともの 孳○ ジ・シ 子を生む、ふえる ※艸（くさかんむり）＋音符絲《シ》（丝は省略形）。草がはびこる意	5
師	シ	紅一	会 5 師 シ 先生、いくさ 獅○ シ しし 篩○ シ ふるい 鰤○ シ ぶり 国 魳 シ かます	

親音符 子音符	音	親音符家族種類	音符家族及び同系語　※赤色の文字は常用漢字　( )旧字体　〈 〉異体字　「 」別の親音符　○印は形声文字(意符＋音符の構造の字)　※注	字数
			帥○ 9 スイ・ソツ ひきいる、将軍 ※同じ字素を持つ字「官《カン》」「追《ツイ》」「遣《ケン》」「辥《ゲツ》」 ※𠂤《シ》は軍の出行のとき携える祭肉の形、巿《シ》は把手のある曲刀の形	6
虒 シ チ テイ	シ	三	虒○ シ 虎に似た想像上の獣 褫○ チ 奪う、剥ぎ取る 篪○ チ ちの笛 遰○ 9 (遞) テイ 次々と伝え送る ※遰《テイ》は十画、乕は七画で巿《ハイ》に横線を一本加えた形	5
蚩	シ	純	蚩○ シ あなどる、おろか 嗤○ シ わらう ※音符 㞢《シ(＝之)》＋虫の合成字	2
斯	シ	其《キ》 二	斯○ 準1級 シ これ 廝○〈厮〉シ 召使、下男 嘶○ セイ いななく 撕○ セイ・シ 引き裂く、教え導く	5
歯・(齒)	シ	止《シ》 雑	歯○ 3 (齒) シ は、年齢 会 嚙○〈噛〉準1級 ゴウ かむ、かじる ※齧《ゲツ》の音符は 㓞《ケイ》	4
示・	ジ	三	象 示○ 5 ジ・シ しめす 視○ 4 シ みる 祁○ 準1級 キ さかんに ※示《ジ》は算木の形で数をしめす ※同じ字素を持つ字「禁《キン》」「祭《サイ》」「票《ヒョウ》」「尉《イ》」「宗《シュウ》」「奈《ナ》」「祟《スイ》」	3

親音符 子音符	音	親音符家族種類	音符家族及び同系語 ※赤色の文字は常用漢字 〈〉旧字体 〔〕異体字 「」別の親音符 ○印は形声文字(意符＋音符の構造の字) ※注	字数
而●	ジ	二	象 而 準1級 ジ しかして、しかも／輀○〈轜〉ジ ひつぎぐるま／「需 ジュ 12」／耐○ 7 タイ たえる／※而《ジ》は柔らかく細いあごひげの姿 ※同じ字素を持つ字「耑《タン》」「需《ジュ》」「耎《ナン》」。耎は、軟《ナン》、柔《ナン》と同じ意	4
寺 ジ シ タイ トク トウ／時	ジ／ジ	之シ 五	寺○ 2 ジ てら／持○ 3 ジ・チ もつ／侍○ 8 ジ・シ さむらい／峙○ ジ・チ そばだつ／痔○ 準1級 ジ じ／時○ 2 ジ とき／蒔○ 準1級 シ・ジ まく／塒○ シ・ジ ねぐら、とぐろ／詩○ 3 シ うた／恃○ ジ・シ たのむ／畤○ シ・ジ まつりのにわ／※寸と音符止(土は変わった形)／待○ 3 タイ まつ／特○ 4 トク・ドク 抜き出る／等○ 3 トウ ひとしい	14
自●	ジ	二	象 自 2 ジ・シ みずから／会 息 3 ソク いき、やすむ／熄○ ソク 火が消える／会 臭 9〈臭〉シュウ くさい、におう／会 嗅 10 キュウ かぐ／※自は鼻をかたどった象形。みずからを表すのに顔の先端にある鼻を用いた。息は鼻＋心(胸)でいきを、臭は鼻＋犬でくさいを表した	6

親音符 子音符	音	親音符家族種類	音符家族及び同系語 ※赤色の文字は常用漢字 （ ）旧字体 〈 〉異体字 「 」別の親音符 ○印は形声文字（意符＋音符の構造の字）	※注	字数
耳•	ジ	四	象 1 耳○ ジ みみ、のみ 10 餌○ ジ え、えさ 珥○ ジ 耳の飾り玉 茸○ 準1級 ジョウ たけ、きのこ 7 恥○ チ はじ、はずかしい 弭○ ビ・ミ ゆはず、やめる	※同じ字素を持つ字「取《シュ》」「咠《シュウ》」「聶《ショウ》」「耶《ヤ》」「耴《チョウ》」「敢《カン》」「厳《ゲン》」「最《サイ》」	6
次 咨	ジ シ	弐二 紅一	3 次○ ジ・シ つぎ、つぐ 6 姿○ シ すがた 4 茨○ シ いばら 10 恣○〈恣〉 シ ほしいまま 5 資○ シ もと 咨○ シ はかる、なげく 8 諮○ シ はかる 瓷○ シ・ジ やきもの、磁器 粢○ シ きび、お供えの穀物	※欠《ケン》は口を開いて立つ人を横から見た形で吹、飲、歌、歓、漱などがよくその意を表している。冫は元は ニ でなげく人が吐く息を表し、次は口を開いてなげいているさまをかたどる。欠《ケン》の項参照	10
児（兒） ジ ゲイ ゲキ	ジ	三	象 4 児（兒） ジ・ニ 幼い子供 倪○ ゲイ かぎり、にらむ 猊○ ゲイ しし、高僧 睨○ ゲイ にらむ 貎○ ゲイ しし 霓○ ゲイ にじ、雌のにじ 鯢○ ゲイ 山椒魚、雌のくじら 麑○ ゲイ 鹿の子、鹿児島	※兒《ジ》は幼児の髪形を加えた象形で倪《ゲイ》以下の字とはもともと異なる字であったと考えられる	

親音符 子音符	音	親音符家族種類	音符家族及び同系語 ※赤色の文字は常用漢字 ( )旧字体 〔 〕異体字 「 」別の親音符 ○印は形声文字(意符+音符の構造の字)	※注	字数
児のつづき			鬩○ ゲキ・ケキ せめぐ、仲たがいする		10
爾(尒)	ジ	四	象 爾○〈尒〉 準1級 ジ・ニ なんじ、その 璽○ 9 ジ しるし、天子の印 邇○ ジ・ニ ちかい 濔○ デイ・ビ・ミ 水がみちてくる 禰○〈祢〉 準1級 デイ・ネ・ナイ 父のおたまや 獮○ セン 狩り、ころす	※糸車の形にかたどる	11
弥	ビ		弥○ 10 (彌) ビ・ミ や、いよいよ、いや 瀰○ ビ・ミ 水が満ち溢れる、ひろい		
式 シキ シ ショク	シキ	弋ヨク 三	式○ 3 シキ・ショク 儀式、きまり 試○ 4 シ こころみる、ためす 弑○ シ・シイ 目上の人を殺す 拭○ 10 ショク・シキ ぬぐう、ふく 軾○ ショク 車の前部の横木	※式《シキ》の音符は弋《ヨク》。工は工具のように規則的で安定しているくいの形を表し、手本となるもの、のりの意を表す	5
七	シチ	二	仮 七 1 シチ・シツ ななつ 叱○ 10 シツ・シチ しかる 「切 セツ 5」	※縦の線を横の線で切った形。切の原字。割ると端数の出る七を表した	2
失 シツ イツ チツ	シツ	乙イツ 四	失○ 4 シツ うしなう 佚○ イツ・テツ 失う、楽しむ 軼○ イツ すぎる、すぐれる	※失《シツ》は手足を振り動かして茫然自失のように舞う巫女の姿から、うしなう意を表す	

親音符	子音符	音	親音符家族種類	音符家族及び同系語 ※赤色の文字は常用漢字 （ ）旧字体 〔 〕異体字 「 」別の親音符 ○印は形声文字（意符＋音符の構造の字）	※注	字数
車・		シャ	雑	象 1 車 シャ くるま 7 陣○ ジン・チン 戦の備え	※同じ字素を持つ字「軍《グン》」「斬《ザン》」「連《レン》」「毄（轂）《ゲキ》」「運《ウン》」 ※陣《ジン》の音符は敕（チン）。車は省略形	
質		シツ	二	会 5 質 シツ・シチ・チ たち、ただす 躓○ チ つまずく	※字形は貝（鼎の略形）と二つの斤《キン》（おの）を並べた形。かなえに文字を彫り込むさまを表す。固く誓約するあるいは保証すること ※貭は字にあらず！	2
執	シツ チツ シ	シツ	幸《コウ》 三	象 7 執 シツ・シュウ とる、つかさどる 蟄○ チツ・チュウ 虫が土中にかくれる 10 摯○ シ まじめ、にえ 贄○ シ にえ、てみやげ 鷙○ シ あらどり	※埶《ゲイ》との混同に注意 ※幸《コウ》は手かせの象形。執は両手をさし出して手かせをかけられ捕らわれているさま	5
桼		シツ	純	会 9 漆 シツ うるし 10 膝○ シツ ひざ	※桼は木と水を組み合わせたうるしを意味する字 ※黍《きび》《ショ》との混同に注意	2
悉		シツ	采《ハン》 純	会 悉 準1級 シツ ことごとく 蟋○ シツ —蟀はこおろぎ	※采《ベン》は獣の爪（掌）の形。同じ字素を持つ字「奥《オウ》」「番《バン》」	2
	テツ			9 秩○ チツ 順序、官職 帙○ チツ ふまき、和本をつつむおおい 9 迭○ テツ 入れかわる 3 鉄○（鐵）〔銕・鐡〕テツ くろがね 跌○ テツ つまずく		10

親音符 子音符	音	親音符家族種類	音符家族及び同系語 ※赤色の文字は常用漢字 （ ）旧字体 〔 〕異体字 「 」別の親音符 ○印は形声文字（意符＋音符の構造の字） ※注	字数
車のつづき			会 3 庫 コ・ク くら 会 轟 準1級 ゴウ とどろく 国 俥 くるま	5
者（者） シャ ショ チョ チャク ト 署 諸 著	シャ ショ ショ チョ	五	象 3 者（者） シャ もの 7 煮○（煮） シャ にる 偖○ シャ さて 奢○ シャ おごる、贅沢をする 赭○ シャ 赤土、あか色 2 書○ ショ かく、ふみ 3 暑○（暑） ショ あつい 9 緒○（緒） ショ・チョ いとぐち、お 6 署○（署） ショ 役所、書き記す 曙○ 準1級 ショ あけぼの 薯○ 準1級 ショ・ジョ いも 6 諸○（諸） ショ もろもろ 藷○ 準1級 ショ いも 儲○ 準1級 チョ もうける 渚○ 準1級 ショ なぎさ、みぎわ 6 著○（著） チョ・チャク・ジャク あらわす、いちじるしい 躇○ チョ、チャク ためらう 10 箸○〔箸〕 チョ はし 猪○ 準1級 チョ いのしし 楮○ チョ こうぞ 瀦○ 準1級 チョ 水たまり、ため池 3 着○ チャク・ジャク きる、つく、つける 3 都○（都） ト・ツ みやこ 10 賭○〔賭〕 ト かける 堵○ 準1級 ト かき 屠○ ト ほふる ※着は元は著《チョ》の俗字（形声ではない）	

親音符 子音符	音	親音符家族種類	音符家族及び同系語 ※赤色の文字は常用漢字 （ ）旧字体 〔 〕異体字 「 」別の親音符 ○印は形声文字（意符＋音符の構造の字） ※注	字数
			睹○〔覩〕ト みる 闍○ ト・ジャ 物見台 ※常用漢字は者に点はつけない（旧字体は点がつく） ※者は、しばを積んで火をたく形。点は燃える火を表す、やく、にる、あつい意	38
舎（舍）	シャ	純	象 5 舎（舍）シャ・セキ やど、身内のものの謙称 6 捨○ シャ すてる ※舎《シャ》の音符は余。音符余《ヨ→シャ》はのびやかの意を表す	3
卸	シャ	午ゴ 三	8 卸○ シャ おろす 啣○ カン・ガン 銜の異体字	
御	ギョ		会 7 御 ギョ・ゴ おん・お 禦○ 準1級 ギョ ふせぐ	4
射	シャ	二	象 6 射 シャ・セキ 弓でいる、砲でうつ 5 謝○ シャ あやまる、ことわる 麝○ ジャ・シャ じゃこうじか	3
勺（勺） シャク ヤク テキ チョウ ヒョウ	シャク	五	象 勺 準1級 シャク ひしゃく、ますの単位 9 酌○ シャク 酒をくむ 妁○ シャク 仲人 芍○ シャク —薬はしゃくやく 杓○ 準1級 シャク・ヒョウ ひしゃく 灼○ 準1級 シャク やく、明らか 4 的○ テキ まと 9 釣○ チョウ つる 豹○ 準1級 ヒョウ	

親音符	子音符	音	親音符家族種類	音符家族及び同系語　※赤色の文字は常用漢字　（）旧字体　〔〕異体字　「」別の親音符　○印は形声文字（意符＋音符の構造の字）　※注	字数
約（勺のつづき）		ヤク		4 約○ ヤク 倹約する、約束する 葯○ ヤク よろいぐさ ※勺《シャク》は物をすくい入れたひしゃくの形 ※匀《キン》との混同に注意	11
尺		シャク	二	象 6 尺 シャク・セキ さし、長さの単位 国 呎 フィート ※親指と中指をいっぱい広げている（下の八の部分）象形。一本の指の幅が寸で、その十倍の長さを表す	2
爵		シャク	純	象 爵（爵） シャク 貴族の等級を示す、さかずき 嚼○ シャク かむ	3
若		ジャク	三	象 6 若 ジャク・ニャク・ニャ わかい、もしくは 惹○ 準1級 ジャク・ジャ ひく 8 諾○ ダク 承知する 国 鰙 はや ※若は巫女が長い髪をふり乱し、両手を上にかかげ、神託に聴き入る姿	6
	匿 ジャク ダク トク	トク		8 匿○ トク・ジョク かくれる、かくまう 慝○ トク わるい、よこしま	
弱	（弱） ジャク ジョウ デキ	ジャク	三	象 2 弱 ジャク・ニャク よわい 搦○ ジャク・ダク からめる 蒻○ ジャク・ニャク 蒟―はこんにゃく 鶸○ ジャク ひわ 嫋○ ジョウ たおやか 10 溺○ デキ おぼれる 国 鰯 準1級 いわし ※弱《ジャク》はかざりのある二つの弓を並べた形。弓を美しく整え、おかざりとしての美観を求めたのでそのぶん強さは劣る	7
手・		シュ	二	象 1 手 シュ・ズ て、た 会 6 看 カン みる ※看《カン》は手をかざして見る意を表す形。覓《ベキ》 求めるも爫《ソウ》＋見の形で、似た意味を表す	2

親音符 子音符	音	親音符家族種類	音符家族及び同系語 ※赤色の文字は常用漢字 （ ）旧字体 〔 〕異体字 「 」別の親音符 ○印は形声文字（意符＋音符の構造の字） ※注	字数
象 殳●	シュ	雑	3 投○ トウ なげる / 骰○ トウ さい、さいころ / 会5 設○ セツ・セチ もうける、しつらえる / 10 股○ コ また、もも	7
役	エキ		会3 役 ヤク・エキ えだち、いくさ / 9 疫○ エキ・ヤク 悪性の流行病 / 会 芟 サン・セン 刈る、取り除く ※殳は投げやりを右手に持つさま。打つ、なぐる、こわすなどの動詞を表す。部首名としてはほこづくりまたはるまたと呼ばれるが、この家族はすべて殳が部首ではない	
主 シュ ジュウ チュウ	シュ	三	象3 主 シュ・ス ぬし、おも / 炷○ シュ 灯心、香をたく / 麈○ シュ・ス おおじか / 3 住○ ジュウ すむ / 3 注○ チュウ そそぐ / 3 柱○ チュウ はしら / 8 駐○ チュウ・チュ とどまる / 註○〈詿〉 準1級 チュウ 字句の意味をときあかす ※柱《チュウ》は木と音符主《シュ→チュウ》。シュ・チュウはじっとしている、動かずとどまっている意 ※とも し台の皿の上に火が燃えている姿。静止している火から、じっととどまって動かない存在である、あるじの意を表す	9
守	シュ	寸スン 純	会3 守 シュ・ス まもる、もり / 7 狩○ シュ かる、かり	2
朱 シュ チュウ チュ	シュ	三	指7 朱 シュ あか / 6 株○ シュ かぶ / 8 殊○ シュ こと / 9 珠○ シュ たま、真珠 / 侏○ シュ 背が低い	

親音符 子音符	音	親音符家族種類	音符家族及び同系語　※赤色の文字は常用漢字　( )旧字体　〔 〕異体字　「 」別の親音符　○印は形声文字(意符＋音符の構造の字)　※注	字数
朱のつづき			○茱 シュ　—萸はぐみ ○銖 シュ・ジュ　わずか、重さの単位 ○誅 チュウ・チュ　責める、討つ ○蛛 準1級 チュ・シュ　蜘—はちちゅ ※木の中心部に横線を加えて、指し示す意。幹の中心部が赤い木から赤い意	9
取	シュ	耳《ジ》 五	会 3 取 シュ　とる ○趣 7 シュ　おもむき、ようす ○娶 シュ・シュウ　めとる ○諏 準1級 シュ・ス　はかる、相談する ○陬 スウ・シュ　すみ、かたすみ、片田舎 ○掫 ソウ・シュウ・シュ　夜回りする、手に持つ ○娵 ソウ・シュ　よめ ○叢 準1級 ソウ　くさむら 「最 サイ 2」 ※聚《シュウ》は乑《シュウ》に分類	8
首●	シュ	二	象 2 首 シュ　くび、かしら ※䭫《キ》の部首は首。九方へ通じる道の意	3
道	ドウ		○道 2 ドウ・トウ　みち、云う ○導 5 ドウ　みちびく	
寿(壽)《ジュ》	ジュ	三	○寿 8 (壽) ジュ・ス　ことぶき ※年老いても命が長く続くのを祝う気持ちを表す	

親音符　子音符	音	親音符家族種類	音符家族及び同系語　※赤色の文字は常用漢字　( )旧字体　〔 〕異体字　「 」別の親音符　○印は形声文字（意符＋音符の構造の字）　※注	字数
チュウ トウ			8 鋳(鑄)○ チュウ・シュ いる　儔○ チュウ・ジュ ともがら　疇○ チュウ うね、たぐい　籌○ チュウ かずとり　躊○ チュウ ためらう　濤○ 準1級 トウ なみ　擣○ トウ 臼でつく、砧をたたく　檮○ 準1級 トウ 切株、おろか　禱○ 準1級 トウ いのる	12
受	ジュ	純	3 受○ ジュ・ズ うける、うかる　5 授○ ジュ さずける　綬○ 準1級 ジュ 勲章などをさげるひも　※爫＋舟＋又で音符は舟《シュウ》。物をうけわたしするさま	3
需 ジュ シュ ジ ゼン ダ	ジュ	而《ジ》 五	7 需○ ジュ 求める、入用　※而《ジ》は老人のあごひげが長くて、やわらかいので、全般にそのような意を表している　9 儒○ ジュ 孔子の教え　濡○ 準1級 ジュ ぬれる　嬬○ 準1級 ジュ つま、かよわい　孺○ ジュ ちのみご　襦○ ジュ はだぎ　顬○ ジュ 顳—はこめかみ　繻○ シュ・ジュ うすぎぬ、—子はしゅす	

親音符 子音符	音	親音符家族種類	音符家族及び同系語 ※赤色の文字は常用漢字 （ ）旧字体 〈 〉異体字 「 」別の親音符 ○印は形声文字（意符＋音符の構造の字） ※注	字数
需のつづき			臑○ ジ・ジュ・ドウ すね　蠕○ ゼン・ジュ うごめく　懦○ ダ・ジュ よわい　糯○ ダ・ナ もちごめ	12
舟●	シュウ	単	象 7 舟 シュウ・シュ ふね　※丸木をくりぬいた舟の象形。食物や水を入れる盤（さら、たらい）も同じ舟で表した。また月も舟を表す字として用いられた	1
乑	シュウ	純	会 6 衆○ シュウ・シュ 多い	
聚	シュウ		聚○ シュウ・ジュ あつまる　驟○ シュウ にわか、はしる　※乑シュウは三人の人が並んで歩く形	3
州	シュウ	川セン 純	象 3 州 シュウ す、中州、地方行政区画　9 酬○ シュウ むくいる　洲○ 準1級 シュウ・ス す、しま、大陸	3
周（周） シュウ チュウ チョウ セン	シュウ	四	会 4 周（周） シュウ まわり、古代中国の王朝名　2 週○（週） シュウ めぐる　惆○ チュウ うらむ　稠○ チュウ・チョウ 濃い、こみあう　綢○ チュウ まとう、こまかい　8 彫○ チョウ ほる　3 調○ チョウ しらべる、ととのう　凋○〈凋〉 準1級 チョウ しぼむ	

親音符 子音符	音	親音符家族種類	音符家族及び同系語 ※赤色の文字は常用漢字 （）旧字体 〔〕異体字 「」別の親音符 ○印は形声文字（意符＋音符の構造の字） ※注	字数
			蜩○ チョウ ひぐらし 雕○ チョウ 鷲、ほる 鯛○（鯛） 準1級 チョウ たい 国 彫 セン ささら	16
秀 シュウ トウ ユウ	シュウ	乃ダイ 三	会 7 秀 シュウ ひいでる 銹○ シュウ さびる 綉○ シュウ ぬいとり、ししゅう 7 透○ トウ すける 8 誘○ ユウ さそう 莠○ ユウ はぐさ、水田に生える雑草 ※禾カ（いね）＋乃ダイ（のびる）	6
宗 シュウ スウ ソウ	シュウ	示ジ 四	会 6 宗 シュウ・ソウ 家元、かしら 椶○ シュ・ソウ ―櫚はしゅろ 9 崇○ スウ・シュウ 国 鶍 きくいただき 10 踪○ ソウ・シュウ あと、ゆくえ 淙○ ソウ 水が流れるさま 粽○ ソウ ちまき 綜○ 準1級 ソウ すべる	8
会 咠	シュウ	耳ジ 紅一	葺○ 準1級 シュウ 屋根をふく 楫○ シュウ・ショウ かじ、かい 緝○ シュウ つむぐ、あつめる 輯○ 準1級 シュウ あつめる 揖○ 準1級 ユウ・シュウ 会釈、ゆずる ※咠は口＋耳の会意、耳もとでささやく	5
秋	シュウ	火カ 紅一	2 秋○〔穐・穐〕 準1級 シュウ あき、とき ※大昔は一年は夏と冬だけで、四季の区分は後になって生まれた。穀物を収穫する秋はどうして亀や火が用いられたのか明らかではない	

親音符 子音符	音	親音符家族種類	音符家族及び同系語　※赤色の文字は常用漢字　〔 〕旧字体　〈 〉異体字　「 」別の親音符　○印は形声文字（意符＋音符の構造の字）　※注	字数
秋のつづき			9 愁○ シュウ うれい、心配する 啾○ シュウ なく、すすり泣く 愀○ シュウ・ショウ うれえる 湫○ シュウ・ショウ くて、湿地帯 萩○ 準1級 シュウ はぎ 楸○ シュウ ひさぎ 甃○ シュウ いしだたみ 鞦○ シュウ しりがい 鰍○ 準1級 シュウ かじか 鍬○ 準1級 ショウ・シュウ くわ	11
酋（酋） 猶 シュウ ユウ テン テイ テキ 鄭	シュウ ユウ テイ	酉ユウ 五	会 酋〈酋〉 準1級 シュウ おさ、かしら 遒○ シュウ せまる、つよい 鰌○ シュウ どじょう 猷○〈猷〉 準1級 ユウ はかりごと 楢○〈楢〉 準1級 ユウ・シュウ なら 会 奠 テン・デン 供える、さだめる 9 猶○ ユウ なお、ためらう 蕕○ ユウ 悪臭を放つ草の名 鄭○〈鄭〉 準1級 テイ・ジョウ ていねい、ねんごろ 擲○ テキ・チャク なげうつ、なぐる 躑○ テキ ためらう	15
習（習）	シュウ	三	会 3 習 シュウ ならう 慴○ ショウ おそれる 摺○ 準1級 ショウ する、ひだ 褶○ チョウ・シュウ ひだ、裏付の着物	4

親音符 子音符	音	親音符家族種類	音符家族及び同系語 ※赤色の文字は常用漢字 （ ）旧字体 〔 〕異体字 「 」別の親音符 ○印は形声文字（意符＋音符の構造の字） ※注	字数
集	シュウ	雉	集 会 3 シュウ あつまる ※集の篆書は樹の上に隹（とり）が三羽居る。雑《ザツ》は衣（卒《ソツ》）＋集の字形	5
雑	ザツ		雑 5 ○ （雜）〔襍〕 ザツ・ゾウ まじる、あらい 囃 ○ ソウ はやし、はやす	
十・	ジュウ	大	十 象 1 ジュウ・ジッ とお 汁 9 ○ ジュウ・シュウ しる、つゆ 什 ○ 準1級 ジュウ 器具 廿 会 準1級 ジュウ にじゅう 卅（丗） 会 ソウ みそ、三〇 辻 国 準1級 つじ 計 会 2 ケイ はかる 針 6 ○ シン はり 叶 会 準1級 キョウ かなう 夲 会 トウ すすむ、本の俗字 粁 国 デカメートル 瓧 国 デカグラム 竍 国 準1級 デカリットル	14
充	ジュウ	𠫓《トツ》 二	充 象 9 ジュウ みちる 銃 9 ○ ジュウ てっぽう 統 5 ○ トウ すべる、糸口 ※充《ジュウ》は儿《ジン》＋𠫓《トツ》（頭を下にした赤子の生まれ出る姿）。育《イク》（そだつ）でわかるように子が成人する、みちる意となった	3
戎	ジュウ	十《ジュウ》 二	戎 会 準1級 ジュウ えびす、兵士 絨 ○ ジュウ 厚手の毛織物	2

親音符	子音符	音	親音符家族種類	音符家族及び同系語 ※赤色の文字は常用漢字 （ ）旧字体 〔 〕異体字 「 」別の親音符 ○印は形声文字（意符＋音符の構造の字） ※注	字数
重	ジュウ シュ ショウ ドウ トウ	ジュウ	東トウ 五	重○ 会 3 ジュウ・チョウ おもい、かさねる 種○ 4 シュ・ショウ たね 腫○ 10 ショウ・シュ はれる、はらす 衝○ 8 ショウ 突く、かなめ 踵○ ショウ かかと 鍾○ 準1級 ショウ つりがね、あつめる 董○ 準1級 トウ・トク ただす、骨—はこつとう ※薫クンとの混同に注意	10
動		ドウ		動○ 3 ドウ・トウ うごく 働○ 4 ドウ はたらく 慟○ ドウ・トウ なげく、非常に悲しむ 「童 ドウ 9」	
柔		ジュウ	純	柔○ 7 ジュウ・ニュウ やわらかい 揉○ ジュウ もむ、もめる 糅○ ジュウ まじる 蹂○ ジュウ ふみにじる 鞣○ ジュウ なめす ※柔《ジュウ》は音符矛《ボウ→ジウ》＋木の形声。やわらかい意は仮借されたもの	5
従	従（從） ジュウ ショウ	ジュウ	二	従○ 会 6 （從） ジュウ・ショウ・ジュ したがう、とも 縦○ 6 （縱） ジュウ・ショウ たて、ほしいまま 慫○ ショウ 勧める 樅○ ショウ もみ 聳○ ショウ そびえる 蹤○ ショウ あと、したがう ※從の音符は从《ショウ》。二人の人が前後に並ぶ形	8

親音符	子音符	音	親音符家族種類	音符家族及び同系語　※赤色の文字は常用漢字　（　）旧字体　〔　〕異体字　「　」別の親音符　○印は形声文字（意符＋音符の構造の字）	※注	字数
尗		シュク	五	9 ○叔 シュク おじ、おば 9 ○淑 シュク しとやか ○俶 シュク・テキ 整える、優れる ○菽 シュク 豆類		10
	叔	シュク		9 ○督 トク 調べ見る、ただす 7 ○寂 ジャク・セキ さびしい ○椒 ショウ さんしょ、はじかみ（しょうが）		
	戚	セキ		10 ○戚 セキ いたむ、みうち ○槭 セキ・シュク かえで ○蹙 シュク・セキ しかめる		
宿		シュク	純	会 3 宿 シュク・スク やど ○蓿 シュク 苜―はもくしゅく（うまごやし） 6 ○縮 シュク ちぢむ		3
粛（肅）		シュク	三	会 9 粛（肅） シュク つつしむ、いましめる ○繍〔繡〕 準1級 シュウ ぬいとり ○嘯 ショウ うそぶく ○簫 ショウ しょうの笛	※肅《シュク》は淵（ふち）にたまる水がうずまくさまから恐れつつしむ意	8
	粛（肅） シュク シュウ ショウ					
	蕭	ショウ		○蕭 ショウ よもぎ、ものさびしい ○瀟 ショウ さっぱりとしたさま		

親音符	子音符	音	親音符家族種類	音符家族及び同系語　※赤色の文字は常用漢字　( )旧字体　〔 〕異体字　「 」別の親音符　○印は形声文字(意符＋音符の構造の字)　※注	字数
粥		シュク	二	会 粥 準1級 シュク・イク かゆ、ひさぐ 会 鬻 イク・シュク かゆ、ひさぐ	2
出		シュツ	大	象 1 出 シュツ・スイ でる、だす ○祟 スイ たたる ※祟《スイ》は祟《スイ》の変形 9 ○拙 セツ つたない ○黜 チュツ しりぞける ○咄 トツ はなし ○柮 トツ きれはし、たきぎ 会 朏 ヒ 三日月、明けがたのうすくらがり 「屈 クツ 6」 ※同じ字素を持つ字「祟《スイ》」「敖《ゴウ》」「賣《バイ》」 ※崇《スウ》(たかい)との混同に注意	7
朮		ジュツ	純	象 朮 ジュツ・シュツ・チュツ おけら、もちあわ ※手に米がついたさま。もちあわ、おけらの意 5 ○述 ジュツ のべる 5 ○術 ジュツ・シュツ わざ、方法	3
戌		ジュツ	戌《エツ》 三	象 戌 ジュツ 十二支のいぬ ※戌《ジュツ》は小さいまさかりの形 ※同じ字素を持つ字「咸《カン》」「歳《サイ》」「蔑《ベツ》」 8 ○滅 メツ・ベツ ほろびる	
	威	イ		7 ○威 イ おどす ○鰄 イ かいらぎ 国 緘 おどし ※おどしは緒(ひも)を通す意	5

親音符 子音符	音	親音符家族種類	音符家族及び同系語 ※赤色の文字は常用漢字 （）旧字体 〔〕異体字 「」別の親音符 ○印は形声文字（意符＋音符の構造の字） ※注	字数
夋 シュン サ サン	シュン	三	9 ○俊 シュン すぐれる ○峻 準1級 シュン けわしい ○悛 シュン あらためる ○浚 シュン さらえる ○逡 シュン ためらう ○竣 準1級 シュン 完成する ○皴 シュン ひび、しわ ○駿 準1級 シュン・スン 秀れた馬 9 ○唆 サ そそのかす ○梭 サ ひ（機織りの道具） 5 ○酸 サン すい、すっぱい ※夌《リョウ》の項参照	11
春	シュン	紅一	2 ○春 シュン はる ○惷 シュン みだれる ○鰆 シュン さわら ○蠢 シュン うごめく ○椿 準1級 チン つばき、変事 ※同じ字素夫を持つ字「舂《ショウ》」「秦《シン》」「奏《ソウ》」「奉《ホウ》」泰《タイ》 ※春の音符は屯《チュン》。正字は芚《シュン》。草がしげる	5
隼	シュン	隹スイ 二	象 ○隼 準1級 シュン・ジュン はやぶさ 5 ○準 ジュン・シュン のり、なぞらえる 9 ○准 ジュン・シュン なぞらえる、ゆるす	3
雋	シュン	隹スイ 二	会 ○雋 シュン・セン すぐれる ○儁 シュン すぐれる ○鐫 セン のみ、彫る、退ける ※雋は鳥が足をすくめて飛ぶ形	3
舜（舜）	シュン	舛セツ 純	○舜 準1級 シュン むくげ、古代の聖天子 7 ○瞬（瞬） シュン またたく、短い時間 ※常用漢字の舛は四画、旧字体は三画	

親音符 子音符	音	親音符 家族種類	音符家族及び同系語 ※赤色の文字は常用漢字 （ ）旧字体 〔 〕異体字 「 」別の親音符 ○印は形声文字（意符＋音符の構造の字） ※注	字数
舜のつづき			蕣○ シュン あさがお、むくげ	4
旬	ジュン	紅 一	会 7 旬 ジュン・シュン 十日、ゆきわたる 9 殉○ ジュン 従う、命を投げ出す 徇○ ジュン・シュン となえる、したがう 恂○ ジュン・シュン まこと、おそれる 洵○ ジュン・シュン まこと 荀○ ジュン・シュン 草の名 筍○〔笋〕ジュン・シュン たけのこ 詢○ ジュン・シュン 問う、はかる 絢○ 準1級 ケン あや	9
盾	ジュン	紅 一	象 7 盾 ジュン たて 9 循○ ジュン めぐる 楯○ 準1級 ジュン たて 遁○ 準1級 トン・シュン・ジュン のがれる、かくれる	4
処（處）	ショ	二	会 6 処（處○）ショ・ソ ところ 7 拠○（據）キョ・コ よる、よりどころ ※旧字は異なることに注意	4
胥	ショ	二	胥○ ショ・ソ たがいに、みな 8 婿○（壻）〔聟〕セイ むこ ※胥《ショ》の音符は疋《ショ》、塩づけの肉の意 ※壻の部首は士《シ》で土《ド》つちではない	4
庶 ショ シャ セキ	ショ	三	会 9 庶 ショ もろもろ、こいねがう 9 遮○ シャ さえぎる 蔗○ シャ・ショ さとうきび、うまい	

親音符 子音符	音	親音符家族種類	音符家族及び同系語 ※赤色の文字は常用漢字 （ ）旧字体 〈 〉異体字 「 」別の親音符 ○印は形声文字（意符＋音符の構造の字） ※注	字数
			鷓○ シャ —鷓はしゃこ 蹠○〈跖〉セキ 足の裏 ※庶ショは广（屋根）＋炗ショ（鍋の中の物を火で煮る形）の会意 ※同じ字素 庶 を持つ字「度ド」「席セキ」	5
女● 如	ジョ ジョ	紅一	象 1 女 ジョ・ニョ おんな、め 汝○ 準1級 ジョ なんじ 会 姦 準1級 カン よこしま、かしましい 会 嬲〈嫐〉ジョウ なぶる 会 8 如 ジョ・ニョ ごとし、しく 茹○ ジョ・ニョ ゆでる、うだる 恕○ 準1級 ジョ・ショ ゆるす 絮○ ジョ・ショ わた、くどい	9
小●	ショウ	二	指 1 小 ショウ ちいさい、こ、お 「少 ショウ 21」 「肖（肖）ショウ 20」 雀○ 準1級 ジャク すずめ 「𧴪 サ 2」 ※小の元の字は∴（小さい点が三つ）で、小さいものが散乱している姿。小を親音符とし、その子音符に少、肖、𧴪などがあり、音符の階層構造の代表例	2
象 爿●（爿） ショウ ジョウ ソウ ゾウ	ショウ（ソウ）	四	「将 ショウ 8」 牀○〈会 床〉7 ショウ・ソウ ゆか、とこ、こしかけ 状○ 5（狀）ジョウ かたち 牆○ ショウ かき 「壮 ソウ 7」 妝○ ソウ・ショウ よそおう 「蔵（藏）ゾウ 6」	6
升	ショウ	純	象 9 升 ショウ ます、のぼる、ますめの単位 8 昇○ ショウ のぼる	

親音符	子音符	音	親音符家族種類	音符家族及び同系語 ※赤色の文字は常用漢字 （ ）旧字体 〔 〕異体字 「 」別の親音符 ○印は形声文字（意符＋音符の構造の字） ※注	字数
升のつづき				陞○ ショウ のぼる / 国 枡〔桝〕 ます	5
尓（爾）		ショウ	二	称○7（稱） ショウ となえる、ほめる / 国 鯑 いさざ / ※弥《ビ》《や》は爾《ジ》に分類	3
少		ショウ	小《ショウ》大	少○2 ショウ すくない、すこし / 抄○9 ショウ・ソウ 抜き書きする / ※歩、賓、頻の旧字体はすべて、がなく一画少ない。ただし少は旧字体であっても、を省かない / 炒○ ショウ・ソウ いためる / 鈔○ ショウ・ソウ 写す、かすめとる / 秒○3 ビョウ 時間の単位 / 杪○ ビョウ こずえ	
	眇	ビョウ		眇○ ビョウ・ミョウ すがめ / 渺○ ビョウ はるか、かすか / 緲○ ビョウ かすか	
				妙○7 ミョウ・ビョウ たえ / 砂○6 サ・シャ すな / 紗○ 準1級 サ・シャ うすぎぬ / ※小さな貝を紐で綴った形。この家族はすくない、こまかい、おさない意を持つ	
	沙	サ		沙○ 象10 サ・シャ すな、よなげる / 娑○ サ・シャ —婆はしゃば	
				莎○ サ はますすげ / 裟○ 準1級 サ 袈—はけさ / 鯊○ サ はぜ	

親音符 子音符	音	親音符家族種類	音符家族及び同系語 ※赤色の文字は常用漢字 （）旧字体 〔〕異体字 「」別の親音符 ○印は形声文字（意符＋音符の構造の字） ※注	字数
			○省 4 セイ・ショウ かえりみる、はぶく 会 劣 7 レツ おとる 国 挘 むしる 国 毟 むしる	21
召 ショウ チョウ	ショウ	刀トウ 二	○召 7 ショウ めす ○招 5 ショウ まねく ○沼 7 ショウ ぬま ○紹 7 ショウ つぐ、とりもつ	
昭	ショウ		○昭 3 ショウ あきらか ○照 4 ショウ てらす ○詔 9 ショウ みことのり ○劭 ショウ つとめる、はげます ○邵 ショウ 昔の地名 ○韶 ショウ 美しい、うららか ○超 8 チョウ こえる、こす ○迢 チョウ はるか ○貂 チョウ てん ○髫 チョウ 子供の垂れ髪 ○齠 チョウ 乳歯が抜けかわる	15
庄	ショウ	土ド 純	会 庄 準1級 ショウ・ソウ いなか、荘園 ○粧 9 ショウ・ソウ よそおう、めかす ※庄、粧は壮、装の異体字	2
丞	ショウ	二	会 丞 準1級 ショウ・ジョウ たすける 象 承 6 ショウ うけたまわる ○拯 ジョウ・ショウ 救う、助ける	
烝	ジョウ		○烝 ジョウ・ショウ むす、多い ○蒸 6 ジョウ むす ※亟キョクとの混同に注意	5

親音符 子音符	音	親音符家族種類	音符家族及び同系語 ※赤色の文字は常用漢字 （ ）旧字体 〈 〉異体字 「 」別の親音符 ○印は形声文字（意符＋音符の構造の字） ※注	字数
肖（肖） ショウ サク セツ ソウ チョウ	ショウ	小《ショウ》 五	9 肖○ ショウ 似る、あやかる 9 宵○ ショウ よい 3 消○ ショウ きえる、けす 9 硝○ ショウ 硝石 哨○ 準1級 ショウ みはり 峭○ ショウ けわしい 悄○ ショウ うれえる 梢○ 準1級 ショウ こずえ 逍○ ショウ さまよう 稍○ ショウ・ソウ やや、ようやく 蛸○ 準1級 ショウ たこ 誚○ ショウ 責める 銷○ ショウ とかす、けす 霄○ ショウ そら、大空、みぞれ 鞘○ 準1級 ショウ さや 鮹○ ショウ・ソウ たこ 8 削○ サク けずる 屑○ 準1級 セツ くず、いさぎよい 筲○ ソウ・ショウ ふご、わずかの量 趙○ チョウ ゆっくり歩く、古代中国の国名 ※肖は小さな肉が骨に連なっている形で、小さいものを意味する	20
尚（尚） ショウ ジョウ トウ ドウ	ショウ	向《コウ》 三	9 尚○ ショウ 尊ぶ、なお 8 掌○ ショウ てのひら、つかさどる 淌○ ショウ・トウ 大きい波 6 賞○ ショウ ほうび 9 償○ ショウ つぐなう 嘗〈甞〉○ 準1級 ショウ かつて、なめる	

親音符 子音符	音	親音符家族種類	音符家族及び同系語 ※赤色の文字は常用漢字 （ ）旧字体 〈 〉異体字 「 」別の親音符 ○印は形声文字（意符＋音符の構造の字） ※注	字数
賞 敞 党（黨）	ショウ ショウ トウ		敞○ ショウ 高い、見晴しがよい／廠〈厰〉○ 準1級 ショウ しごとば、うまや／裳○ 準1級 ショウ もすそ／常5○ ジョウ つね、とこ／党6○（黨） トウ なかま／黨○ トウ すぐれる、もし／棠○ トウ・ドウ やまなし／「当（當） トウ 7」「堂 ドウ 3」	16
昌	ショウ	日ニチ 純	昌 会 準1級 ショウ さかん／唱4○ ショウ となえる／晶8 象 ショウ あきらか／倡○ ショウ 芸人、遊女／娼○ 準1級 ショウ あそびめ／猖○ ショウ 狂う、あばれまわる／菖○ 準1級 ショウ あやめ、しょうぶ／椙 国 準1級 すぎ	8
疌	ショウ	純	捷○ 準1級 ショウ 勝つ、すばやい／淁○ ショウ 水を形容する語／睫○ ショウ まつげ／※疌《ショウ》は早い意を表す	3
妾	ショウ	紅一	妾 会 準1級 ショウ めかけ、わらわ／椄○ ショウ・セツ つぎ木／霎○ ショウ・ソウ 通り雨、しばし／接5○ セツ・ショウ つぐ、近づく／※妾《ショウ》は貴人に近づき奉仕する入れ墨をほどこされた女性	4

親音符 子音符	音	親音符家族種類	音符家族及び同系語 ※赤色の文字は常用漢字 （ ）旧字体 〔 〕異体字 「 」別の親音符 ○印は形声文字（意符＋音符の構造の字） ※注	字数
将（將）	ショウ	爿ショウ 純	将（將）○ 6 ショウ 大将、ひきいる 奨（奬）○ 9 ショウ 勧める、助ける 蔣○ 準1級 ショウ まこも 漿○ ショウ しる、液状のもの 醬○ 準1級 ショウ ひしお 鏘○ ショウ・ソウ 玉・鈴などが鳴りひびくさま	8
昜	ショウ	昜ヨウ 純	傷○ 6 ショウ きず、いたむ 殤○ ショウ 若死 觴○ ショウ さかずき ※昜《ショウ》は省略形で原形は不明	3
章	ショウ	辛シン 純	象 章 3 ショウ 文章、印 障○ 6 ショウ へだてる、さわる 彰○ 9 ショウ あらわす 樟○ 準1級 ショウ くすのき 嶂○ ショウ びょうぶの様に連なる峰 璋○ ショウ 圭を縦半分に割った玉製のしゃく 瘴○ ショウ 風土病 鱆○ ショウ たこ ＝鮹《ショウ・ソウ》《たこ》 商○ 3 ショウ あきなう、商人 ※入れ墨に用いる針（辛）に墨だまり（日の部分）がついた形。はっきり現れたあや模様の意味。商は章（明るく目立つ）の省略形＋冏（ケイ、高い台座の形）	9
舂	ショウ	純	会 舂 ショウ うすづく 摏○ ショウ つく ※同じ字素夫を持つ字「春《シュン》」「秦《シン》」「奏《ソウ》」「奉《ホウ》」泰《タイ》。舂《ショウ》は臼（うす）＋午（きね）＋廾《キョウ》（両手）	2

親音符 子音符	音	親音符家族種類	音符家族及び同系語 ※赤色の文字は常用漢字 （ ）旧字体 〔 〕異体字 「 」別の親音符 ○印は形声文字（意符＋音符の構造の字） ※注	字数
焦	ショウ	隹《スイ》 純	会 8 焦○ ショウ こげる、あせる 9 礁○ ショウ 水面下に見えかくれる岩 蕉○ 準1級 ショウ 芭—はばしょう 憔○ ショウ やつれる 樵○ 準1級 ショウ きこり 鷦○ ショウ —鷯はみそさざい ※焦はやきとり。こげる意	6
象	ショウ	二	象 5 象 ショウ・ゾウ かたどる、ぞう 橡○ 準1級 ショウ・ゾウ とち、くぬぎ、つるばみ 5 像○ ゾウ・ショウ かたち	3
聶 ショウ ジョウ セツ	ショウ	耳《ジ》 三	会 聶 ショウ・ジョウ ささやく 囁○ ショウ・ジョウ ささやく 懾○ ショウ おそれる 顳○ ショウ・ジョウ —顬はこめかみ 躡○ ジョウ 踏みつける、はきものをはく 鑷○ ジョウ 毛抜き 8 摂○（攝） セツ・ショウ とりおこなう、代理	8
上	ジョウ	雑	指 1 上 ジョウ・ショウ うえ、あがる、のぼる 指 1 下 カ・ゲ した、さがる、くだる 国 7 峠 とうげ ※上・下ともに指事の字の代表 国 雫 準1級 しずく 国 桛 かせ 国 裃 かみしも 国 鞐 こはぜ	

親音符 子音符	音	親音符家族種類	音符家族及び同系語 ※赤色の文字は常用漢字 （ ）旧字体 〔 〕異体字 「 」別の親音符 ○印は形声文字（意符+音符の構造の字） ※注	字数
上のつづき			国 梺 ふもと 国 颪 おろし	8
丈	ジョウ	純	会 7 丈 ジョウ たけ、長さの単位 仗○ ジョウ つえをつく、たのむ 杖○ 準1級 ジョウ つえ ※十（手）（つえの形）+又	3
乗（乘）	ジョウ	純	会 3 乗（乘） ジョウ・ショウ のる、のせる 9 剰○（剩） ジョウ あまる、あまつさえ ※乗ジョウは両手足を開いた人の形	4
襄（襄） ジョウ ノウ ドウ	ジョウ	三	襄○ ジョウ・ショウ 高い所へのぼる 9 壌○（壤） ジョウ つち 8 嬢○（孃） ジョウ むすめ 8 譲○（讓） ジョウ ゆずる 9 醸○（釀） ジョウ かもす 穣○ 準1級 ジョウ みのる 攘○ ジョウ 追いはらう 禳○ ジョウ おはらい 驤○ ジョウ あがる 嚢○ 準1級 ノウ・ドウ ふくろ 曩○ ドウ・ノウ さきに ※衣+㠭シャウの形。衣をはらいのける意。借りてのぼる意	15
色・	ショク	二	象 2 色 ショク・シキ いろ 5 絶○ ゼツ・ゼチ・セツ たえる、たつ ※絶ゼツのつくりの部分色はもと刀+巴で色とは関係ないが、同じ形なので一緒にした	2

親音符 子音符	音	親音符家族種類	音符家族及び同系語 ※赤色の文字は常用漢字 （）旧字体 〔〕異体字 「」別の親音符 ○印は形声文字（意符＋音符の構造の字） ※注	字数
食・	ショク	紅一	(象) 2 食 ショク・ジキ・シ くう、くらう、たべる 7 飾○ ショク かざる 蝕○ 準1級 ショク むしばむ、日や月が欠ける 飭○ チョク いましめる (国) 喰 準1級 くらう ※飾は巾＋音符飤《ショク》 飭は力＋音符飤《チョク》 ※亼（寄せ集めることを示す符号、またはふたの形）＋皀（器にごちそうを盛った形） ※食（しょくへん）は手書ではすべて食の字形で正しい。飠は印刷用活字（明朝体）の字形	5
畟	ショク	純	禝○ ショク 五穀の神 稷○ ショク きび 謖○ ショク 馬—は孔明の部下、起つ ※同じ字素を持つ字「夋《シュン》」「夌《リョウ》」	3
戠 ショク シキ シ	ショク	三	5 織○ ショク・シキ おる 5 職○ ショク・シキ つとめ、はたらき 5 識○ シキ・ショク・シ 知る、しるす 幟○ シ のぼり 熾○ シ さかん、おきび ※耺は漢字にあらず！	5
嗇 ショク ショウ	ショク	二	(会) 嗇 ショク おしむ、けち 穡○ ショク 穀物を収穫する ※字形は來（ライ・麦の意）＋㐭（リン・穀物倉） ※牆《ショウ》《かき》は爿に配した。音符は爿。嗇《ショク》は意符 薔○ ショウ・ショク・ソウ —薇はばら 檣○ ショウ ほばしら 艢○ ショウ ほばしら	5

親音符 子音符	音	親音符家族種類	音符家族及び同系語 ※赤色の文字は常用漢字 （ ）旧字体 〔 〕異体字 「 」別の親音符 ○印は形声文字（意符＋音符の構造の字） ※注	字数
蜀	ショク	五	象 7 蜀 ショク いもむし、中国の国名 7 触○（觸）ショク・ソク ふれる、さわる 燭○ 準1級 ショク・ソク ともしび 7 濁○ ダク・ジョク にごる 躅○ チョク あしぶみする ※触・独の虫は蜀の略字で、虫《チュウ》《むし》とは別 5 独○（獨）ドク・トク ひとり 髑○ ドク・トク されこうべ	14
属（屬）	ゾク		5 属○（屬）ゾク・ショク つらなる、つく 8 嘱○（囑）ショク たのむ 矚○ ショク・ソク 目をつける	
辱	ジョク	辱シン 紅一	会 8 辱 ジョク・ニク はずかしめる、かたじけない 溽○ ジョク むし暑い 蓐○ ジョク しとね 褥○ ジョク しとね 縟○ ジョク わずらわしい 耨○ ドウ 鍬、くさぎる	6
心・	シン	紅一	象 2 心 シン こころ 10 芯○ シン 物の中心部分 沁○ シン しみる 蕊○ 準1級 ズイ しべ	4
㐱 シン チン テン	シン	彡サン 四	9 診○ シン みる 疹○ 準1級 シン 麻疹—はしか 畛○ シン あぜ 袗○ シン ひとえの衣服	

親音符	子音符	音	親音符家族種類	音符家族及び同系語 ※赤色の文字は常用漢字 （ ）旧字体 〈 〉異体字 「 」別の親音符 ○印は形声文字（意符＋音符の構造の字） ※注	字数
	殄 テツ	テン		軫○ シン 車、うれえる／珍○ 7 チン めずらしい／趁○ チン 追う、走る／殄○ テン つきる、つくす／餮○ テツ むさぼり食う、饕—はとうてつ／「翏 リョウ 12」	9
申		シン	三	象 申 3 シン もうす、十二支のさる／神○ 3 シン・ジン かみ、かん、こう／伸○ 8 シン のびる、のばす／紳○ 9 シン 紳士／呻○ シン うめく／抻○ シン・チン 引きのばす／陳○ 8 チン・ジン つらねる、のべる、ひねる ※陳の音符は申シン→チン／坤○ 準1級 コン 大地、ひつじさる／会 電 2 デン・テン いなずま／国 榊 準1級 さかき／国 鰰 準1級 はたはた	11
臣●		シン	四	象 臣 4 シン・ジン おみ、けらい／腎○ 10 ジン・シン じん臓 ※同じ字素を持つ字「監カン」「臤ケン」臨リン ※腎ジン・シンの音符は臤ケン→ジンなので、音符臣シンの家族のほうが自然である／会 宦 カン つかえる／会 臥 準1級 ガ 伏す ※臣は見開いた目の形で、賢い家来の意	4
辰●		シン	純	象 辰 準1級 シン 十二支のたつ／振○ 7 シン ふる／娠○ 9 シン はらむ／唇○ 9〈脣〉 シン くちびる	

親音符 子音符	音	親音符家族種類	音符家族及び同系語 ※赤色の文字は常用漢字 （ ）旧字体 〔 〕異体字 「 」別の親音符 ○印は形声文字（意符＋音符の構造の字）	※注	字数
辰のつづき			震 7 ○ シン ふるえる　宸 ○ シン 天子のすまい　晨 ○ シン あした　蜃 ○ シン・ジン おおはまぐり　賑 ○ 準1級 シン にぎわう	※同じ字素を持つ字「農ノウ」「辱ジョク」	10
身●	シン	単	身 象 3 シン み　「射 シャ 3」	※射の身シンははじめは弓キュウであったが、書き誤って伝えられた ※身ごもって腹の大きな人の側身形	1
辛● シン シ サイ	シン	三	辛 象 8 シン からい、つらい、かのと　梓 ○ 準1級 シ あずさ	※辛は把手（とって）のついている大きな針の形。入れ墨をするときに使用する	5
宰	サイ		宰 会 9 サイ つかさどる　滓 ○ シ・サイ おり、かす　縡 ○ サイ 事柄、息	※同じ辛を構成要素とする字「妾ショウ」「童ドウ」辞「辟ヘキ」「辥ゲツ」	
𠬶（𠬶）	シン	純	侵 会 7 シン おかす　浸 7 ○ シン ひたす　寝 7 ○（寢）シン ねる　駸 ○ シン 物事が早く進むさま		5
罙	シン	二	深 3 ○ シン ふかい　探 6 ○ タン さぐる、さがす		2
亲 新	シン シン	辛シン 純	新 2 ○ シン あたらしい、あらた、にい　薪 7 ○ シン たきぎ　噺 国 準1級 はなし	※亲は辛＋木を縮めた形。切ったばかりの生木の意	

親音符	子音符	音	親音符家族種類	音符家族及び同系語 ※赤色の文字は常用漢字 （ ）旧字体 〔 〕異体字 「 」別の親音符 ○印は形声文字（意符＋音符の構造の字）	※注	字数
	親	シン		○親 2 シン おや、したしい ○櫬 シン 肌着、下着	※親は新しく切った木で作った父や母の位牌を見て拝む形	5
真（眞） シン チン テン		シン	三	会 真 3（眞） シン ま、まこと ○慎 7（愼） シン つつしむ ○嗔 シン いかる ○槙（槇） 準1級 シン・テン まき ○瞋 シン いかる ○鷆 シン・テン・デン 鳥の名 ○鎮 8（鎭） チン しずめる ○塡 10〔填〕 テン ふさぐ、うずめる	※眞の上部の匕《シン》はさじの形、下部の県はさかさに釣るした首 ※真は行き倒れの死人	
	顛	テン		○顛 準1級 テン いただき、倒れる ○巓 テン いただき ○癲 テン ひきつけ		16
晋（晉）		シン	純	○晋（晉） 準1級 シン すすむ、昔の中国の国名 ○縉 シン さしはさむ、高位高官の人	※普《フ》との混同に注意	3
秦		シン	純	会 秦 準1級 シン はた、中国の王朝名 ○蓁 シン 草木が盛んに茂る ○榛 準1級 シン はしばみ ○臻 シン いたる、およぶ	※禾《カ》と舂《ショウ》（うすづく、舂は省略形）の会意。国訓は、はた姓。古代中国の国名はシン。始皇帝のとき天下を統一した	4

親音符	子音符	音	親音符家族種類	音符家族及び同系語 ※赤色の文字は常用漢字 （）旧字体 〈〉異体字 「」別の親音符 ○印は形声文字（意符＋音符の構造の字）	※注	字数
替	（朁）	シン（サン）	三	簪○ シン・サン かんざし／譖○ シン そしる／8 潛（潜）○ セン もぐる、ひそむ／僭○ セン おごる、たかぶる／6 蚕（蠶）○ サン かいこ	※替《タイ・テイ かわる》とは別の字。「賛（贊）《サン》」との混同に注意	7
人●		ジン	雑	象 1 人 ジン・ニン ひと／会 閃 準1級 セン ひらめく	※部首としてはにんべん、ひとやね	4
	囚	シュウ		会 9 囚 シュウ とらえる、とらわれ人／泅○ シュウ およぐ／「仄 ソク 2」「千 セン 7」		
儿●		ジン	雑	会 8 冗 ジョウ むだ、くどくどしい／象 兀 コツ・ゴツ 高くつき出たさま／「禿 トク 2」		1
刃		ジン ニン	刀トウ 二	指 9 刃 ジン・ニン は、やいば／仞○〈仭〉 ジン ひろ／紉○ ジン なわ、むすぶ／靭○〈靭・靱〉 準1級 ジン しなやか		13
	忍	ニン		9 忍○ ニン・ジン しのぶ／6 認○ ニン・ジン みとめる／荵○ ニン・ジン しのぶぐさ／国 綛 かすり／象 籾〈籾〉 準1級 もみ		

サ

親音符 子音符	音	親音符家族種類	音符家族及び同系語 ※赤色の文字は常用漢字 （ ）旧字体 〈 〉異体字 「 」別の親音符 ○印は形声文字（意符＋音符の構造の字） ※注	字数
卂 指	ジン	二	9 迅○ ジン はやい 訊○ 準1級 ジン・シン たずねる 蝨○〈虱〉シツ しらみ ※卂《ジン》は鳥がその羽ばたきが見えないほど速く飛ぶさま	4
壬 ジン ニン チン 任	ジン ニン	三	壬 象 準1級 ジン・ニン みずのえ 9 妊○〈姙〉ニン・ジン はらむ 凭 会 ヒョウ もたれる ※呈《テイ》廷《テイ》の音符は壬《テイ・チョウ》で壬《ジン》とは別の字。 5 任○ ニン・ジン まかす、つとめる 荏○ 準1級 ジン・ニン え、えごま 恁○ ジン・イン・ニン このような 6 賃○ チン・ジン お手当 袵○〈衽〉ジン・ニン おくみ、えり ※壬《ジン・ニン》《みずのえ》［象形］。紝《ジン》の原字 ※壬《テイ・チョウ》［指事］。つきでる、のびる。人の下部に短い線を加えて、人が足をのばしているさま	10
尽（盡）	ジン	純	7 尽○（盡）ジン つくす、つきる、ことごとく 儘○〈侭〉準1級 ジン まま、ことごとく 燼○ ジン もえさし 贐○ ジン・シン はなむけ ※盡《ジン》は聿《イツ》（細い棒を手に持つ）＋灬（水滴）＋皿の形。棒で水を入れた皿を洗うさま	6
甚 ジン シン カン タン チン	ジン	五	9 甚 会 ジン はなはだ 糂○ ジン・サン こながき 斟○ シン 汲む、おしはかる ※甚《ジン》は甘（楽しみ）と匹（夫婦）の会意 8 勘○ カン かんがえる 9 堪○ カン・タン たえる、こらえる 戡○ カン 勝つ、殺す 湛○ 準1級 タン・チン たたえる	

親音符 子音符	音	親音符家族種類	音符家族及び同系語 ※赤色の文字は常用漢字 （）旧字体 〔〕異体字 「」別の親音符 ○印は形声文字（意符+音符の構造の字） ※注	字数
甚のつづき			椹○ チン・ジン さわら 碪○ チン・ガン きぬた ＝砧《チン》 きぬた 会 尠 セン すくない	10
尋（尋）	ジン	純	会 7 尋 ジン たずねる、ひろ 潯○ ジン ふち、岸 蕁○ ジン・タン ―麻はいらくさ ※左＋右の会意。上下に手、中に工と口	3
須	ス	二	象 10 須 ス・シュ 待つ、用いる 鬚○ シュ・ス あごひげ ※須《ス》は延びたあごひげをかたどる	2
水•	スイ	雑	象 1 水 スイ みず 会 8 尿 ニョウ いばり 会 盥 カン たらい ※同じ字素を持つ字「沓《トウ》」「泉《セン》」「泰《シツ》」「录《ロク》（彔）」「衍《エン》」	3
垂 スイ ユウ ダ	スイ	三	6 垂○ スイ たれる、なんなんとする 9 睡○ スイ ねむる 捶○ スイ むちうつ 陲○ スイ ほとり 錘○ 準1級 スイ つむ、おもり 10 唾○ ダ・タ つば ※郵《ユウ》は邑《ユウ》の家族へ分類する〔会意〕。	6
素	スイ	出スイ 雑	会 9 款 カン まごころ、規約証書などの箇条書き 7 隷○（隸） レイ 従う、しもべ ※祟《スイ たたり》の省略形	3
象 隹• スイ イ	スイ	大	6 推○ スイ おす 10 椎○ スイ・ツイ しい、つち 10 誰○ スイ だれ 錐○ 準1級 スイ きり 雖○ スイ いえども	

親音符 子音符	音	親音符家族種類	音符家族及び同系語 ※赤色の文字は常用漢字 （ ）旧字体 〔 〕異体字 「 」別の親音符 ○印は形声文字（意符＋音符の構造の字） ※注	字数
進 シュウ シン タイ	シン		○騅 スイ あしげ 9○唯 イ・ユイ ただ、はいと返事 7○維 イ つなぐ、これ ○帷 イ とばり ○惟 準1級 イ・ユイ 思う、ただ ○售 シュウ 売る 会 讐〔讎〕シュウ あだ、むくいる 3○進 シン すすむ ○暹 セン 日の出 ※雖スイ＝唯イ＋虫の合成字 ※隹スイは比較的小さな鳥の象形 10○堆 タイ・ツイ うずたかい ○碓 準1級 タイ・ツイ うす 会6 奮 フン ふるう 会8 奪 ダツ うばう ○截 セツ たつ、きる ※意符戈と音符雀シャク→セツ 「隺 カク 2」「霍 カク 2」「隻 セキ 3」「蒦 カク 4」「矍 カク 3」	20
遂（㒸） 隊 スイ タイ ツイ	スイ ツイ	三	8○遂（遂）スイ とげる、ついに ○隧 スイ・ズイ 墓穴の道、トンネル ○燧 スイ 火打ち石、のろし ○邃〔邃〕スイ おくぶかい 4○隊 タイ・ツイ 兵の集い、くみ 8○墜 ツイ 落ちる、失う	8

親音符	子音符	音	親音符家族種類	音符家族及び同系語　※赤色の文字は常用漢字　〈 〉旧字体　〔 〕異体字　「 」別の親音符　○印は形声文字（意符＋音符の構造の字）　※注	字数
衰		スイ	二	衰 象 8 スイ・サイ おとろえる ○榱 スイ たるき ○蓑〈簑〉準1級 サ・サイ みの ※字形は衣＋冉《セン》の形	4
彗		スイ	三	彗 会 スイ・ケイ・エ ほうき、はく ○慧 準1級 ケイ・エ かしこい 艝 国 そり 轌 国 そり	7
	雪	セツ		雪 2 ○ セツ ゆき、すすぐ ※音符彗《スイ→セツ》。䨮が本字 ○鱈〈鱈〉準1級 セツ たら（国字だが中国でも用いる）	
芻		スウ	艸ソウ 紅一	芻 象 〔蒭〕スウ・ス・シュウ まぐさ ○鄒 スウ・シュ 中国の地名 ○趨 準1級 スウ・シュ はしる、おもむく ○雛 準1級 スウ・ス ひな、ひよこ ○皺 シュウ・スウ しわ ※芻《スウ》は牧草を刈り集めたさま	6
寸●	スン ソン チュウ トウ 肘	スン チュウ	四	寸 指 6 スン 長さの単位、ごくわずか 村 1 ○〈邨〉ソン むら ○忖 ソン おしはかる 「尊 ソン 7」 肘 会 10 チュウ ひじ ○酎 10 チュウ 焼酎 ○紂 チュウ しりがい、残忍な王の名 ○厨〈厨〉準1級 チュウ・ズ くりや 「丑 チュウ 7」 討 会 6 トウ うつ 吋 国 準1級 トウ・スン インチ ※丑は指先に力をこめてものを取る手。寸《スン》は丑の省略形、チュウの音がある。団《ダン》は専《セン》に分類	9

親音符	子音符	音	親音符家族種類	音符家族及び同系語 ※赤色の文字は常用漢字 （ ）旧字体 〔 〕異体字 「 」別の親音符 ○印は形声文字（意符＋音符の構造の字） ※注	字数
是	ゼイ シ ショク ダイ テイ	ゼ	五	象 7 是 ゼ・シ 正しい、これ 匙○ 準1級 シ さじ 寔○ ショク まことに 題○ 3 ダイ・テイ 見出し、問い 醍○ 準1級 ダイ・テイ ―醐はだいご 堤○ 7 テイ つつみ 提○ 5 テイ・ダイ・チョウ さげる、さし出す	7
井		セイ	二	象 4 井 セイ・ショウ い、いど、いげた 穽○ セイ おとしあな 指 10 丼 タン・トン どんぶり、どん ※囲《かこむ》 イ の音符は韋《イ》	3
生・	セイ ショウ	セイ	二	象 1 生 セイ・ショウ いきる、うまれる 姓○ 7 セイ・ショウ うじ、かばね 性○ 5 セイ・ショウ 生まれつき、男女の別 牲○ 8 セイ いけにえ 旌○ セイ・ショウ はた 甥○ 準1級 セイ・ショウ おい 「青 セイ 26」「星 セイ 5」 笙○ ショウ しょうの笛 ＝簫 ショウ しょうの笛	7
正	セイ ショウ	セイ	二	会 1 正 セイ・ショウ ただしい 征○ 7 セイ 行く、討つ 政○ 5 セイ・ショウ まつりごと 整○ 3 セイ ととのえる 鉦○ 準1級 セイ・ショウ かね 国 柾 準1級 まさ	

親音符 子音符	音	親音符家族種類	音符家族及び同系語 ※赤色の文字は常用漢字 （）旧字体 〔〕異体字 「」別の親音符 ○印は形声文字（意符＋音符の構造の字） ※注	字数
正のつづき			症○ 9 ショウ 現れた症状 証○ 5 （證） ショウ あかし、保証する 「定 テイ 8」	8
世 セイ セツ	セイ	二	世 会 3 セイ・セ よ、よのなか 貰○ 準1級 セイ もらう 笹 国 準1級 ささ 泄○ セツ・エイ もらす、おし出す 紲○ 〔絏・緤〕 セツ きずな、つなぐ ※同じ字素を持つ字「枼 ヨウ」	5
成（成）	セイ	紅一	成○ 4 セイ・ジョウ なる 盛○ 6 セイ・ジョウ さかん 誠○ 6 セイ・ジョウ まこと 鯎 国 うぐい 晟○ （晟） セイ あきらか、さかん 筬○ （筬） セイ おさ 城○ 4 ジョウ・セイ しろ	8
西● セイ セン サイ シン ダイ	セイ	五	西 象 2 セイ・サイ にし 栖○ 準1級 セイ・サイ すむ、すみか 茜○ 準1級 セン あかね 洒○ サイ・シャ すすぐ、さっぱりしている 晒○ 〔曬〕 準1級 サイ さらす 哂○ シン わらう 迺○ 〔廼〕 準1級 ダイ・ナイ すなわち、「の」の音を表す ※同じ字素を持つ字「垔（垔）イン」	8

親音符 子音符	音	親音符家族種類	音符家族及び同系語 ※赤色の文字は常用漢字 （ ）旧字体 〔 〕異体字 「 」別の親音符 ○印は形声文字（意符＋音符の構造の字） ※注	字数
青（青）● セイ セン ジョウ ショウ サイ	セイ	生セイ 五	1 青（青）○ セイ・ショウ あお 4 清（淸）○ セイ・ショウ・シン きよい、中国の王朝名 2 晴（晴）○ セイ はれる 5 精（精）○ セイ・ショウ しらげる、くわしい 8 請（請）○ セイ・シン・ショウ うける、乞う 凊○ セイ すずしい 菁○ セイ・ショウ かぶ 睛○ セイ ひとみ 靖○ 準1級 セイ やすらか 蜻○ セイ —蛉はとんぼ 鯖○ 準1級 セイ・ショウ さば 鶄○ セイ 鵁—はいさご 倩○ セン・セイ 美しい、つらつら 5 情（情）○ ジョウ なさけ 錆○ 準1級 ショウ・セイ さび 猜○ サイ そねむ、うたがう	
静	セイ		4 静（靜）○ セイ・ジョウ しずか 瀞〈瀞〉○ 準1級 セイ・ジョウ とろ ※意符青と音符争ソウ→セイの形声	26
制	セイ	純	会 5 制 セイ おさえる 5 製○ セイ つくる 掣○ セイ・セツ ひきとめる ※未＋刀の形	3
斉（齊）● セイ	セイ	三	象 9 斉（齊） セイ・サイ 整える、ひとしい 擠○ セイ・サイ おしのける 薺○ セイ・ザイ なずな	

サ

親音符	子音符	音	親音符家族種類	音符家族及び同系語　※赤色の文字は常用漢字　（　）旧字体　〔　〕異体字　「　」別の親音符　○印は形声文字（意符＋音符の構造の字）　※注	字数
斉のつづき	サイ ザイ			臍○ セイ・サイ へそ 躋○ セイ・サイ のぼる 霽○ セイ・サイ はれる 齎○ セイ・シ・サイ もたらす 齏○ セイ・サイ なます、あえもの 6 済○（濟） サイ・セイ すむ、すくう 9 斎○（齋） サイ ものいみ 儕○ サイ・セイ ともがら、なかま 7 剤○（劑） ザイ・セイ 調合する 国 纃 かすり	17
星		セイ	生セイ 純	2 星○ セイ・ショウ ほし 10 醒○ セイ さめる 惺○ セイ さとる 猩○ セイ・ショウ 猿の一種 腥○ セイ・ショウ なまぐさい	5
殸		セイ	紅一	2 声○（聲） セイ・ショウ こえ 磬○ ケイ・キン 打つ石、古代の「へ」の字形の打楽器 謦○ ケイ しわぶき（せきばらい） 馨○ 準1級 ケイ・キョウ かおる、かおり ※音符は殸《セイ》で声《ケイ》ではない。敬《ケイ》との混同に注意	5
夕●		セキ	二	象 1 夕 セキ ゆうべ 汐○ 準1級 セキ しお ※夙《シュク》は、凡《ボン》の家族	2

親音符 子音符 | 音 | 親音符家族種類 | 音符家族及び同系語 ※赤色の文字は常用漢字 〔 〕旧字体 〔 〕異体字 「 」別の親音符 ○印は形声文字（意符＋音符の構造の字） ※注 | 字数

親音符・子音符	音	親音符家族種類	音符家族及び同系語	字数
石●	セキ	大	象 1 石 セキ・シャク・コク いし ／ ○跖 セキ 蹠の異体字、あしのうら ／ ○碩 準1級 セキ おおきい ／ 7 ○拓 タク ひらく、刷る ／ ○磔 タク はりつけ ／ 10 ○妬 ト ねたむ ／ ○蠹 ト きくいむし ／ ○宕 準1級 トウ ほら穴、気まま ／ ○柘 準1級 シャ やまぐわ、つげ ／ ○斫 シャク 斧でたち切る ／ 会 2 岩〔嵒〕ガン いわ ／ 会 磊 ライ 石がごろごろ ／ 国 鉐 かじか	13
斥 セキ タク ソ	セキ	斤キン 三	8 ○斥 セキ しりぞける ／ ○拆 タク ひらく、裂く ／ ○柝 タク 裂く、拍子木 ／ 7 ○訴 ソ うったえる ／ ○泝〔遡〕ソ さかのぼる	5
赤● セキ シャ カク 赫 赦	セキ シャ カク	三	会 1 赤 セキ・シャク あか ／ 8 ○赦 シャ ゆるす ／ ○螫 セキ さす ／ ※赤は火と大（おおきい）の会意。火が燃え上がる色を表した ／ ○赫 準1級 カク あかい、かがやく ／ 9 ○嚇 カク おどす ／ ※赭シャの音符は者シャ	5

親音符 子音符	音	親音符家族種類	音符家族及び同系語 ※赤色の文字は常用漢字 （ ）旧字体 〔 〕異体字 「 」別の親音符 ○印は形声文字（意符＋音符の構造の字） ※注	字数
昔 セキ シャク サク ソ	セキ	大	仮 3 昔 セキ・シャク むかし／8 惜○ セキ・シャク おしい／8 籍○ セキ・ジャク 書物、戸籍／4 借○ シャク・シャ かりる／鵲○ ジャク かささぎ／藉○ ①シャ しく、貸す ②セキ ふみにじる／8 錯○ サク・ソ まじる、誤る／醋○ サク・ソ す／8 措○ ソ おく、ふるまう ※肉を並べて日にあてた形（𦣞）と日の形。日にあててほした肉の姿でむかしの意を表そうとした	9
析	セキ	斤キン 純	会 9 析 セキ 裂く／淅○ セキ 米をとぐ、さびしい／晰○〔晳〕 セキ あきらか／晳○ セキ 色が白い／蜥○ セキ —蜴はとかげ	5
隻	セキ	隹スイ 二	会 8 隻 セキ ただ一つ、対になるものの片方／会 8 双（雙） ソウ ふたつ、ならべる／「蒦 カク 4」／「矍 カク 3」	3
脊	セキ	純	会 10 脊 セキ 背骨／瘠○ セキ やせる／蹐○ セキ・シャク ぬきあし、さしあし／鶺○ セキ —鴒はせきれい	4

親音符	子音符	音	親音符家族種類	音符家族及び同系語 ※赤色の文字は常用漢字 （ ）旧字体 〔 〕異体字 「 」別の親音符 ○印は形声文字（意符＋音符の構造の字）	※注	字数
席		セキ	庶《ショ》 純	4 ○席 セキ 座る場所、むしろ ○蓆 セキ むしろ	※同じ字素を持つ字「度《ド》」「庶《ショ》」	2
責	セキ サイ サク シ	セキ	朿《シ》 四	5 ○責 セキ・シャク せめる、つとめ 4 ○積 セキ・シ・シャク つむ 5 ○績 セキ つむぐ、てがら ○勣 セキ いさお ○磧 セキ かわら ○蹟 準1級 セキ・シャク あと 8 ○債 サイ 借り、貸し ○嘖 サク 叫ぶ、やかましい ○簀 サク すのこ 9 ○漬 シ つける 国 癪 シャク さしこみ	※責《セキ》は貝と音符朿《シ→サク》（主は変わった形）。草木のトゲでひとをせめる意	11
象 舃	寫	セキ シャ	庶《ショ》 二	4 ○潟 セキ かた 3 ○写（寫） シャ うつす ○瀉 シャ そそぐ、はく	※正字は舃《セキ》で舄はその俗字という。舄《セキ》はカササギの象形	4
切		セツ	七《シチ》 二	2 ○切 セツ・サイ きる 9 ○窃（竊） セツ ぬすむ、ひそかに ○砌 セイ・サイ みぎり 国 苆 すさ		5
折	セツ セイ テツ	セツ	斤《キン》	会 4 ○折 セツ・シャク おる、くじく ○浙 セツ 川の名 ○晢〔晣〕 セツ・セイ あきらか		

親音符	子音符	音	親音符家族種類	音符家族及び同系語　※赤色の文字は常用漢字　（）旧字体　〔〕異体字　「」別の親音符　○印は形声文字（意符＋音符の構造の字）　※注	字数
折のつづき				9 逝○ セイ ゆく、いく 9 誓○ セイ ちかう 哳○ タツ 鳥の声 8 哲○ テツ あきらか	8
舌● ゼツ セン テン		ゼツ	三	象 6 舌○ ゼツ した 銛○ セン もり 恬○ テン やすらか 会 甜 準1級 テン あまい ※舌ゼツは口の中のしたの意	4
	活	カツ	三	9 括○ カツ くくる 刮○ カツ 削る、こする 筈○ 準1級 カツ はず 聒○ カツ かまびすしい	
		カツ		蛞○ カツ ―蝓はなめくじ 2 活○ カツ いきる 闊○〔濶〕カツ 心が広い、うとい 2 話○ ワ はなし 8 憩○〔憇〕ケイ いこい、いこう ※舌カツは正しくは舌クワツ。音符舌カツ→クワツで曲刀の象形。本来別の字の舌ゼツと混同されている	11
		ラン	二	会 6 乱（亂）ラン・ロン みだれる 会 4 辞（辭）ジ やめる、ことば	4
川●		セン	四	象 1 川 セン かわ 釧○ 準1級 セン くしろ、古代の腕輪 4 訓○ クン・キン 教える、漢字の日本のよみ 7 巡○ ジュン めぐる、まわる 4 順○ ジュン したがう、すなお 馴○ 準1級 ジュン・シュン なれる	

親音符 子音符	音	親音符家族種類	音符家族及び同系語 ※赤色の文字は常用漢字 〔 〕旧字体 〈 〉異体字 「 」別の親音符 ○印は形声文字(意符＋音符の構造の字) ※注	字数
			災○ 5 サイ わざわい ※三すじになって流れている水の形。漢字の字素となるときは巛、川の形になることもある。川は荒、流などに含まれる	7
千	セン	人《ジン》 純	千○ 1 セン ち、数の名 仟○ セン かしら、数の千 阡○ セン 数の千、あぜみち 刋○ セン きる、けずる 粁 国 準1級 キロメートル 瓩 国 キログラム 竏 国 キロリットル	7
占 セン テン ネン チョウ チン タン 沾	セン テン	大	占 会 7 セン うらなう、しめる 苫○ 準1級 セン とま 笘○ セン・チョウ 文字を書くふだ、むち ※占《セン》は卜《ボク》(うらなう)＋口(くち)。うらないの結果を判断していう 店○ 2 テン みせ 点○ 2 〔點〕 テン 小さなしるし 覘○ テン うかがう 沾○ テン・セン うるおう、ぬれる 霑○ テン うるおう 鮎○ 準1級 デン・ネン あゆ ※奌は漢字にあらず! 粘○ 8 〈黏〉 ネン・デン ねばる 拈○ ネン・デン ひねる、つまむ 貼○ 10 チョウ・テン はる 帖○ 準1級 チョウ・ジョウ 帳面、かきつけ 砧○ 準1級 チン きぬた ＝碪《チン》 きぬた	

親音符 子音符	音	親音符家族種類	音符家族及び同系語 ※赤色の文字は常用漢字 （ ）旧字体 〔 〕異体字 「 」別の親音符 ○印は形声文字（意符＋音符の構造の字） ※注	字数
占のつづき			○站 タン うまつぎ、宿駅 ※占《セン》はト《ボク》＋口《サイ》の形。ト《ボク》の項参照	17
先	セン	止《シ》 純	会 先 1 セン さき ○洗 6 セン あらう ※儿＋之《シ》（生は変わった形） ○跣 セン はだし ○筅 セン ささら ○銑 準1級 セン ずく、銑鉄 ※同じ字素を持つ字「賛（贊）《サン》」	5
戔（戔） セン サン ザン	セン	三	会 戔 セン・ザン・サン 少ない、そこなう ○浅 4 （淺） セン あさい ○践 9 （踐） セン 実行する ○銭 6 （錢） セン・ゼン ぜに ○箋 10 〈牋〉 セン ふだ ○餞 セン はなむけ ※戈（ほこ・刃物）を二つ重ねた形。薄いものを重ねる意	18
賤	セン		○賤 準1級 セン・ゼン いやしい ○濺 セン そそぐ ○綫 セン 線の異体字 ○桟 9 （棧） サン かけはし ○盞 サン さかずき ○残 4 （殘） ザン のこる、そこなう	
舛（舛）	セン	三	会 舛 準1級 セン そむく、誤る ※舛《セン》は部首名としては、まいあしと呼ばれ、左右の足が外に向かって開いている形。「舜《シュン》」「粦《リン》」舞《ブ》などに用いられる ※磔《タク》は音符石《セキ》の家族	

親音符 子音符	音	親音符家族種類	音符家族及び同系語 ※赤色の文字は常用漢字 （ ）旧字体 〔 〕異体字 「 」別の親音符 ○印は形声文字（意符＋音符の構造の字） ※注	字数
桀	ケツ		桀〔桀〕○ ケツ すぐれる、わるがしこい 9 傑（傑）○ ケツ すぐれる 国 桝 ます、枡の異体字	6
専（專）	セン	大	象 6 専（專）○ セン もっぱら 4 伝（傳）○ デン つたえる 5 団（團）○ ダン・タン・トン まるい、集まり	13
転（轉）	テン		3 転（轉）○ テン ころがる 囀 ○ テン さえずる ＝哢《ロウ》 甎〔磚〕○ セン かわら 摶 ○ タン・セン まるい、まるめる 蓴 ○ ジュン・シュン じゅんさい ※恵（惠）《ケイ》と同じ字素を持つ。専《フ》との混同に注意	
泉	セン	純	象 6 泉 ○ セン いずみ 10 腺 ○ セン 特殊な液を出す器官 2 線 ○ セン すじ、細い糸 国 楾 はんぞう	4
旋	セン	純	9 旋 ○ セン めぐる、もどる 璇 ○ セン 美しい玉 ※字素㫃（㫃）《エン》を持つ字「旋《セン》」「於《オ》」「族《ゾク》」「旅《リョ》」「斿《ユウ》」「施《シ》」「旌《セイ》」「旗《キ》」「旒《リュウ》」「旃《セン》」「旆《ハタ》」	2
宣 センケン	セン	亘コウ 紅一	6 宣 ○ セン のべる、のたまう 喧 準1級 ○ ケン かまびすしい 愃 ○ ケン・セン 心が広い ※宣《セン》は天子の住む宮殿で自分の意見を述べ、ゆきわたらせること。のべる意 萱 準1級 ○ ケン・カン かや 暄 ○ ケン あたたかい 諠 ○ ケン かまびすしい 国 鰚 はらか	7

親音符	子音符	音	親音符家族種類	音符家族及び同系語 ※赤色の文字は常用漢字　（ ）旧字体　〔 〕異体字　「 」別の親音符　○印は形声文字（意符＋音符の構造の字）　※注	字数
扇（扇）		セン	純	会 7 ○扇（扇）セン おうぎ、うちわ ○煽 準1級 セン あおる、おだてる	3
𢦏（𢦏）	センザンシン	セン	三	9 ○纖（纎）セン 細い糸、こまやか ○孅 セン かよわい ○殲 セン 尽くす、ほろぼす ○籤 セン くじ、ひご ○懺 ザン・サン くいる ○讖 シン しるし、予言書 ※㦰《セン》きるは从＋戈。二人の人を戈おので切る意。伐《バツ》は一人の人を切る意 ※韭《キュウ》は細いニラを表し、纖《セン》はみじん切りの意	7
孱		セン	子シ 純	○孱 セン・サン よわい ○潺 セン・サン 水がさらさら流れるさま ※孱《セン》の音符は孨《セン》でよわい意	2
䙴（䙴）		セン	純	○僊 セン 仙人 ※旧字は䙴で11画、常用漢字は䙴で12画 ※山に住む仙人を意味する	
	遷	セン		9 ○遷（遷）セン うつる、うつす ○韆 セン 鞦—はブランコ	4
冉		ゼン	純	象 冉 ゼン・ネン しなやか、ゆっくりと行く ○苒 準1級 ゼン 草がしげる、のびのびになる ○髥〔髯〕ゼン ほおひげ ※同じ字素を持つ字、再《サイ》「冓《コウ》」「衰《スイ》」「那《ナ》」	4

親音符	子音符	音	親音符家族種類	音符家族及び同系語　※赤色の文字は常用漢字　〔 〕旧字体　〔 〕異体字　「 」別の親音符　○印は形声文字（意符＋音符の構造の字）　※注	字数
全	ゼン セン	ゼン	紅一	会 3 全 ○ ゼン・セン　まったく、すべて 9 栓 ○ セン　びんのつめ 10 詮 ○ セン　調べる 痊 ○ セン　いえる、なおる 筌 ○ セン　うえ、ふせご 銓 ○ セン　はかり、えらぶ ※全《ゼン》は入（入り口）＋工（工具）の形。たもつ、まっとうする意	6
前	前（前） ゼン セン	ゼン	紅一	会 2 前 ○ ゼン・セン　まえ、さき 煎〔煎〕 ○ セン　いる、せんじる 剪 ○ セン　切る、はさみ 揃 ○ 準1級 セン　そろえる 箭 ○ 準1級 セン　や 翦 ○ セン　切り揃える 国 彅　なぎ	8
善		ゼン	羊ヨウ 純	会 6 善 ゼン・セン　よい 10 膳 ○ ゼン・セン　料理をのせる台、取り揃えた料理 8 繕 ○ ゼン・セン　つくろう	3
然		ゼン	二	会 4 然 ゼン・ネン　しかし、しかり 5 燃 ○ ネン・ゼン　もえる、もやす 撚 ○ 準1級 ネン・デン　ひねる、よる ※犬の焼き肉を神に供える	3
且	ソ ショ ジョ ジョウ サ	ソ	五	2 組 ○ ソ　くむ 5 祖 ○ ソ　先祖 8 阻 ○ ソ　はばむ、けわしい 8 粗 ○ ソ　あらい、そまつ 9 租 ○ ソ　税 10 狙 ○ ソ　ねらう 咀 ○ ソ・ショ　かむ 姐 ○ 準1級 ソ・シャ　あねご	

サ

親音符 子音符	音	親音符家族種類	音符家族及び同系語　※赤色の文字は常用漢字　（　）旧字体　〔　〕異体字　「　」別の親音符　○印は形声文字（意符＋音符の構造の字）　※注	字数
且のつづき			○岨 準1級 ソ そばだつ ○徂 ソ ゆく 象 組〈爼〉ソ・ショ まないた ○齟 ソ・ショ かむ、かみあわない 象 9 且 ショ かつ、しばらく ○沮 ショ・ソ はばむ ○苴 ショ・サ つと ○疽 ショ・ソ かさ、はれもの ※つとはわらなどで包んだもの。粗末な手みやげ品。なっとうなどの包みのこと ○砠 ショ・ソ 石の山、土の山 ○蛆 ショ うじむし ○詛 ショ・ソ のろう ○雎 ショ みさご	
助	ジョ		3 ○助 ジョ たすける、すけ ○耡 ジョ・ソ すき ○鋤 準1級 ジョ・ショ すき	
			会 7 畳（疊）ジョウ・チョウ たたみ 「宜 2 ギ」 ※「旦《タン》」との混同に注意	
査	サ		5 査 サ しらべる ○渣 サ かす ○相 サ さんざし、てすり 国 鎺 はばき	30
疋・ソ	ソ	二	象 疋 準1級 ソ・ショ・ヒツ あし、ひき ○楚 準1級 ソ 昔の中国の国名、いばら 8 ○礎 ソ いしずえ 「足 ソク 4」	
楚	ソ		象 2 走 ソウ はしる 国 鯐 すばしり ※疋は足のひざから下全体の象形。走《ソウ》は人が手を振ってはしる姿 ※同じ字素を持つ字「是《ゼ》」「胥《ショ》」「従《ジュウ》」「定《テイ》」「蛋《タン》」「旋《セン》」「疏《ショ・ソ》」	5

親音符 子音符	音	親音符家族種類	音符家族及び同系語　※赤色の文字は常用漢字　( )旧字体　〔 〕異体字　「 」別の親音符　○印は形声文字（意符＋音符の構造の字）　※注	字数
疏	ソ	純	会 疏 準1級 ソ・ショ とおる、うとい 蔬○ ソ・ショ 野菜、あらい 梳○ ソ・ショ くしけずる、すく ※㐬は疏の省略形	3
曽（曾）ソ ソウ ゾウ	ソ	三	象 10 曽（曾）ソ・ゾ・ソウ・ゾウ かつて、かさねる 7 僧○（僧）ソウ 坊さん 6 層○（層）ソウ かさなる 噌○ 準1級 ソウ・ソ 味—はみそ 甑○ 準1級 ソウ こしき 国 鱛 えそ 5 増○（增）ゾウ・ソウ ます、ふえる 8 憎○（憎）ゾウ・ソウ にくむ 7 贈○（贈）ゾウ・ソウ おくる 「会（會）カイ 10」 ※会（會）は亼（集めることを示す符号）＋曾（重なって増えることを示す符号）の省略形 ※曽ソはせいろのような蒸し器から湯気が出ている姿	15
鼠	ソ	二	象 鼠 準1級 ソ・ショ ねずみ 会 竄 ザン・サン にげる、書きかえる ※鼠ソは頭とひげの形をかたどったもの	2
爪	ソ	紅一	象 10 爪 ソウ つめ、つま 抓○ ソウ つまむ、つねる 笊○ ソウ ざる 「争（爭）ソウ 9」 会 覔 ベキ 求める ※覔ベキは手をかざして見る意。看カンと似た形と意	4

親音符 子音符	音	親音符家族種類	音符家族及び同系語 ※赤色の文字は常用漢字 ( )旧字体 〔 〕異体字 「 」別の親音符 ○印は形声文字(意符＋音符の構造の字) ※注	字数
匆 怱	ソウ ソウ	純	象 匆 ソウ 忙しい、あわただしい 怱○ ソウ あわただしい 偬○ ソウ あわただしい 葱○ 準1級 ソウ ねぎ 惣○ 準1級 ソウ すべて ※勿《モチ》との混同に注意 ※惣の正字は揔《ソウ》 ※匆《ソウ》は天までの形にかたどる。悤《ソウ》と同じ音義の字	5
匝	ソウ	巾キン 二	指 匝〈帀〉 準1級 ソウ めぐる、とり巻く 会 箍 コ たが	2
艸・	ソウ	三	会 艸 ソウ くさ 会 葬 8 ソウ ほうむる ※茻《ボウ》草むら＋死の会意文字 ※「莽《モウ》」「莫《ボ》」も同じ作りの字 象 屮 テツ・ソウ 芽、草のめばえ 「芻 スウ 6」 会 卉〈卉〉 キ くさの総称 ※艹(くさかんむり)は艸の略した形	5
早	ソウ	純	象 早 1 ソウ・サッ はやい 草○ 1 ソウ くさ 象 皁 ソウ くろい、かいばおけ ※早《ソウ》はさじの象形。はやい意 ※同じ字素を持つ字「卓《タク》」「覃《タン》」	3
壮(壯)	ソウ	爿ショウ 純	壮○(壯) 9 ソウ・ショウ 若者、さかん ※壮《ソウ》は士《シ》と音符爿《ショウ→ソウ》の形声。立派な男、さかんの意 荘○(莊) 9 ソウ・ショウ おごそか 装○(裝) 6 ソウ・ショウ よそおう 奘○ ソウ・ジョウ・ゾウ 大きい、さかん	7

親音符 子音符	音	親音符家族種類	音符家族及び同系語 ※赤色の文字は常用漢字 （ ）旧字体 〔 〕異体字 「 」別の親音符 ○印は形声文字（意符＋音符の構造の字） ※注	字数
争（爭）	ソウ	爪ソウ 紅一	会 4 争（爭）ソウ あらそう / ○崢 ソウ 山が高くけわしい / ○箏〔箏〕ソウ・ショウ こと / ○諍 ソウ・ショウ いさかい / ○錚 ソウ 金属の鳴る音 / 9 ○浄（淨）ジョウ・セイ きよい / ※争ソウは爫（手）と尹イン（杖を手に持つさま）の会意。杖（権力）を引き争うさま	9
关（关）	ソウ	二	3 ○送 ソウ おくる / 9 ○朕 チン われ / ※咲ショウ さくは夭ヨウの家族 / 国 鎹 かすがい	3
奏	ソウ	关ソウ 純	会 6 奏 ソウ かなでる / ○湊 準1級 ソウ みなと、あつまる / ○腠 ソウ 肌、きめ / ○輳 ソウ あつまる	4
臿（臿）	ソウ	純	9 ○挿（插）ソウ さす、はさむ / ○歃 ソウ すする / ※臼（うす）にきねをつきおろすさま。きねやすきの意に用いる	3
叟（叜）	ソウ	紅一	会 叟（叜）ソウ おきな / 9 ○捜（搜）ソウ さがす / 10 ○痩（瘦）ソウ・シュウ やせる / ○嫂 ソウ あによめ / ○艘 ソウ 舟、舟の数をかぞえる語 / ○溲 シュウ・シュ・ソウ ゆばり、ひたす / ※古くは宀＋火＋又の形。家の中で火を持つ人の姿。火を持つのは司祭で長老、おきなの意	9

親音符 子音符	音	親音符家族種類	音符家族及び同系語 ※赤色の文字は常用漢字 （ ）旧字体 〔 〕異体字 「 」別の親音符 ○印は形声文字（意符＋音符の構造の字） ※注	字数
帚（帚） ソウ フ キ	ソウ	三	会 帚○ ソウ・シュウ ほうき、はく／8 掃○ ソウ はく、はらう／箒○ ソウ・シュウ ほうき／会 5 婦 フ つま／2 帰○（歸）キ かえる／※歸は形声。音符は𠂤《ツイ→クヰ》。止と帰（帚は省略形）は意符で、かえる意／※婦《フ》は女と帚《ソウ》（ほうきの原字）。祭壇の管理にあたる女の意	6
怱（悤）	ソウ	公コウ 純	会 6 窓（窗）ソウ まど／5 総○（總）ソウ まとめる、すべて／聡○（聰）準1級 ソウ さとい	6
相 霜 ソウ ショウ	ソウ ソウ	二	会 3 相 ソウ・ショウ あい、ありさま／3 想○ ソウ・ソ おもう／9 霜○ ソウ しも／孀○ ソウ やもめ、未亡人／3 箱○ ショウ・ソウ はこ／廂○ ショウ・ソウ ひさし／湘○ 準1級 ショウ 川の名／※相の部首は目、要注意	7
倉	ソウ	純	象 4 倉 ソウ くら、にわかに／6 創○ ソウ つくる、はじめる、傷／愴○ ソウ いたむ／搶○ ソウ・ショウ 奪う、突く／滄○ ソウ あおい／蒼○ 準1級 ソウ あおい、古びる／槍○ 準1級 ソウ やり／瘡○ ソウ・ショウ かさ、くさ／※倉《ソウ》は穀物をおさめるこめぐら／艙○ ソウ ふなぐら／蹌○ ソウ・ショウ よろめく／鎗○ 準1級 ソウ・ショウ やり／刱○〔剏〕ソウ・ショウ はじめ、そこなう	13

親音符 子音符	音	親音符家族種類	音符家族及び同系語 ※赤色の文字は常用漢字 （）旧字体 〔〕異体字 「」別の親音符 ○印は形声文字（意符＋音符の構造の字） ※注	字数
蚤	ソウ	叉ソウ 純	○蚤 準1級 ソウ のみ　○騒 7（騷） ソウ さわぐ　○掻 準1級 ソウ かく ＝痒ヨウ かゆい、癢ヨウ かゆい ※叉（ソウ）は又（ユウ・手の形）に点々をつけた形。手の先にあるつめを示している。蚤はつめのようなものでひっかく虫ののみを表した。又《ユウ》《また》・叉《サ》《ふたまた》と混同しないように	4
爽	ソウ	単	会 10 爽 ソウ さわやか ※振袖を着飾った若人。大と㸚（美しい模様）との会意	1
曹	ソウ	純	会 9 ○曹 ソウ・ゾウ つかさ、軍の階級　○遭 8 ソウ あう　○槽 9 ソウ おけ　○漕 準1級 ソウ こぐ　○糟 準1級 ソウ かす　○艚 ソウ・ゾウ 小舟 ※曹は裁きの法廷で主張をあらそう原告被告の役目の人。字形は曰（いう）と㯥《サウ》で法曹会を表す字	6
巣（巢）	ソウ	純	象 4 巣（巢） ソウ す　○剿 ソウ・ショウ ほろぼす、かすめとる　○勦 ソウ・ショウ ほろぼす、疲れさせる　○樔 ソウ・ショウ すくう、絶える	5
喪	ソウ	単	会 9 喪 ソウ も、うしなう ※哭《コク》＋亡の形。亡は手足を曲げた死者。葬儀にあたり、𠙵《サイ》を並べ、いけにえの犬を供えて弔うこと	1

親音符 子音符	音	親音符家族種類	音符家族及び同系語 ※赤色の文字は常用漢字 （ ）旧字体 〔 〕異体字 「 」別の親音符 ○印は形声文字（意符＋音符の構造の字） ※注	字数
会 喿 澡	ソウ ソウ	純	6 操○ ソウ みさお、あやつる 7 燥○ ソウ かわく、はしゃぐ 7 繰○ ソウ くる 噪○ ソウ さわがしい ※喿《ソウ》は品（多くの口）＋木。多くの鳥が木の上で鳴きさわぐ意 懆○ ソウ うれえる 澡○ ソウ あらう 9 藻○ ソウ も 譟○ ソウ さわがしい 躁○ ソウ さわぐ 象 8 桑 ソウ くわの木 ※桑《ソウ》の音符は叒（ジャク、桑の葉の形）であるが、同音なので、まとめて憶えると好都合	10
臧（臧）	ゾウ	丬《ショウ》 純	臧○ ゾウ・ソウ よい、かくす 贓○ ゾウ・ソウ わいろ、かくす ※臧《ゾウ》は臣《シン》＋音符戕《ソウ》の形声。戕は長いほこ。戕は漢検対象外 6 蔵○（藏） ゾウ・ソウ くら、おさめる 会 6 臓（臟） ゾウ・ソウ はらわた	6
仄	ソク	人《ジン》 二	会 仄 ソク・ショク・シキ ほのめかす、かたむく 昃○ ショク・ソク かたむく、ひるすぎ ※矢《ソク》（呉《ゴ》に含まれる）と同音同義	2
足●	ソク	足《ソ》 紅一	象 1 足 ソク あし、たりる 8 促○ ソク うながす 10 捉○ ソク とらえる 齪○ サク・セク ゆとりが無くせわしい	4
束	ソク	五	象 4 束 ソク たば、たばねる 3 速○ ソク はやい 悚○ ショウ おそれる 竦○ ショウ すくむ、おそれる	4

親音符 子音符	音	親音符家族種類	音符家族及び同系語 ※赤色の文字は常用漢字 （）旧字体 〔〕異体字 「」別の親音符 ○印は形声文字（意符＋音符の構造の字） ※注	字数
敕	ソウ		嗽○ ソウ・ソク くちすすぐ 漱○ ソウ すすぐ、うがい 9 疎○ ソ・ショ うとい、まばら 「刺 ラツ 5」 9 勅○（敕） チョク みことのり、いましめる 嫩○ ドン・ノン 若くて柔らかい ※朿《シ》との混同に注意 ※敕《チョク》は誤り伝わった ※嫩《ドン・ノン》の音符は耎《ゼン→ドン》（やわらかい）	10
即（卽）（卽） ソク ショク セツ シツ 節	ソク セツ	四	会 7 即（卽） ソク・ショク すなわち、つく 喞○ ショク・ソク なく、かこつ ※皀《キュウ》（器にごちそうを盛った形）＋卩（しゃがんだ人の形）。すぐそばに寄り添いくっついているさま。既《キ》、郷《キョウ》、食《ショク》にも同じ字素皀（皀）が用いられている 4 節○（節） セツ・セチ ふし、くぎり 櫛○（櫛） 準1級 シツ くし	7
則	ソク	紅一	会 5 則 ソク 法律、すなわち ※則《ソク》は鼎（かなえ）＋刃物の形。青銅器のかなえの側面に刀で銘文を刻むさま。重要な銘文を刀で削りとるものを賊という。 ※賊《ゾク》の音符は則《ソク》 4 側○ ソク・ショク がわ、そば 5 測○ ソク はかる 8 賊○ ゾク そこなう、ぬすびと 惻○ ソク・ショク いたむ 廁○〔厠〕 シ かわや（便所）	7

親音符	子音符	音	親音符家族種類	音符家族及び同系語 ※赤色の文字は常用漢字 〔 〕旧字体 〔 〕異体字 「 」別の親音符 ○印は形声文字（意符＋音符の構造の字）	※注	字数
族	ゾク ソウ	ゾク	矢シ 二	会 3 族 ゾク やから、集まる / 簇○ ソウ・ゾク・ソク むらがる / 蔟○ ゾク・ソウ・ソク まぶし、むらがる / 嗾○ ソウ けしかける、そそのかす / 鏃○ ゾク・ソク やじり		5
卒	〔卆〕 ソツ サイ スイ	ソツ	三	象 4 卒〔卆〕 ソツ・シュツ 下級の兵士、おわる / 猝○ ソツ にわかに / 9 砕○〔碎〕 サイ くだく / 倅○〔伜〕 サイ・ソツ せがれ / 啐○ 準1級 サイ・ソツ 呼ぶ / 淬○ サイ にらぐ / 焠○ サイ にらぐ、焼き入れする / 国 9 枠 わく / 8 粋○〔粹〕 スイ いき、まじりけない / 8 酔○〔醉〕 スイ よう / 悴○〔忰〕 スイ やつれる、かじかむ / 萃○ スイ あつまる / 膵○ スイ すい臓 / 翠○〔翆〕 準1級 スイ みどり、かわせみ / 瘁○ スイ つかれる	※卒《ソツ》ははっぴのような上着を着た十人くらいの兵士、雑兵、小者をさす呼び方。にわか、おえる、ついになどの意	22
率		ソツ	二	象 5 率 ソツ・リツ・スイ・シュツ ひきいる、割合 / 蟀○ シュツ 蟋—はこおろぎ	※率は鳥をとるあみの形	2

親音符 子音符	音	親音符家族種類	音符家族及び同系語 ※赤色の文字は常用漢字 （）旧字体 〔〕異体字 「」別の親音符 ○印は形声文字（意符＋音符の構造の字） ※注	字数
存 ソン セン	ソン	オサイ 二	会 6 存 ソン・ゾン ある、ながらえる ○拵 ソン こしらえる ○栫 セン・ソン ふさぐ、囲う ○荐 セン・ゼン しきりに	4
巽（巽）	ソン	紅一	○巽（巽） 準1級 ソン たつみ ※音符㔾㔾《セン→ソン》と意符共《キョウ》（両手をそろえた形）で物をきちんと供える意 4 ○選（選） セン えらぶ ○撰 準1級 セン・サン えらぶ ○饌 セン・サン 供える、飲食をすすめる	6
尊（尊）	ソン	すスン 紅一	会 6 尊 ソン とうとい ○噂 準1級 ソン うわさ ○樽 準1級 ソン たる ※酒だるを神に供え、うやまう ○蹲 ソン・シュン うずくまる ○鱒 準1級 ソン ます 8 ○遵（遵） ジュン・シュン 従う、守る ※音符尊《ソン→ジュン》	7

親音符 子音符	音	親音符家族種類	音符家族及び同系語 ※赤色の文字は常用漢字 （ ）旧字体 〔 〕異体字 「 」別の親音符 ○印は形声文字(意符＋音符の構造の字)	※注	字数
它(象) タ ダ ジャ シャ	タ	四	佗○ タ わび、わびしい 詑○ 準1級 タ あざむく 跎○ タ・ダ つまずく 沱○ ダ・タ 涙の流れ落ちるさま 陀○ 準1級 ダ・タ 梵語のダ音訳字 柁○ 準1級 ダ・タ かじ 舵○ 準1級 ダ・タ かじ 駝○ ダ・タ 駱—はらくだ 鴕○ ダ・タ だちょう 蛇○ 9 ジャ・ダ・タ へび 鉈○ シャ・タ なた	※它はへびの象形。蛇《ジャ》の原 ※頭が丸くて大きいヘビ(たぶんマムシ)を描いた形 ※乇《タク》との混同に注意	11
多	タ	三	多(会) 2 タ おおい 移○ 5 イ うつす 侈○ シ おごる、ぜいたく	※多は重なる肉のかたまり。肉《ニク》項参照	3
妥(妥)	ダ	三	妥(会) 9 ダ・タ おりあう 餒○ ダイ うえる 綏○ スイ・タ やすらか、たれひも	※妥《タ》は女と爪《ソウ》(つめ)の会意。やさしく手をさしのべてさする意	3
⿱左月 ダ ズイ 遀	ダ ズイ	二	惰○ 9 ダ・タ おこたる 堕○ 9 (墮) ダ おちる 楕○ (橢) 準1級 ダ 長円形 随○ 8 (隨) ズイ 従う、思いのまま 髄○ 8 (髓) ズイ 骨や茎の芯	※⿱左月《ダ》は、なまけ、おこたる意。遀《ズイ》はしたがう意 ※有の部分は⿱左月の略字で有《ユウ》《ある》とは別	

親音符 子音符	音	親音符家族種類	音符家族及び同系語 ※赤色の文字は常用漢字 （ ）旧字体 〔 〕異体字 「 」別の親音符 ○印は形声文字（意符＋音符の構造の字） ※注	字数
			隋○ ズイ 中国の王朝名	10
太	タイ	大《ダイ》 三	指 2 太 タイ・タ・ダイ ふとい 10 汰○ タ・タイ よなげる（水で洗ってえらび分ける） 国 粏 タ 糂—はぬかみそ 9 駄○ ダ・タ 馬に荷物を背負わせる、つまらない	4
隶● 会	タイ	二	棣○ テイ・タイ にわうめ 肆○ シ みせ、ほしいまま ※音符は隶《ティ→シ》。聿は変わった形	
逮	タイ		8 逮○ タイ とらえる 靆○ タイ 雲のたなびくさま ※逮《タイ》は後から追いつく、追いかけてつかまえる	4
退	タイ	純	会 6 退 タイ しりぞく 腿○ 準1級 タイ もも 褪○ タイ・トン 色あせる、着物をぬぐ ※退《タイ》は供えたものを下げるさま、へる、さがる意	3
帯（帶）	タイ	純	象 4 帯（帶） タイ おび、おびる 8 滞○（滯） タイ とどこおる 蔕○〔蒂〕 タイ・テイ へた	6
替	タイ	単	7 替○ タイ・テイ かえる、かわる ※音符竝《ヘイ→テイ》。竝《ヘイ》は並で、普と同じ字。並《ヘイ》の項参照	1

親音符 子音符	音	親音符家族種類	音符家族及び同系語 ※赤色の文字は常用漢字 （ ）旧字体 〔 〕異体字 「 」別の親音符 ○印は形声文字（意符＋音符の構造の字）	※注	字数
乃	ダイ	五	象 乃 準1級 ダイ・ナイ すなわち、なんじ、の	※乃《ダイ》は弓の弦（つる）の伸び、ゆるんだ姿 ※同じ乃《ダイ》を持つ字「秀《シュウ》」「盈《エイ》」	5
朶	ダ		象 朶 ダ・タ 枝、垂れ下っているもの 躱○ タ かわす 孕○ ヨウ みごもる 仍○ ジョウ・ニョウ よる、しばしば		
大・	ダイ	三	1 象 大 ダイ・タイ・タ おおきい 「太 タイ 4」「因 イン 6」 9 会 泰 タイ やすらか、大きい 会 尖 準1級 セン とがる、さき	※泰は大（手足を広げて立つ人）＋収（左右の手を並べた形）＋水。水中に落ちた人を両手で助け上げる形	3
代	ダイ	弋ヨク 紅一	3 代○ ダイ・タイ かえる、かわる、よ 8 袋○ タイ・テイ ふくろ 5 貸○ タイ かす 岱○ 準1級 タイ 泰山のこと 玳○ タイ 瑇の異体字、―瑁はたいまい 黛○（黛） 準1級 タイ まゆずみ	※代《ダイ》は人と音符弋《ヨク→タイ》の形声。かわる人、かわりの人の意。弋《ヨク》は杭《クイ》の意	7
台（臺） ダイ タイ イ シ・ジ	ダイ	二	2 台○（臺） ダイ・タイ うてな、だい 擡○ タイ・ダイ もたげる、あがる 薹○ タイ・ダイ とう		
	タイ（イ）	大	8 怠○ タイ おこたる 8 胎○ タイ はらむ 苔○ 準1級 タイ こけ 殆○ 準1級 タイ あやうい、ほとんど		4

親音符	子音符	音	親音符家族種類	音符家族及び同系語　※赤色の文字は常用漢字　（ ）旧字体　〔 〕異体字　「 」別の親音符　○印は形声文字（意符＋音符の構造の字）	※注	字数
	チ・ヤ			○紿 タイ あざむく ○詒 タイ・イ あざむく、のこす ○颱 タイ たいふう ○駘 タイ・ダイ にぶい、のどか ○怡 イ よろこぶ ○貽 イ のこす ○飴 準1級 イ あめ 3 ○始 シ はじめる 4 ○治 ジ・チ おさめる ○笞 チ むち 10 ○冶 ヤ 溶かす、鋳る		15
象 乇 タク タ		タク	二	8 ○託 タク たのむ、かこつける ○托 準1級 タク 物をのせる、たのむ	※乇《タク》は草の葉が下に垂れるさま ※宅《タ》との混同に注意	
	宅	タク		6 ○宅 タク すまい ○侘 タ わびしい ○咤 タ しかる ○詫 準1級 タ わびる、あやまる		6
豖（豖）		タク	三	○啄 準1級 タク・トク ついばむ ○琢 準1級 タク みがく 9 ○逐 チク・ジク 追う、おいはらう	※音符は豕《チク》	
	冢	チョウ		○冢 チョウ 大きな墓、丘 9 ○塚（塚） チョウ つか	※豖《タク》はついばむ、刻んで形を整える、みがくなどの意 ※豕《シ》いのことは別の字	6
卓 タク トウ シャク		タク	三	象 8 卓 タク つくえ、すぐれる ○倬 タク 高く大きい ○啅 タク・トウ かまびすしい、ついばむ		

親音符 子音符	音	親音符家族種類	音符家族及び同系語 ※赤色の文字は常用漢字 （ ）旧字体 〔 〕異体字 「 」別の親音符 ○印は形声文字（意符+音符の構造の字）	※注	字数
卓のつづき			9 悼○ トウ いたむ 掉○ トウ・チョウ ふるう、振り動かす 棹○ トウ・タク さお、さおさす 罩○ トウ 魚をとる竹かご、こめる 綽○ シャク ゆったりした、しとやか		8
達	タツ	純	4 達○ タツ・ダチ・タチ なしとげる、とどける 撻○ タツ むちうつ 燵○ タツ 炬—はこたつ 闥○ タツ・タチ 門の総称 韃○ 準1級 タツ むちうつ	※達は土+羊+辶の形で、幸の初文は羍《タツ》。羍は子羊が生まれ落ちるさま	5
丹	タン	二	象 7 丹 タン に、あか 栴○ 準1級 セン —檀はせんだん 旃○ セン 無地の赤いはた	※丹《タン》は地中からほり出された朱色の鉱物の名（丹砂）	3
𠬝	タン	単	赧○ タン あからめる、はじる		1
旦 タン ダツ	タン	二	象 10 旦 タン・ダン あさ 9 但○ タン・ダン ただし、ただ 坦○ 準1級 タン たいら、心が広い 疸○ タン おうだん 袒○ タン はだぬぐ 靼○ タン・タツ なめし皮、韃—はだったん	※旦は日の出の形	

親音符 子音符	音	親音符家族種類	音符家族及び同系語 ※赤色の文字は常用漢字 （ ）旧字体 〔 〕異体字 「 」別の親音符 ○印は形声文字（意符＋音符の構造の字） ※注	字数
			「亶 タン 7」 ○妲 ダツ —己はだっき（紂王の寵妃） ○怛 ダツ・タン・タツ いたむ	8
旦（詹） タン セン エン	タン（セン）	三	6 ○担（擔） タン かつぐ、になう 8 ○胆（膽） タン きも、こころ ○憺 タン やすらか ○澹 タン あわい ○瞻 セン 見る ○蟾 セン ひきがえる ○譫 セン たわごと、うわごと ○贍 セン・ゼン 足す、足りる ○檐 エン・タン のき、ひさし ○簷 エン のき ※詹 エン はくどくど言う意	12
単（單） タン ダン セン ゼン ジュウ	タン	五	象 4 単（單） タン・ゼン ひとつ、ひとえ ○憚 タン はばかる ○鄲 タン 邯—はかんたん（地名） ○殫 タン 尽きる ○襌 タン ひとえ、はだぎ ○簞 準1級 タン はこ ○驒 準1級 タン・タ・ダ 連銭あしげ 7 ○弾（彈） ダン たま、ひく 4 ○戦（戰） セン いくさ、たたかい ○嬋 セン・ゼン あでやか ○蟬 準1級 セン・ゼン せみ ○闡 セン ひらく、明らかにする ○鱓 セン・ゼン うつぼ、ごまめ 9 ○禅 ゼン 禅宗、ゆずる	

親音符 子音符	音	親音符家族種類	音符家族及び同系語 ※赤色の文字は常用漢字 （ ）旧字体 〈 〉異体字 「 」別の親音符 ○印は形声文字（意符＋音符の構造の字） ※注	字数
単のつづき			7 会 獣（獸）ジュウ けもの ※単《タン》は先が二股になっている武器（たてのようなもの）	19
象 耑 タン シ ズイ ゼン	タン	四	7 ○端 タン はし、はた ○湍 タン 急流 ○猯 タン まみ（あなぐま、たぬき） ○揣 シ おしはかる ○惴 ズイ・スイ おそれる ○瑞 準1級 ズイ めでたい、みずみずしい ○喘 ゼン・セン あえぐ ※耑《タン》は山と而《ジ》（あごひげ）の形。根の上に草が芽生える形	7
覃 タン テン シン ジン	タン	四	○覃 タン 深くて広い、及ぶ ○潭〈潭〉タン ふち、深い ○譚〈譚〉タン・ダン はなし、かたる ○鐔 タン・シン 刀の鍔 ○簟〈簟〉テン たかむしろ（細く割った竹で編んだむしろ） ○蕈〈蕈〉シン・ジン きのこ、たけ ○鱏 ジン・シン えい ※覃は壺状の器の中にものを満たして熟成する意	11
亶 タン ダン セン	タン	旦《タン》 三	○亶 タン・セン 厚い、ほしいまま ○檀 準1級 タン・ダン まゆみ、香木の類 8 ○壇 ダン・タン 一段高い台 ○擅 セン ほしいまま、ひとりじめ ○氈 セン もうせん ○羶 セン なまぐさい	

タ

親音符 子音符	音	親音符家族種類	音符家族及び同系語 ※赤色の文字は常用漢字 （ ）旧字体 〔 〕異体字 「 」別の親音符 ○印は形声文字（意符+音符の構造の字） ※注	字数
			○顫 セン ふるえる、おののく ※意符 㐭《リン こめぐら》+音符 旦《タン ゆたか》の形声	7
段	ダン	紅一	6 ○段 ダン・タン 階段、技能の等級 ※段は 𠂤（石段の形）+殳《シュ》。殳は素材をたたいてうすくきたえる意 8 ○鍛 タン きたえる ○椴 準1級 タン・ダン とどまつ ○緞 タン・ダン・ドン 厚地の毛織物	4
知	チ	矢シ 純	会 2 知 チ しる 9 ○痴（癡） チ おろか ※痴《チ》は形声。音符疑《ギ》+意符疒 ○智 準1級 チ 頭のはたらき ○蜘 準1級 チ —蛛はくも ○踟 チ ためらう	5
黹 会	チ	単	会 黹 チ ぬいとり ※黹は㡀《ヘイ》（破れた服）+丵《サク》の省略形で布に刺繍をする形	1
廌 象	チ	雑	会 9 薦 セン すすめる、こも 会 9 慶 ケイ・キョウ よろこぶ、よい ※廌《チ》は山羊に似て一角、神判を示すという神獣	2
疐 会	チ	単	○嚔 テイ くしゃみ、はなひる ※音符はチ→テイ	1

親音符 子音符	音	親音符家族種類	音符家族及び同系語 ※赤色の文字は常用漢字 （ ）旧字体 〔 〕異体字 「 」別の親音符 ○印は形声文字（意符＋音符の構造の字） ※注	字数
竹・ チク トク 筑	チク チク	二	1 象 竹 チク たけ ※築、筑、篤、竺の部首は竹。従って竹は部首兼音符である 会 筑 準1級 チク 琴に似た楽器 5 築○ チク きずく 8 篤○ トク あつい、てあつい 竺○ 準1級 トク・ジク 天—《てんじく》	5
畜	チク	純	8 会 畜 チク・キク たくわえる、やしなう 7 蓄○ チク たくわえる	2
中	チュウ	純	1 指 中 チュウ・ジュウ なか 4 仲○ チュウ なか、四季の真ん中 4 沖○ チュウ おき 6 忠○ チュウ まごころ ※中《チュウ》は殷周の頃の戦争で軍隊が、右翼、中軍、左翼と呼称し、中央の主力軍は吹き流しの旗の中央部を長大にした幟を用いた 9 衷○ チュウ 心のうち 狆○ チュウ ちん 国 迚 とても	7
丑 チュウ シュウ ジュウ ジク	チュウ	寸スン 四	象 丑 準1級 チュウ 十二支のうし 10 羞○ シュウ はじる ※丑《チュウ》は十二支の二番目、うし(牛)を表す。また、指先を曲げて物をつかむさまを表す象形 紐○ 準1級 チュウ・ジュウ ひも 鈕○ チュウ・ジュウ つまみ、ぼたん 狃○ ジュウ なれる 忸○ ジク・ジュウ はじる 衄○ ジク はなぢ、敗れる	7

タ

親音符 子音符	音	親音符家族種類	音符家族及び同系語 ※赤色の文字は常用漢字 〔 〕旧字体 〈 〉異体字 「 」別の親音符 ○印は形声文字（意符＋音符の構造の字） ※注	字数
虫●	チュウ	雑	象 1 虫（蟲）チュウ むし 会 蠱 コ 穀物につく虫、まどわす 会 9 繭（繭）ケン まゆ 9 融○ ユウ 溶ける、通る ※鬻《イク》は粥《シュク》に含む ※音符は虫《チウ→イウ》 ※蚕《サン》《かいこ》は替《シン》の、虱《シツ》は卂《ジン》の家族	6
宁	チョ	丁《チョウ》 純	5 貯○ チョ たくわえる 佇○〈竚〉チョ たたずむ 苧○ 準1級 チョ からむし、お 紵○ チョ いちび、麻布	5
丁 チョウ ダ テイ	チョウ	三	象 3 丁 チョウ・テイ・トウ ひのと、壮年の男 1 町○ チョウ まち 6 頂○ チョウ・テイ いただく 疔○ チョウ できもの 3 打○ ダ・チョウ・テイ うつ、ダース 8 訂○ テイ ただす 叮○ テイ ―嚀はていねい 6 庁○ チョウ・テイ 役所 汀○ 準1級 テイ みぎわ、なぎさ 酊○ テイ ひどく酔う 釘○ 準1級 テイ・チョウ くぎ	14
亭	テイ		9 亭○ テイ 旅館 5 停○ テイ とまる 渟○ テイ とどまる、水がたまる 「宁 チョ 5」 ※庁（廳）チョウ・テイの音符は聴《チョウ》。庁は音符聴の略字 ※灯（燈《トウ ともしび》）は登→豆《トウ》が音符。丁はくぎの頭の形。平らかなものの意	

親音符 子音符	音	親音符家族種類	音符家族及び同系語 ※赤色の文字は常用漢字 （ ）旧字体 〈 〉異体字 「 」別の親音符 ○印は形声文字（意符+音符の構造の字） ※注	字数
弔	チョウ	単	象 9 弔 チョウ とむらう ※弓にいぐるみの紐をからませた象形（いぐるみは古代、矢に紐・糸をつけて射て鳥にからませて捕るもの）	1
兆 チョウ トウ ヨウ	チョウ	三	象 4 兆 チョウ きざす、数の単位 7 跳○ チョウ はねる、とぶ 9 眺○ チョウ ながめ 9 挑○ チョウ いどむ 佻○ チョウ かるがるしい 晁○ チョウ 朝、夜明け 窕○ チョウ 奥深い 誂○ チョウ あつらえる 銚○ 準1級 チョウ・ヨウ 鍬、釣り手のついた鍋 7 逃○ トウ にげる、のがす 7 桃○ トウ もも 姚○ ヨウ 美しい ※亀の腹の甲や獣の肩胛骨を用いた占いに際して、表れるひびわれの形をかたどった。卜（ボク、占う）と同じ起源の字である	12
耴	チョウ	純	指 耴 チョウ 耳たぶの大きく垂れた形 輒〈輙〉○ チョウ すなわち	3
長	チョウ	三	象 2 長 チョウ ながい 3 帳○ チョウ とばり、ちょうめん 脹○ 準1級 チョウ ふくれる、はれる	
張	チョウ		5 張○ チョウ はる、ひろげる 漲○ チョウ みなぎる 悵○ チョウ いたむ、なげく	

親音符 子音符	音	親音符家族種類	音符家族及び同系語 ※赤色の文字は常用漢字 （）旧字体 〔〕異体字 「」別の親音符 ○印は形声文字（意符＋音符の構造の字） ※注	字数
			会 套 準1級 トウ 重ねる、ありきたり ※長髪の人を横から見た形。長髪の人は老人であり、指導者としてたっとばれた	7
鬯●	チョウ	二	10 鬱○〔欝〕ウツ ふさぐ、しげる 象 鬯 チョウ におい酒、香草の名 ※鬱は意符林＋音符鬱の字形 ※鬱の書き方を憶える口調「木缶木（きかんき）ワ、バッテンうけてヒさんなり」。または鬯（匂い酒）チョウと読むので「キカンキワ長さん」	3
鳥●	チョウ	四	象 2 鳥 チョウ とり 蔦○ 準1級 チョウ つた 3 島○〔嶋〕トウ しま 搗○ トウ つく、たたく 会 梟 キョウ ふくろう、さらす 会 2 鳴 メイ・ミョウ なく、ならす ※島《トウ》は山と鳥（とり）の会意という説もある	7
朝（朝）	チョウ	紅一	2 朝○ チョウ あさ、政治を執る所 6 潮○ チョウ しお 嘲○〔嘲〕チョウ・トウ あざける 廟○〔廟〕準1級 ビョウ みたまや、王宮の正殿 ※潮《チョウ》は朝しお、汐《セキ》は夕しおを表す	6
徴（徵）	チョウ	壬テイ 純	会 7 徴（徵）チョウ・チ しるし、とり立てる 9 懲○（懲）チョウ こりる、こらしめる ※徴《チョウ》は微《ビ》（かすか）と壬《テイ》（つきでる）の会意。めしだす意	4

親音符	子音符	音	親音符家族種類	音符家族及び同系語　※赤色の文字は常用漢字　（ ）旧字体　〔 〕異体字　「 」別の親音符　○印は形声文字（意符＋音符の構造の字）	※注	字数
聴	（聽）	チョウ	壬テイ 純	8 聴（聽）○ チョウ・テイ きく、ゆるす 6 庁（廳）○ チョウ・テイ 役所	※徳トク（音符直チョク）と旁は同じ	3
直		チョク	四	2 会 直 チョク・ジキ ただちに、なおす 6 値○ チ ね、あたい 4 置○ チ おく 4 会 徳（德） トク 品性 3 植○ ショク・チ うえる 7 殖○ ショク ふえる、ふやす 埴○ 準1級 ショク はに、黄赤色の粘土	※直＋心 ※字形直は不可。左に先が出ないように	8
象 冘	チン タン	チン（イン）	三	7 沈○ チン・ジン しずむ 10 枕○ チン・シン まくら 鴆○ チン 羽に毒がある鳥の名 眈○ タン にらむ 耽○ 準1級 タン ふける 酖○ タン・チン ふける、酒におぼれる 忱○ シン まこと、まごころ		7
追		ツイ	純	3 追○ ツイ おう 槌○ 準1級 ツイ つち、木づち 縋○ ツイ すがる 鎚○ 準1級 ツイ・タイ つち、かなづち		4
指 壬		テイ	二	「呈テイ 9」「廷テイ 9」 「徴チョウ 4」「聴チョウ 3」「㸒イン 4」	※壬テイは足をつまだてて立つ人の側身形。壬ジンは別の字	0

親音符 子音符	音	親音符 家族種類	音符家族及び同系語 ※赤色の文字は常用漢字 （ ）旧字体 〔 〕異体字 「 」別の親音符 ○印は形声文字（意符＋音符の構造の字） ※注	字数
指 氏 テイ シ チ	テイ	三	4 低○ テイ ひくい 4 底○ テイ そこ 7 抵○ テイ・シ あたる、こばむ ※氏《シ》（ナイフの形）の下に一線を加え、けずり取る意 9 邸○ テイ やしき 牴○ テイ さまよう 柢○ テイ 木の根 牴○ テイ さしさわる 羝○ テイ 雄のひつじ 觝○ テイ ふれる、さわる 詆○ テイ そしる 胝○ チ たこ ※氏《うじ》《シ》との混同に注意	14
氏	シ		準1級 砥○ シ といし 祗○ シ つつしむ 鴟○〔鵄〕シ とび ※上記の三字は氏でシと読むので要注意。祇《くにつかみ》《ギ》は別の字	
呈（呈） テイ エイ セイ	テイ	壬《テイ》 三	9 呈○ テイ しめす、さしあげる 5 程○ テイ ほど、きまり 逞○〈逞〉テイ たくましい 裎○ テイ・チョウ はだかになる 酲○ テイ 二日酔、あきる 郢○ エイ 楚の都の名	9
聖	セイ		会 6 聖 セイ・ショウ ひじり、天子 ※耳＋呈の合成字 蟶○ テイ まて貝 ※壬（テイ、人が背伸びしてまっすぐ立つ姿）＋ㅂ《さい》。祝詞を入れた器を掲げて神にさしあげるさま。壬が他の字に含まれるパーツとなるときは王や壬に変わることがある ※聖《セイ》は耳をそばだてて神意を聞きとることのできる人の意	

親音符 子音符	音	親音符家族種類	音符家族及び同系語 ※赤色の文字は常用漢字 （ ）旧字体 〈 〉異体字 「 」別の親音符 ○印は形声文字（意符＋音符の構造の字） ※注	字数
廷（廷）	テイ	壬テイ 純	9 ○廷 テイ 政務、裁判を行う場所 3 ○庭 テイ にわ 9 ○艇 テイ はしけ、小舟 ○挺 準1級 テイ・チョウ ぬきんでる ○梃〈梃〉 テイ・チョウ てこ ○蜓 テイ 蜻—はとんぼ ○霆〈霆〉 テイ いなずま ※呈《テイ》廷《テイ》の音符は壬《テイ・チョウ》で壬《ジン》とは別の字	9
弟	テイ	紅 一	象 2 ○弟 テイ・ダイ・デ おとうと ○剃 準1級 テイ そる ○悌 準1級 テイ・ダイ したがう ○涕 テイ なみだ ○梯 準1級 テイ・タイ はしご ○睇 テイ・ダイ ぬすみ見る ○鵜 準1級 テイ う 3 ○第 ダイ・テイ 順序を示す、試験 国 俤 おもかげ ※弟《テイ》は、なめし革をらせん形に巻いているさま、順序	9
定	テイ	正セイ 四	3 ○定 テイ・ジョウ さだめる ○碇 準1級 テイ いかり ○淀 準1級 テン・デン よど、よどみ 国 聢 しかと 8 ○錠 ジョウ・テイ 錠前、錠剤 ○掟 ジョウ・テイ おきて ○諚 ジョウ おおせ 10 ○綻 タン ほころびる	8

親音符 子音符	音	親音符家族種類	音符家族及び同系語 ※赤色の文字は常用漢字 （）旧字体 〔〕異体字 「」別の親音符 ○印は形声文字（意符＋音符の構造の字） ※注	字数
貞	テイ	純	貞○ 9 テイ・ジョウ ただしい 偵○ 9 テイ うかがう、さぐる 幀○ テイ・チョウ・トウ 絹に画いた絵 禎○ テイ さいわい 遉○ テイ さすが 赬○ テイ あかい色 ※「貞《テイ》」「則《ソク》」「員《イン》」「質《シツ》」「具《グ》」などの貝はもとは鼎 ※卜（うらない）＋鼎（テイ、貝は変化した形）。貞は鼎（かなえ）を使って占い、神意を問うこと。その占いによって得られた結果はただしい、よいとされる	6
帝	テイ	紅一	帝 象 8 テイ・タイ みかど 締○ 8 テイ しめる 諦○ 10 テイ・タイ あきらめる 啼○ テイ 鳴く、泣く 蹄○ 準1級 テイ ひづめ、わな 啻○ シ ただに ※神を祭るお供えを並べる台の中でも最も安定で大きなものをいう。最も貴い神を祭るものを呼ぶ名 ※同じ字素を持つ字「帯《タイ》」「帚《ソウ》」	6
鼎●	テイ	単	鼎 象 準1級 テイ かなえ ＝鬲《レキ》 かなえ	1
狄	テキ	火カ 純	狄○ テキ えびす 荻○ 準1級 テキ おぎ 逖○ テキ 遠い、はるか	3
啇○ テキ チャク タク	テキ	三	摘○ 7 テキ つむ 滴○ 7 テキ したたる 適○ 5 テキ・セキ あてはまる 敵○ 6 テキ 戦の相手、かたき	

親音符 子音符	音	親音符家族種類	音符家族及び同系語 ※赤色の文字は常用漢字 （ ）旧字体 〔 〕異体字 「 」別の親音符 ○印は形声文字（意符＋音符の構造の字）	※注	字数
商のつづき			○鏑 準1級 テキ かぶら矢 9 ○嫡 チャク・テキ 本妻、あとつぎ ○謫 タク・チャク 罪により遠方へ流す	※商の元の字は啻《シ》	7
象 叕 テツ テイ セツ	テツ	三	○畷 準1級 テツ なわて、たんぼ道 ○輟 テツ やめる、とどめる ○錣 テツ しころ＝錏《ア》 しころ、びた ○綴 準1級 テイ・テツ つづる、ぬい合わせる ○啜 セツ・テツ すする ○歠 セツ すする、飲む	※叕《テツ》は糸をつなぎあわせた形	6
𢿱	テツ	純	会 9 ○徹 テツ とおる 9 ○撤 テツ 取り去る ○轍 準1級 テツ わだち		3
天	テン	三	指 1 ○天 テン あめ、そら ○呑（吞） 準1級 ドン・トン のむ ○昊 コウ そら、大空		7
忝	テン		○忝 テン かたじけない、はずかしめる 7 ○添 テン そえる 国 俣 準1級 また		
典	テン	純	会 4 ○典 テン 書物、儀式 ○腆 テン てあつい	※ひもでとじた竹簡（冊の原型）を机上に置いたさま。重々しい書物の意	2
展	テン	純	6 ○展 テン つらね並べる ○碾 テン・デン ひきうす、ひく ○輾 テン・デン・ネン ころがる、ひきうす	※尸と音符㠭《テン》（㠭はその省略形）で、ころがる意	3

タ

親音符 子音符	音	親音符家族種類	音符家族及び同系語　※赤色の文字は常用漢字　( )旧字体　〔 〕異体字　「 」別の親音符　○印は形声文字（意符＋音符の構造の字）　※注	字数
廛	テン	純	会 廛 テン やしき、みせ ／ ○纏〈纒〉準1級 テン まとう、まつわる ／ ○躔 テン 足で踏む、めぐる ／ ※广と里（まち）と八（わける）と土の会意。「みせ」の意を表す	4
田•	デン	二	象1 田 デン た ／ ○佃 準1級 デン・テン つくだ、作り田 ／ ○甸 デン・テン 都周辺の土地 ／ ○畋 デン・テン 狩り ／ ○鈿 デン・テン かんざし、貝飾り ／ 会1 男 ダン・ナン おとこ ／ 「畾 ライ 8」 ／ 国3 畑 はたけ ／ 国 畠 準1級 はたけ ／ 国 鴫 準1級 しぎ	9
殿	デン	紅一	7 ○殿 デン・テン 大きな建物、との、どの、しんがり ／ ○澱 準1級 デン・テン おり ／ ○臀 デン しり ／ ○癜 テン・デン なまず（皮膚病）	4
斗•	ト	二	象8 斗 ト・トウ ます、ますの単位 ／ ※科《カ》の音符は禾《カ》、料《リョウ》は米《ベイ》に分類	

親音符 子音符	音	親音符 家族種類	音符家族及び同系語 ※赤色の文字は常用漢字 〈 〉旧字体 〔 〕異体字 「 」別の親音符 ○印は形声文字(意符+音符の構造の字) ※注	字数
斗のつづき			蚪○ ト・トウ 蝌蚪—はおたまじゃくし 抖○ トウ・ト ふるい起こす	3
兎〈兎〉	ト	二	象 兎〈兔・兔〉 準1級 ト うさぎ 菟○〈菟・莬〉 準1級 ト —糸はねなしかずら 会 冤〈寃・冤〉 エン ぬれぎぬ ※丶はうさぎの尻尾を表す。なお犬の丶は耳を表している ※同じ字素を持つ字「毚《ザン》」。字形は「クロヒヒウサギ」と覚える	9
土●	ド	四	象 1 土 ド・ト つち、国 7 吐○ ト はく 4 徒○ ト・ズ かち、仲間 杜○ 準1級 ト・ズ ふさぐ、もり 肚○ ト はら 跿○ ト はだし 会 2 社 シャ・ジャ やしろ、会社 象 牡 準1級 ボ・ボウ おす ※牛のおす。土《ぼ》はおすの性器 「庄 ショウ 2」 ※走《ソウ はしる》は疋《ソ》に分類。両手を振って走る人をかたどる	8
奴	ド	紅一	会 7 奴 ド・ヌ やっこ、やつ 4 努○ ド つとめる 7 怒○ ド・ヌ いかる、おこる 弩○ ド いしゆみ 孥○ ド・ヌ 妻子、子供 帑○ ド・トウ かねぐら 呶○ ド・ドウ かまびすしい 駑○ ド・ヌ のろい馬	

親音符 子音符	音	親音符家族種類	音符家族及び同系語 ※赤色の文字は常用漢字 （ ）旧字体 〈 〉異体字 「 」別の親音符 ○印は形声文字（意符＋音符の構造の字） ※注	字数
			○拏 ダ・ナ 捕らえる、拿の異体字 ※奴《ド》は女と又《ユウ》（手でつかまえる）の会意。捕虜となった女、しもべの意	9
度	ド	二	3 ○度 ド・ト・タク たび、はかる 7 ○渡 ト わたる ○鍍 準1級 ト めっき	3
刀・	トウ	三	象 2 刀 トウ かたな ○叨 トウ むさぼる、みだりに ○茘 リ・レイ おおにら、―枝はれいし ※音符は刕《レイ》	9
到	トウ		○到 トウ いたる ○倒 トウ たおれる 会 4 初 ショ・ソ はじめ、はつ 4 ○辺（邊） ヘン あたり、べ 国 岃 なた	
冬（冬）	トウ	二	象 2 冬 トウ ふゆ ○苳 トウ ふき ○疼〈疼〉 トウ うずく ○鼕 トウ つづみの音 3 ○終 シュウ おわり、おわる ○柊 準1級 シュウ ひいらぎ ○螽〈螽〉 シュウ いなご 国 鮗 このしろ	10
当（當）	トウ	尚《ショウ》 純	2 ○当（當） トウ あたる ○檔 トウ かまち ○礑 トウ はたと ○襠 トウ まち、うちかけ	

親音符 子音符	音	親音符家族種類	音符家族及び同系語　※赤色の文字は常用漢字　（ ）旧字体　〔 〕異体字　「 」別の親音符　○印は形声文字（意符＋音符の構造の字）　※注	字数
当のつづき			蟷○ トウ　—螂はかまきり 鐺○ トウ・ソウ　こじり、鏝（こて） ※當《トウ》は田＋音符尙《シャウ→トウ》 ※富《フ》《とみ》との混同に注意。富の音符は畐《フク》	7
豆●	トウ	紅一	3 豆〈荳〉（象） トウ・ズ　まめ、たかつき 2 頭○ トウ・ズ・ト　あたま、かしら 8 痘○ トウ　ほうそう 7 闘○（鬪） トウ　たたかう 逗○ 準1級 トウ・ズ　とどまる 「登 トウ 11」 豎○〈竪〉 準1級 ジュ　たて、子供 3 短○ タン　みじかい ※闘の元の字は鬭《トウ》で音符は斲《タク》 ※同じ字素を持つ字「豊《レイ》」「壱（壹《イチ》）」	10
東○	トウ	純	2 東（仮） トウ　ひがし 8 凍○ トウ　こおる、こごえる 9 棟○ トウ　むね 鶇○ トウ　つぐみ ※東《トウ》は上下をくくったふくろの形の象形。借りて、日がのぼる方角の意を表す ※東（柬《カン》）との混同に注意 ※陳《チン》の音符は申《シン》なので、申《シン》の家族	4
匋○	トウ	紅一	8 陶○ トウ・ヨウ　すえ、やきもの 淘○ 準1級 トウ　よなげる 掏○ トウ　する 綯○ トウ　縄をなう 萄○ 準1級 ドウ　葡—はぶどう ※意符缶《カン》＋音符包《ハウ→タウ》の形声。土器をつくる、焼き物をつくる意 ※同じ缶《カン・フ》を持つ字、缶（罐《カン》）寶《ホウ》鬱《ウツ》	5

親音符 子音符	音	親音符家族種類	音符家族及び同系語　※赤色の文字は常用漢字　〔〕旧字体　〈〉異体字　「」別の親音符　○印は形声文字（意符＋音符の構造の字）　※注	字数
沓	トウ	純	○沓（会）準1級 トウ くつ、こみあう ○踏 7 トウ ふむ ○鞜 トウ かわぐつ	3
舀（舀）	トウ	純	○稲 7〔稻〕トウ いね ○滔 トウ 水がひろがる ○蹈 トウ・ドウ ふむ ○韜〈韜〉トウ つつみかくす、ゆぶくろ ※臽（臽《カン》）との混同に注意	6
唐	トウ	純	○唐 7 トウ から、中国王朝の名 ○糖 6 トウ あめ、さとう ○塘〈塘〉準1級 トウ つつみ ○溏 トウ 池、つつみ ○螗 トウ なつぜみ ※同じ字素を持つ字「康《コウ》」「庸《ヨウ》」「庚《コウ》」	6
朕（朕） 滕 トウ ショウ	トウ トウ	紅一	○謄 9 トウ 書き写す ○騰 9 トウ あがる ○縢〈縢〉トウ かがる、からげる ○鰧 トウ おこぜ ○滕 トウ 水が湧き上がる ○藤 10 トウ ふじ ○籐〈籐〉トウ ○勝 3 ショウ かつ ※滕《トウ》は水＋音符朕《チン→トウ》（朕は変わった形）。水がわく意 ※対象外の漢字に媵《ヨウ》（結婚先について行くつきそいの女）、賸《ショウ・ヨウ》（余り、無駄）、塍《ショウ》（あぜ）などがある。勝の部首は力。謄、騰も言、馬。要注意	10

親音符	子音符	音	親音符家族種類	音符家族及び同系語 ※赤色の文字は常用漢字 （　）旧字体 〔　〕異体字 「　」別の親音符 ○印は形声文字（意符＋音符の構造の字）	※注	字数
𦐇		トウ	純	○搨 トウ 刷る、石ずりにする ○榻 トウ 長椅子、しじ（牛車のながえの支え台）	※𦐇《トウ》はこしかけ、長いす	2
登	トウ チョウ ショウ	トウ	豆《トウ》 三	象 3 ○登 トウ・ト のぼる 4 ○灯（燈 準1級）トウ ひ、ともしび ○嶝 トウ 坂道、山道 ○鄧 トウ 中国の国名 ○橙 トウ だいだい ○磴 トウ 石段、石の坂道 ○鐙 準1級 トウ あぶみ 7 ○澄〔澂〕チョウ すむ ○證 ショウ 証の旧字		11
同	ドウ トウ	ドウ	二	会 2 ○同 ドウ・トウ おなじ 9 ○洞 ドウ・トウ ほら、ほら穴 7 ○胴 ドウ・トウ 胴体 5 ○銅 ドウ あかがね ○桐 準1級 ドウ・トウ きり 9 ○筒 トウ つつ ○恫 トウ・ドウ おどす、心がいたむ	※同《ドウ》は冃《ボウ》（おおう。冃は省略形）と口の会意。多くの人を呼び集める、ひいておなじ意	7
堂		ドウ	尚《ショウ》 二	5 ○堂 ドウ・トウ 大きな建物 ○瞠 ドウ・トウ みはる ○蟷 トウ ―螂はかまきり	※大きく立派な建物。あるいは大人物の意。尚《ショウ》＋土の形声	3
童	ドウ トウ ショウ	ドウ	重《ジュウ》 三	3 ○童 ドウ・トウ わらべ 10 ○瞳 ドウ・トウ ひとみ ○僮 ドウ・トウ わらべ、召使 ○艟 ドウ・トウ いくさぶね		

親音符 子音符	音	親音符家族種類	音符家族及び同系語　※赤色の文字は常用漢字　（）旧字体　〔〕異体字　「」別の親音符　○印は形声文字（意符＋音符の構造の字）　※注	字数
			撞○ 準1級 トウ・ドウ・シュ つく、つき鳴らす 幢○ トウ・ドウ はた 橦○ トウ・ショウ つく、はたざお 10 憧○ ショウ・ドウ あこがれる 8 鐘○ ショウ・シュ かね、つりがね	9
禿	トク	儿《ジン》 二	会 禿 準1級 トク はげる、ちびる 頽○ タイ くずれる、すたれる ※禿《トク》は禾《カ》と儿《じん》（人）から成る。人が穀物の中に伏せ、頭髪が見えなくなるさま	2
売（賣） ドク トク トウ ショク テキ	トク（ショク）	大	4 続○（續） ゾク・ショク つづく 2 読○（讀） ドク・トク・トウ よむ 瀆○ 準1級 トク みぞ、けがす 牘○ トク 文字を書くふだ 犢○ トク 仔牛 黷○ トク けがす 竇○ トウ・トク あなぐら 贖○ ショク あがなう 覿○ テキ あう、示す ※音符 賣《トク》は書物から意味を引き出す。声を出してよむ意を表す。賣《バイ》は出《バイ》（出す）＋買《バイ》の字で売りに出す意 ※売《バイ》《うる》の旧字体賣と続《ゾク》の旧字体續のパーツである賣とは別の字。字形が似ているので新字体として同じ売を用いた	11
旻	トク	二	5 得○ トク える、うる 碍○〔礙〕 準1級 ガイ・ゲ さまたげる、ささえる	2

親音符 子音符	音	親音符家族種類	音符家族及び同系語 ※赤色の文字は常用漢字 （ ）旧字体 〔 〕異体字 「 」別の親音符 ○印は形声文字（意符＋音符の構造の字） ※注	字数
毒	ドク	三	5 毒○ ドク・トク どく、わるい 瑇〔玳〕○ タイ 瑁―はたいまい 纛○ トウ・トク はたぼこ、飾りをつるした旗	3
厶 指	トツ	雑	会 3 育（育） イク そだてる 会 8 棄（棄） キ すてる 㐬○ トツ・リュウ 頭を下に向けて生まれ出る胎児の姿 ※厶は頭を下にした赤子の姿をかたどり、赤子が生まれ出る形 ※同じ字素を持つ字「充《ジュウ》」「𢿱《テツ》」	5
屯 トン ドン ジュン	トン	四	象 9 屯○ トン・チュン たむろする 10 頓○ トン・トツ ぬかずく、とみに 沌○ 準1級 トン 混―はこんとん 飩○ トン・ドン 饂―はうどん 7 鈍○ ドン・トン にぶい、のろい 国 噸 準1級 トン 国 瓲 トン 6 純○ ジュン まじり気がない、汚れがない 邨○ ソン 村の異体字 「春 シュン 5」 ※春の正字は萅《シュン》で、音符は屯《チュン》	9
豚	トン	豕《シ》 純	会 8 豚 トン ぶた 遯○ トン・ドン のがれる、かくれる	2
敦	トン	享《キョウ》 紅	敦○ 準1級 トン あつい 暾○ トン 朝日、日の出 燉○ トン あきらか、火の盛んなさま	

親音符 子音符	音	親音符家族種類	音符家族及び同系語 ※赤色の文字は常用漢字 （）旧字体 〔〕異体字 「」別の親音符 ○印は形声文字（意符＋音符の構造の字） ※注	字数
			○鐓 タイ いしづき ※敦《トン》は攴《ボク》と音符享《トン》の形声。いかる、なげうつ、てあついなどの意	4

親音符 子音符	音	親音符 家族種類	音符家族及び同系語 ※赤色の文字は常用漢字 〈 〉旧字体 〔 〕異体字 「 」別の親音符 ○印は形声文字（意符＋音符の構造の字） ※注	字数
奈	ナ	示ジ 二	奈 4 ○ ナ・ナイ・ダイ いかん、なんぞ / 捺 ○ 準1級 ナツ・ダツ おす、おさえつける / ※意符木（大は省略形）＋音符示（シ→ダイ）の形声。音はダイ。いかんの意を表す疑問詞	2
那	ナ	冉ゼン 二	那 10 ○ ナ・ダ なんぞ、いかんぞ / 娜 ○ 〈娜〉 ダ・ナ たおやか / 梛 ○ 〈梛〉 ダ・ナ なぎ（マキ科の常緑高木）	5
南	ナン	純	象 南 2 ○ ナン・ナ・ダン みなみ / 喃 ○ ナン・ダン しゃべる / 楠 ○ 準1級 ナン くすのき / 国 遖 あっぱれ	4
二•（貳）	ニ	二	指 二 1 ニ・ジ ふたつ / 指 弐 7 〈貳〉 ニ・ジ ふたつ / 膩 ○ ジ・ニ あぶら、きめ細かい	
仁	ジン		会 仁 6 ジン・ニ・ニン おもいやり / 佞 ○ ネイ・デイ おもねる、よこしま / ※女＋音符仁（ジン） / 「次 ジ 10」	6
尼	ニ	四	尼 9 ○ ニ・ジ あま / 怩 ○ ジ はじる / 昵 ○ ジツ ちかづく、なれしたしむ / 泥 9 ○ デイ どろ、なずむ	4
肉•	ニク	二	象 肉 2 ニク・ジク にく、しし / 象 宍 準1級 ニク・ジク しし / 会 炙 シャ・セキ あぶる / ※筋のある柔らかい肉の形	3
日•	ニチ	三	象 日 1 ニチ・ジツ ひ、か / 衵 ○ ジツ あこめ、下着 / 汨 ○ ベキ・コツ しずむ / 「昌 ショウ 8」	2

親音符 子音符	音	親音符家族種類	音符家族及び同系語 ※赤色の文字は常用漢字 （）旧字体 〔〕異体字 「」別の親音符 ○印は形声文字（意符＋音符の構造の字） ※注	字数
入・ 内	ニュウ ドツ	大	象 1 入 ニュウ・ジュウ・ジュ いる、いれる、はいる 会 2 内〔內〕○ ナイ・ダイ・ノウ・ドウ うち、いる ※内《ナイ》は家屋の入口の形。屋根のない入口の形は入《ニュウ》 6 納○ ノウ・ナッ・ナ・ナン・トウ おさめる、いれる 衲○ ドウ・ノウ 僧の衣、僧侶の自称 吶○ トツ・ドツ どもる、さけぶ 訥○ トツ どもる 肭○ ドツ 肥えるさま、膃—臍はおっとせい 蜹○〈蚋〉ゼイ ぶゆ、ぶよ 国 7 込 こむ 国 叺 かます ※常用漢字である内と納のみ例外的に人《ひと》の形をとる 国 圦 いり 国 魞 えり（水路に竹簀を立て、魚を導き入れる装置） 国 鳰 にお（かいつぶり）	15
寧	ネイ	紅一	会 9 寧 ネイ・デイ・ニョウ やすらか、むしろ 嚀○ ネイ ねんごろ 濘○ ネイ ぬかるみ 檸○ ネイ・ドウ —檬はレモン 獰○ ドウ わるい、にくにくしい	5
呈	ネツ （デツ）	二	捏○ ネツ・デツ こねる、でっちあげる 涅○ デツ・ネツ・ネ 黒土、黒くそめる、梵語のネ音訳語 ※呈《デツ》は音符日《ジツ→デツ》＋土で、こねる、くろくそめる意を表す	2

親音符	子音符	音	親音符家族種類	音符家族及び同系語 ※赤色の文字は常用漢字 ( )旧字体 〔 〕異体字 「 」別の親音符 ○印は形声文字(意符+音符の構造の字) ※注	字数
年		ネン	純	会 1 年 ネン とし／国 鴇 とき／※年《ネン》は禾《カ》(稲束)+人。豊作を祈り稲束で仮装して舞う男の象形。いねは年に一度みのるので「とし」の意に	2
念	ネン テン ジン	ネン	三	4 念○ ネン 思う／10 捻○ ネン・デン ひねる、ねじる／鯰○ ネン なまず／唸○ テン うなる／稔○ 準1級 ジン・ネン・ニン みのる／※心と、音符今《キム→ネム》の形声	5
象 㐫(𡿺)		ノウ	純	7 悩○(惱) ノウ・ドウ なやむ、なやみ／6 脳○(腦) ノウ・ドウ のうみそ／瑙○ ノウ 瑪—はめのう／※𡿺《ノウ》は髪のはえた乳児の頭	5
能		ノウ	四	象 5 能○ ノウ・ドウ あたう、はたらき／5 態○ タイ さま／象 4 熊 ユウ くま	6
	罷	ヒ		9 罷○ ヒ・ハイ やめる、つかれる／羆○ ヒ ひぐま／擺○ ハイ ひらく／※罷《ヒ》は罒(あみがしら)と音符能《ドウ→ヒ》の形声	
農		ノウ	紅一	会 3 農 ノウ・ドウ たがやす／7 濃○ ノウ・ジョウ こい、こまやか／膿○ 準1級 ノウ・ドウ うみ、うむ／儂○ ドウ・ノウ わし	4

親音符 子音符	音	親音符家族種類	音符家族及び同系語 ※赤色の文字は常用漢字 （）旧字体 〔〕異体字 「」別の親音符 ○印は形声文字（意符＋音符の構造の字） ※注	字数
巴 ハ バ	ハ	己キ 四	(象)巴 準1級 ハ ともえ／9 ○把 ハ つかむ、たば／○杷 準1級 ハ 枇—はびわ、さらい／○爬 ハ 掻く、這ってゆく／○笆 ハ いばらたけ／○耙 ハ まぐわ／○琶 準1級 ハ 琵—はびわ／○葩 ハ 花びら、はなやか ※葩の音符は皅ハ／○芭 準1級 バ・ハ —蕉ばしょう	
卮	シ		○卮 シ 卮の異体字／○梔 シ くちなし／「邑 ユウ 3」 ※肥ヒは己キの家族へ分類	11
馬 ボ メ バ	バ	四	(象)2 馬 バ・メ・マ うま、ま／10 ○罵 バ ののしる／○瑪 メ・バ —瑙はめのう／○碼 メ・バ・マ ヤード ※馮ヒョウの音符は冫ヒョウ、馴ジュンは川センの家族へ分類／○媽 ボ・モ おかあさん／(会)闖 チン 急に入りこむ ※篤トクは竹チクの家族へ分類	6
市	ハイ	純	6 ○肺（肺） ハイ 肺臓／○沛 ハイ 大雨が降る／○霈 ハイ ひどい雨／○旆 ハイ はた ※音符市シの家族も参照	4
(象)𠂢（𠂢）	ハイ	二	6 ○派 ハ・ハイ わかれる／5 ○脈 ミャク・バク みやくはく、すじみち ※𠂢ハイは川から支流が分かれて流れるさま	2

親音符	子音符	音	親音符家族種類	音符家族及び同系語　※赤色の文字は常用漢字　（　）旧字体　〔　〕異体字　「　」別の親音符　○印は形声文字（意符＋音符の構造の字）	※注	字数
巿		ハイ	凡ボン 純	○佩 ハイ おびる、はく ○珮 ハイ おびだま	※巿《ハイ》は巾《キン》（きれ）＋音符凡《ハン→ハイ》の形声	2
孛		ハイ	二	○孛 ハイ・ボツ 草木が茂るさま ○悖 ハイ・ボツ もとる 10 ○勃 ボツ・ホツ にわかに起る、勢いが盛ん	※孛《ハイ》は音符朩《ハイ》（草木がしげる）＋子の形。生育の盛んなさま	3
拝	拝（拜）	ハイ	純	会 6 拝（拜） ハイ おがむ ○湃 ハイ 波などの勢いがはげしいさま	※拝《ハイ》は手と𠦪《コツ》の会意	3
貝	●バイ ハイ	バイ	大	象 1 貝 バイ かい 10 ○唄 バイ うた ○狽 準1級 バイ 狼―はろうばい 4 ○敗 ハイ やぶれる		10
	買	バイ		2 ○買 バイ かう 2 ○売（賣） バイ うる 会 3 負 フ・ブ・フウ まける、おう	※売の旧字賣《バイ》は出（だす）＋買（かう）の変形	
	贔	ヒ		会 贔 ヒ・ヒイ 引き立てる ○屓〔屓〕 キ ひいき		
咅	バイ ハイ ブ	バイ（ハイ）	大	3 ○倍 バイ・ハイ 数をかける 9 ○培 バイ・ホウ・ハイ つちかう 8 ○陪 バイ つき従う 9 ○賠 バイ つぐなう		

親音符	子音符	音	親音符家族種類	音符家族及び同系語 ※赤色の文字は常用漢字　( )旧字体　〔 〕異体字　「 」別の親音符　○印は形声文字（意符＋音符の構造の字）　※注	字数
	部 ボ ホウ ボウ	ヒ		碚○ ハイ かさなり、つぼみ 菩○ 準1級 ボ・ホ 梵語のボ音訳字 焙○ ホウ・ハイ・ホイ あぶる	10
		ブ		3 部○ ブ・ホウ・ホ 分ける 蔀○ 準1級 ホウ しとみ 9 剖○ ボウ・ホウ 裂く ※音《ホウ》は不《フ》(否定する、立は変わった形)＋口。もと否《ヒ》に同じ、拒絶する意	
白● ハク ハ バツ ヘキ メン		ハク	五	象 1 白 ハク・ビャク しろ、もうす 9 伯○ ハク・ハ 年長のおじおば 7 拍○ ハク・ヒョウ うつ、おはやし 7 迫○ ハク せまる	18
	泊	ハク		7 泊○ ハク とまる 箔○ 準1級 ハク はく 9 舶○ ハク 大きい舟 狛○ 準1級 ハク こまいぬ 柏○ 準1級 ハク かしわ 粕○ 準1級 ハク かす 魄○ ハク たましい 怕○ ハ・ハク おそれる	
	珀	ハク		珀○ ハク 琥—はこはく 碧○ 準1級 ヘキ みどり、あお 袙○ バツ・ハ はちまき、あこめ 帛○ ハク しろぎぬ 棉○ 準1級 メン わた、きわた 会 5 綿 メン・ベン わた、つらなる ※錦《キン》は金が音符	
八●		ハチ	二	指 1 八 ハチ や、やっつ 叭○ ハ 喇—はらっぱ ※同じ字素を持つ字「分《ブン》」「公《コウ》」「台《エン》」	2

親音符	子音符	音	親音符家族種類	音符家族及び同系語 ※赤色の文字は常用漢字 ( )旧字体 〔 〕異体字 「 」別の親音符 ○印は形声文字(意符+音符の構造の字) ※注	字数
発(發)		ハツ	二	3 発(發)○ ハツ・ホツ 放つ、たつ / 撥○ ハツ・ハチ・バチ はねる、治める / 潑○ 準1級 ハツ そそぐ、勢いが良い	8
	廃	ハイ		醱○ 準1級 ハツ かもす / 9 廃(廢)○ ハイ すたれる / 癈○ ハイ 不治の病	
友(犮) 象		バツ	三	7 抜(拔)○ バツ・ハツ ぬく / 跋○ バツ・ハツ ふむ、あとがき / 魃○ バツ・ハツ ひでり / ※音符犮《バツ》は犬があと足をはね上げた姿	8
				7 髪(髮)○ ハツ かみの毛 / 祓○ フツ おはらい / 黻○ フツ ぬいとり、ひざかけ / ※友《ユウ》《とも》は全く別の字	
伐		バツ	純	会 8 伐○ バツ・ハツ 木を切り倒す、討つ / 9 閥○ バツ・ハツ 家がら、党派 / 筏○ 準1級 バツ・ハツ いかだ / ※伐《バツ》は人の首を戈《カ》(ほこ)で切るさま	3
㔾		ハン	紅一	5 犯○ ハン・ボン おかす / 7 範○ ハン てほん、さかい / 卮〔巵〕○ シ さかずき	6
	氾	ハン		10 氾○ ハン ひろがる、あふれる / 范○ ハン 蜂、鋳型 / 笵○ ハン 鋳型 / ※㔾《ハン》はうつぶせに伏している人の形。或はひざまずく人の形とも	
反		ハン	紅一	3 反○ ハン・ホン・タン そる、かえる、土地の広さ / 3 坂○ ハン・バン さか / 4 阪○ ハン さか / 3 板○ ハン・バン いた	

親音符 子音符	音	親音符家族種類	音符家族及び同系語 ※赤色の文字は常用漢字 （ ）旧字体 〔 〕異体字 「 」別の親音符 ○印は形声文字（意符＋音符の構造の字）	※注	字数
半（半）	ハン	純	版⁵○ ハン 印刷物の原板　販⁷○ ハン 売る　飯⁴○ ハン めし　叛○〈叛〉 準1級 ハン・ホン そむく　鈑○ ハン・バン 金属ののべ板　魬○ ハン・バン はまち　返³○ ヘン・ハン・ホン かえす		12
			半² 会 ハン なかば　伴⁸○ ハン・バン ともなう　判⁵○ ハン・バン・ホウ わける、わかる　畔⁸○ ハン ほとり、あぜ　拌○ ハン かきまぜる　胖○ ハン ゆたか、ふとる　袢○ ハン・バン 肌着、白い下着　絆○ ハン・バン きずな　鵥○ 国 かけす	※半 牛（キは変わった形）と八（わける）の会意	9
玨	ハン	純	班⁶ 会 ハン わける、組　斑¹⁰○ ハン まだら、ふ		2
般	ハン	紅一	般⁷ 会 ハン たぐい、めぐらす　搬⁷○ ハン 運ぶ　槃○ ハン・バン たらい、楽しむ　瘢○ ハン きずあと　磐○ 準1級 ハン・バン 大きな石　盤⁷○ バン・ハン 大皿、台状の道具	※般ハンは舟と殳シュ（たたく）の会意	6

親音符 子音符	音	親音符家族種類	音符家族及び同系語　※赤色の文字は常用漢字　〔 〕旧字体　〈 〉異体字　「 」別の親音符　○印は形声文字(意符＋音符の構造の字)　※注	字数
樊	ハン	楙ハン 二	○樊 ハン まがき、かこい ○攀 ハン よじのぼる、すがる ○礬 バン・ハン 明―はみょうばん ※楙ハンは木製の囲い。両手で持つ。かこい。かきねの意　大は廾キョウで	3
番 バン ハン ハ ホン シン 潘 審	バン(ハン) ハン シン	五	2 ○番 バン・ハン 交代、見張り ○蕃 準1級 バン・ハン しげる、えびす ○蟠 バン・ハン わだかまる ○潘 ハン 米のとぎ汁 8 ○藩 ハン 諸侯、かきね ○旛 準1級 ハン・マン・ホン はた、のぼり ○燔 ハン・ボン 焼く ○膰 ハン ひもろぎ ○幡 ハン・バン はた、のぼり ○繙 ハン・ホン ひもとく ○鷭 ハン・バン ばん(くいな科の鳥) ○播 準1級 ハ・バン 種をまく ※釆ベンは獣の爪のかたち ※番バンは獣爪と掌を示す 8 ○翻〈飜〉ホン・ハン ひるがえる 会 8 審 シン つまびらか ○瀋 シン 汁、中国の川の名	16
匕●	ヒ	純	象 匕 ヒ さじ、あいくち ○牝 準1級 ヒン めす 国 10 匂 におう、におい 会 齔 シン はがわり、おさない	

親音符 子音符	音	親音符家族種類	音符家族及び同系語 ※赤色の文字は常用漢字 〔 〕旧字体 〈 〉異体字 「 」別の親音符 ○印は形声文字（意符＋音符の構造の字）	※注	字数
比● ヒ ビ ヘイ	ヒ	三	会 5 比 ヒ くらべる / 6 批○ ヒ 品定めをする / 妣○ ヒ 亡き母 / 屁○ ヒ へ / 庇○ 準1級 ヒ かばう、ひさし / 枇○ 準1級 ヒ・ビ ―杷はびわ / 毘〔毗〕○ 準1級 ヒ・ビ 梵語のビ音訳 / 砒○ ヒ ひ素 / 秕○ ヒ しいな / 紕○ ヒ ふちかざり / 蓖○ ヒ ―麻はひま / 琵○ 準1級 ビ ―琶はびわ / 6 陛○ ヘイ きざはし / 篦○ 準1級 ヘイ へら / ※陛の音符は坒《ヘイ》	※同じ字素を持つ字「比《ヒ》」「北《ホク》」「皆《カイ》」「頃《ケイ》」「旨《シ》」「死《シ》」「此《シ》」「尼《ニ》」「它《タ》」「能《ノウ》」「老《ロウ》」。「昆《コン》」「鹿《ロク》」の比は足の形より。匕は突き抜けないよう注意。しかし叱《シツ しかる》の音符は七《シチ》、化《カ》の音符は匕《カ》なので別	4
皮● ヒ バ ハ	ヒ	二	象 3 皮○ ヒ かわ / 7 彼○ ヒ かれ / 9 披○ ヒ ひらく / 7 疲○ ヒ つかれる / 7 被○ ヒ こうむる / 陂○ ヒ・ハ 坂、つつみ / 鞁○ ヒ むながい / 玻○ ハ ―璃ははり / 5 破○ ハ やぶる / 坡○ ハ つつみ、坂		15
波	ハ		3 波○ ハ なみ / 菠○ ハ・ホウ ―薐草はほうれんそう / 8 婆○ バ ばあさん		

親音符 子音符	音	親音符家族種類	音符家族及び同系語　※赤色の文字は常用漢字　（ ）旧字体　〔 〕異体字　「 」別の親音符　○印は形声文字（意符＋音符の構造の字）　※注	字数
皮のつづき			頗○ 準1級 ハ すこぶる／簸○ 準1級 ハ ひる（箕で選別する）／跛○ ハ・ヒ 片足が不自由／※婆の音符は波ハ	16
非●（非） ヒ ハイ ザイ 匪 ヒ	ヒ	三	象 非 5 ヒ 悪い、そしる／悲○ 3 ヒ かなしい、かなしむ／扉○ 9 ヒ とびら／菲○ ヒ うすい／斐○ 準1級 ヒ あや／琲○ ヒ 玉を連ねた飾り／腓○ ヒ ふくらはぎ／匪○ 準1級 ヒ あらず、悪人／榧○ ヒ かや／緋○ 準1級 ヒ 濃い赤色／翡○ ヒ かわせみ／蜚○ ヒ ごきぶり／誹○ 準1級 ヒ そしる／霏○ ヒ 雨や雪の降るさま／鯡○ ヒ にしん／俳○ 6 ハイ 役者、俳句／排○ 8 ハイ おしひらく／輩○ 7 ハイ やから／徘○ ハイ さまよう／裴○ ハイ 長い着物／罪○ 5 ザイ つみ	21
畀	ヒ	二	鼻○ 3（鼻） ビ はな／嚊○ ヒ かかあ、はないき／痹○ ヒ しびれる／国 嬶 かかあ	5

親音符 子音符	音	親音符家族種類	音符家族及び同系語 ※赤色の文字は常用漢字 （）旧字体 〔〕異体字 「」別の親音符 ○印は形声文字（意符＋音符の構造の字） ※注	字数
卑（卑）ヒ ハイ ヘイ	ヒ	三	象 8 卑（卑）ヒ いやしい、身分が低い 8 碑○（碑）ヒ いしぶみ 俾○ ヒ・ヘイ 助ける、にらむ 婢○ ヒ はしため 脾○ ヒ ひ臓、もも 痺○ ヒ しびれる 裨○ ヒ おぎなう、助ける 髀○ ヒ もも 鵯○ ヒ・ヒツ ひよどり ※卑《ヒ》は平べったい杯を手に持つ姿。酒をつぐ役目の人を表し、身分が低い人の意 牌○ 準1級 ハイ ふだ 稗○ 準1級 ハイ ひえ 睥○ ヘイ にらむ ※卑は旧字では8画、常用漢字では9画	14
啚	ヒ	雑	鄙○ ヒ ひな、いやしい 会 2 図（圖）ズ・ト はかる、はかりごと ※同じ字素を持つ字、亶《タン》、稟《リン》、嗇《ショク》。㐭《リン》は穀物倉の形	3
賁（賁）ヒ ホン フン	ヒ	三	賁○〔賁〕ヒ・ホン・フン かざり、つわもの 象 9 奔（奔）ホン はしる、勢いが良い ※賁《フン》は貝＋音符卉《ホン→ヒ》の形声。色美しい貝、混じり合ったいろどりの意 7 噴○ フン・ホン ふく、ふき出す 8 墳○ フン はか 9 憤○ フン いきどおる 濆○〔濆〕フン 水が湧く、みぎわ	9
轡	ヒ	単	会 轡 準1級 ヒ たづな、くつわ	1

親音符	子音符	音	親音符家族種類	音符家族及び同系語 ※赤色の文字は常用漢字 （ ）旧字体 〔 〕異体字 「 」別の親音符 ○印は形声文字（意符＋音符の構造の字） ※注	字数
尾		ビ	毛《モウ》 純	会 7 尾 ビ お、しっぽ ○梶 準1級 ビ かじ ※毛や尾と同じ字素を持つ字「奄《エン》」「竜《リュウ》」電《デン》	2
眉		ビ	純	象 10 眉 ビ・ミ まゆ ○媚 ビ こびる ○嵋 ビ 峨嵋—山はがびさん	3
葡 象	備	ビ ビ	三	5 備 ビ そなえる ○憊 ハイ・ヘイ つかれる ※備《ビ》は矢を入れる容器の象形。人が準備をする。そなえる意 ○糒 ビ・ヒ ほしいい ○鞴 フク・ホ・ビ・ヒ・ブ ふいご	4
微（微）		ビ	三	7 ○微 ビ・ミ かすか ※音符は敚。こっそり歩く、かすかの意も表す。徴《チョウ》は微《ビ》（かすか。微は省略形）と壬から成る ○薇 ビ ぜんまい ○黴 バイ・ビ・ミ かび ○徽 準1級 キ よい、しるし	4
匹		ヒツ	単	象 7 匹 ヒツ ひき ※並んでいる馬の胸もとのあたりの象形。並んでいる馬からならぶ、つれあい、たぐいの意	1
必		ヒツ	三	象 4 必 ヒツ かならず 8 ○泌 ヒツ・ヒ にじむ、しみ出る＝滲《シン》にじむ、しみる ○謐 ヒツ・ビツ しずか	

親音符 子音符	音	親音符家族種類	音符家族及び同系語 ※赤色の文字は常用漢字 （ ）旧字体 〔 〕異体字 「 」別の親音符 ○印は形声文字（意符＋音符の構造の字） ※注	字数
			秘○ 6（祕）ヒ ひめる、ひそか 瑟○ シツ 大型の琴 「宓 ミツ 3」	6
畢（畢）	ヒツ	純	象 畢 準1級 ヒツ おわる、ことごとく 篳○ ヒツ・ヒチ いばら、—篥はひちりき 蹕○ ヒツ 貴人の行列のさきばらい ※同じ字素を持つ字「華 カ」 ※鳥獣などを捕るあみ、下部に長い柄、上部に丸いあみ	3
百	ヒャク	白ハク 四	指 百 1 ヒャク・ハク 数の名、たくさん 佰○ ハク・ヒャク かしら、あぜ道 陌○ ハク・バク あぜ道、まち 貊○ バク えびす 弼○ 準1級 ヒツ たすける 国 粨 ヘクトメートル 国 皕 ヘクトグラム 国 竡 ヘクトリットル 「宿 シュク 3」	8
冫 馮	ヒョウ ヒョウ	純	象 氷 3 ヒョウ こおり、ひ ※冰が原字 馮○ ヒョウ・フウ よる、つく 憑○ ヒョウ よる、たのむ 凴○ ヒョウ もたれる ※馮の部首は馬	4

親音符	子音符	音	親音符家族種類	音符家族及び同系語　※赤色の文字は常用漢字　( )旧字体　〔 〕異体字　「 」別の親音符　○印は形声文字(意符＋音符の構造の字)	※注	字数
表		ヒョウ	毛モウ 純	会 3 表 ヒョウ おもて、あらわす ○俵 6 ヒョウ たわら	※表は衣＋毛の会意。のち音符に転訛。俵は部首イ＋音符表の形声	2
票		ヒョウ	純	会 4 票 ヒョウ ふだ ○漂 8 ヒョウ ただよう ○標 4 ヒョウ めじるし、めあて ○剽 ヒョウ かすめとる ○嫖 ヒョウ かるい、みだら ○慓 ヒョウ すばやい ○瓢 準1級 ヒョウ ひさご ○縹 ヒョウ はなだ色 ○飄〈飃〉 ヒョウ ひるがえる ○驃 ヒョウ 白鹿毛の馬 ○鰾 ヒョウ うきぶくろ、―膠はにべ		12
苗		ビョウ	純	会 8 苗 ビョウ なえ ○描 7 ビョウ えがく、かく ○猫 9 ビョウ ねこ ○錨 準1級 ビョウ いかり		4
品		ヒン	ロコウ 雑	会 3 品 ヒン・ホン しな ○臨 6 リン のぞむ 「区(區) 18 ク」 国 椙 こまい	※こまいは軒の垂木(たるき)に横に渡す細長い木材	5
	喦	ガン		会 喦 ガン いわ、岩の異体字 ○癌 準1級 ガン 悪性の腫瘍		
斌		ヒン	純	会 斌 準1級 ヒン 文と武が調和して美しい。彬の俗字 ○贇 イン 均整がとれて美しい		2

親音符 子音符	音	親音符家族種類	音符家族及び同系語　※赤色の文字は常用漢字　( )旧字体　〔 〕異体字　「 」別の親音符　○印は形声文字(意符＋音符の構造の字)　※注	字数
賓(賓)	ヒン	紅一	9 ○賓(賓) ヒン 客人 7 ○浜(濱) ヒン はま ○嬪 ヒン ひめ、女性の美称 ○擯 ヒン しりぞける ○檳 ヒン・ビン ―榔はびんろう ○殯 ヒン かりもがり ○繽 ヒン 多い、乱れる ○鬢 ビン・ヒン びん、耳ぎわの髪の毛 ※賓《ヒン》は音符宀丏《ヘン→ヒン》(宀少は変わった形)。客に貝を贈る意か。転じて客人の意	10
頻(頻)	ヒン	歩ホ 純	会 9 ○頻(頻) ヒン・ビン しきりに ○顰 ヒン・ビン ひそめる ○嚬 ヒン ひそめる ○瀕 準1級 ヒン せまる、みぎわ ○蘋 ヒン 浮草 ※歩、賓、頻の旧字体はすべて丶がなく一画少ない。ただし少は旧字体であっても丶を省かない	6
敏(敏)	ビン	毎マイ 二	7 ○敏(敏) ビン すばやい 7 ○繁(繁) ハン 草木がしげる、盛んになる ※毎《マイ→ビン》攵(攴)《ボク》と音符。はやい意	4
不 否	フ ヒ ハイ ワイ フ ヒ	五	仮 4 不 フ・ブ 打消しの語 ○罘 フ・フウ うさぎあみ 会 歪 準1級 ワイ ゆがむ、いびつ 6 ○否 ヒ・フ いな、反対を表す ○痞 ヒ つかえ 象 丕 ヒ 大きい ○抔 ホウ すくう、など	

親音符 子音符	音	親音符家族種類	音符家族及び同系語 ※赤色の文字は常用漢字 〔〕旧字体 〔〕異体字 「」別の親音符 ○印は形声文字（意符＋音符の構造の字） ※注	字数
不のつづき 胚	ハイ		胚○ ハイ たね、はらむ 7 杯○〔盃 準1級〕ハイ さかずき 坏○ ハイ つき、盛り土（物をもる器の名）	11
父	フ	純	会 2 父 フ ちち 10 釜○ フ かま 斧○ 準1級 フ おの ※爺《ヤ》の音符は耶《ヤ》 ※布《フ》は父《フ》＋巾《キン》 「布 2 フ」	3
夫	フ	純	象 4 夫 フ・フウ・ブ おっと、男子 9 扶○ フ たすける、養う 芙○ 準1級 フ はす 趺○ フ 足の甲 麩○ フ ふすま 会 輦 レン てぐるま ※車＋扶（はん。ふたりの人）	6
付 府	フ	寸スン 純	会 4 付 フ つく、つける、わたす 8 符○ フ わりふ、記号 ※人＋又（ゆう、手で持つ。寸は変わった形）の会意。てわたす、あたえる意 9 附○ フ・ブ つく、つける 咐○ フ 息をはく 坿○ フ・ブ つけたす 苻○ フ 草の名、さや 拊○ フ 打つ、撫でる 柎○ フ・ブ うてな、花のがく 鮒○ 準1級 フ ふな 4 府○ フ 役所、みやこ 7 腐○ フ くさる 俯○ フ ふせる、うつむく 腑○ フ はらわた、心の中	13

親音符 子音符	音	親音符家族種類	音符家族及び同系語 ※赤色の文字は常用漢字 （ ）旧字体 〔 〕異体字 「 」別の親音符 ○印は形声文字（意符＋音符の構造の字） ※注	字数
布	フ	父《フ》 純	5 布○ フ ぬの、敷く 7 怖○ フ こわい、恐れる ※元の字は爺《フ》で音符は父《フ》	2
巫 フ ゼイ ゲキ	フ	三	象 巫 フ・ブ みこ ※工の形の道具で神を招く意。みこ 誣○ フ・ブ そしる、偽って言いつける	4
筮	ゼイ		会 筮 ゼイ・セイ めどき 噬○ ゼイ・セイ かむ ※覡《ゲキ》は音符見《ケン》の家族	
孚（孚）	フ	二	会 孚 フ はぐくむ、まこと 7 浮○ フ・フウ・ブ うく 俘○ フ とりこ 郛○ フ くるわ 桴○ フ ばち、いかだ 艀○ フ・ブ・フウ はしけ 蜉○ フ —蝣はかげろう 孵○ フ かえる 殍○ ヒョウ 餓死する 会 6 乳 ニュウ・ジュ・ニュ ちち ※孚は上の方から指をさしのべて沈む子をつかみとる形	10
阜•	フ	純	象 4 阜 フ 岡、ゆたか 埠○ 準1級 フ・ホ 舟つき場 ※阜《フ》は部首としては阝《こざとへん》	2
尃 フ ハク バク	フ	甫《ホ》 四	傅○ フ かしずく、もり役 榑○ フ くれ（皮のついたままの丸太） ※尃（專）《セン》との混同に注意	

親音符 子音符	音	親音符家族種類	音符家族及び同系語 ※赤色の文字は常用漢字 （ ）旧字体 〔 〕異体字 「 」別の親音符 ○印は形声文字（意符＋音符の構造の字） ※注	字数
尃のつづき ボ 溥	ホ		賻○ フ たすける、おくる（金品を贈り葬儀を助ける） 敷7○ フ しく ※敷の旧字体は敷 博4○ ハク・バク ひろい 搏○ ハク 打つ 膊○ ハク うで、ほし肉 縛8○ バク・ハク しばる 溥○ フ あまねし 薄7○ ハク うすい 簿8○ ボ・ホ 帳面 ※ハ行の音の字は右肩に、（点）をつける	11
武	ブ	五	会 武5 ブ・ム たけだけしい、軍人 賦7○ フ みつぎ、与える 鵡○ 準1級 ム・ブ 鸚鵡—はおうむ 国 鉽 ブリキ	4
封	フウ	丰ホウ 二	象 封8 フウ・ホウ ふうじる、とじる 幫〈幇〉○ ホウ たすける、手伝う	3
風	フウ	凡ボン 紅一	風2○ フウ・フ かぜ 楓○ 準1級 フウ かえで 瘋○ フウ 頭痛、狂人 諷○ フウ ほのめかす 会 嵐10 ラン あらし 国 颪 おろし	6
会 𠬝	フク	純	服3○ フク したがう、きもの 箙○ フク えびら 会 報5 ホウ むくいる、しらせ	3

親音符	子音符	音	親音符家族種類	音符家族及び同系語　※赤色の文字は常用漢字　（　）旧字体　〔　〕異体字　「　」別の親音符　○印は形声文字（意符＋音符の構造の字）　※注	字数
伏		フク	犬ケン 純	会 伏 8 フク・ブク ふせる ○茯 フク・ブク —苓はぶくりょう ○袱 フク・ホク ふくさ、物を包む布 国 鮲 こち	4
象 畐 フク フ ヒツ	菖	フク フク	三	○副 4 フク そえる、たすける ○幅 7 フク はば ○福 3 フク さいわい ○葍 フク はう ○蔔 フク 大根 ○蝠 フク 蝙—はこうもり ○輻 フク 車輪のや、こみあう ○富 4〔冨〕フ・フウ とみ ○逼 準1級 ヒツ・ヒョク せまる ※酒のかめなど、腹のあたりにふくらみのある形	10
复	復	フク フク	紅一	○複 5 フク かさねる、こみいる ○腹 6 フク はら ○愎 フク・ヒョク もとる ○蝮 フク まむし ○復 5 フク かえる ○覆 8 フク・フ くつがえる、おおう ○輹 フク とこしばり ○馥 フク かおる ○鰒 フク あわび、ふぐ 会 履 9 リ はく、おこなう	10
弗 フツ ブツ ヒ		フツ	三	象 弗 準1級 フツ あらず、ドル ○払 7（拂）フツ はらう ○沸 9 フツ・ヒ わく、にえたつ	

親音符　子音符	音	親音符家族種類	音符家族及び同系語　※赤色の文字は常用漢字　( )旧字体　〔 〕異体字　「 」別の親音符　○印は形声文字(意符＋音符の構造の字)　※注	字数
弗のつづき			佛○ フツ 似かよう 怫○ フツ・ヒ むっとする、気がふさぐ 髴○ フツ 髣―はほうふつ 5 仏○ (佛) ブツ・フツ ほとけ 5 費○ ヒ ついやす 狒○ ヒ 猿の一種 〔国〕 梻 しきみ	12
分 ブン フン ハン ボン	ブン (フン)	大	〔会〕2 分 ブン・フン・ブ わける、わかる 5 粉○ フン こな、デシメートル 8 紛○ フン まぎれる 9 雰○ フン 気分、きり 吩○ フン 吐く、いいつける 扮○ 〔準1級〕 フン・ハン よそおう 芬○ フン かおる、よいかおり 忿○ フン 怒る 枌○ フン 木を薄くそいだ板 氛○ フン けはい 9 頒○ ハン わける 〔会〕5 貧 ヒン、ビン まずしい 7 盆○ ボン 浅く平らな器 〔会〕 岔 サ・タ 山の分かれる所 ※分は八(左右にものが分かれる形)＋刀。刀でものを二つに分ける意。山の頂きは必ずはなすこと 〔国〕 躮 せがれ 〔国〕 瓰 デシグラム 〔国〕 竕 デシリットル	17
文● ブン モン	ブン	四	〔象〕1 文 ブン・モン ふみ、文字 9 蚊○ ブン か 紊○ ブン・ビン みだれる 7 紋○ モン・ブン もよう、もんどころ	

親音符	子音符	音	親音符家族種類	音符家族及び同系語 ※赤色の文字は常用漢字 （）旧字体 〔〕異体字 「」別の親音符 ○印は形声文字（意符＋音符の構造の字） ※注	字数
	閔 ビン ミン	ビン		旻○ ビン・ミン 秋空 閔○ ビン・ミン あわれむ、うれえる 憫○ ビン・ミン あわれむ 会 虔 ケン つつしむ、うばう 「吝 リン 2」	8
丙		ヘイ	三	象 9 丙 ヘイ ひのえ 7 柄○ ヘイ がら、え 炳○ ヘイ あきらか 3 病○ ビョウ・ヘイ やまい 陋○ ロウ せまい、いやしい 国 鞆 とも ※陋の音符は㔷ロウ（丙ロウは変わった形） ※鞆は弓を射るとき、左のひじにつける革でつくられた道具	6
平	平（平） ヘイ ヒョウ ホウ	ヘイ	四	象 3 平 ヘイ・ビョウ・ヒョウ たいら、ひらたい 9 坪○ ヘイ つぼ 苹○ ヘイ・ヒョウ —果はりんごの実 萍○ ヘイ・ビョウ 浮草 鮃○ ヘイ・ヒョウ ひらめ 5 評○ ヒョウ・ヘイ 物事のよしあしを判断する 会 秤 準1級 ショウ・ビン はかり 怦○ ホウ・ヒョウ はやる、心がせく	8
幷	并（幷） ヘイ	ヘイ	四	象 幷（并） ヘイ あわせる 9 併（倂）○ ヘイ あわせる、しかし 10 餅（餠）○ ヘイ もち	

親音符	子音符	音	親音符家族種類	音符家族及び同系語　※赤色の文字は常用漢字　( )旧字体　〔 〕異体字　「 」別の親音符　○印は形声文字(意符＋音符の構造の字)　※注	字数
井のつづき	屏 ヘン ホウ ビン	ヘイ		屏○ ヘイ・ビョウ ついたて 塀(塀)○ 9 ヘイ 囲い 腁○ ヘン たこ、あかぎれ 駢○ ヘン・ベン ならぶ、—儷はべんれい 絣(絣)○ ホウ かすり 迸○ ホウ・ヘイ ほとばしる 瓶(甁)○ 9 ビン・ヘイ かめ、びん	16
甹		ヘイ	二	聘○ ヘイ まねく、訪れる ※聘《ヘイ》の音符は甹《ヘイ》。甹《ヘイ》はまねく、訪問する意 娉○ ヘイ・ホウ 召す、めとる 騁○ テイ 馬をはせる、思いをはせる	3
並(竝)		ヘイ	二	会 6 並(竝) ヘイ なみ、ならぶ ※並《ヘイ》は二人の人が横に並んだ正面形。并(幷)《ヘイ》は二人の人が前後に立つ姿の側身形 会 7 普 フ あまねく ※竝《ヘイ》＋曰《エツ》の会意 譜○ 9 フ 系譜、音譜、系図に従って図表式に書いたもの	4
敝(敝)		ヘイ	二	会 敝〈敝〉 ヘイ やぶれる、つかれる ※敝《ヘイ》はぼろぬの、やぶれる、ぼろぼろになるなどの意味がある 幣○ 9 ヘイ ぬさ、紙幣 弊○ 9 ヘイ 破れる、疲れる	

親音符 子音符	音	親音符家族種類	音符家族及び同系語 ※赤色の文字は常用漢字 （ ）旧字体 〔 〕異体字 「 」別の親音符 ○印は形声文字（意符＋音符の構造の字） ※注	字数
ヘイ ベツ			蔽〈蔽〉○ ヘイ おおう　斃○ ヘイ たおれる　瞥○ 準1級 ベツ みる、ちらっと見る　鼈○ ベツ・ヘツ すっぽん	9
皿●	ベイ	単	象 3 皿 ベイ さら ※浅く平たい皿の象形。血《ケツ》はしたたり落ちるいけにえの血が皿に落ちる形	1
米● ベイ メイ ビ	ベイ	四	象 2 米 ベイ・マイ こめ、メートル　5 迷○ ベイ・メイ まよう　10 謎○ ベイ・メイ なぞ　麋○ ビ・ミ おおじか	5
迷	ベイ		会 4 料 リョウ はかる ※同じ字素を持つ字「匊《キク》」 ※屎《シ・くそ》は尸《シ》に、糞《フン・くそ》は異《イ》に、糜《ビ・かゆ》は麻《マ》に分類	
辟 ヘキ ヒ ヘイ ハク	ヘキ	四	会 辟 ヘキ・ヒ さける　7 壁○ ヘキ かべ　8 癖○ ヘキ くせ　10 璧○ ヘキ たま　僻○ 準1級 ヘキ かたよる、ひがむ　劈○ ヘキ 裂く　甓○ ヘキ かわら　襞○ ヘキ・ヒャク ひだ、しわ　躄○ ヘキ いざる　闢○ ヘキ・ビャク ひらく　霹○ ヘキ はげしく鳴る雷　7 避○ ヒ さける　臂○ ヒ ひじ、うで　譬○ ヒ たとえる　嬖○ ヘイ お気に入りの人	

親音符 子音符	音	親音符家族種類	音符家族及び同系語 ※赤色の文字は常用漢字 （ ）旧字体 〔 〕異体字 「 」別の親音符 ○印は形声文字（意符＋音符の構造の字） ※注	字数
辟のつづき			○薜 ヘイ・ハク かずら　○擘 ハク おやゆび、つんざく　○檗〔蘗〕ハク・バク きはだ	19
蔑	ベツ	純	象 蔑 ベツ さげすむ　○襪〔韈〕ベツ・バツ 足袋、くつした　○衊 ベツ 血でよごす、はなぢ　※雨ごいのために巫女をささげて祈祷する	4
片●	ヘン	単	象 6 片 ヘン かた、ひら　※版築（両側のあて板の間に土をつき固めて壁を築く工法）のあて板の片側の象形。反対側は爿《ショウ》、爿はまた長椅子、寝台の意も	
			国 〔魚+片〕 なまず	2
扁（扁）	ヘン	純	会 扁 ヘン ふだ、平たい　9 ○偏（偏）ヘン かたよる　9 ○遍（遍）ヘン あまねく　5 ○編（編）ヘン あむ　○褊 ヘン せまい　○篇 準1級 ヘン まとまった書物　※扁《ヘン》は戸と冊《サツ》（字を書く付け札）の会意。戸口にかけるふだ、転じて、ひらたい意　○翩 ヘン ひるがえる　○蝙 ヘン —蝠はこうもり　○諞 ヘン へつらう　○騙 ヘン だます	13
弁（辨）	ベン	紅一	象 5 弁（辨）〔辧〕ベン 分ける、わきまえる　（瓣）ベン はなびら、バルブ　（辯）ベン 述べる、言葉づかい	

親音符 子音符	音	親音符家族種類	音符家族及び同系語 ※赤色の文字は常用漢字 （）旧字体 〔〕異体字 「」別の親音符 ○印は形声文字（意符＋音符の構造の字） ※注	字数
			（辮）ベン・ヘン あむ、—髪はべんぱつ 抃○〔拚〕ベン 喜んで手を打つ 畚○ ホン もっこ、ふご ※弁＋田 かごの形	9
丏	ベン	純	象 丏 ベン 曲がる、ななめの 眄○ ベン・メン みる、ながしめ、ななめに曲がる 麪○ 準1級 メン・ベン 麺の異体字	3
甫 ホ フ ユウ 浦 匍	ホ ホ ホ	三	会 甫 準1級 ホ・フ はじめ 7 捕○ ホ・ブ とらえる 10 哺○ ホ 口にふくむ、育む 圃○ 準1級 ホ はたけ 6 補○ ホ・フ おぎなう 7 舗○（舖）ホ・フ みせ 9 浦○ ホ うら 蒲○ 準1級 ホ・ブ・フ がま、かわやなぎ 脯○ ホ・フ ほじし 逋○ ホ・フ のがれる 匍○ ホ・フ はらばう 葡○ 準1級 ホ・ブ —萄はぶどう 輔○ 準1級 ホ・フ たすける、すけ 餔○ ホ・フ 夕食、食べる 鋪 準1級 ホ しく、みせ 黼○ フ・ホ 黒糸と白糸によるぬいとり 牖○ ユウ れんじまど 「尃」11 フ ※甫《ホ》は用と父《フ》（男子の美称）の会意。男子の美称を表す。はじめなど	18
歩（步）ホ	ホ	三	会 2 歩（步）ホ・ブ・フ あるく 会 9 渉（涉）ショウ わたる ※歩は会意だが、捗は形声。従って歩は音符である	

親音符	子音符	音	親音符家族種類	音符家族及び同系語 ※赤色の文字は常用漢字 （ ）旧字体 〈 〉異体字 「 」別の親音符 ○印は形声文字（意符+音符の構造の字） ※注	字数
歩のつづき	陟 ショウ チョク	チョク		捗10○ 〈捗〉チョク はかどる 「頻 ヒン 6」 ※旧字の少の三画目が省かれた字体は印刷体であって手書きでは少と書いて問題はない 会 陟 チョク のぼる、官位があがる 騭○ チョク・シツ 牡馬、のぼる	8
母●		ボ	紅一	指 母2 ボ・モ・ボウ はは 姆○ ボ・モ うば、あによめ 拇○ ボ・ボウ おやゆび 仮 毋 ブ・ム ない 国 栂 準1級 とが 国 袰 ほろ ※女に乳房を示す二つの点を加えて母親を示す ※同じ字素を持つ字「毎《マイ》」「毒《ドク》」	6
戊		ボ	三	象 戊 準1級 ボ・ボウ つちのえ 茂7○ モ・ボウ しげる 会 戍 ジュ まもる ※似た形の字「戌《ジュツ》」「戉《エツ》」	3
莫 ボ モ バク マク		ボ	大	会 莫 準1級 ボ・モ・バク・マク ない、なかれ 募8○ ボ・モ つのる 墓5○ ボ はか 慕8○ ボ したう 暮6○ ボ くれる 謨○ ボ・モ はかる 模6○ モ・ボ ひながた、まねる 摸○ 準1級 モ・バク・ボ さぐる、写す 漠9○ バク・マク 砂原、さびしい 寞○ バク・マク さびしい 獏○ バク ばく 貘○ バク ばく	

親音符 子音符	音	親音符家族種類	音符家族及び同系語 ※赤色の文字は常用漢字 （ ）旧字体 〔 〕異体字 「 」別の親音符 ○印は形声文字（意符＋音符の構造の字） ※注	字数
			驀○ バク まっしぐら / 幕[6]○ マク・バク まく / 膜[8]○ マク・バク 表面の薄い皮 / 蟇○ バ・マ ひきがえる / 冪○ ベキ おおう、同じ数の相乗積 ※莫《ボ》は草と草の間に太陽が沈んでゆく姿。姿が隠れて見えない意を表す	17
匚	ホウ	単	象 匚 ホウ 四角いはこ ※匚《ホウ》は四角い意を表すのに方の字を仮借した	1
方● ホウ ボウ / 放	ホウ / ホウ	三	象 方[2] ホウ かた、むき、四角い / 芳[8]○ ホウ かんばしい / 放[3]○ ホウ はなす、はなつ / 倣[8]○ ホウ ならう、まねる / 訪[6]○ ホウ おとずれる / 彷○ ホウ さまよう / 枋○ ホウ まゆみの一種 / 舫○ ホウ もやう / 髣○ ホウ 似ているさま / 魴○ ホウ —鯡はほうぼう / 「旁 ホウ 8」 / 国 鎊 かざり / 坊[7]○ ボウ・ボッ・ホウ 坊さん、幼児 / 妨[8]○ ボウ・ホウ さまたげる / 防[5]○ ボウ・ホウ ふせぐ / 房[8]○ ボウ・ホウ ふさ、小さな部屋 / 肪[7]○ ボウ・ホウ あぶら / 紡[9]○ ボウ・ホウ つむぐ / 榜○ リョウ・ロウ 四角い材木	

親音符 子音符	音	親音符家族種類	音符家族及び同系語 ※赤色の文字は常用漢字 （ ）旧字体 〔 〕異体字 「 」別の親音符 ○印は形声文字(意符＋音符の構造の字) ※注	字数
方のつづき			「敫 キョウ 7」 「敖 ゴウ 8」 ※方は二艘の舟のへさきをつないだ形の象徴。ならべる、かた、くらべるなどの意 ※敷フしくは尃フに分類	18
象 丰	ホウ	三	8 邦○ ホウ くに 蚌○ ボウ・ホウ はまぐり、どぶがい 「夆 ホウ 9」 「奉 ホウ 4」 「封 フウ 3」 象 5 豊（豐） ホウ ゆたか 10 艶○（艷） エン つや ※丰ホウは豊かに生いしげった草の形。豊かにしげる、転じて容姿の豊かさの意。豊は実った穀物の穂をたかつきの上に盛った形。豊作の意を表す ※「豊レイ」は別字	6
抛（抛）	ホウ	単	会 抛〈抛〉 ホウ なげうつ、ほうる ※抛ホウは手＋力＋尢オウ（まがる）で力ずくでものを投げる意	2
包（包）	ホウ	紅一	象 4 包 ホウ つつむ 7 抱○ ホウ だく、かかえる 9 泡○ ホウ あわ 8 胞○ ホウ はら子 7 砲○ ホウ 大砲 8 飽○ ホウ あきる 咆○ ホウ ほえる 庖○〈庖〉 準1級 ホウ くりや、台所 苞○ ホウ つと 枹○ ホウ・フ ばち 炮○ ホウ あぶる 疱○ ホウ もがさ 皰○ ホウ にきび	

親音符	子音符	音	親音符家族種類	音符家族及び同系語　※赤色の文字は常用漢字　（　）旧字体　〔　〕異体字　「　」別の親音符　○印は形声文字（意符＋音符の構造の字）　※注	字数
				○袍 ホウ・ボウ わたいれ　○匏 ホウ ひさご　○蚫 ホウ あわび　○鉋 ホウ かんな　○靤 ホウ にきび　○鞄〈鞄〉 準1級 ホウ かばん　○髱 ホウ たぼ　○鮑 ホウ あわび　○麭 ホウ だんご、麺―はパン　○雹 ハク ひょう　国 萢 やち（やちは低湿地）　※人が子を身ごもっているさま。つつむ意	26
夆	逢	ホウ / ホウ	丰《ホウ》 純	7 ○峰〈峯〉 ホウ・フ みね　10 ○蜂 ホウ はち　○烽 ホウ のろし　※夆《ホウ》は夊《なつあし》＋丰《ホウ》（しげる）の形声。出合う意を表す　○鋒 準1級 ホウ ほこ　○逢 準1級 ホウ あう　○蓬 準1級 ホウ よもぎ　○篷 ホウ とま　8 ○縫 ホウ ぬう	9
呆		ホウ	二	会 5 保 ホ・ホウ たもつ　○葆 ホ・ホウ 草がしげる　○堡 ホウ・ホ とりで　○褓 ホウ・ホ むつき、うぶぎ　9 ○褒（褎） ホウ ほめる　象 呆 準1級 ホウ・ボウ あきれる、愚か　※呆《ホ》はむつきにくるまれた赤子。おろか、ぼける。保《ホ》は人がこどもを背負っているさま	7
奉		ホウ	丰《ホウ》 紅一	会 8 奉 ホウ・ブ たてまつる　※奉《ホウ》は手と廾（両手）と丰《ホウ》（しげった草、丰は省略形）。捧げる意	

八

親音符 子音符	音	親音符家族種類	音符家族及び同系語 ※赤色の文字は常用漢字 （ ）旧字体 〔 〕異体字 「 」別の親音符 ○印は形声文字（意符＋音符の構造の字） ※注	字数
奉のつづき			9 俸○ ホウ 給料 捧○ 準1級 ホウ ささげる 6 棒○ ボウ・ホウ ぼう	4
朋（朋） 崩	ホウ ホウ	純	象 朋 準1級 ホウ とも 9 棚○ ホウ たな 堋○ ホウ・ボウ あずち、弓の的を立てる盛り土 8 崩○ ホウ くずれる、天皇の死 繃○ ホウ 巻く、包む ※朋《ホウ》は古代に財宝とした貝を一対に連ねた形。つらなるところからなかま、ともの意に用いる 弸○ ホウ・ビョウ 弓の強いさま 硼○ ホウ ほう素 鵬○ 準1級 ホウ おおとり ＝鳳《ホウ》おおとり	8
旁 ホウ ボウ	ホウ（ボウ）	方《ホウ》 二	旁○ ホウ・ボウ かたわら、つくり ※意符亠（変わった形、両端の意）＋音符方《ホウ》。かたわらの意 滂○ ホウ・ボウ 水が盛んに流れる 磅○ ホウ 石の落ちる音、ポンド 7 傍○ ボウ・ホウ かたわら、そば 蒡○ ボウ・ホウ 牛―はごぼう 榜○ ボウ・ホウ ふだ、かかげしめす 膀○ ボウ・ホウ ゆばりぶくろ 謗○ ボウ・ホウ そしる ＝譏《キ》そしる・詆《テイ》そしる・譖《シン》そしる・讒《ザン》そしる	8

親音符　子音符	音	親音符家族種類	音符家族及び同系語　※赤色の文字は常用漢字　（　）旧字体　〈　〉異体字　「　」別の親音符　○印は形声文字（意符＋音符の構造の字）　※注	字数
彭	ホウ	二	会 彭 ホウ さかんなさま ○澎 ホウ 水のみなぎるさま 8 ○膨 ボウ・ホウ ふくらむ、はれる	3
鴇	ホウ	単	○鴇 準1級 ホウ とき、のがん ※音符𠦒《ホウ》	1
亡 ボウ モウ コウ 芒 ボウ 罔 モウ	ボウ	三	6 会 亡 ボウ・モウ・ム・ブ ない、ほろびる 6 ○忘 ボウ・モウ わすれる 7 ○忙 ボウ・モウ いそがしい 4 ○望 ボウ・モウ のぞむ ○虻〈蝱〉 準1級 ボウ・モウ あぶ ○氓 ボウ・モウ たみ ※亡《ボウ》は甲骨文字、金文、篆文で字形が異なる。亡の字形は後に変化したもので、本字は会意であった ○芒 ボウ のぎ、すすき ○鋩 ボウ・モウ 切っ先、刃物の先端 ○茫 ボウ・モウ ぼんやりした ○罔 モウ・ボウ あみ、道理にくらい 7 ○網 モウ あみ ○魍 モウ・ボウ もののけ ○惘 ボウ・モウ ぼんやりする 9 ○妄 モウ・ボウ みだり 9 ○盲 モウ・ボウ 目が見えない ※音符亡《バウ→クワウ》 ○肓 コウ 心臓の下横隔膜の上のかくれた部分 「荒 コウ 2」	17

親音符 子音符	音	親音符家族種類	音符家族及び同系語 ※赤色の文字は常用漢字 （ ）旧字体 〔 〕異体字 「 」別の親音符 ○印は形声文字（意符＋音符の構造の字） ※注	字数
乏	ボウ	三	指 8 乏○ ボウ・ホウ とぼしい 泛○ ハン・ホウ うかぶ、あまねく 貶○ ヘン おとしめる、けなす	3
卯	ボウ	紅一	象 卯 準1級 ボウ 十二支のう、うさぎ 5 貿○ ボウ 取り替える、あきなう 茆○ ボウ 蓴菜、かや 昴○ ボウ すばる 象 6 卵 ラン たまご ※印《コウ》との混同に注意。卯《ボウ》はいけにえの肉を両断する形	5
（丣） リュウ リョウ チュウ ル 劉	リュウ リュウ	四	9 柳○ リュウ やなぎ 5 留○ リュウ・ル とまる、とどめる 溜○ 準1級 リュウ たまる 榴○ リュウ ざくろ 瘤○ リュウ こぶ 霤○ リュウ あまだれ 餾○ リュウ むす、米を蒸す 劉○ 準1級 リュウ 殺す、つらねる 嚠○ リュウ —喨はりゅうりょう 瀏○ リュウ 風が涼しい 聊○ リョウ いささか、楽しむ 籀○ チュウ 漢字の書体の一つ、大篆 10 瑠○ ル —璃はるり ※丣《リュウ》は川の流れがあふれてたまり水になっている形。川の横に池のようになっているさま。その下に田を書くと、田の前に水がたまったため池のさま	13

親音符 子音符	音	親音符家族種類	音符家族及び同系語　※赤色の文字は常用漢字　( )旧字体　〈 〉異体字　「 」別の親音符　○印は形声文字（意符＋音符の構造の字）　※注	字数
牟	ボウ	紅一	○牟 準1級 ボウ、ム むさぼる、梵語の厶音訳字 ○眸 ボウ、ム ひとみ ○鉾 準1級 ボウ、ム ほこ ＝矛《ム》《ほこ》 ○鴾 ボウ、ム とき ○桙 ウ・ボウ 入れもの、ほこ ※牟《ボウ》は形声で、牛と音符厶《ボウ》の字	5
象 冐（冒）	ボウ	三	○冒 7（冐） ボウ・ボク・モウ おかす、けがす ○帽 7 ボウ かぶりもの ○瑁 マイ 玳—はたいまい ○勖〈勗〉 キョク つとめる ※冐《ボウ》は冃《ボウ》（かぶり物）＋目《モク》（め）の形。冃は象形 ※同じ字素を持つ字「曼《マン》」「最《サイ》」「暴《ボウ》」	6
某 ボウ バイ	ボウ	二	会 8 某 ボウ なにがし ○謀 8 ボウ・ム はかる、はかりごと ○媒 9 バイ なかだち ○煤 準1級 バイ すす ○楳 準1級 バイ 梅の異体字 ※某《ボウ》は木と甘（あまい）から成る。うめの意。楳《バイ》の原字。借りて代名詞に用いる	5
貌	ボウ	三	○貌 10〈皃〉ボウ かたち、ようす ○藐 ビョウ・バク・ミョウ はるか、かろんじる 象 兜 準1級 トウ・ト かぶと	4
暴	ボウ（バク）	紅一	会 5 暴 ボウ・バク あばれる、あばく ※暴《ボウ》は日と米（こめ。氺は誤って変わった形）と共（両手に持つ）から成る。さらす、あらい、あばれる意を表す	

親音符 子音符	音	親音符家族種類	音符家族及び同系語 ※赤色の文字は常用漢字 （ ）旧字体 〔 〕異体字 「 」別の親音符 ○印は形声文字（意符＋音符の構造の字） ※注	字数
暴のつづき			7 爆○ バク・ホウ 爆発する 瀑○ バク・ボウ たき 曝○ 準1級 バク・ホク さらす	4
北	ホク	二	象 2 北 ホク きた、にげる 会 6 背 ハイ せ、そむく 会 乖 カイ そむく ※互いに背を向け合って座るふたりのさま、そむく意。方角の北の意を表す	3
ト・ ボク フ	ボク	二	象 ト 準1級 ボク・ホク うらなう 9 朴○ ボク・ハク すなお、ほおの木 「攵（攴）ボク 3」 ※攵《ボク》の旧字攴は卜＋又《ユウ》右手。卜《ボク》は木の枝の形 ※同じ字素を持つ字「占《セン》」「貞《テイ》」 8 赴○ フ おもむく 10 訃○ フ 死の知らせ 仆○ フ・ホク 倒れる 会 2 外 ガイ・ゲ・ウイ そと、はずれる	6
木・ 休 閑	ボク カン キュウ	大	象 1 木 ボク・モク き、こ 沐○ モク・ボク 髪を洗う 会 9 閑 カン ひま、しずか 嫻○ カン 嫻の異体字 会 1 休 キュウ やすむ 烋○ コウ・キュウ やわらぐ、さいわい 会 杲 コウ あきらか 「困 コン 3」 会 宋 準1級 ソウ 中国の国の名 会 杳 ヨウ くらい、はるか 「林 リン 11」	

親音符 子音符	音	親音符家族種類	音符家族及び同系語 ※赤色の文字は常用漢字 （ ）旧字体 〔 〕異体字 「 」別の親音符 ○印は形声文字（意符＋音符の構造の字） ※注	字数
			国 杢 準1級 もく 国 凩 こがらし 国 鮴 ごり	12
攵●（会 攴）	ボク	二	4 牧○ ボク・モク まき、まきば、はなしがい 会 6 枚 マイ・バイ ひら、かぞえる 玫○ バイ・マイ 美しい玉、―瑰ははまなす ※攴は棒を手に持ち打つ姿。広く動詞を示す記号	3
会 業	ボク	丵サク 紅一	9 僕○ ボク 自称、召使 9 撲○ ボク・ホク なぐる 樸○ ボク・ハク 荒木、切り出したままの木材 蹼○ ボク・ホク みずかき 璞○ ハク あらたま、磨いていない玉 ※丵サク（かたまって生える草）＋廾キョウ→ホク（両手であげる）。僕ボクは人＋音符業ボクで、めし使い、一人称代名詞	5
会 殳	ボツ	純	8 没○（沒） ボツ・モツ しずむ、なくなる 歿○ ボツ 死ぬ、おわる	3
本	ホン	二	指 1 本 ホン もと、書物 笨○ ホン あらい、そまつな 9 鉢○ ハチ・ハツ 皿より深い器 ※鉢の正字は盋ハチで音符は犮バツ 体○（體） タイ・テイ からだ ※体は豊レイの項を参照 躰○ タイ からだ ※体の異体字であるが、漢検の対象外	4

親音符 子音符	音	親音符家族種類	音符家族及び同系語 ※赤色の文字は常用漢字 （ ）旧字体 〔 〕異体字 「 」別の親音符 ○印は形声文字（意符＋音符の構造の字） ※注	字数
凡 ボン ハン フウ	ボン	三	象 7 凡 ボン・ハン すべて、およそ ／ ○梵 ボン 梵語、仏教に関する事 ※凡《ボン》は小さな鉢の形 ／ 8 ○帆 ハン ほ ／ 10 ○汎 ハン ひろい ／ 「風 フウ 6」 ／ ○鳳 準1級 ホウ・ブウ おおとり ／ 「凧 ハイ 2」 ／ 会 夙 準1級 シュク はやい、つとに	6

親音符 子音符	音	親音符家族種類	音符家族及び同系語 ※赤色の文字は常用漢字 （ ）旧字体 〔 〕異体字 「 」別の親音符 ○印は形声文字（意符＋音符の構造の字） ※注	字数
麻●（痲） キ ビ バ マ	マ	三	麻（会・9） マ・バ あさ／磨○（9） マ・バ みがく、とぐ／麼○ マ・モ・バ こまかい、なに／糜○ ビ かゆ、ただれる／摩○（9） マ こする／魔○（8） マ・バ まもの／麿（国） 準1級 まろ／縻○ ビ きずな、つなぐ／痲○ マ・バ しびれる／麾○ キ さしまねく／靡○ ヒ・ビ・ミ なびく、ただれる／嘛○ マ 喇―はラマ教 ※麻《ま》は广《げん》（いえ）と、𣏟《はい》（あさ）の会意。屋内であさの皮をはぎとる意	12
毎（每） マイ バイ カイ ブ ホ	マイ	大	毎（象・2）（每） マイ・バイ ごと、つねに／梅○（4）〔楳〕 バイ うめ／悔○（8）（悔） カイ・ケ くいる、くやむ／侮○（9）（侮） ブ あなどる／苺○ バイ・マイ いちご／晦○ 準1級 カイ みそか、くらい／「敏（敏） ビン 4」／海○（2）（海） カイ うみ／誨○ カイ おしえる／畝○（9） ホ・ボウ うね、せ ※毎《まい》は母が髪かざりをつけたさまの象形。ごとに、つねにの意 ※元の字は畮《ほ》 ※畝《せ》は一反の十分の一、約一アール	13

親音符 子音符	音	親音符家族種類	音符家族及び同系語 ※赤色の文字は常用漢字 （ ）旧字体 〔 〕異体字 「 」別の親音符 ○印は形声文字（意符＋音符の構造の字） ※注	字数
末	マツ	純	指 4 末○ マツ・バツ すえ 茉○ マツ —莉はまつり 9 抹○ マツ・バツ こする、塗りつぶす 秣○ マツ・バツ まぐさ 沫○ 準1級 マツ・バツ あわ、しぶき 靺○ マツ・バツ 革製のたび ※木の上部にこずえの部分をさし示す一線を引いて、すえの意を表した	6
万（萬）	マン	雑	象 2 万（萬） マン・バン 数の名、よろず 邁○ マイ・バイ 進む、すぐれる 国 卍 バン・マン まんじ 象 蠆 タイ さそり ＝ 蠍《カツ さそり》 蝲《ラツ さそり》 「厉（厲） レイ 8」	5
㒼（㒳）	マン	純	4 満○（滿） マン・バン みちる、みたす 懣○ マン・モン もだえる 瞞○ マン・バン だます 蹣○ ハン・マン・バン よろめく 国 蟎 だに	6
満	マン			
曼	マン	純	曼○ マン・バン ながい、引っぱる ※曼《マン》は音符冒《ボウ》（曰は変わった形。ボウ→バン・マン）＋又の形。引っぱって長くする 7 慢○ マン・バン あなどる、怠る 7 漫○ マン・バン みだりに ※心理的、物理的に長い、長くする意の字を集めた	

マ

親音符 子音符	音	親音符家族種類	音符家族及び同系語 ※赤色の文字は常用漢字 （ ）旧字体 〔 〕異体字 「 」別の親音符 ○印は形声文字（意符＋音符の構造の字） ※注	字数
			○幔 マン・バン ひきまく ○謾 マン・バン あざむく ○鬘 マン・バン かつら ○蔓 準1級 マン・バン つる、はびこる ○鏝 マン・バン こて ○鰻 準1級 マン・バン うなぎ ○縵 マン・バン 無地の絹、ゆるやか ○饅 マン・バン ぬた、—頭はまんじゅう ※字と意味を口調で憶える工夫。こてマン、ぬたマン、うなぎマン、自分の漫画を自慢する、つるマン、かつらマン	11
未 ミ ビ マイ	ミ	三	未 象 4 ミ・ビ いまだ、十二支のひつじ ○味 3 ミ・ビ あじ ○魅 8 ミ・ビ もののけ、みいる ○寐 ビ ねる ○妹 2 マイ・バイ いもうと ○昧 10 マイ・バイ くらい、夜明け ○眛 マイ・バイ くらい、目がよく見えない 鮇 国 いわな ※まだ果（丸い実）ほどに大きくならない未熟なくだものの形。未熟、まだ…ないの意。	8
○宓	ミツ	必 ヒツ 純	○密 6 ミツ・ビツ ひそかに、こまかい ○蜜 10 ミツ・ビツ 蜂みつ ○樒 ミツ・ビツ しきみ ＝梻しきみ（国字） ※密《ミツ》は音符宓《ヒツ》＋山の形。山の木々のしげった奥深いところ。こみあう、びっしりつまっている、ひそかにの意 ※宓《ヒツ》はやすらか、しずかの意	3

マ

音符家族及び同系語　※赤色の文字は常用漢字　（ ）旧字体　〔 〕異体字　「 」別の親音符　○印は形声文字（意符＋音符の構造の字）　※注

親音符 子音符	音	親音符家族種類	音符家族及び同系語	字数
民 ミン ビン	ミン	二	象 4 民 ミン たみ ※針で目玉を突き刺すさまが描かれている。民の起源は神につかえるものとして、その目を突き刺して視力を失った者。後には捕虜や奴隷など新しく服属した者を示す 7 眠○ ミン・ベン ねむる 泯○ ビン・ミン・ベン ほろびる 罠○ ビン・ミン わな 愍○ ビン・ミン あわれむ ＝ 憫《ビン・ミン》 あわれむ 緡○ ビン・ミン 釣り糸、穴あき銭の銭さし	6
矛・ ム ボウ 務 ム ボウ ボク	ム ム	三	象 7 矛 ム・ボウ ほこ ※矛《ム》は鋭いほこ先に、長い柄がついたほこの象形 ※同じ字素を持つ字「柔《ジュウ》」「矞《キツ》」 5 務○ ム つとめる 7 霧○ ム・ブ きり 茅○ 準1級 ボウ かや 袤○ ボウ 衣の帯から上の部分 懋○ ボウ・モ つとめる 鶩○ ボク・ブ あひる	7
苜 ム ボウ コウ	ム	三	象 5 夢 ム・ボウ ゆめ ※同じ 苜 の部品の字は蔑《ベツ》 儚○ ボウ・モウ はかない 甍○ ボウ・モウ いらか 薨○ コウ みまかる	4

親音符 子音符	音	親音符家族種類	音符家族及び同系語 ※赤色の文字は常用漢字 （ ）旧字体 〔 〕異体字 「 」別の親音符 ○印は形声文字（意符＋音符の構造の字） ※注	字数
無	ム	紅一	仮 4 無 ム・ブ ない 嘸○ ブ・ム さぞ 廡○ ブ ひさし、のき 憮○ ブ・ム がっかりする 撫○ 準1級 ブ・フ なでる 蕪○ 準1級 ブ・ム あれる、かぶ 7 舞○ ブ・ム まい ※無＋舛《セン》の組みあわせ字。舛は〝まいあし〟と呼ばれ「舜《シュン》」「桀《ケツ》」「粦《リン》」などに用いられる	7
名	メイ	純	会 1 名 メイ・ミョウ な、なまえ 9 銘○ メイ・ミョウ 心に刻み込む、作者のサイン 茗○ メイ・ミョウ お茶 酩○ メイ 酔う	4
明	メイ	月ゲツ 二	会 2 明 メイ・ミョウ・ミン あかるい、あける 6 盟○ メイ ちかう ※囧《ケイ》（窓の形）＋月で朙《メイ》が元の形 萌○〈萠〉準1級 ボウ・ホウ めばえる、きざす	4
冥	メイ	紅一	会 10 冥 メイ・ミョウ くらい、あの世 溟○ メイ くらい、海 瞑○ メイ・ミョウ くらい、日が暮れる	

親音符 子音符	音	親音符家族種類	音符家族及び同系語 ※赤色の文字は常用漢字 ( )旧字体 〔 〕異体字 「 」別の親音符 ○印は形声文字(意符+音符の構造の字) ※注	字数
冥のつづき			○瞑 メイ・メン・ミョウ つぶる、目をつぶる ○螟 メイ・ミョウ ずいむし ○幎 ベキ おおい、死者の顔をおおう布	6
免(兔) メン バン ベン	メン	三	会8 免(兔) メン・ベン まぬかれる、ゆるす ※赤ちゃんを産む様子をかたどった字。出る赤子を人が両手で取り上げている形で似た字源である 奐《カン》の字も生まれ ○6 晩(晚) バン 日暮、おそい ○挽 準1級 バン ひく、ひっぱる ○輓 バン 引く、人を引き上げ用いる ○3 勉(勉) ベン つとめる、はげむ ○俛 ベン・メン・フ うつむく ○娩 準1級 ベン 出産する ○冕 ベン かんむり ○鮸 ベン・メン にべ(にべ科の海魚) 会9 逸(逸) イツ・イチ 走る、それる、すぐれる ※元は 兎《うさぎ》 + 辶 でうさぎが逃げる意	14
面●	メン	紅一	指3 面 メン・ベン おもて、つら ○10 麺〔麵〕 メン・ベン 小麦粉、めん類 ○緬 準1級 メン・ベン 細い糸、はるか ○湎 ベン・メン おぼれる、しずむ ※首とそれを囲む線とで人の顔の意、転じて物の表面を表す	5

マ

親音符	子音符	音	親音符家族種類	音符家族及び同系語　※赤色の文字は常用漢字　（　）旧字体　〈　〉異体字　「　」別の親音符　○印は形声文字（意符＋音符の構造の字）　※注	字数
毛●		モウ	四	〔象〕毛○[2] モウ・ボウ け　旄○ ボウ・モウ はたかざり　耗○[9] モウ・コウ すりへる　髦○ ボウ・モウ たれがみ　耄○ モウ・ボウ おいぼれる、ほうける　「尾[2] ビ」「表[2] ヒョウ」	
	毳	ゼイ		〔会〕毳 ゼイ・セイ むくげ　橇○ キョウ・ゼイ・セイ そり、かんじき ＝檋 キョク・キョウ かんじ　〔国〕粍 準1級 ミリメートル　〔国〕瓱 ミリグラム　〔国〕竓 ミリリットル	10
孟		モウ	純	孟○ 準1級 モウ・マン・ボウ はじめ、兄弟の最年長　猛○[7] モウ たけだけしい、はげしい　※子と音符皿《ベイ→マウ》の形声字。かしら、はじめの意	2
莽		モウ	二	莽○〈莽〉モウ・ボウ くさむら、くさぶかい　蟒○ ボウ・モウ うわばみ　※葬《ソウ》と似た作りの字。艸《ソウ》の項参照	3
蒙		モウ	純	蒙○ 準1級 モウ・ボウ こうむる、くらい　※蒙《モウ》は獣皮を開いた形。全身をおおいかくして暗くなる意　濛○ モウ・ボウ 小雨、うすぐらい　朦○ モウ・ボウ おぼろ　檬○ モウ・ボウ 檸━はれもん	

マ

親音符 子音符	音	親音符家族種類	音符家族及び同系語 ※赤色の文字は常用漢字 （ ）旧字体 〔 〕異体字 「 」別の親音符 ○印は形声文字（意符＋音符の構造の字） ※注	字数
蒙のつづき			曚○ モウ・ボウ くらい 矇○ モウ・ボウ くらい、道理にくらい 艨○ モウ・ボウ —艟はいくさぶね	7
目●	モク	二	目 象 1 モク・ボク め、ま 苜○ モク・ボク —蓿はうまごやし 泪 会 ルイ なみだ、涙の異体字 ※同じ字素を持つ字「直《チョク》」「見《ケン》」「真《シン》」「眉《ビ》」「覧《ラン》」「瞿《ク》」「矍《カク》」「夢《ム》」「蔑《べっ》」「褱《カイ》」「監《カン》」「曼《マン》」「冒《ボウ》」	3
勿 モチ ブツ コツ フン 忽	モチ コツ	四	勿 象 準1級 モチ・ブツ なかれ、ない 物○ 3 ブツ・モツ もの ※勿《モチ》は弓のつるが切れたさま ※匆《ソウ》との混同に注意 忽○ 準1級 コツ たちまち、ゆるがせ 惚○ 準1級 コツ ほれる、ぼける 笏○ コツ しゃく 刎○ フン・ブン 首をはねる 吻○ 準1級 フン くちびる 匁 国 準1級 もんめ	8
門●	モン	紅一	門 会 2 モン・ボン かど、と 問○ 3 モン・ブン とう 們○ モン ともがら 捫○ モン・ボン なでる、ひねりつぶす 悶○ 準1級 モン もだえる 聞○ 2 ブン・モン きく 椚 国 くぬぎ	7

親音符	子音符	音	親音符家族種類	音符家族及び同系語 ※赤色の文字は常用漢字 （ ）旧字体 〔 〕異体字 「 」別の親音符 ○印は形声文字（意符＋音符の構造の字） ※注	字数
也	ヤ チ タ シ テイ	ヤ	五	象 也 準1級 ヤ なり 2 地○ チ・ジ 土地、領地 2 池○ チ いけ 馳○ 準1級 チ・ジ はせる、かける 会 3 他 タ ほか、ほかの 8 施○ シ・セ ほどこす 弛○ 準1級 シ・チ ゆるむ、たるむ 髢○ テイ かもじ ※也《ヤ》は、へびの形の象形。なり（断定）、や（強調）、や・か（疑問・反語）などの助字 ※也《ヤ》は、説文解字において女性器の象形と明記された字。疑問視されたり、反論されたがほぼみとめられている	8
夜		ヤ	二	会 2 夜 ヤ よる ※夜《ヤ》は夕（夊は変わった形）＋音符亦《エキ→ヤ》（亠は省略形）の形声字。人がやすむよるの意 鵺○ ヤ ぬえ 5 液○ エキ しる 掖○ エキ わきばさむ、わき 腋○ エキ わき	5
耶		ヤ	邪ヤ 純	会 耶 準1級 ヤ か（疑問、反語、感嘆） 揶○ ヤ からかう 椰○ ヤ やし 爺○ 準1級 ヤ おやじ、じじ	4
厄		ヤク	紅一	9 厄○ ヤク わざわい ※厄《ヤク》は卩《セツ》（人がひざまずいている形）と音符厂《カン→グワ》とから成る。木の節《ふし》の意、くるしむ、くびきなどの意。くびきは昔の車のながえの先の横木の意 扼○ ヤク・アク おさえる、しめつける 軛○ ヤク・アク くびき 阨○ アイ・ヤク ふさがる	4

親音符　子音符	音	親音符家族種類	音符家族及び同系語　※赤色の文字は常用漢字　(　)旧字体　〔　〕異体字　「　」別の親音符　○印は形声文字(意符+音符の構造の字)　※注	字数
龠●	ヤク	純	象 龠 ヤク 三つ孔の笛 籥○ ヤク ふえ 鑰○ ヤク 錠、戸じまり ※龠《ヤク》は吹き口の付いた竹管を並べてたばねて作った管楽器	3
由 ユ ユウ チュウ ジク シュウ テキ	ユ (ユウ)	大	象 3 由 ユ・ユウ・ユイ よし、よる 3 油○ ユ・ユウ あぶら 柚○ 準1級 ユウ・ユ ゆず ※小型の酒つぼの象形。よる、よし、より、なおの意を表す 蚰○ ユウ —蜒はげじげじ 釉○ ユウ うわぐすり 鼬○ ユウ・ユ いたち 8 抽○ チュウ 引く、ぬきだす 6 宙○ チュウ そら 紬○ 準1級 チュウ つむぎ 冑○ チュウ かぶと、よろい 胄○ チュウ あとつぎ、ちすじ 8 軸○ ジク、チク 車の心棒、巻物 舳○ ジク、チク へさき、とも 10 袖○ シュウ そで 岫○ シュウ いわあな、山の頂 3 笛○ テキ ふえ 迪○ テキ みち 6 届○ (屆) カイ とどける ※届《カイ》は尸《シ》(しかばね)+凷《カイ》(つちくれ、きわまる、いたる意)とどける意も	19
俞(兪) ユ チュウ トウ	ユ	三	会 兪 ユ しかり(応答の語) ※兪《ユ》は亼《シュウ》(あつめる)+舟(月は省略形)+巜(かいの形)の会意。カヌーのような丸木舟の意 9 愉○ ユ 楽しい 10 喩○ ユ たとえる、さとす 9 諭○ ユ さとす	

親音符	子音符	音	親音符家族種類	音符家族及び同系語　※赤色の文字は常用漢字　( )旧字体　〔 〕異体字　「 」別の親音符　○印は形声文字（意符＋音符の構造の字）　※注	字数
	愈	ユ		⁵輸○ ユ・シュ はこぶ　楡○ ユ にれ　揄○ ユ からかう　渝○ ユ 変わる 愈○ 準1級 ユ いよいよ　⁹癒○〔瘉〕ユ いやす　瑜○ ユ 美しい玉の名 逾○ ユ こえる、いよいよ　蝓○ ユ 蛞—はなめくじ　覦○ ユ 望む、こいねがう　踰○ ユ こえる 鍮○ チュウ・トウ 真—はしんちゅう　偸○ トウ・チュウ ぬすむ	18
臾		ユ	純	会 臾 ユ 須—はしゅゆ　萸○ ユ 茱—はしゅゆ　腴○ ユ 肥える、あぶら 諛○ ユ へつらう ※臾《ユ》は人＋臼（両手）の形。両手で物をすくい上げるさま	4
又		ユウ	二	象 ⁸又 ユウ また　※又《ふたまた》サと混同しないように 会 ²友 ユウ とも　「右ユウ⁶」「有ユウ⁷」 会 馭 ギョ 馬をあやつる ※又は物をかばったり、囲ったりする右手を描いた形。〝その上に加えて〟という意味のユウを表す記号。漢字の部分としてヨ、ヨの形をとることもある。友《ユウ》は又＋又の形。助ける、ともの意	3

親音符	子音符	音	親音符家族種類	音符家族及び同系語　※赤色の文字は常用漢字　（　）旧字体　〔　〕異体字　「　」別の親音符　○印は形声文字（意符＋音符の構造の字）　※注	字数
尤 ユウ シュウ		ユウ	二	象 尤 準1級 ユウ もっとも、とがめる 肬〔疣〕○ ユウ いぼ ※尤《ユウ》（いぼ）は手の指にいぼができている形。とが、とりわけの意	6
	就	シュウ		会 6 就 シュウ・ジュ つく 10 蹴○ シュウ・シュク ける、ふみつける 鷲○ 準1級 シュウ・ジュ わし ※意符京（高いおか）＋尤《シュウ》（ことなる）	
右		ユウ	又《ユウ》 紅一	会 1 右 ユウ・ウ みぎ、たすける ※口と又《ユウ》（ナは変わった形、たすける） 佑○ 準1級 ユウ・ウ たすける 祐○（祐） 準1級 ユウ たすけ、神仏の救い 7 雄○ ユウ おす、おおしい ※元の字は雄《ユウ》 会 醢 カイ ひしお、しおから ※「若《ジャク》」は別の字	6
攸 ユウ シュウ シュク ショウ デキ トウ		ユウ	大	会 9 悠○ ユウ はるか、ゆったり 5 修○ シュウ・シュ おさめる、なおす 脩○ シュウ おさめる、干し肉 倏○ シュク たちまち、にわか　＝俄《ガ》 絛○ トウ・ジョウ さなだ、平たく編んだ紐 ※攸《ユウ》は攴《ボク》＋人（ひと）＋水（みず、丨は省略形）。からだを洗い清める意	10
	條	ジョウ		5 条○（條） ジョウ えだ、すじ 篠○〔篠〕 準1級 ショウ しの、しのだけ 滌○ デキ・テキ・ジョウ あらう、すすぐ ※条《ジョウ》の旧字は條《ジョウ》。木と音符攸《ユウ→ジョウ》との形声。細長い板、すじ、箇条書きなどの意 ※絛《トウ》は平たく編んだ紐。真田紐の名で戦国時代に真田一族が販売した平打ちの組ひもの名	

親音符 子音符	音	親音符家族種類	音符家族及び同系語 ※赤色の文字は常用漢字 （ ）旧字体 〔 〕異体字 「 」別の親音符 ○印は形声文字（意符＋音符の構造の字） ※注	字数
有 ユウ ワイ イ イク	ユウ	又ユウ 四	会 3 有 ユウ・ウ ある ※有《ユウ》は肉と又《イウ》（ナは変わった形）の会意。ごちそうをすすめる意 侑○ ユウ・ウ 飲食をすすめる、助ける 囿○ ユウ その（苑）、動物園 宥○ 準1級 ユウ 許す、なだめる 9 賄○ ワイ・カイ まかなう、まいない 鮪○ 準1級 イ・ユウ まぐろ、しび 郁○ 準1級 イク かぐわしい	7
酉●	ユウ	二	象 酉 準1級 ユウ 十二支のとり 3 酒○ シュ さけ 醜○ シュウ みにくい、たぐい 「酋（酋）シュウ 15」	3
邑●	ユウ	巴ハ 純	会 邑 準1級 ユウ・オウ くに、むら 悒○ ユウ うれえる 会 6 鄅 ユウ うまつぎば ※邑は部首でおおざと	3
斿○	ユウ	純	3 遊○ ユウ・ユ あそぶ 游○ ユウ およぐ 蝣○ ユウ 蜉―はかげろう	3
憂	ユウ	二	会 8 憂 ユウ うれえる ※憂《ユウ》の本字は頁《ケツ》（あたま）＋心で心配なことが顔に出るのでうれえる意。後に夊《すい》（足）が加わった形でうれえる意 6 優○ ユウ やさしい、すぐれる 擾○ 準1級 ジョウ みだれる、ならす	3

ヤ

親音符 子音符	音	親音符家族種類	音符家族及び同系語 ※赤色の文字は常用漢字 （ ）旧字体 〔 〕異体字 「 」別の親音符 ○印は形声文字（意符＋音符の構造の字） ※注	字数
予 ヨ ジョ チョ ヤ 預 ヨ	ヨ ヨ	五	象 3 予（豫）ヨ われ、あらかじめ 5 序○ ジョ はじまり 抒○ ジョ・ショ のべる 舒○ ジョ・ショ のばす、ゆったり 杼○ チョ・ジョ ひ ※矛《ム》との混同に注意 会 2 野〔埜 準1級〕ヤ・ショ の、のはら、未開の 墅○ ショ・ヤ なや、しもやしき 6 預○ ヨ あずける 蕷 ヨ 薯―はやまのいも	11
余 ヨ ト ジョ シャ チャ	ヨ	五	象 5 余（餘○）ヨ われ、あまる、あまり ※餘はあまりの意のみに用い、われの意に用いることはない。音符余《ヨ》と食とで食物があまる意を表した 7 途○ ト・ズ みち 8 塗○ ト ぬる、まみれる 畬○〔畭〕ヨ・シャ 新しい田 ※途《ト》は辶と音符余《ヨ→ト》の形声 茶○ ト・ダ・タ にがな、梵語のダ音訳字 6 除○ ジョ・ジ のぞく 8 徐○ ジョ おもむろ 9 叙（敍）ジョ 述べる 蜍○ ジョ・シ 蟾―はせんじょ 7 斜○ シャ ななめ 2 茶○ チャ・サ おちゃ	14
舁（㒷）ヨ	ヨ	四	会 舁 ヨ かく、かつぐ 輿○ 準1級 ヨ こし ※二人の人が上、下から夫々両手を差し出し、四つの手で物を持ち上げているさま。輿は舁＋与（二つの線がかみ合うさま）で一緒に手を組みあわせグループを作るさま	

親音符	子音符	音	親音符家族種類	音符家族及び同系語 ※赤色の文字は常用漢字 （ ）旧字体 〔 〕異体字 「 」別の親音符 ○印は形声文字（意符＋音符の構造の字） ※注	字数
与（與） ショ キョ コウ		ヨ		7 与（與）○ ヨ あたえる、…と / 7 誉（譽）○ ヨ ほまれ / 歟 ヨ …か、や / 嶼 ショ 小島	15
	挙（擧）	キョ		4 挙（擧）○ キョ あげる / 欅○ キョ けやき / 国 襷 たすき / 会 5 興 コウ・キョウ おこる、たのしみ / 会 爨 サン かしぐ、かまど / 会 釁 キン ちぬる、すきま	
幺● ヨウ ユウ ゲン ゴ		ヨウ	四	象 幺 ヨウ おさない / 8 幽○ ユウ かすか、くらい / 指 8 幻 ゲン まぼろし / ※幺《ヨウ》は糸束の象形。幻《ゲン》は玄《ゲン》と近い語	8
	幼	ヨウ		6 幼○ ヨウ・ユウ おさない / 拗○ ヨウ・オウ ねじける、すねる / 窈○ ヨウ 奥深い / 黝○ ユウ 青黒い / 会 2 後 ゴ・コウ のち、うしろ、あと / ※後はイ＋幺《ヨウ つなぐ》＋夂《チ あし》の形。足をつながれて前へ進めない / 「糸（絲）シ 4」	
夭		ヨウ	四	象 夭 ヨウ わかい / ※夭はしなやかに体をくねらせ人が舞う形。体が柔らかい、年が若いことを示す。笑と咲はもと同じ字形の芺であったが、後に分かれ、わらうとさく意に / 10 妖○ ヨウ あやしい / 殀○ ヨウ 若死 / 10 沃○ ヨク・オク 肥える / 飫○ ヨ・オ 食べあきる	

ヤ

親音符 子音符	音	親音符家族種類	音符家族及び同系語 ※赤色の文字は常用漢字 （ ）旧字体 〔 〕異体字 「 」別の親音符 ○印は形声文字（意符＋音符の構造の字） ※注	字数
夭のつづき			笑⁴○ ショウ わらう 咲⁷○ ショウ さく ※咲の音符は关《ショウ》という。关は笑の略体の字	7
用●	ヨウ	単	用² 象 ヨウ もちいる 「甬 ヨウ 14」 「庸 ヨウ 3」 ※用は木を組んで作った柵の形 ※同じ字素を持つ字「甫《ホ》」	1
羊● ヨウ ショウ セン キョウ ビ	ヨウ	五	羊³ 象 ヨウ ひつじ 恙○ ヨウ つつがむし 洋³○ ヨウ 大海 様³○ ヨウ （樣） さま 佯○ ヨウ いつわる、ふりをする 漾○ ヨウ ただよう 痒○ ヨウ かゆい 「養 ヨウ 4」 祥⁹○ ショウ さいわい 詳⁷○ ショウ くわしい 翔○ ショウ かける、とぶ 庠○ ショウ 古代中国の学校	
鮮	セン		鮮⁷○ セン あざやか、少ない 蘚○ セン こけ 癬○ セン たむし（皮膚病の一）	
羌	キョウ		羌 会 キョウ えびす 姜○ キョウ しょうが ※羌《キョウ》は羊＋儿。牧羊民の意	
			「羔 コウ 3」 美³ 会 ビ うつくしい 躾 国 しつけ ※同じ字素を持つ字「義《ギ》」「鮮《セン》」「姜《キョウ》」「達《タツ》」「善《ゼン》」	19

親音符 子音符	音	親音符家族種類	音符家族及び同系語 ※赤色の文字は常用漢字 （ ）旧字体 〔 〕異体字 「 」別の親音符 ○印は形声文字（意符＋音符の構造の字） ※注	字数
容	ヨウ	谷ヨウ 純	容 5 ○ ヨウ すがた、いれる 溶 7 ○ ヨウ とける ※音符谷コク→ヨウ いれる、ゆるす意を表す 蓉 ○ 準1級 ヨウ 芙—はふよう 榕 ○ ヨウ あこう 熔〈鎔〉○ 準1級 ヨウ 金属をとかす	6
要	ヨウ	純	会 要 4 ○ ヨウ いる、かなめ 腰 7 ○ ヨウ こし ※人が両手でこしを押さえているさま。こしの原字、かなめ、意に用いる	2
象 甬 ヨウ ユウ ツウ トウ ショウ 涌 ヨウ 勇 ユウ	ヨウ ヨウ ユウ	用ヨウ 五	踊 7 ○ ヨウ おどる 俑 ○ ヨウ・トウ 死者と共に埋葬する人形 蛹 ○ ヨウ さなぎ ※甬ヨウは小型の鐘をつるした形。甬道は両側を塀で囲って外から見えなくした道 涌 ○ 準1級 ヨウ わく 慂 ○ ヨウ 勧める 誦 ○ ショウ・ジュ となえる 国 鯒 こち 勇 4 ○ ユウ・ヨウ いさむ、いさましい 湧 10 ○ ユウ わく 踴 ○ ヨウ おどる 通 2 ○ ツウ・ツ とおる 痛 6 ○ ツウ いたい 桶 ○ 準1級 トウ おけ 樋 ○ 準1級 トウ ひ、とい	14
黽●（黽）	ヨウ	大	象 黽 ベン・ビン・ボウ 蛙、つとめる 縄 4 ○（繩）ジョウ なわ 蠅 ○〈蝿〉準1級 ヨウ はえ	

親音符 子音符	音	親音符家族種類	音符家族及び同系語 ※赤色の文字は常用漢字 （）旧字体 〔〕異体字 「」別の親音符 ○印は形声文字（意符＋音符の構造の字） ※注	字数
黽のつづき			竈○〈竃〉 準1級 ソウ かまど、へっつい 「亀 5 キ」 ※黽ヨウ→ベンは、かえるの象形字	7
枼 ヨウ チョウ セツ	ヨウ	三	会 葉 3 ○ は ヨウ・ショウ ※葉ヨウは、ひらひら、ぺらぺらした平たい形のものを表す / 喋○ 準1級 チョウ しゃべる / 牒○ 準1級 チョウ・ジョウ 木のふだ、書きつけ / 蝶○ 準1級 チョウ ちょうちょ / 諜○ 準1級 チョウ スパイ、うかがう / 鰈○ チョウ・トウ かれい / 渫○ セツ さらえる / 緤○ セツ 紲の異体字	8
䍃（䍃）	ヨウ	純	揺 8 ○ （搖） ヨウ ゆれる / 謡 7 ○ （謠） ヨウ うたい / 遥○ （遙） 準1級 ヨウ はるか、ぶらぶら歩く / 徭○ ヨウ 夫役、古代の税の一種 / 瑶○ （瑤） ヨウ たま / 鷂○ ヨウ はいたか、小型の鷹	8
昜 ヨウ トウ チョウ ジョウ	ヨウ	四	会 昜 ヨウ 日がのぼる、日があたる ※昜ヨウは日＋一（空を示す）＋勿モチ（かがやくさま） ※易エキとの混同に注意 / 陽 3 ○ ヨウ ひるま / 揚 8 ○ ヨウ あげる / 瘍 10 ○ ヨウ できものの総称 / 暘○ ヨウ 日の出、明るい	

親音符 子音符	音	親音符家族種類	音符家族及び同系語 ※赤色の文字は常用漢字 （　）旧字体 〔　〕異体字 「　」別の親音符 ○印は形声文字（意符＋音符の構造の字） ※注	字数
湯	トウ		○楊 準1級 ヨウ やなぎ ○煬 ヨウ あぶる 3 ○湯 トウ ゆ ○蕩 準1級 トウ とろける ○盪 トウ 洗う、動く 6 ○腸 チョウ はらわた ○暢 準1級 チョウ のびる 2 ○場 ジョウ ば、ところ 「昜 ショウ 3」 「易 エキ 8」	13
庸	ヨウ	用ヨウ 純	9 ○庸 ヨウ 用いる、片寄らない ○傭 準1級 ヨウ やとう ○慵 ヨウ・ショウ ものうい、けだるい ※字形は康《コウ》（庚は省略形、もみを落とす）と用《ヨウ》（はたらく）とから成り仕事をする意	3
雍（雝）	ヨウ	紅一	○雍 ヨウ・ユ やわらぐ、ふさぐ 8 ○擁 ヨウ 抱く、守る ○癰 ヨウ はれもの ○壅 ヨウ ふさぐ ○甕 オウ かめ ＝罌オウ かめ 瓮オウ かめ ○廱 ヨウ やわらぐ、ふさがる ※雍《ヨウ》は隹＋音符邕《ヨウ》の形声。鳥がたまごを抱きかかえる意 ※雍《ヨウ》の正字が雝《ヨウ》	6
会 翟（翟）ヨウ	ヨウ（テキ）	大	2 ○曜 ヨウ かがやく、曜日 ○燿 ヨウ かがやく ○耀 準1級 ヨウ かがやく ※曜の音は正式にはテキ。子供たちのおぼえやすさを考えてあえてヨウとした	

親音符 子音符	音	親音符家族種類	音符家族及び同系語 ※赤色の文字は常用漢字 （ ）旧字体 〔 〕異体字 「 」別の親音符 ○印は形声文字（意符＋音符の構造の字） ※注	字数
翟のつづき　タク　ヤク　トウ　テキ　チョウ			9 濯○ タク 洗《あら》う　擢○ 準1級 タク・テキ 引《ひ》き抜《ぬ》く、ぬきんでる　戳○ タク 突《つ》き刺《さ》す　7 躍○ ヤク おどる　櫂○ トウ かい　会 糴 テキ かいよね　会 糶 チョウ うりよね、せり　※翟《ヨウ》は正式にはテキの音。羽＋隹《すい》（小型のとり）の会意。尾の長いきじ、長い羽根を表す。曜《ヨウ》は小学二年生で学ぶ最も難しい字で、週の曜日を表す字としてヨウの音を学ぶ。大人になってもヨウの音以外の読みは知らなくても不自由はない。筆者の独断でテキの音は採用しない。ヨウとおぼえることにする	10
養	ヨウ	羊ヨウ 紅一	4 養○ ヨウ やしなう　瀁○ ヨウ 水《みず》が充《み》ち果《は》てしなく広《ひろ》がる　癢○ ヨウ かゆい＝痒《ヨウ》《かゆい》　鱶○ ショウ ふか　※羊《ヨウ》＋食《ショク》の合成字である	4
弋	ヨク	二	象 弋 ヨク いぐるみ、狩《か》りをする　杙○ ヨク 杭《くい》　鳶○ 準1級 エン とんび　「代《ダイ》 7」　※同《おな》じ字素《じそ》を持《も》つ字《じ》「式《シキ》」「弐《ニ》」	3

親音符 子音符	音	親音符家族種類	音符家族及び同系語 ※赤色の文字は常用漢字 （）旧字体 〔〕異体字 「」別の親音符 ○印は形声文字（意符＋音符の構造の字） ※注	字数
羅	ラ	隹スイ 紅一	会 9 羅○ ラ 網で捕らえる、うすもの　蘿○ ラ つた　邏○ ラ 見回る　鑼○ ラ 銅—はどら 罹○ リ かかる、こうむる ※罹《り》は部首 罒（あみがしら）＋音符 羅《ら》の略体	5
耒・（耒）	ライ	純	象 耒 ライ・ルイ すきへん　誄○ ルイ しのびごと、いのりごと ※耒《らい》は部首としてすきへん。音符としてはライ・ルイ	2
来（來）	ライ	紅一	象 2 来（來） ライ くる ※麥《ばく》は來《らい》（むぎ）と夂《すい》（足でふむ。夂は省略形）とから成る 萊○ 準1級 ライ あかざ　賚○ ライ たまう 会 2 麦（麥） バク むぎ ※來《らい》と同じ字素を持つ字「憖《ぎん》なまじい」。憖《ぎん》は犬が近寄ってくること。なまじいに、気が進まないのに、無理に	6
会 畾 ライ ルイ	ライ	田デン 紅一	7 雷○ ライ かみなり　蕾○ ライ つぼみ　擂○ ライ すりつぶす ※雷《らい》の音符は畾《らい》 儡○ ライ 敗れる、傀—はかいらい　罍○ ライ 酒壜 国 鱩 はたはた 9 塁（壘）○ ルイ とりで　「累 ルイ 5」 ※畳（疊）《じょう たたみ》は且《そ》に分類	8

親音符 子音符	音	親音符家族種類	音符家族及び同系語 ※赤色の文字は常用漢字 （ ）旧字体 〔 〕異体字 「 」別の親音符 ○印は形声文字（意符＋音符の構造の字） ※注	字数
頼（賴） ライ ラン ダツ	ライ	三	7 頼○（賴）ライ たのむ、たよる 籟○ ライ ひびき、声 懶○ ラン ものうい、おこたる 8 瀬○（瀨）ライ せ 嬾○ ラン なまける 癩○ ライ らい病 獺○ ダツ・タツ かわうそ 藾○ ライ くさよもぎ	10
剌	ラツ	束《ソク》 純	会 剌 ラツ もとる、そむく 喇○ ラツ・ラ おしゃべり 溂○ ラツ 勢いの良いさま 蝲○ ラツ さそり 10 辣○ ラツ からい、きびしい 「頼（賴）ライ 10」 ※剌は刺《シ》との混同に注意。音符は朿《シ》	5
闌（闌）	ラン	柬《カン》 純	闌○ ラン てすり、たけなわ 7 欄○（欄）ラン てすり 蘭○（蘭）準1級 ラン 瀾○ ラン なみ 爛○ ラン ただれる 襴○ ラン ひとえ、衣と裳がつながっている着物	8
覧（覽）	ラン	監《カン》 純	会 6 覧（覽）ラン みる 攬○ ラン とる、まとめる 欖○ ラン 橄―はかんらん 纜○ ラン ともづな ※覧は監《カン》＋見の合成字	5

親音符 子音符	音	親音符家族種類	音符家族及び同系語 ※赤色の文字は常用漢字 （）旧字体 〔〕異体字 「」別の親音符 ○印は形声文字（意符＋音符の構造の字） ※注	字数
会 䜌（亦） ラン レン バン ヘン ワン 攣 彎	ラン レン ワン	五	○巒 ラン やまなみ ○欒 ラン 団—はだんらん ○鑾 ラン 鈴、天子の馬車 ○鸞 ラン 神鳥 ○恋7（戀） レン こい ○臠 レン 切り肉 ※䜌《ラン》は言＋絲。ことばが糸のようにもつれる、みだれる意。天子のものに冠する言葉 ○攣 レン ひきつる ○癴 レン ひきつる ○蛮8（蠻） バン えびす、未開人 ○変4（變） ヘン かわる ○彎〔弯〕 ワン 弓なりに曲がる ○湾8（灣） ワン 入り江 ※亦《ラン》は略字であって亦《エキ》とは別	17
利	リ	純	会 利4 リ きく、もうけ ※利《リ》は刀《かたな》と禾《カ》《いね》の会意。すきで田畑を耕す意。収益のあること、するどい ○梨4 リ なし ○痢9 リ 下痢 ○俐 リ かしこい ○悧 リ かしこい ○莉 リ・レイ 茉—はまつり ○蜊 リ あさり 「𥝢3 リ」 国 鯏 うぐい	8
𥝢	リ	利《リ》 二	○犂 リ・レイ 鋤、まだら牛 ※黎《レイ》は黍《ショ》（きび）＋音符𥝢《リ→レイ》。黎《レイ》は黒い、暗い意	

親音符	子音符	音	親音符家族種類	音符家族及び同系語 ※赤色の文字は常用漢字 （ ）旧字体 〔 〕異体字 「 」別の親音符 ○印は形声文字（意符＋音符の構造の字） ※注	字数
利《り》のつづき	黎	レイ		黎○ レイ・リ 黒い、暗い 藜○ レイ あかざ ＝ 萊 ライ あかざ	3
里●		リ リン マイ バイ	四	会 2 里○ リ さと 2 理○ リ ことわり、おさめる 6 裏○〈裡〉 リ うら、うち 俚○ リ いやしい 哩○ 準1級 リ マイル 浬○ 準1級 リ カイリ 狸○ 準1級 リ たぬき 鯉○ 準1級 リ こい 8 厘○ リン お金、重さの単位 国 糎 準1級 センチメートル 国 瓸 準1級 センチグラム 国 竰 準1級 センチリットル 8 埋○ マイ うもれる 霾○ バイ・マイ つちふる 会 釐 リ おさめる、わずか ※釐の音符は𠩺リで別の家族の字。あえて含めた	16
离 会	離	リ チ（离） リ（離）	二	7 離○ リ はなれる 籬○ リ まがき 10 璃○ リ 瑠—はるり 漓○ リ したたる 魑○ チ 山の怪物 黐○ チ とりもち 「禽 キン 3」 ※离リは内＋禽キンの会意。動物の形をした山の神。離リは隹スイ（とり）と离リの形声。こうらいうぐいすの意	6
坴●		リク	先リク 四	4 陸○ リク・ロク おか 仮 1 六 ロク・リク むっ ※先（六）ロク→リク＋土リクの形。先リクは小さな幕舎の形。坴リクは音符先につながる。麦リョウにつながる	

親音符 子音符	音	親音符家族種類	音符家族及び同系語 ※赤色の文字は常用漢字 （ ）旧字体 〔 〕異体字 「 」別の親音符 ○印は形声文字（意符＋音符の構造の字） ※注	字数
			10 睦○ ボク・モク むつまじい ／ 会 逵 キ 大通り ／ 「埶 ゲイ 6」	4
立●	リツ	大	象 1 立 リツ・リュウ たつ、リットル ／ 7 粒○ リュウ つぶ ／ 苙○ リュウ よろいぐさ ／ 笠○ 準1級 リュウ かさ ／ 4 泣○ キュウ なく ／ 10 拉○ ラッ・ラ・ロウ くじく、引いて連れて行く ／ 颯○ サツ・ソウ きびきびしたさま ／ 会 4 位 イ くらい ／ 莅○ リ のぞむ ／ 会 6 翌 ヨク あくる ／ 会 翊 ヨク 鳥がとぶ、たすける ／ ※立《リツ》は地面に両足で立った人の形	11
栗	リツ	紅一	象 栗 準1級 リツ くり ／ 10 慄○ リツ おそれる ／ 篥○ リツ・リキ 篳―はひちりき ／ 会 粟 準1級 ゾク・ショク・ソク あわ	4
会 㐬（㐬）	リュウ	紅一	3 流○ リュウ・ル ながれる ／ 9 硫○ リュウ・ル いおう ／ 琉○ 準1級 リュウ・ル ―球はりゅうきゅう ／ 旒○ リュウ はたあし、たまだれ ／ 会 醯〈醯〉 ケイ ひしお	6

親音符 子音符	音	親音符家族種類	音符家族及び同系語　※赤色の文字は常用漢字　（　）旧字体　〔　〕異体字　「　」別の親音符　○印は形声文字（意符＋音符の構造の字）　※注	字数
竜（龍）● リュウ ロウ シュウ チョウ ホウ	リュウ （リョウ）	五	竜（龍）［象］9　リュウ・リョウ・リン　たつ 滝○（瀧）8　ロウ　たき 籠○〔篭〕［準1級］10　ロウ・ル　かご、こもる 壟○　ロウ・リョウ　うね 蘢○　ロウ　いぬたで 隴○　ロウ・リョウ　おか、うね 朧○　ロウ　おぼろ 瓏○　ロウ　玉がふれ合う音 聾○［準1級］　ロウ　耳が聞えない 襲○ 7　シュウ　おそう、かさね 寵［会］［準1級］　チョウ　いつくしむ 龐○　ホウ・ロウ　たかどの、大きい	15
隆（隆）	リュウ	純	隆○（隆）8　リュウ　たかい、さかん 窿○　リュウ　ゆみがた、穹窿—はきゅうりゅう	3
旅	リョ	純	旅［会］3　リョ・ロ　たび 膂○　リョ・ロ　せぼね、筋肉の力 ※同じ字素㫃《エン》を持つ字「族《ゾク》」「斿《ユウ》」 施《シ》、旋《セン》、旗《キ》	2
虜	リョ	虎コ 二	虜○（虜）9　リョ・ロ　とりこ ※音符虍《コ》と意符毌（かん）と力	6
慮	リョ		慮○ 7　リョ　おもんぱかる 鑢○　リョ・ロ　やすり 濾○〔沪〕　ロ・リョ　こす	

親音符 子音符	音	親音符家族種類	音符家族及び同系語　※赤色の文字は常用漢字　（ ）旧字体　〔 〕異体字　「 」別の親音符　○印は形声文字（意符＋音符の構造の字）　※注	字数
了●	リョウ	単	象 8 了 リョウ おわる、さとる ※ものを拗《ね》じる形、糸がもつれてここで終わるのでおわる意	1
両（兩）	リョウ	純	会 3 両（兩）リョウ ふたつ ○倆 リョウ うでまえ ○裲 リョウ —襠はうちかけ ○輛〔輌〕リョウ くるま ○魎 リョウ もののけ ※同じ字素入《ニュウ》を持つ字「㒼（㒼）《マン》」	7
良 リョウ ロウ ジョウ 郎	リョウ ロウ	三	象 4 良 リョウ・ラ よい ○踉 リョウ・ロウ おどり上がる、よろめく ○6 朗 ロウ ほがらか ○8 浪 ロウ・ラン なみ ○7 郎 ロウ 若い男の美称 ○8 廊 ロウ 渡り廊下 ○榔 ロウ 檳—はびんろう ○螂 ロウ 蟷—はかまきり ○琅 ロウ 美しい玉 ○狼 準1級 ロウ おおかみ ○莨 ロウ たばこ 会 7 ○娘 ジョウ むすめ ※娘《ジョウ》の正字は孃《ジョウ》 ※良《リョウ》は穀物をふるいにかけて流し入れ、また流し出すさま。よいものを選ぶ意	12
汈	リョウ	純	○梁 準1級 リョウ はり ○粱 リョウ おおあわ 国 簗 やな ※梁《リョウ》は木と氵《みず》と音符刅《シャウ》の形声。水の両側にわたす木のはしの意	3

親音符	子音符	音	親音符家族種類	音符家族及び同系語 ※赤色の文字は常用漢字 （）旧字体 〔〕異体字 「」別の親音符 ○印は形声文字（意符＋音符の構造の字） ※注	字数
会 夌 リョウ ロウ		リョウ	先リク 紅一	8 陵○ リョウ みささぎ、しのぐ 凌○ 準1級 リョウ しのぐ 崚○ リョウ 高くけわしい山 ※坴《リク》の項参照 菱○ 準1級 リョウ ひし 綾○ 準1級 リョウ・リン あや、あやぎぬ ※夋は厶《シ》（㠯、すきの形）を頭にした神像の形。畟は田神の形	7
	稜	リョウ		稜○ 準1級 リョウ・ロウ かど 薐○ ロウ・レン 菠—草はほうれんそう ※同じ字素夂《スイ》を持つ字「夋《シュン》」「畟《ショク》」「夌《リョウ》」	
象 巤（巤） リョウ ロウ		リョウ	二	8 猟○（獵） リョウ かりをする 鬣○ リョウ たてがみ 鱲○ リョウ からすみ 臘○ ロウ 年のくれ、陰暦の十二月 蠟○ 準1級 ロウ ろう 鑞○ ロウ すず、はんだ ※巤《リョウ》の略字の巤は鼠《ソ・ショ》《ねずみ》の異体字としても用いられている。巤《リョウ》は獣のたてがみを表す	7
亮		リョウ	京ケイ 純	亮○ 準1級 リョウ あきらか、すけ 喨○ リョウ 音が清らかにひびきわたるさま ※音符京《ケイ→リョウ》（亠は省略形）＋儿《ジン》	2
会 翏 リョウ リュウ キュウ		リョウ	参シン 大	寥○ リョウ さびしい 蓼○ リョウ・リク たで 廖○ リョウ むなしい、まばら ※翏《リョウ》は羽＋㐱《こん》（新しく生えた羽）の会意。鳥が両翼と尾翼を開いた形	

親音符	子音符	音	親音符家族種類	音符家族及び同系語　※赤色の文字は常用漢字　（）旧字体　〔〕異体字　「」別の親音符　○印は形声文字（意符＋音符の構造の字）	※注	字数
	ビュウ リク コウ ロウ			鏐○ リュウ・リョウ こがね、しろがね 摎○ キュウ・コウ くびる、まつわる 樛○ キュウ 曲がりくねる、槻の木 繆○ ビュウ・リョウ・ボク まとう、からみつく 謬○ 準1級 ビュウ あやまる 勠○ リク 力を合わせる 戮○ リク 殺す 膠○ コウ にかわ 醪○ ロウ もろみ、にごり酒		12
象 尞	リョウ ロウ	リョウ	紅一	9 僚○ リョウ 同輩、なかま 9 寮○ リョウ 宿舎 7 療○ リョウ いやす 10 瞭○ リョウ あきらか 撩○ リョウ みだれる 遼○ 準1級 リョウ はるか 燎○ リョウ 焼きはらう 繚○ リョウ 乱れる、まつわる 鐐○ リョウ しろがね 鷯○ リョウ 鷦—はみそさざい 潦○ ロウ にわたずみ、大雨	※尞は積薪の炎上する形	11
量		リョウ	純	象 4 量 リョウ はかる、かさ 8 糧○ リョウ・ロウ かて、食べ物	※注ぎ口のついた計量袋の形	2
力•	リョク ロク	リョク	三	象 1 力 リョク・リキ ちから 朸○ リョク・ロク・リキ おうご	※おうごは両端に荷物を吊り肩でかつぐ棒、天びん棒	

親音符	子音符	音	親音符家族種類	音符家族及び同系語　※赤色の文字は常用漢字　（　）旧字体　〔　〕異体字　「　」別の親音符　○印は形声文字（意符＋音符の構造の字）	※注	字数
力のつづき	キン			○仂 ロク・リョク・リキ 数のあまり ○肋 準1級 ロク あばら ○勒 ロク くつわ、おもがい 「劦 キョウ 4」 会 6 ○筋 キン すじ	※力は畑をすく耜《シ すき》の形をかたどったさま。同じ字素を持つ字「加《カ》」「劦《キョウ》」	6
吝		リン	文ブン 純	○吝 リン けち ○悋 リン やぶさか、ねたむ	※吝《リン》は口＋音符文《ブン→リン》の形声。おしむ、けちの意	2
林		リン	木ボク 五	会 1 林 リン はやし ○淋 準1級 リン さびしい ○琳 準1級 リン 美しい玉 ○痳 リン りん病 ○醂 リン さわす ○霖 リン ながあめ 会 1 森 シン もり ○罧 シン ふしづけ、柴などを水中に積み上げ魚をとるしかけ 会 彬 準1級 ヒン あきらか 会 焚 準1級 フン 焼く、たく ○婪 ラン むさぼる 「禁 キン 3」	※さわすはしぶ柿のしぶを酒でぬく。さわしがき	
会 侖 リン ロン		リン	二	4 ○輪 リン わ、まわる 9 ○倫 リン 道、仲間 ○淪 リン しずむ	※侖《リン》は亼《シュウ》（集める）＋冊（書物）の会意。書物の簡（ふだ）を集めて順序だてる意	11

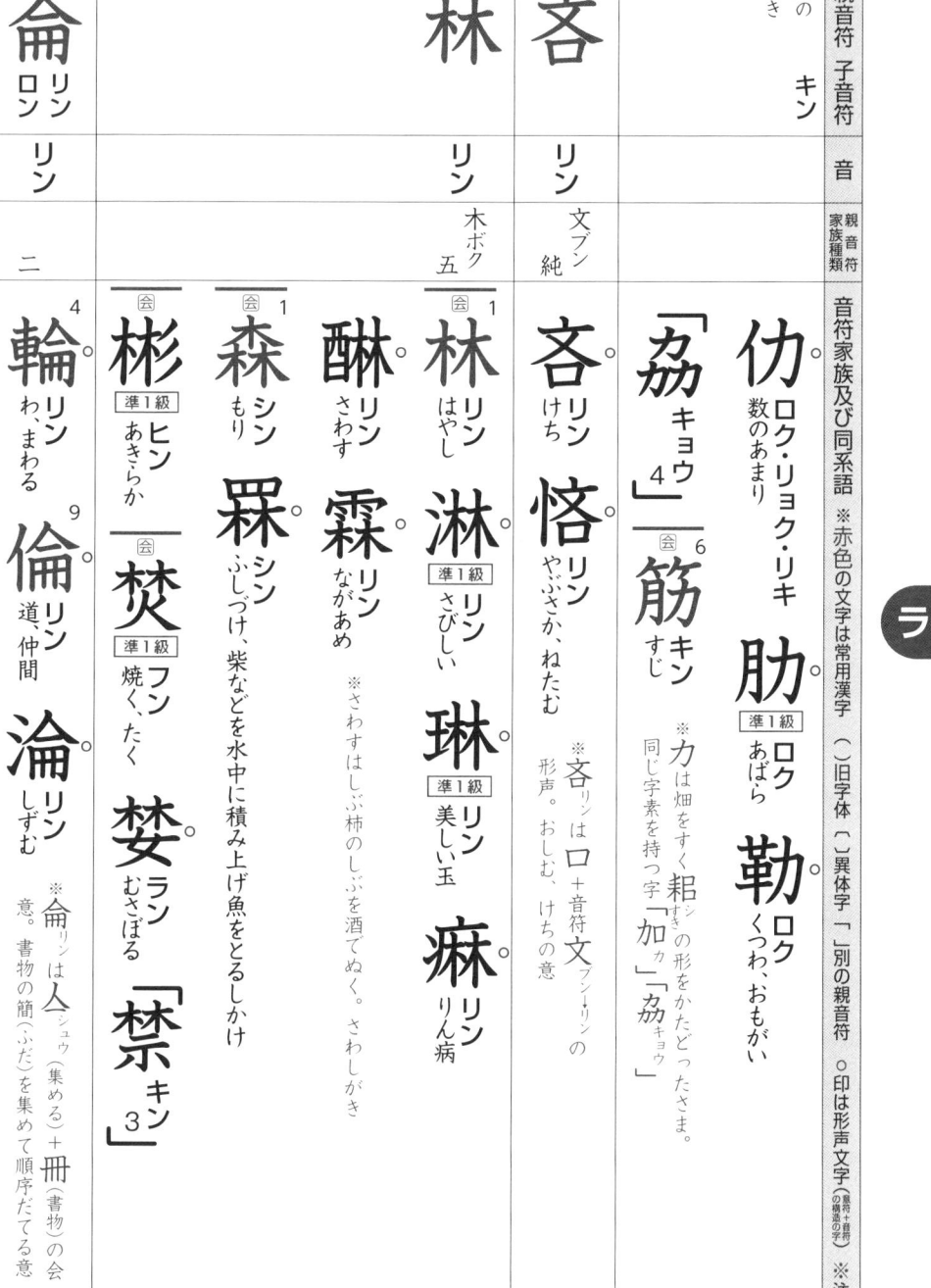

親音符 子音符	音	親音符家族種類	音符家族及び同系語　※赤色の文字は常用漢字　（ ）旧字体　〈 〉異体字　「 」別の親音符　○印は形声文字（意符＋音符の構造の字）　※注	字数
			○綸 リン 天子の言葉 会 侖 ロン・リン 順序だてる 6 ○論 ロン あげつらう ○崙 ロン 崑―はこんろん	7
会 粦（粦）	リン	紅一	7 ○隣（鄰） リン となり ○燐 準1級 リン ひとだま ○驎 リン まだら模様の馬 ○鱗 準1級 リン うろこ ○麟 準1級 リン 麒―はきりん ○憐 準1級 レン あわれむ	7
稟	リン	純	会 稟〈禀〉 リン・ヒン 生まれつき、申し上げる ○凛 リン 寒い、きびしい ○廩 リン 米倉 ○懍 リン おそれる ※亩《リン》は穀物倉の形。同じ字素を持つ字「亶《タン》」「啚《ヒ》」「嗇《ショク》」	5
藺	リン	純	○藺 リン いぐさ ○躪〈躙〉 リン ふみにじる	3
累	ルイ	畾ライ 二	9 ○累 ルイ かさねる ※累《ルイ》は糸と音符畾《ライ》（田は省略形）の形声。しばる、かさねる、わずらわす意。畾《ライ》は土を盛り上げたとりでの意。かさねる、つながる意を持つ ○瘰 ルイ ―癧はるいれき ○縲 ルイ 罪人をしばる縄 ○螺 準1級 ラ にし、巻貝 ○騾 ラ らば	5

ラ

親音符	子音符	音	親音符家族種類	音符家族及び同系語 ※赤色の文字は常用漢字 （　）旧字体 〔　〕異体字 「　」別の親音符 ○印は形声文字（意符＋音符の構造の字） ※注	字数
類		ルイ	単	4 類○（類）ルイ たぐい ※類《ルイ》は意符犬（いぬ）と音符頪《ルイ・ライ》の形声。犬をいけにえにして天を祭る意。たぐい、にる意	2
令	レイ リョウ メイ	レイ	三	会 4 令 レイ・リョウ 命じる 4 冷○ レイ つめたい ※令＝亼（集めることを示す符号）＋卩（人がひざまずいた形）。人を呼び集めていいつける意 9 鈴○ レイ・リン すず 7 齢○（齡）レイ よわい、とし 伶○ 準1級 レイ 楽師、賢い 囹○ レイ 牢獄 怜○ 準1級 レイ さとい 苓○ 準1級 レイ・リョウ みみなぐさ 玲○ 準1級 レイ 金玉の音 羚○ レイ・リョウ かもしか 聆○ レイ・リョウ 聴く、了解する 蛉○ レイ 蜻―はとんぼ 鴒○ レイ 鶺―はせきれい	
	零	レイ		8 零○ レイ こぼれる、ゼロ 澪○ レイ みお	
	領	レイ		5 領○ リョウ くびえり、受け取る 嶺○ 準1級 レイ・リョウ みね 会 3 命 メイ・ミョウ いのち、いいつけ ※令＋口の合成字	
厉（厲）		レイ	万マン 純	厲○ レイ みがく、はげむ 8 励○（勵）レイ はげます 癘○ レイ・ライ えやみ 国 4 栃 とち	19

親音符 子音符	音	親音符家族種類	音符家族及び同系語 ※赤色の文字は常用漢字 （ ）旧字体 〔 〕異体字 「 」別の親音符 ○印は形声文字（意符＋音符の構造の字） ※注	字数
			礪○ 準1級 レイ みがく、あらと　蠣○ 準1級 レイ かき　糲○ レイ・ライ・ラツ 玄米、あらい	8
戾（戻）	レイ	紅一	戻 会 9（戾）レイ もどる　唳○ レイ 雁や鶴の鳴く声　捩○ レイ・レツ ねじる、ねじ、よじる　綟○ レイ・ライ もえぎ色　涙 7○（淚）〔泪〕ルイ なみだ	7
豊 象	レイ	紅一	礼 3○（禮）レイ・ライ 礼儀、作法　醴○ レイ・ライ あまざけ　※豊《レイ》は高杯（高月、たかつき）の上に玉が二つあるもの。祭りで用いられる。禮《レイ》の原字。豊《ホウ》の略字として使われる　鱧○ レイ はも　体 2○（體）〔躰〕タイ・テイ からだ　※豊（豐）《ホウ》は別字　※体《タイ》は人＋音符本《ホン》で、そまつの意の字が體《タイ》の略字として誤用されていた　※體《タイ》は音符豊《レイ→タイ》＋骨の形声。正規のからだを表す	6
霝○	レイ	純	霊 8○（靈）レイ・リョウ たま、たましい　櫺○ レイ・リョウ れんじ、てすり　※霊《レイ》は意符巫《フ》（みこ）と音符霝《レイ》から成る。雨ごいするみこの魂の意	3
麗 レイ リ サイ	レイ	鹿《ロク》 三	麗 象 7 レイ・リ うるわしい　儷○ レイ ならぶ、つれあい　驪○ リ・レイ 黒色の馬　※麗《レイ》は立派な角の鹿が二頭連れ立って移動するさま	

親音符 子音符	音	親音符家族種類	音符家族及び同系語 ※赤色の文字は常用漢字 （ ）旧字体 〔 〕異体字 「 」別の親音符 ○印は形声文字（意符＋音符の構造の字） ※注	字数
麗のつづき			灑○ サイ・シャ そそぐ、洗う、さっぱりした ＝洒《サイ・シャ》 さっぱりしている 曬○ サイ 晒の異体字	5
麻（厤） 歴	レキ レキ	純	7 暦○（曆） レキ こよみ 5 歴○（歷） レキ・リャク 経る 瀝○ レキ したたる 櫪○ レキ くぬぎ、かいばおけ 癧○ レキ 瘰―はるいれき 靂○ レキ はげしい雷	8
象 鬲●	レキ	二	8 隔○ カク へだてる 膈○ カク 胸と腹のしきりの膜 ※鬻《イク》は粥《シュク》に含む ※融《ユウ》 とける、通る の音符は虫《チュウ》	2
列	レツ	紅一	3 列○ レツ つらねる 7 烈○ レツ はげしい 8 裂○ レツ さく 冽○ レツ さむい 洌○ レツ きよい、つめたい 4 例○ レイ たとえる ※列《レツ》は刀《かたな》と音符歹《ガツ→レツ》から成る	6
連	レン	車シャ 純	会 4 連 レン つらなる 蓮○ 準1級 レン はす 漣○ 準1級 レン さざなみ 縺○ レン もつれる 鏈○ レン くさり	5
呂 ロ リョ キュウ	ロ	四	象 10 呂 ロ・リョ 陰の音階、せぼねの形 絽○ ロ・リョ 透ける薄い絹織物 ※呂《ロ》は人の背骨がつながっている形	

ラ

親音符 子音符	音	親音符家族種類	音符家族及び同系語 ※赤色の文字は常用漢字 （ ）旧字体 〈 〉異体字 「 」別の親音符 ○印は形声文字（意符＋音符の構造の字） ※注	字数
閭 キョ	リョ		○侶 リョ・□ とも、つれ ○梠 リョ・□ ひさし ○閭 リョ・□ 村里の門 ○櫚 □・リョ 棕—はしゅろ ○宮 キュウ・グウ・ク みや ※宀＋音符躳《キウ》（呂は省略形） ○筥 キョ 丸いはこ、稲のたば	8
鹵●	□	純	象 鹵 □ しおち、奪い取る ○滷 □ 塩からい、塩を含んだ土 ※鹽《エン》《しお》は監《カン》に含む	2
魯	□	魚《ギョ》 純	○魯 準1級 □ おろか、昔の中国の国名 ○櫓 準1級 □ やぐら、ろ ○艪 □ ろ、かい	3
盧	□	[虍+田]リョ 紅一	○盧 □ めしびつ、すびつ ○炉（爐）□ いろり ○廬 □・リョ・ル いおり ※盧□は皿＋音符[虍+田]□（めしびつ）の意 ○蘆〈芦〉□ あし ○櫨 □ はぜの木 ○臚 □・リョ つらなる ○艫 □ とも ○轤 □ 轆—はろくろ ○鑪 □ いろり ○顱 □ あたま ○驢 □ ろば ○鱸 □ すずき ○膚 フ はだ、物の表面 ※音符[虍+田]□→フ	15

ラ

親音符 子音符	音	親音符家族種類	音符家族及び同系語 ※赤色の文字は常用漢字 （）旧字体 〔〕異体字 「」別の親音符 ○印は形声文字（意符＋音符の構造の字） ※注	字数
老●	ロウ	雑	象 老 4 ロウ おいる 会 姥 準1級 ボ・モ うば、ばば 国 蛯 えび 国 鮱 おおぼら	4
弄	ロウ	純	会 弄 10 ロウ もてあそぶ、いじる ○哢 ロウ さえずる ※玉《ギョク》＋廾《キョウ》両手。両手で玉を持つ形	2
象 娄（婁） ロウ ル ク スウ ソウ	ロウ	大	楼 8 （樓） ロウ たかどの ○僂 ロウ・ル かがめる ○塿 ロウ・ル つか ○瘻 ロウ・ル 首のはれもの ○簍 ロウ・ル 竹かご ○螻 ロウ・ル けら ○鏤 ロウ・ル ちりばめる ○髏 ロ・ロウ 髑—はどくろ 象 婁 準1級 ル・ロウ 引きよせる、空しい ○屢 準1級 ル しばしば ○褸 ル・ロウ ぼろぎれ ○縷 ル・ロウ いと、こまかい ○寠 ク・ロウ やつれる ※婁《ロウ》は女の髪を高く巻きあげた形	
数（數）	スウ		数 2 （數） スウ・ス・シュ・サク・ソク かず、かぞえる ○藪 準1級 ソウ やぶ ○籔 ソウ ざる	18
鹿●	ロク	四	象 鹿 4 ロク しか ○麓 10 ロク ふもと ○漉 準1級 ロク こす、すく ○轆 ロク —轤はろくろ	

親音符	子音符	音	親音符家族種類	音符家族及び同系語 ※赤色の文字は常用漢字 （ ）旧字体 〔 〕異体字 「 」別の親音符 ○印は形声文字（意符＋音符の構造の字） ※注	字数
				○鏖 オウ みなごろし ／ 会 塵 準1級 ジン ちり ／ 会 麤 ソ あらい、おおきい ／ 「麗 レイ 5」	7
象 录（彔）	録 ロク リョク ハク	ロク ／ ロク	三	○禄 準1級 ロク さいわい、扶持 ／ ○碌 ロク 役に立たない ／ ○緑 3 （綠） リョク・ロク みどり ／ ○録 4 （錄） ロク・リョク しるす ／ ○籙 ロク・リョク 書きもの ／ ○剝 10 〈剥〉 ハク・ホク はぐ、はがす ※彖《エン》との混同に注意！ ※彔《ロク》は木や石など表面を力ではぎとって文字などを刻むさま	9

親音符 子音符	音	親音符家族種類	音符家族及び同系語 ※赤色の文字は常用漢字 （ ）旧字体 〔 〕異体字 「 」別の親音符 ○印は形声文字（意符＋音符の構造の字） ※注	字数
淮	ワイ	二	淮○ ワイ・カイ・エ 河の名 匯○ カイ・ワイ めぐる、かわせ ※準《ジュン》は隼《シュン》に分類。淮《ワイ》は漢検対象外	2
或 ワク カク イキ	ワク	三	或 会 準1級 ワク ある、あるいは 惑○ 7 ワク まどう 馘○ カク くびきる、解雇する ※或《ワク》は戈《カ》＋口《イ》（集落）＋一（境界）の会意。境を設置し武器で守る意。國（国）《コク》の原字 「国（國）コク 5」 域○ 6 イキ さかい、土地の区切り 閾○ イキ・ヨク しきい、くぎる	4

■参考文献

宇野精一監修、日本漢字能力検定協会編『漢検　漢字辞典』日本漢字能力検定協会

白川静『新訂　字統』平凡社

阿辻哲次ほか編『角川新字源　改訂新版』角川書店

藤堂明保ほか編『漢字源　改訂第四版』学研プラス

白川静『桂東雑記Ⅴ』平凡社

落合淳思『漢字の成り立ち』筑摩選書

落合淳思『甲骨文字小字典』筑摩選書

落合淳思『漢字の字形』中公新書

落合淳思『漢字の構造』中公選書

鈴木孝夫『日本の感性が世界を変える』新潮選書

阿辻哲次『漢字再入門』中公新書

音訓索引

- この字典に収録した漢字の音読みと訓読みを五十音順に配列した。ただし、本文の訓読みの欄にある漢字の意味を説明している文章は省いている。また、（ ）〔 〕内の字は索引に収録していないが、「床」は収録した。
- 音はカタカナ、訓はひらがなで表示した。
- 同じ読みは、カタカナを先にした。さらに総画数順に配列した。同じ画数の場合は、字典の中での出現順に並べている。
- 赤色の文字は常用漢字である。
- 漢字の上の数字は総画数、下の数字は掲載ページである。
- 常用漢字以外は、この索引では正字で掲載している。

【あ】

ア
3 丫 2
7 亜 2
8 阿 2
9 哇 65
娃 65
11 啞 2
堊 2
婀 2
12 椏 2
蛙 65
13 痾 2
14 窪 65
15 鴉 24
16 錏 2
閼 17
20 鐚 2

ああ
3 于 8
6 吁 8
11 欸 3
猗 42
12 歍 42
13 嗚 9
嗟 96
16 噫 5

アイ
7 阨 241
9 哀 3
哇 65
娃 65
10 挨 3
埃 3
11 欸 3
13 愛 2
矮 4
隘 13
15 鞋 65
16 噯 2
噫 5
17 曖 2
18 穢 98
19 藹 32
24 靄 32
25 靉 2

あい
9 相 164
18 藍 39

あいだ
12 間 39

あう
6 会 26
合 90
10 逅 85
11 逢 225
14 遭 165
17 邂 26
22 覯 193

あえぐ
12 喘 176

あえて
12 敢 38

あえもの
23 齏 150

あお
8 青 149
14 碧 201

あおい
12 葵 43
13 滄 164
蒼 164

あおぎり
11 梧 79

あおぐ
6 仰 83

あおぐろい
17 黝 247

あおる
8 呷 83
14 煽 158

あか
4 丹 174
6 朱 117
7 赤 151
9 垢 85
16 赭 114
頳 185

あかい
14 赫 151

あかがい
11 蚶 33

あかがね
14 銅 192

あかぎれ
11 亀 44
12 胼 218
14 皹 63

あかご
9 孩 27
17 嬰 11

あかざ
11 萊 253
18 藜 256

あかし
12 証 148

あがた
9 県 73

あかつき
12 暁 57

あかつち
16 赭 114

あがなう
12 貰 106
17 購 88
22 贖 193

あかね
9 茜 148

あからめる
12 赧 174

あがる
3 上 135
8 昂 83
20 騰 191
27 驤 136

あかるい
8 明 237

あき
9 秋 121
16 穐 44

あきぞら
8 旻 217

あきたりない
14 歉 74

あきたりる
13 慊 74

あきなう
11 商 134
12 貿 228

13 買 79
あきらか
7 冏 66
灼 115
8 杲 230
9 炯 66
昭 131
炳 217
亮 260
10 晃 85
晟 148
哲 154
11 晤 79
皓 92
晢 153
彬 262
12 皖 34
晶 133
晰 152
13 煥 36
15 瑩 10
17 燦 100
瞭 261
18 顕 73
19 曠 83
あきらめる
16 諦 185
あきる
13 飽 224
14 厭 16
醍 183
あきれる
7 呆 225
アク
7 扼 241
11 啞 2
堊 2
悪 2
偓 18
軛 241
12 握 18
渥 18
幄 19
13 搤 13
15 噁 2
24 齷 19
あく
8 空 62
12 開 64
あくた
7 芥 25
あくび
4 欠 70
あぐら
12 跏 21
15 踑 42
あげつらう
15 論 263
あけぼの
18 曙 114
あげまき
3 丫 2
5 丱 34
あける
8 明 237
あげる
10 挙 247
12 揚 250
あご
15 頤 41
16 頷 40
18 顎 31
顋 108
あこう
14 榕 249
あこがれる
15 憬 54
憧 193
あごひげ
22 鬚 144
あこめ
9 衵 196
10 袙 201
あさ
10 晁 180
11 麻 233
12 朝 181
あざ
6 字 102
12 痣 103
26 黶 16
あさい
9 浅 156
あさがお
15 蕣 128
あざける
15 嘲 181
あざなう
9 糾 48
あさぬの
11 紵 179
あさひ
6 旭 48
16 暾 194
あざみ
16 薊 52
あざむく
11 紿 173
12 欺 43
詑 170
18 謾 235
19 譎 47
あざやか
17 鮮 248
あさり
13 蜊 255
あさる
14 漁 52
あし
5 疋 160
7 足 166
11 脚 51
12 葭 23
13 葦 4
19 蘆 267
あじ
8 味 235
22 鰺 100
あしおと
13 跫 53
あしかせ
10 桎 106
あしげ
18 騅 145
あした
11 晨 140
あしのうら
12 跖 151
18 蹠 129
あしぶえ
11 笳 21
あずき
9 荅 91
あずける
13 預 246
あずさ
11 梓 140
あずち
11 堋 226
あせ
6 汗 32
あぜ
10 畛 138
畔 203
11 畦 65
あぜみち
6 阡 155
9 陌 209
あせる
12 焦 135
15 褪 171
あそびめ
11 娼 133
あそぶ
11 敖 91
12 遊 245
15 遨 91
あた
9 咫 104
あだ
4 仇 48
11 寇 34
23 讐 145
あたい
7 估 76
8 価 79
10 値 182
あたう
10 能 198
あたえる
3 与 247
あたかも
8 宛 14
9 恰 90
あたたかい
12 温 19
13 暄 157
17 燠 18
あたためる
13 暖 15
煖 15
煦 61
14 嫗 60
あたま
16 頭 190
あたらしい
13 新 140
あたり
5 辺 189
あたる
6 当 189
8 抵 183
アツ
5 圧 16
8 軋 19
13 遏 32
14 斡 37
16 閼 17

あつい
厚 9 54
惇 11 55
淳 55
暑 12 114
敦 194
亶 13 176
醇 15 55
諄 55
熱 68
篤 16 178

あつかう
扱 6 49

あつかましい
靦 16 72

あっぱれ
適 13 196

あつまる
萃 11 168
翕 12 90
集 123
湊 163
聚 14 120
輳 16 163

あつめる
彙 13 5
蒐 44
鳩 48
緝 15 121
輯 16 121
鍾 17 124
纂 20 101
攢 22 101

あつもの
羹 19 88

あつらえる
誂 13 180

あて
宛 8 14

あでやか
嬋 15 175

あと
址 7 103
後 9 247
迹 10 12
痕 11 93
跡 13 12
墟 15 51
踪 121
蹤 18 124
蹟 153

あな
孔 4 81
穴 5 69
坎 7 70
坑 82
窩 14 23
壙 18 83

あなぐら
窖 12 92
竇 20 193

あなどる
狎 8 83
侮 233
蚩 10 109
慢 14 234

あに
兄 5 64
昆 8 94
豈 10 28

あによめ
嫂 12 163

あね
姉 8 105

あねご
姐 8 159

あばく
訐 10 33
暴 15 229

あばら
肋 6 262

あばれる
暴 15 229

あひる
鶩 20 236

あびる
浴 10 91

あぶ
虻 9 227

あぶみ
鐙 20 192

あぶら
肪 8 223
油 242
脂 10 106
腴 13 243
膏 14 89
膩 16 196

あぶる
炙 8 196
炮 9 224
焙 12 201
煬 13 251

あふれる
氾 5 202
溢 13 13

あま
尼 5 196
雨 8 9
蜑 13 15

あまい
甘 5 33
甜 11 154

あまざけ
醴 20 265

あまだれ
霤 18 228

あまつさえ
剰 11 136

あまねく
泛 7 228
普 12 218
遍 220

あまねし
洽 9 90
浹 10 53
溥 13 214

あまる
余 7 246
剰 11 136
羸 20 11

あみ
罔 8 227
罟 10 76
罨 13 15
網 14 227

あむ
編 15 220

あめ
天 4 186
雨 8 9
飴 14 173
糖 16 191

あや
彪 11 78
絢 12 128
斐 206
綾 14 260

あやうい
危 6 41
殆 9 173

あやかる
肖 7 132

あやぎぬ
綵 14 97

あやしい
妖 7 247
奇 8 41
怪 65

あやつる
操 16 166

あやまち
過 12 23
愆 13 15

あやまる
誤 14 80
錯 16 152
謝 17 115
謬 18 261

あゆ
鮎 16 155

あらい
荒 9 87
悍 10 33
粗 11 159
笨 231
蔬 14 161
糲 20 265
麤 33 269

あらう
洗 9 156
浣 10 34
滌 14 244
澣 16 37
澡 166
盪 17 251
濯 252
灑 22 266

あらうま
駻 17 33

あらかじめ
予 4 246

あらがね
鉱 13 83
礦 20 84

あらき
樸 16 231

あらし
嵐 12 214

あらず
匪 10 206

あらそう
争 6 163

あらた
新 13 140

あらたま
璞 16 231

あらためる

7 改 41
9 革 30
10 悛 127
あらと
19 礪 265
あらどり
22 鷲 113
あられ
20 霰 101
あらわす
8 表 210
11 著 114
14 彰 134
あらわれる
11 現 72
18 顕 73
21 露 29
あり
13 蛾 25
19 蟻 46
ありづか
9 垤 106
ある
6 在 96
存 169
有 245

8 或 270
あるいは
8 或 270
あるく
8 歩 221
あれる
9 荒 87
15 蕪 237
あわ
8 泡 224
沫 234
12 粟 257
あわい
11 淡 14
16 澹 175
あわせ
11 袷 90
あわせる
8 幷 217
併 217
あわただしい
13 遑 88
17 遽 51
あわてる
12 慌 87
20 矍 31

あわび
11 蚫 225
16 鮑 225
20 鰒 215
あわれ
9 哀 3
あわれむ
9 矜 93
12 閔 217
13 愍 236
15 憫 217
16 憐 263
アン
6 安 2
行 85
7 杏 81
9 按 2
10 案 2
晏 2
殷 8
11 庵 15
菴 15
13 罨 15
暗 19
15 鞍 2
16 諳 19

17 鮟 2
闇 19
餡 34
21 黯 19
あんず
7 杏 81

【い】

イ
3 已 102
5 以 3
6 衣 3
夷 3
伊 6
7 医 3
矣 3
囲 4
位 257
8 苡 3
依 3
委 4
易 12
怡 173
9 姨 3
洟 3
為 4

畏 4
胃 4
威 126
10 倭 4
韋 4
倚 42
恚 65
11 痍 3
萎 4
異 5
尉 5
猗 42
唯 145
帷 145
惟 145
移 170
12 偉 4
幃 4
渭 4
椅 42
欹 42
詒 173
貽 173
13 肄 3
痿 4
違 4

葦 4
彙 5
意 5
14 蔚 5
維 145
飴 173
15 蝟 4
慰 5
熨 5
頤 41
遺 44
16 緯 4
謂 5
噫 5
縊 13
鮪 245
18 彝 5
20 鰄 126
21 饐 6
22 懿 6
い
4 井 147
6 亥 27
いいつける
7 吩 216
いう

4 云 9
7 言 75
12 道 118
16 謂 5
いえ
9 屋 18
10 家 23
いえがら
14 閥 202
いえども
17 雖 144
いえる
11 痊 159
いおり
11 庵 15
菴 15
19 廬 267
いが
11 毬 49
いかだ
11 桴 213
12 筏 202
14 槎 96
いがた
8 范 202
いかで

9 怎 95
いがむ
11 啀 27
いかり
13 碇 184
16 錨 210
いかる
8 忿 216
9 怒 188
10 恚 65
悁 71
13 慍 19
愾 41
嗔 141
15 瞋 141
いかるが
18 鵤 29
いかん
8 奈 196
いかんぞ
7 那 196
イキ
11 域 270
16 閾 270
いき
10 息 110

粋 168
16 綷 140
いきおい
13 勢 68
15 権 38
いきどおる
15 憤 207
いきる
5 生 147
9 活 154
イク
8 育 194
9 郁 245
12 粥 126
16 澳 18
17 燠 18
22 囂 126
いく
6 行 85
10 逝 154
12 幾 44
いくさ
7 役 117
9 軍 63
10 師 108
13 戦 175
いぐさ
10 莞 34
19 藺 263
いくさぶね
18 艟 192
21 艦 39
いぐるみ
3 弋 252
19 繳 56
いけ
6 池 241
13 溏 191
いげた
4 井 147
いけにえ
9 牲 147
17 犠 45
いこい
16 憩 154
いこう
12 愒 32
16 憩 154
いさお
13 勣 153
15 勲 63
いさかい
15 諍 163
いさぎよい
10 屑 132
15 潔 66
いさざ
16 鮴 130
いささか
7 些 106
11 聊 228
いさむ
9 勇 249
いさめる
16 諫 35
いざる
20 躄 219
いし
5 石 151
いしうす
15 磑 28
いしずえ
18 礎 160
いしだたみ
14 甃 122
いしだん
17 磴 192
いしづき
20 鐓 195
いしばし
8 矼 81
いしぶみ
14 碣 32
碑 207
いしゆみ
8 弩 188
いじる
7 弄 268
いすか
19 鶍 12
いずくんぞ
11 焉 16
いずみ
9 泉 157
いずれか
11 孰 55
いそ
17 磯 44
18 礒 46
いそがしい
5 匆 162
6 忙 227
10 倥 62
いそぐ
9 急 49
いた
8 板 202
いたい
12 痛 249
いたす
10 致 106
いただき
19 顚 141
22 巓 141
いただく
11 頂 179
17 戴 97
いたち
18 鼬 242
いたましい
11 悽 97
いたむ
8 怛 175
11 悽 97
戚 125
悼 174
悵 180
12 惻 167
13 傷 134
愴 164
いためる
8 炒 130
いたる
6 至 106
8 到 189
10 格 28
訖 47
造 92
13 詣 106
16 臻 141
イチ
1 一 6
6 聿 6
7 壱 6
11 逸 238
いち
5 市 105
いちご
8 苺 233
いちじるしい
11 著 114
いちび
11 紵 179
イツ
1 一 6
乙 19
6 聿 6
7 壱 6
佚 112
11 逸 238
12 軼 112
13 溢 13
15 噎 6
16 駃 69
18 鎰 13
23 鷸 47
いつくしむ
13 慈 108
19 寵 258
いつつ
4 五 79
6 伍 79
いつわる
8 佯 248
11 偽 4
12 詐 95
13 詭 41
15 誕 15
19 譎 47
いと
6 糸 107
11 絃 75
17 縷 268
いとぐち
14 緒 114
いとしい
13 愛 2
いとなむ
12 営 10
いとま
13 遑 88
いどむ
9 挑 180
いな
7 否 211
19 鯔 108
いなか
6 庄 131
いながら
7 坐 96
いなご
15 蝗 88
17 螽 189
いなずま
13 電 139
15 霆 184
いななく
15 嘶 109

いぬ
犬 4 71
戌 6 126
狗 8 61
いぬい
乾 11 37
いぬたで
蘢 19 258
いね
禾 5 22
稲 14 191
いのこ
豕 7 107
いのしし
豕 7 107
猪 12 114
いのち
命 8 264
いのりごと
誄 13 253
いのる
祈 8 58
禱 19 119
いばら
荊 9 64
茨 111
棘 12 107
楚 13 160
箠 17 209
いばらたけ
笸 10 199
いばり
尿 7 144
いびき
鼾 17 33
いびつ
歪 9 211
いぶかる
訝 11 24
いぶす
燻 18 63
いぼ
肬 8 244
いま
今 4 93
いましめる
戒 7 26
飭 13 137
誡 14 26
箴 15 36
警 19 68
いまだ
未 5 235
いみな
諱 17 4
いむ
忌 7 40
諱 17 4
いも
芋 6 8
薯 17 114
藷 19 114
いもうと
妹 8 235
いもむし
蜀 13 138
いや
弥 8 112
嫌 13 73
厭 14 16
いやしい
俗 9 91
卑 207
陋 217
俚 256
鄙 14 207
賤 15 156
いやしくも
苟 8 61
いやす
医 7 3
療 17 261
癒 18 243
いよいよ
弥 8 112
愈 13 243
逾 243
いらか
甍 15 236
いらだつ
苛 8 21
いり
圦 5 197
いりえ
湾 12 255
いる
入 2 197
冶 7 173
居 8 51
要 9 249
射 10 115
煎 13 159
熬 15 91
鋳 119
いれずみ
黥 20 54
いれる
入 2 197
納 10 197
容 249
淹 11 15
いろ
色 6 136
いろどり
采 8 97
彩 11 97
いろり
炉 8 267
鑪 24 267
いわ
岩 8 151
嵒 12 210
いわあな
岫 8 242
いわう
祝 9 64
いわお
巖 23 76
いわく
曰 4 13
いわし
鰮 21 19
鰯 116
いわな
鮇 16 235
いわや
窟 13 62
いわれ
謂 16 5
イン
允 4 6
尹 6
引 7
因 6 7
印 83
姻 9 7
咽 7
茵 7
胤 7
音 19
蚓 10 7
殷 8
員 8
院 34
恁 143
淫 11 7
婬 7
陰 7
寅 8
堙 12 7
湮 7
暗 19
飲 70
隕 13 8
蔭 14 7
酳 7
慇 8
殞 8
隠 8
螾 17 8
霪 19 7
韻 8
贇 210
鸚 28 11
インチ
吋 6 146

【う】

ウ
于 3 8
右 5 244
宇 6 8
芋 8
羽 9
有 245
迂 7 8
佑 244
盂 8 8
雨 9
侑 245
竽 9 8
紆 8
禹 9
胡 78
烏 10 9
桙 229
傴 13 60
嫗 14 60
齲 24 9
う
卯 5 228
鵜 18 184
ウイ
外 5 230
茴 9 26
うえ
上 3 135
筌 12 159

うえる
芸 7 68
飢 10 40
栽 96
植 12 182
稼 15 23
餓 24
餧 16 170
饉 20 59
饑 21 44
うお
魚 11 52
うがい
漱 14 167
うかがう
伺 7 104
俔 9 72
候 10 87
偵 11 185
覗 12 104
覘 155
窺 16 44
諜 250
うがつ
穿 9 24
鑿 28 98
うかぶ
泛 7 228
うかる
受 8 54
うきくさ
萍 11 217
蘋 19 211
うきぶくろ
鰾 22 210
うく
浮 10 213
うぐい
鯎 18 148
鯏 255
うぐいす
鶯 21 10
うけたまわる
承 8 131
うける
享 8 54
受 119
請 15 149
うごかす
撼 16 36
うごく
動 11 124
盪 17 251
うごめく
蠕 20 120
蠢 21 127
うさぎ
兎 7 188
うさぎあみ
罘 9 211
うし
牛 4 50
丑 178
うじ
氏 4 104
蛆 11 160
うしとら
艮 6 93
うしなう
失 5 112
佚 7 112
喪 12 165
うしろ
後 9 247
うす
臼 6 49
碓 13 145
うず
渦 12 23
うすい
菲 11 206
稀 12 41
澆 15 57
薄 16 214
うすぎぬ
紗 10 130
絅 11 66
繻 20 119
うずく
疼 10 189
うずくまる
踞 15 51
蹲 19 169
うすぐらい
濛 16 239
うずたかい
堆 11 145
うすづく
舂 11 134
うずめる
塡 13 141
うずら
鶉 19 55
うそ
噓 15 51
鷽 24 28
うそぶく
嘯 16 125
うた
哥 10 21
唄 200
詩 13 110
歌 14 21
うたい
謡 16 250
うたう
吟 7 93
哦 10 24
詠 12 10
嘔 14 60
謳 18 60
うたがう
猜 11 149
疑 14 45
うたげ
宴 10 14
うだつ
梲 11 13
うだる
茹 9 129
うち
内 4 197
裏 13 256
うちかけ
袿 11 65
褂 13 66
襠 18 189
うちわもめ
訌 10 81
ウツ
蔚 14 5
熨 15 5
鬱 29 181
うつ
打 5 179
伐 6 202
抃 7 221
征 8 147
拍 201
拊 212
挌 9 29
拷 86
討 10 146
戛 11 23
誅 13 118
搏 214
撃 15 69
膺 17 18
うつくしい
佼 8 84
姸 9 64
娃 65
姚 180
美 248
娥 10 24
娟 71
倩 149
猗 11 42
蜎 13 71
綺 14 42
韶 131
うつす
写 5 153
徙 11 103
移 170
鈔 12 130
摸 13 222
遷 15 158
うったえる
訟 11 82
訴 12 151
愬 14 98
うつぼ
靫 12 95
鱓 23 175
うつむく
俯 10 212
うつる
映 9 18
遷 15 158
うつろ
虚 11 51
うつわ
器 15 71
うで
腕 12 14
膊 14 214
臂 17 219
うてな
台 5 172
柎 9 212
蕚 12 31
うでまえ
倆 10 259
うでわ
釧 11 154
うとい
疎 12 167

疏 161
闊 17 154
うながす
促 9 166
うなぎ
鰻 22 235
うなされる
魘 24 16
うなじ
項 12 81
うなずく
肯 8 93
頷 16 40
うなる
唸 11 198
うね
畝 10 233
疇 19 119
壟 258
隴 258
うば
姆 8 222
姥 9 268
うぼう
虔 10 217
奪 14 145

褫 15 109
簒 16 101
うま
午 4 79
馬 10 199
うまい
旨 6 106
蔗 14 128
うまつぎ
站 10 156
うまや
厩 14 43
廐 15 133
うまれる
生 5 147
誕 15 15
うみ
海 9 233
溟 13 237
膿 17 198
瀛 19 11
うむ
倦 10 36
産 11 75
膿 17 198
うめ

梅 10 233
うめく
呻 8 139
うもれる
埋 10 256
うやうやしい
恭 10 53
うやまう
敬 12 68
うら
浦 10 221
裏 13 256
うらない
卦 8 66
うらなう
卜 2 230
占 5 155
うらむ
怏 8 18
怨 9 14
恨 93
惆 11 120
慍 13 19
憾 16 36
うらやむ
羨 13 70

うり
瓜 6 22
うりよね
糶 25 252
うる
売 7 200
沽 8 76
售 11 145
得 193
うるう
閏 12 17
うるおう
沢 7 12
沾 8 155
涵 11 35
湿 12 73
潤 15 17
霑 16 155
うるさい
煩 13 69
うるし
漆 14 113
うるち
粳 13 86
うるわしい
麗 19 265

懿 22 6
うれい
愁 13 122
うれえる
恤 9 69
悄 10 132
悒 245
患 11 34
閔 12 217
憂 15 245
懆 16 166
うれしい
嬉 15 45
うれる
熟 15 55
うろこ
鱗 24 263
うわぐすり
釉 12 242
うわごと
譫 20 175
囈 21 68
うわさ
噂 15 169
うわばみ
蟒 16 239

ウン
云 4 9
吽 7 50
芸 8 9
紜 10 9
耘 9
雲 12 10
温 19
運 63
慍 13 19
暈 63
褞 15 19
縕 16 19
繧 18 10
韞 19 19
餫 19
蘊 19

【え】

エ
衣 6 3
回 25
会 26
依 8 3
廻 9 25
恵 10 67

彗 11 146
淮 270
絵 12 26
慧 15 146
衛 16 4
壊 26
穢 18 98
え
江 6 81
荏 9 143
柄 217
餌 15 111
エイ
永 5 10
曳 6 11
泳 8 10
英 18
泄 148
栄 9 10
洩 11
盈 11
映 18
郢 10 183
詠 12 10
営 10
瑛 18

景 54
塋 13 10
楹 11
裔 66
瑩 15 10
鋭 13
影 54
衛 16 4
殪 6
叡 11
霙 18
穎 67
翳 17 3
嬰 11
瀛 19 11
蠑 20 10
嬴 11
瓔 21 11
癭 22 11
纓 23 11
えい
鱏 23 176
えがく
画 8 25
描 11 210
エキ

6 亦 12　7 役 117　8 易 12　9 奕 12　疫 117　10 益 13　11 訳 12　液 241　掖 241　12 腋 241　14 駅 12　蜴 12　16 懌 12　19 繹 12　鶍 12　**えくぼ** 23 靨 16　**えぐる** 6 刔 69　7 抉 69　8 刳 77　10 剔 12　**えさ** 15 餌 111　**えそ** 23 鱛 161

えだ 6 朶 172　7 条 244　8 枝 103　9 柯 21　**エツ** 4 曰 13　5 戉 13　7 兊 14　9 咽 7　10 悦 13　12 粤 9　越 13　13 鉞 13　14 説 13　15 噎 6　閲 13　謁 32　16 噦 98　21 饐 6　**えのき** 14 榎 23　**えび** 12 蛯 268　15 蝦 23　20 鰕 23

えびす 6 夷 3　戎 123　7 狄 185　8 羌 248　9 胡 78　12 蛮 255　13 貊 209　15 羯 32　蕃 204　**えびら** 14 箙 214　**えみし** 6 夷 3　**えやみ** 15 瘟 19　17 癘 264　**えら** 18 顋 108　20 鰓 108　**えらい** 12 偉 4　**えらぶ** 7 択 12　12 揀 35　14 銓 159

15 選 169　撰 169　**えり** 9 衿 93　11 袵 143　13 魞 197　14 滬 76　18 襟 60　**えりわける** 9 柬 35　**える** 11 得 193　16 獲 30　**エン** 4 円 8　8 沿 14　宛 14　苑 14　炎 14　奄 15　延 15　9 咽 7　怨 14　衍 15　爰 15　垣 86

10 烟 7　宴 14　俺 15　莚 15　涎 15　袁 16　娟 71　悁 71　捐 71　冤 188　11 婉 14　偃 14　掩 15　淹 15　焉 16　12 堰 14　援 15　媛 15　湲 15　掾 15　淵 16　焰 34　13 煙 8　鉛 14　罨 15　筵 15

蜒 15　遠 16　園 16　猿 16　塩 40　羨 70　14 演 8　蜿 14　嫣 16　厭 16　鳶 252　15 豌 14　蝘 14　縁 15　16 鋺 14　鴛 14　閹 15　燕 17　閼 17　閻 34　圜 39　17 轅 16　檐 175　19 嚥 17　簷 175　艶 224

20 臙 17　22 鼴 14　23 讌 17　24 魘 16　26 黶 16　**えんじゅ** 14 槐 44

【お】

オ 6 汚 9　8 於 17　和 22　10 烏 9　11 悪 2　唹 17　淤 17　13 嗚 9　飫 247　15 噁 2　**お** 3 小 129　7 尾 208　8 苧 179　12 御 115　14 緒 114

おい 10 笈 49　12 甥 147　**おいて** 8 於 17　**おいぼれる** 10 耄 239　**おいる** 6 老 268　10 耆 43　**オウ** 4 王 17　5 圧 16　凹 18　央 18　7 汪 17　応 18　邑 245　8 旺 17　枉 17　往 17　怏 18　欧 60　殴 60　泓 80　押 83

拗 247
9 殃 18
瓮 82
皇 87
姶 90
10 桜 11
秧 18
翁 82
11 凰 88
黄 90
12 奥 18
13 媼 19
閘 83
14 鞅 18
嘔 60
嫗 60
15 横 90
16 鴦 18
懊 18
澳 18
甌 60
鴨 83
17 燠 18
膺 18
18 襖 18
謳 60
甕 251
19 鏖 269
20 嚶 11
罌 11
21 鶯 10
鶲 82
22 鷗 60
24 鷹 18
28 鸚 11
おう
9 追 182
負 200
10 逐 173
12 趁 139
おうぎ
10 扇 158
おうご
6 朸 261
おうだん
10 疸 174
おうち
7 杞 40
13 棟 35
15 樗 9
おうな
13 媼 19
14 嫗 60
おおい
6 多 170
12 衆 120
おおう
8 奄 15
10 盍 89
11 掩 15
13 罨 15
蓋 89
幎 238
15 蔽 219
冪 223
18 覆 215
おおかみ
10 狼 259
おおきい
3 大 172
5 巨 50
丕 211
7 尨 100
9 奕 12
恢 20
庬 100
12 傀 43
13 嵬 43
鉅 50
14 碩 151
19 龐 258
33 麤 269
おおざら
15 盤 203
おおじか
16 麈 117
17 麋 219
おおすっぽん
24 鼇 91
おおせ
6 仰 83
15 諚 184
おおづつ
14 熕 81
おおづな
10 紘 81
おおどおり
12 逵 257
おおとり
11 凰 88
14 鳳 232
17 鴻 81
19 鵬 226
おおにら
9 荔 189
おおはまぐり
13 蜃 140
おおぶね
11 舸 21
おおぼら
17 鮀 268
おおみず
9 洪 54
おおむね
14 概 43
おおやけ
4 公 82
8 官 34
おか
5 丘 49
8 邱 49
岡 87
阜 213
11 崗 87
陸 256
19 隴 258
おかげ
14 蔭 7
おかす
5 犯 202
6 奸 33
9 侵 140
冒 229
おがむ
8 拝 200
おき
7 沖 178
16 澳 18
17 燠 18
おぎ
10 荻 185
13 蒹 74
おきて
11 掟 184
おきな
10 翁 82
叟 163
おぎなう
12 補 221
13 裨 207
おきにいり
16 嬖 219
おきる
10 起 40
オク
7 沃 247
9 屋 18
15 億 5
16 憶 5
17 臆 5
おく
11 措 152
12 奥 18
13 置 182
17 擱 29
おくび
16 噯 2
噫 5
おくぶかい
10 窈 247
12 淵 16
18 邃 145
おくみ
11 衽 143
おくりな
16 謚 64
おくる
9 送 163
15 餉 84
17 賻 214
18 贈 161
19 餽 43
21 饋 44
おくれる
12 遅 98
おけ
11 桶 249
15 槽 165
おけら
5 朮 126
おこぜ
21 鰧 191
おごそか
9 荘 162
17 厳 76
22 儼 76
おこたる
9 怠 172
12 惰 170
14 慢 234
16 懈 26
19 懶 254
おこなう
6 行 85
おこり
14 瘧 47
おこる
9 怒 188

勃 200
16 興 247
おごる
6 夸 77
8 侈 170
10 倨 51
11 敖 91
12 喬 56
奢 114
13 傲 91
14 僭 142
22 驕 56
おさ
9 酋 122
13 篋 148
おさえる
5 圧 16
7 抑 83
扼 241
8 押 83
制 149
9 按 2
13 搤 13
おさない
3 幺 247
5 幼 247

おさめる
2 乂 27
4 尹 6
収 48
8 治 173
10 納 197
修 244
11 脩 244
理 256
15 蔵 166
撥 202
17 斂 73
18 釐 256
19 韞 19
おじ
13 舅 49
おしい
11 惜 152
おしえる
10 訓 154
11 教 82
14 誨 233
おじか
18 麞 80
おしどり
16 鴛 14

鳶 18
おしはかる
6 忖 146
12 揣 176
13 斟 143
15 億 5
17 臆 5
おしむ
13 嗇 137
14 慳 73
おす
7 牡 188
8 押 83
10 挨 3
11 推 144
捺 196
12 雄 244
おそい
10 晏 2
12 遅 98
晩 238
おそう
22 襲 258
おそれ
13 虞 80
おそれる

8 怕 201
怖 213
9 畏 4
怐 52
恂 128
10 恐 53
悚 166
11 悸 42
惧 61
12 惶 88
竦 166
惴 176
13 慄 257
14 慴 122
16 懍 263
18 瞿 61
21 懾 135
おそろしい
10 恐 53
おだてる
14 煽 158
おだやか
16 穏 8
オチ
12 越 13
おちいる

10 陥 34
おちる
12 落 29
堕 170
13 隕 8
14 殞 8
15 墜 145
オツ
1 乙 19
12 越 13
14 膃 19
おっと
4 夫 212
おと
9 音 19
おとうと
7 弟 184
おとがい
15 頤 41
おどける
13 詼 20
おとこ
7 男 187
13 漢 36
おどし
15 縅 126

おとしあな
9 穽 147
おとしいれる
10 陥 34
おとしめる
11 貶 228
おどす
9 威 126
恫 192
10 脅 53
12 愒 32
17 嚇 151
おとずれる
11 訪 223
おとり
7 囮 20
おとる
6 劣 131
おどる
14 踊 249
16 踴 249
21 躍 252
おとろえる
10 衰 146
おどろく
9 咢 31

12 愕 31
16 駭 27
22 驚 68
おながざる
9 禺 61
おなじ
6 同 192
おに
10 鬼 43
おにやらい
21 儺 37
おの
4 斤 58
8 斧 212
12 釿 58
おのおの
6 各 28
おのれ
3 己 40
おば
9 姨 3
おび
10 帯 171
おびえる
8 怯 50
おびただしい

14 夥 23
おびだま
10 珮 200
おびやかす
7 劫 50
9 愶 53
10 脅 53
おびる
8 佩 200
10 帯 171
おぼえる
12 覚 28
16 憶 5
おぼれる
12 涵 238
13 溺 116
おぼろ
17 朦 239
20 朧 258
おみ
7 臣 139
おも
5 主 117
おもい
9 重 124
おもう

8 念 198
9 思 108
11 惟 145
13 想 164
16 憶 5
おもがい
24 羈 30
おもかげ
9 俤 184
おもて
8 表 210
9 面 238
おもねる
7 佞 196
8 阿 2
おもむき
15 趣 118
おもむく
9 赴 230
17 趨 146
おもむろ
10 徐 246
おもり
16 錘 144
おもんぱかる
15 慮 258
おや
16 親 141
おやじ
13 爺 241
おやゆび
8 拇 222
17 擘 220
およぐ
8 泳 10
泅 142
12 游 245
およそ
3 凡 232
およぶ
3 及 49
7 迄 47
12 覃 176
16 曁 43
臻 141
およぼす
3 及 49
おり
13 滓 140
16 澱 187
18 檻 39
おりる
10 降 86
おる
7 折 153
18 織 137
おれ
10 俺 15
おろか
7 呆 225
10 倥 62
蚩 109
13 愚 61
痴 177
15 魯 267
18 檮 119
おろし
12 颪 214
おろす
9 卸 115
おわる
2 了 259
8 卒 168
殁 231
10 訖 47
11 竟 55
終 189
畢 209
オン
8 苑 14
9 怨 14
音 19
10 恩 7
11 陰 7
12 温 19
飲 70
13 遠 16
園 16
慍 19
14 隠 8
厭 16
15 瘟 19
褞 19
16 穏 8
縕 19
21 鰮 19
おん
12 御 115
おんな
3 女 129

【か】

カ
3 下 135
4 火 20
化 20
戈 20
5 可 21
加 21
禾 22
6 瓜 22
仮 23
夸 77
7 囮 20
花 20
找 20
何 21
伽 21
8 河 21
苛 21
呵 21
茄 21
和 22
果 22
佳 65
卦 66
価 79
9 柯 21
珂 21
架 21
迦 21
枷 21
珈 21
科 22
10 荷 21
哥 21
痂 21
夏 23
家 23
華 24
個 77
11 貨 20
訛 20
舸 21
笳 21
菓 22
谺 24
掛 66
12 訶 21
軻 21
跏 21
葭 23
渦 23
過 23
堝 23
萵 23
13 靴 20
暇 23
瑕 23
遐 23
禍 23
廈 23
嫁 23
嘩 24
賈 79
歌 21
14 嘉 21
裹 22
夥 23
窩 23
榎 23
寡 23
樺 24
箇 77
15 蝌 22
課 22
踝 23
蝦 23
蝸 23
稼 23
顆 23
17 霞 23
鍋 23
鎼 77
18 譁 24
20 鰕 23
か
4 日 196
5 乎 77
9 耶 241
10 蚊 216
17 歟 247
ガ
4 牙 24
5 瓦 24
7 伽 21
我 24
8 芽 24
画 25
臥 139
9 俄 24
10 哦 24
娥 24
峨 25
莪 25
11 訝 24
12 賀 21
13 雅 24

蛾 25 衙 79 15 駕 21 蝦 23 餓 24 18 鵝 25
カイ 4 介 25 刈 27 夬 69 6 灰 20 价 25 回 25 会 26 7 芥 25 戒 26 改 41 快 69 8 拐 25 怪 65 佳 65 乖 230 届 242 9 恢 20 疥 25 界 25
枴 25 廻 25 徊 25 茴 26 皆 26 咳 27 垓 27 孩 27 挂 65 海 233 悔 233 10 迴 25 害 27 11 械 26 偕 26 掛 66 晦 233 淮 270 12 喙 16 堺 25 蛔 26 絵 26 階 26 揩 26 凱 28 愒 32
傀 43 開 64 街 65 13 詼 20 楷 26 解 26 該 27 愾 41 塊 43 嵬 43 隗 43 褂 66 賄 245 匯 270 14 誡 26 概 43 槐 44 瑰 44 魁 44 誨 233 15 潰 44 鞋 65 16 獪 26 諧 26 廨 26 懈 26
壊 26 懐 26 骸 27 駭 27 薤 50 17 檜 26 膾 26 邂 26 鮭 65 醢 244 18 鎧 28 19 蟹 26 24 鱠 26
かい 7 貝 200 13 楫 121 18 櫂 252 21 艪 267
ガイ 2 乂 27 4 刈 27 5 艾 27 亥 27 外 230 7 苅 27 8 劾 27
9 咳 27 垓 27 孩 27 10 害 27 豈 28 11 涯 27 崖 27 啀 27 12 凱 28 剴 28 街 65 13 該 27 睚 27 愾 41 慨 43 嵬 43 蓋 89 碍 193 14 概 43 15 皚 28 磑 28 漑 43 16 骸 27 駭 27 17 鮠 41 18 鎧 28
19 礙 45
かいがらぼね 9 胛 83
かいこ 10 蚕 142
かいばおけ 7 皁 162 20 櫪 266
かいよね 22 糴 252
かいらぎ 20 鰄 126
カイリ 10 浬 256
かう 8 沽 76 12 買 200 13 飼 104
かえす 7 返 203
かえって 7 却 51
かえで 13 楓 214 15 槭 125
かえりみる 9 省 131 11 眷 71 21 顧 76
かえる 4 反 202 5 代 175 10 帰 164 12 換 35 蛙 65 替 171 復 215 14 孵 213 16 還 39
かお 18 顔 75
かおり 9 香 22 20 馨 150
かおる 7 芬 216 16 薫 63 18 馥 215 20 馨 150
かかあ 17 嚊 206 嬶 206
かかえる 8 抱 224
かかげる 11 掲 32 掀 58 14 搴 38
かかと 13 跟 93 16 踵 124
かがみ 19 鏡 55
かがむ 8 屈 62 13 傴 60 14 跼 57
かがめる 13 僂 268
かがやく 12 焜 94 暉 63 煌 88 14 赫 151 15 曄 24 輝 63 18 曜 251 燿 251

19 爍 31　20 燿 251　かかり 9 係 66　11 掛 66　かがり 16 篝 88　かかる 16 罹 253　19 繋 69　20 懸 73　かがる 16 縢 191　かかわる 8 拘 61　14 関 34　かき 9 垣 86　柿 105　12 堵 114　17 牆 129　20 蠣 265　かぎ 13 鉤 61　17 鍵 73　18 鎰 13

かきまぜる 8 拌 203　23 攪 28　かぎり 9 垠 94　かぎる 9 限 94　カク 6 各 28　7 角 29　8 画 25　拡 84　9 恪 28　挌 29　狢 29　客 29　革 30　10 核 27　格 28　埆 29　桷 29　11 殻 30　脚 51　郭 55　12 覚 28　喀 29

椁 55　13 貉 29　較 84　塙 89　隔 266　14 劃 25　閣 29　愨 30　廓 55　摑 92　幗 92　赫 151　膈 266　15 確 30　16 骼 28　獲 30　霍 31　17 擱 29　嚇 151　馘 270　18 穫 30　19 蠖 30　[illegible] 56　20 矍 31　21 鶴 30　癨 31

23 攪 28　攫 31　24 鷽 28　28 钁 31　かく 4 欠 69　8 爬 199　9 舁 246　10 書 114　11 描 210　13 掻 165　かぐ 13 嗅 110　ガク 8 学 28　岳 92　9 咢 31　12 愕 31　萼 31　鄂 31　13 楽 31　16 諤 31　17 鍔 31　壑 91　18 額 29　顎 31

20 鰐 31　鶚 31　24 鷽 28　齶 31　かくす 14 隠 8　窩 23　臧 166　21 贓 166　かくまう 10 匿 116　かくれる 10 匿 116　14 隠 8　15 遯 194　かぐわしい 9 郁 245　かげ 11 陰 7　14 蔭 7　15 影 54　がけ 11 崖 27　かけい 13 筧 72　かけす

18 駕 203　かけはし 10 桟 156　かける 4 欠 69　9 架 21　挂 65　11 掛 66　12 翔 248　14 駆 60　16 賭 114　17 虧 78　騫 38　20 懸 73　かげる 17 翳 3　かご 12 筐 17　19 轎 56　20 籃 39　22 籠 258　かこつ 12 喞 167　かこつける 10 託 173　12 寓 62

かこむ 7 囲 4　かさ 10 疽 160　笠 257　11 傘 101　12 量 261　13 暈 63　嵩 89　15 瘡 164　かささぎ 19 鵲 152　かざす 17 翳 3　かさなる 14 層 161　かさね 22 襲 258　かさねる 9 重 124　10 套 181　11 曽 161　累 263　14 複 215　かさぶた 10 痂 21

かさむ 13 嵩 89　かざり 13 賁 207　15 錺 223　かざる 13 飾 137　かし 13 債 153　15 樫 73　17 橿 56　かじ 9 柁 170　11 舵 170　梶 208　13 楫 121　かじか 16 鮖 151　20 鰍 122　かじかむ 11 悴 168　かしぐ 8 炊 70　29 爨 247　かしこい 9 俐 255

12 渣 160
11 粕 201
かす
15 槲 30
9 柏 201
かしわ
21 齧 66
18 嚙 109
かじる
16 頭 190
14 魁 44
酋 122
首 118
9 頁 69
5 仟 155
かしら
9 姦 129
かしましい
12 傳 213
かしずく
9 畏 4
かしこまる
賢 73
16 叡 11
15 慧 146
10 悧 255

16 薛 220
12 葛 32
かずら
11 掠 54
かすめる
13 剿 165
かすめとる
17 霞 23
かすみ
18 鯑 41
かずのこ
20 籌 119
かずとり
18 鎹 163
かすがい
15 緲 130
13 微 208
12 渺 130
9 幽 247
かすか
13 数 268
かず
糟 165
17 藉 152
13 滓 140
貸 172

硬 86
12 堅 73
矼 81
固 77
8 佶 46
かたい
15 潟 153
9 型 64
8 肩 76
方 223
4 片 220
かた
14 算 101
13 数 268
かぞえる
15 稼 23
かせぐ
9 風 214
かぜ
11 械 26
10 枷 135
かせ
20 纃 150
13 綛 142
12 絣 218
かすり

2 刀 189
かたな
12 象 135
かたどる
15 蝸 23
かたつむり
貌 229
14 像 135
状 129
7 形 63
かたち
3 尸 102
かたしろ
10 辱 138
8 忝 186
かたじけない
13 頑 74
かたくな
15 敵 185
4 仇 48
かたき
10 狷 71
かたいじ
18 難 37
15 確 30
犀 98

刮 154
8 劼 46
カツ
18 鵝 25
がちょう
12 凱 28
かちどき
10 徒 188
かち
12 傍 226
旁 226
10 脇 53
かたわら
15 談 14
14 語 79
8 拐 25
かたる
15 僻 219
11 偏 220
かたよる
13 傾 67
8 昃 166
4 仄 166
かたむく
13 塊 43
かたまり

6 合 90
カッ
19 蠍 32
黠 46
18 鞨 32
闊 154
豁 28
17 轄 27
蝎 32
羯 32
15 瞎 27
猾 93
滑 93
13 褐 32
蛞 154
聒 154
筈 154
愒 32
葛 32
12 割 27
渇 32
喝 32
11 戛 23
活 154
括 154
9 曷 32

かて
21 鬘 235
10 桂 65
かつら
14 嘗 132
11 曾 161
かつて
9 昇 246
8 担 175
6 扛 81
かつぐ
22 鰹 73
かつお
6 合 90
ガッ
4 月 70
ガツ
20 贏 11
13 戡 143
12 勝 191
11 捷 133
9 剋 92
7 克 92
5 且 160
かつ
9 恰 90

9 要 249
8 枢 60
かなめ
9 奏 163
かなでる
18 鎚 182
かなづち
12 悲 206
9 哀 3
かなしい
13 鼎 185
かなえ
16 諧 26
9 協 53
5 叶 123
かなう
9 哉 96
5 乎 77
かな
8 拐 25
かどわかす
13 稜 260
8 門 240
7 角 29
かど
18 糧 261

かならず
5 必 208
かに
19 蟹 26
かね
8 金 59
13 鉦 147
20 鐘 193
かねぐら
8 帑 188
かねる
10 兼 73
かのえ
8 庚 89
かのこ
19 麑 111
かのと
7 辛 140
かば
14 樺 24
かばう
7 庇 205
かばね
8 姓 147
かばん
14 鞄 225

かび
23 黴 208
かぶ
10 株 117
11 菁 149
15 蕪 237
かぶと
9 冑 242
11 兜 229
かぶとがに
24 鱟 28
かぶらや
19 鏑 186
かべ
16 壁 219
かま
10 釜 212
11 割 91
15 窯 88
18 鎌 74
がま
13 蒲 221
かまえる
10 冓 88
14 構 88
かます
5 叺 197
15 魳 108
かまち
10 框 17
17 檔 189
かまど
21 竈 250
29 爨 247
かまびすしい
8 呶 188
11 啅 173
12 聒 154
喧 157
13 嘩 24
14 嗷 91
16 諠 157
18 譁 24
24 讙 37
かみ
9 神 139
10 紙 104
14 髪 202
かみかざり
14 幗 92
かみしも
11 裃 135

かみなり
13 雷 253
21 霹 219
かむ
8 咀 159
9 咬 84
16 噬 213
18 嚙 109
20 齟 160
21 嚼 116
かめ
9 瓮 82
11 亀 44
瓶 218
16 甌 60
18 甕 251
20 罌 11
かも
13 鳧 40
16 鴨 83
かもじ
13 髢 241
かもしか
11 羚 264
かもす
19 醱 202
20 釀 136
かもめ
22 鷗 60
かや
8 茆 228
茅 236
12 萱 157
14 榧 206
かゆ
12 粥 126
17 糜 233
18 餬 78
22 鬻 126
かゆい
11 痒 248
20 癢 252
かよわい
20 孅 158
から
8 空 62
10 唐 191
11 殻 30
18 韓 37
がら
9 柄 217
からい
7 辛 140
8 苛 21
14 辣 254
からかう
12 揶 241
からくり
11 械 26
からげる
11 紮 99
16 縢 191
からし
7 芥 25
からす
10 烏 9
15 鴉 24
からすみ
26 鱲 260
からだ
7 体 265
12 躰 231
18 軀 60
からたち
9 枳 104
からぼり
12 隍 88
からむ
12 絡 29
からむし
8 苧 179
からめる
13 搦 116
かり
6 仮 23
狩 117
9 畋 187
12 雁 40
13 債 153
17 獮 112
かりずまい
12 寓 62
14 僑 56
かりもがり
18 殯 211
かりる
10 借 152
かる
2 乂 27
4 刈 27
7 苅 27
芟 117
9 狩 117
14 駆 60

かるい
12 軽 65
14 嫖 210
かるがるしい
8 佻 180
かれ
6 伊 6
8 彼 205
かれい
20 鰔 36
鰈 250
かれいい
15 餉 84
かれき
14 槁 88
かれる
7 沍 79
9 枯 76
11 涸 77
13 嗄 23
かわ
3 川 154
5 皮 205
8 河 21
9 革 30
がわ

11 側 167
かわうそ
19 獺 254
かわく
11 渇 32
乾 37
晞 41
17 燥 166
かわぐつ
17 鞜 191
かわごろも
13 裘 49
かわす
13 躱 172
かわせみ
14 翠 168
翡 206
かわや
12 廁 167
13 溷 94
かわやなぎ
13 蒲 221
かわら
5 瓦 24
16 磚 153
甎 157

18 甓 219
かわらよもぎ
16 薜 70
かわる
4 化 20
5 代 172
8 易 12
9 変 255
12 換 35
替 171
渝 243
カン
3 干 32
5 刊 32
甘 33
丱 34
甲 83
6 汗 32
奸 33
扞 33
缶 37
7 肝 32
盱 33
杆 33
罕 33
旱 33

串 34
完 34
含 40
坎 70
8 坩 33
邯 33
拑 33
官 34
侃 35
函 35
9 竿 33
柑 33
冠 34
柬 35
奐 35
巻 36
咸 36
看 116
姦 129
宦 139
10 悍 33
疳 33
陥 34
浣 34
莞 34
栞 64

桓 86
11 蚶 33
患 34
菅 34
涵 35
乾 37
貫 38
啣 115
勘 143
12 湲 15
稈 33
酣 33
嵌 33
皖 34
棺 34
揀 35
喚 35
換 35
渙 36
喊 36
寒 38
敢 38
間 39
堪 143
款 144
萱 157

閑 230
13 骭 33
鉗 33
煥 36
感 36
漢 36
幹 37
勧 37
豢 71
寛 72
戡 143
14 箝 33
関 34
管 34
慣 38
銜 59
慳 73
15 緩 15
緘 36
歓 37
澗 39
嫺 39
監 39
嫻 230
16 館 34
諌 35

憾 36
撼 36
澣 37
翰 37
橄 38
還 39
圜 39
寰 39
頷 40
盥 144
17 鼾 33
駻 33
餡 34
瞰 38
癇 39
環 39
歛 72
艱 94
18 韓 37
観 37
簡 39
檻 39
19 瀚 37
羹 88
20 鰔 36
鹹 36

轗 36
灌 37
懽 37
21 鐶 39
艦 39
鰥 52
龕 90
22 鬟 39
23 鑑 39
24 讙 37
26 顴 38
27 驩 37
28 鸛 37
かん
9 神 139
16 燗 39
ガン
3 丸 48
4 元 74
7 含 40
8 岸 33
玩 74
岩 151
10 莟 40
11 偐 75
眼 94

啣 115
12 雁 40
嵒 210
13 頑 74
14 銜 59
碪 144
15 翫 74
16 頷 40
癌 210
17 顔 75
18 贋 40
19 願 76
22 龕 90
23 巌 76
かんがえる
6 攷 80
考 86
10 案 2
11 勘 143
15 稽 106
かんがみる
23 鑑 39
かんざし
11 釵 95
12 笄 64
13 鈿 187

18 簪 142
かんじき
16 橇 239
17 欅 53
かんじる
13 感 36
かんな
13 鉋 225
かんなぎ
14 覡 72
かんぬき
9 閂 6
かんばしい
7 芳 223
かんむり
9 冠 34
11 冕 238

【き】

キ
2 几 40
3 己 40
5 卉 162
6 机 40
肌 40
気 41

危 41
企 103
伎 103
7 忌 40
杞 40
汽 41
希 41
圻 58
沂 58
岐 103
8 奇 41
季 42
其 42
祈 58
祁 109
9 紀 40
癸 43
軌 48
亟 58
奎 65
枳 104
咥 106
10 豈 28
飢 40
記 40
起 40

唏 41
姫 41
剞 42
倚 42
耆 43
既 43
鬼 43
帰 164
11 晞 41
欷 41
寄 41
埼 41
崎 41
掎 42
悸 42
基 42
萁 42
亀 44
規 44
馗 48
跂 103
12 喟 5
稀 41
欹 42
期 42
棋 42

欺 43
揆 43
葵 43
貴 44
幾 44
喜 45
揮 63
逵 257
13 愾 41
詭 41
跪 41
畸 42
祺 42
碁 43
愧 43
毀 45
暉 63
棄 194
14 綺 42
旗 42
箕 42
綦 42
匱 44
僖 45
15 熙 41
踑 42

槻 44
畿 44
嬉 45
毅 45
輝 63
器 71
麾 233
16 冀 5
曁 43
窺 44
機 44
熹 45
17 諱 4
覬 28
磯 44
禧 45
燬 45
虧 78
18 徽 208
騎 42
騏 42
簣 44
櫃 44
19 麒 43
餽 43
譏 44

20 曦 46
21 鰭 43
饋 44
饑 44
22 羇 42
24 羈 30
羸 200
26 驥 5
き
4 木 230
11 黄 90
ギ
6 伎 103
7 沂 58
岐 103
技 103
妓 103
8 宜 45
9 祇 104
11 偽 4
跂 103
12 欺 43
13 蛾 25
嵬 43
義 45
14 匱 44

疑 45
15 誼 45
儀 45
戯 51
16 嶬 46
羲 46
17 擬 45
嶷 45
犠 45
18 魏 4
礒 46
19 艤 46
蟻 46
20 議 45
曦 46
21 巍 4
きえる
10 消 132
キク
10 畜 178
11 菊 46
掬 46
12 椈 46
17 鞠 46
18 鞫 46
19 麴 46

きく
7 利 255
8 効 84
11 聆 264
14 聞 240
17 聴 182
きくいただき
19 鶲 121
きくいむし
24 蠹 151
きこり
16 樵 135
きさき
6 妃 40
后 85
きざす
6 兆 180
11 萌 237
きざはし
10 陛 205
12 階 26
きざむ
8 刻 27
9 契 66
剋 92
10 剞 42

きし 8 岸 33
きじ 13 雉 105
きしむ 8 軋 19 22 轢 31
きしる 8 軋 19
きす 23 鱚 45
きず 8 呰 105 10 疵 106 11 痍 3 12 創 164 13 瑕 23 傷 134
きずあと 15 瘢 203
きずく 16 築 178
きずな 11 紲 148 絆 203 12 絏 11 17 縻 233
きそう 20 競 64
きた 5 北 230 10 朔 98
きたえる 17 鍛 177
きたない 6 汚 9
キチ 6 吉 46
キツ 3 乞 47 6 吉 46 吃 47 屹 47 7 迄 47 8 佶 46 9 拮 46 契 66 10 桔 46 訖 47 12 喫 66 13 詰 46 15 頡 46 16 橘 47 19 譎 47
きっさき 14 鋩 227
きつね 9 狐 22
きぬ 13 絹 71
きぬがさ 18 繖 101
きたない 6 汚 9
きぬた 10 砧 155 14 碪 144
きね 8 杵 79
きのう 9 昨 95
きのえ 5 甲 83
きのこ 9 茸 111 15 蕈 176
きのと 1 乙 19
きのまた 12 椏 2
きば 4 牙 24
きはだ 17 蘗 220
きび 12 黍 22 粢 111 15 稷 137
きびしい 14 辣 254 17 厳 76
きみ 4 公 82 7 君 62 9 皇 87 12 卿 55
きめる 7 決 69
きも 7 肝 32 9 胆 175
きもの 8 服 214
キャ 7 伽 21 11 脚 51
キャク 7 却 51 9 客 29 卻 47 10 格 28 11 脚 51 19 蹻 56
ギャク 9 逆 47 虐 47 14 瘧 47 16 謔 47
きゃん 9 俠 52
キュウ 2 九 48 3 久 48 弓 48 及 49 4 仇 48 5 丘 49 旧 49 6 吸 49 扱 49 臼 49 朽 80 休 230 7 糺 19 究 48 灸 48 玖 48 汲 49 岌 49 求 49 8 咎 29 疚 48 穹 48 邱 49 泣 257 9 柩 48 糾 48 級 49 急 49 10 赳 48 躬 49 笈 49 烋 230 宮 267 11 亀 44 蚯 49 救 49 球 49 逑 49 毬 49 12 韮 50 給 90 翕 90 13 鳩 48 舅 49 裘 49 嗅 110 14 厩 43 摎 261 15 窮 49 樛 261 16 歙 90 26 鬮 44
ギュウ 4 牛 50 7 岌 49
キョ 5 巨 50 去 50 8 拒 50 苣 50 居 51 拠 128 9 炬 50 10 秬 50 倨 51 挙 247 11 据 51 虚 51 許 79 12 距 50 渠 50 13 鉅 50 裾 51 筥 267 15 踞 51 嘘 51 墟 51 16 鋸 51 歔 51 17 遽 51 20 醵 51 21 欅 247
ギョ 10 圄 79 11 魚 52 圉 87 12 御 115

馭 243　14 漁 52　語 79　16 禦 115　きよい　9 浄 163　洌 266　11 皎 84　清 149　15 潔 66　キョウ　3 子 52　4 凶 52　5 兄 64　6 叶 123　匡 17　叫 48　兇 52　匈 52　共 53　向 84　7 狂 17　劫 50　夾 52　亨 54　冏 66
杏 81　孝 86　8 怯 50　協 53　供 53　京 54　享 54　況 64　羌 248　香 22　9 恟 52　洶 52　峡 52　挟 52　狭 52　侠 52　恊 53　拱 53　矜 93　姜 248　10 框 17　胸 52　莢 52　陜 53　脅 53　脇 53
恐 53　恭 53　校 84　11 郷 55　竟 55　強 55　経 65　頃 67　教 82　皎 84　梗 86　梟 181　12 筐 17　蛩 53　蛬 53　卿 55　喬 56　敬 68　13 筴 53　跫 53　慊 74　14 誑 17　境 55　僑 56　競 92　15 篋 53
鋏 53　鞏 53　嬌 56　蕎 56　僵 56　慶 177　16 頰 53　襁 55　橋 56　薑 56　彊 56　徼 56　歙 90　橇 239　興 247　17 橿 53　繈 55　矯 56　橿 56　磽 57　18 竅 56　19 鏡 55　嚮 55　蹻 56　轎 56　疆 56
繳 56　20 響 55　競 64　馨 150　22 饗 55　驕 56　驍 57　驚 68　ギョウ　6 刑 64　仰 83　行 85　7 形 63　迎 83　8 尭 57　12 暁 57　13 楽 31　業 98　14 僥 57　15 嶢 57　澆 57　16 凝 45　18 翹 57　蟯 57　22 驍 57　キョク
6 旭 48　曲 57　7 局 57　9 亟 58　洫 69　11 勖 229　12 極 58　棘 107　14 跼 57　15 蕀 107　16 髷 57　17 檋 53　ギョク　5 玉 58　17 嶷 45　きらう　13 嫌 73　きらめく　17 燦 100　きり　10 桐 192　12 雰 216　16 錐 144　19 霧 236　きりかぶ　18 檮 119
きりにく　25 臠 255　きりん　19 麒 43　きる　4 切 153　5 刊 155　11 斬 101　剪 159　12 剴 28　着 114　14 截 145　きれ　3 巾 58　キログラム　8 瓩 155　キロメートル　9 粁 155　キロリットル　8 竏 155　きわ　14 際 97　きわまる　15 窮 49　きわみ　12 極 58
きわめる　7 究 48　12 極 58　キン　3 巾 58　4 斤 58　今 93　7 近 58　听 58　忻 58　芹 58　均 59　8 欣 58　金 59　9 衿 93　矜 93　10 衾 93　訓 154　11 亀 44　掀 58　菌 59　菫 59　経 65　12 釿 58　鈞 59　欽 59

7 沂 58　ギン　25 釁 247　20 饉 59　19 麕 59　襟 60　18 覲 59　檎 60　懃 59　17 謹 59　磬 150　噤 60　擒 60　16 錦 59　緊 73　槿 59　15 瑾 59　14 箘 59　禁 60　禽 60　13 僅 59　筋 262　琴 93　軽 65　窘 63　勤 59

佝 61　玖 48　7 究 48　6 吁 8　功 81　5 句 60　公 82　孔 81　4 区 60　工 81　口 80　久 48　3 于 8　2 九 48　ク　【く】　14 窐 87　きんたま　21 齦 94　14 銀 94　12 釿 58　11 崟 59　9 垠 94　岑 93　吟 93

15 駈 49　箜 62　嘔 60　嶇 60　14 駆 60　詬 85　蒟 61　鉤 61　煦 61　13 鳩 48　惧 61　11 救 49　宮 267　庫 114　貢 81　倶 61　矩 50　10 栩 9　垢 85　紅 81　9 枸 61　苦 77　狗 61　8 供 53　吼 81　劬 61

くい　21 懼 61　18 夔 80　17 颶 61　虞 80　13 愚 61　嵎 62　寓 62　12 遇 62　惧 61　11 救 49　10 倶 61　紅 81　9 禺 61　8 具 61　劬 61　7 求 49　5 弘 80　グ　衢 61　24 齲 9　21 懼 61　瞿 61　18 軀 60　16 窶 268　駒 61

くぎ　8 茎 64　くき　18 藕 62　15 耦 62　嵎 62　寓 62　隅 62　12 遇 62　11 偶 61　10 宮 267　9 禺 61　グウ　17 餧 14　9 食 137　くう　12 腔 62　8 空 62　クウ　20 懺 158　9 悔 233　くいる　22 齰 79　くいちがう　8 杭 82　7 杙 252

10 耘 9　くさぎる　9 臭 110　くさい　15 瘡 164　9 草 162　6 艸 162　5 卉 162　くさ　7 杞 40　くこ　12 絎 85　くける　9 括 154　くくる　14 閣 90　くぐりと　12 傀 43　くぐつ　18 鵠 92　くぐい　16 鬮 270　14 劃 25　4 区 60　くぎる　10 釘 179

10 梳 161　くしけずる　10 挫 96　8 拉 257　くじく　26 鬮 44　23 籤 158　くじ　19 櫛 167　7 串 34　くし　14 腐 212　くさる　20 齣 61　19 鏈 266　18 鎖 96　くさり　18 叢 118　11 莽 239　くさむら　11 莽 239　くさぶかい　17 轄 27　13 楔 66　くさび　16 耨 138

17 糞 5　9 屎 102　くそ　18 癖 219　くせ　16 頽 193　11 崩 226　くずれる　16 薬 31　くすり　18 燻 63　くすぶる　15 樟 134　13 楠 196　くすのき　18 擽 31　くすぐる　12 葛 32　10 屑 132　くず　11 釧 154　くしろ　19 鯨 54　くじら　18 嚔 177　くしゃみ

くだ
管 14 34
くだく
砕 9 168
摧 14 97
くだもの
果 8 22
菓 11 22
くだる
下 3 135
くち
口 3 80
くちごもる
唔 10 79
くちすすぐ
嗽 14 167
くちなし
梔 11 199
くちばし
喙 12 16
觜 105
嘴 15 105
くちひげ
髭 15 106
くちびる
吻 7 240
唇 10 139
くちる
朽 6 80
クツ
屈 8 62
倔 10 62
掘 11 62
堀 62
崛 62
厥 12 70
窟 13 62
くつ
沓 8 191
靴 13 20
鞋 15 65
くつがえる
覆 18 215
くつした
襪 19 220
くつろぐ
寛 13 72
燕 16 17
くつわ
勒 11 262
銜 14 59
轡 22 207
くて
湫 12 122
くどい
絮 12 129
諄 15 55
くに
邦 7 224
邑 245
国 8 92
くにつかみ
祇 9 104
くぬぎ
栩 10 9
椚 12 240
橡 16 135
櫟 19 31
櫪 20 266
くばる
配 10 41
くび
首 9 118
頏 13 82
頸 16 65
くびかざり
瓔 21 11
くびかせ
枷 9 21
鉗 13 33
箝 14 33
くびき
軛 11 241
くびきる
剄 9 65
馘 17 270
くびる
縊 16 13
くぼ
窪 14 65
くぼむ
凹 5 18
くま
阿 8 2
隈 12 4
熊 14 198
澳 16 18
くみ
伍 6 79
隊 12 145
くむ
汲 7 49
酌 10 115
組 11 159
斟 13 143
くめ
粂 9 48
くも
雲 12 10
くもる
曇 16 10
くやむ
悔 9 233
くら
庫 10 114
倉 164
鞍 15 2
蔵 166
くらい
位 7 257
昏 8 94
杳 230
昧 9 235
幽 247
眛 10 235
冥 237
晦 11 233
暗 13 19
溟 237
蒙 239
瞑 14 237
曖 17 2
闇 19
矇 240
曚 18 240
黯 21 19
くらう
食 9 137
啖 11 14
喰 12 137
くらべる
比 4 205
較 13 84
くらむ
眩 10 75
グラム
瓦 5 24
くり
栗 10 257
くりや
庖 8 224
厨 12 146
廚 15 78
くる
来 7 253
繰 19 166
くるう
狂 7 17
猖 11 133
くるしい
苦 8 77
くるしむ
困 7 94
窘 12 63
くるぶし
踝 15 23
くるま
車 7 113
俥 9 114
輅 13 29
輛 15 259
くるわ
郛 10 213
郭 11 55
廓 14 55
くれ
榑 14 213
くれない
紅 9 81
くれる
呉 7 80
暮 14 222
くろ
黒 11 92
くろい
玄 5 75
皁 7 162
黎 15 256
黔 16 93
黯 21 19
くろがね
鉄 13 113
くろきび
秬 10 50
くろつち
涅 10 197
くわ
桑 10 166
耨 16 138
鍬 17 122
钁 28 31
くわえる
加 5 21
咥 9 106
くわしい
詳 13 248
精 14 149
くわだてる

6 企 103
クン
7 君 62
9 軍 63
10 郡 62
訓 154
12 裙 62
葷 63
14 皹 63
15 勲 63
16 薫 63
18 燻 63
19 麕 59
21 醺 63
グン
9 軍 63
10 郡 62
13 群 62

【け】

ケ
4 化 20
6 仮 23
気 41
7 花 20
芥 25

希 41
8 快 69
怪 65
卦 66
9 悔 233
10 痂 21
家 23
華 24
11 袈 21
12 稀 41
16 懈 26
20 懸 73
け
4 毛 239
11 笥 104
ゲ
3 下 135
4 牙 24
5 外 230
10 夏 23
華 24
11 偈 32
13 解 26
碍 193
15 戯 51
19 礙 45

ケイ
5 兄 64
6 刑 64
圭 65
7 形 63
系 66
冏 66
8 京 54
茎 64
径 64
9 型 64
荊 64
盻 64
剄 65
勁 65
奎 65
挂 66
契 66
係 66
炯 66
迴 66
計 123
10 勍 54
枅 64
桂 65
珪 65

挈 66
奚 67
恵 67
11 蛍 10
偈 32
掲 32
竟 55
経 65
脛 65
畦 65
硅 65
袿 65
絅 66
啓 67
渓 67
頃 67
彗 146
12 愒 32
景 54
卿 55
笄 64
軽 65
痙 65
敬 68
13 煢 10
魝 52

罫 65
携 66
継 67
傾 67
詣 106
14 境 55
閨 65
禊 66
緊 67
夐 68
15 憬 54
稽 106
慧 146
慶 177
16 髻 46
薊 52
頸 65
檠 68
磬 150
憩 154
17 鮭 65
谿 67
蹊 67
18 蟪 67
瓊 68
謦 150

醯 257
19 鯨 54
鶏 67
警 68
繋 69
蹶 70
20 黥 54
競 64
馨 150
ゲイ
7 芸 68
迎 83
10 倪 111
11 猊 111
13 睨 111
15 貎 111
16 霓 111
19 鯨 54
鯢 111
麑 111
20 黥 54
21 囈 68
けがす
6 汚 9
18 瀆 193
27 黷 193

けがらわしい
17 褻 68
けがれる
18 穢 98
ケキ
9 洫 69
10 郤 47
12 戟 20
13 隙 68
15 撃 69
17 檄 56
18 鬩 112
20 鶪 68
ゲキ
9 逆 47
10 郤 47
12 戟 20
13 隙 68
14 覡 72
15 劇 52
撃 69
駃 69
16 激 56
17 檄 56
闃 68
18 鬩 112

20 鶪 68
21 鷁 13
けしかける
14 嗾 168
けす
10 消 132
15 銷 132
けずる
5 刊 32
8 刮 154
9 削 132
けた
10 桁 85
ケチ
6 血 69
12 結 46
21 纈 46
けち
7 吝 262
ケツ
3 孑 69
4 欠 69
夬 69
5 穴 69
6 刔 69
血 69

7 決 69
抉 69
9 拮 46
契 66
頁 69
10 訐 33
桔 46
挈 66
桀 157
11 偈 32
訣 69
12 結 46
厥 70
13 歇 32
楔 66
傑 157
14 碣 32
竭 32
15 頡 46
潔 66
駃 69
獗 70
蕨 70
18 闕 70
19 蠍 32
譎 47
20 蹶 70
襭 46
21 纈 46
齧 66

ゲツ
3 孑 69
4 月 70
19 孼 70
20 櫱 70
21 齧 66
22 糱 70

けなす
11 貶 228

けぬき
26 鑷 135

けみする
15 閲 13

けむり
13 煙 8

けもの
16 獣 176

けやき
21 欅 247

けら
17 螻 268

けり
13 鳧 40

ける
19 蹴 244

けわしい
7 岑 93
8 阻 159
10 峨 25
峻 127
峭 132
11 険 72
崢 163
崚 260
13 隗 43
嵯 96
14 嶇 60
嶄 101
15 嶢 57
16 巇 46
嶮 72
23 巖 76

ケン
4 欠 70
犬 71
5 𠨍 34
6 件 50
幵 64
7 見 72
8 拑 33
券 71
肩 76
9 巻 36
研 64
妍 64
俔 72
建 73
県 73
10 軒 33
倦 36
枅 64
拳 71
娟 71
涓 71
狷 71
悁 71
倹 72
剣 72
兼 73
痃 75
虔 217
11 惓 36
捲 36
乾 37
掀 58
眷 71
険 72
健 73
牽 75
12 圏 36
間 39
硯 72
検 72
堅 73
絢 128
喧 157
愃 157
萱 157
13 愆 15
鉗 33
勧 37
献 71
蜎 71
絹 71
筧 72
蜆 72
腱 73
嫌 73
慊 74
蒹 74
遣 74
鉉 75
喧 157
14 甄 8
箝 33
綣 36
蜷 36
搴 38
慳 73
歉 74
15 権 38
澗 39
監 39
16 嶮 72
賢 73
憲 74
黔 93
諠 157
17 謇 38
蹇 38
壎 63
臉 72
鍵 73
謙 73
簡 39
18 繝 39
羂 71
鵑 71
験 72
瞼 72
顕 73
繭 179
20 騫 38
懸 73
21 譴 74
22 鰹 73
24 鹸 72
26 顴 38

ゲン
4 元 74
幻 247
5 玄 75
7 見 72
芫 74
阮 74
言 75
8 弦 75
呟 75
9 研 64
妍 64
彦 75
限 94
10 拳 71
眩 75
痃 75
原 76
11 訝 24
患 34
現 72
舷 75
絃 75
衒 75
偐 75
這 75
眼 94
12 減 36
硯 72
13 嫌 73
鉉 75
源 76
14 愿 76
還 39
16 諺 75
螈 76
17 厳 76
18 繝 39
験 72
22 儼 76

【こ】

コ 3 己 40　4 戸 76　5 古 76　乎 77　6 夸 77　沍 79　7 杞 40　估 76　沍 79　8 呱 22　居 51　姑 76　怙 76　沽 76　呼 77　刳 77　固 77　虎 78　股 117　拠 128　9 弧 22　狐 22　孤 22

炬 50　枯 76　故 77　胡 78　10 罟 76　胯 77　個 77　涸 77　庫 114　11 虚 51　扈 76　蛄 77　袴 77　瓠 77　涸 77　許 79　12 觚 22　菰 22　雇 76　詁 77　辜 77　琥 78　湖 78　壺 78　13 鈷 77　誇 77

跨 77　痼 77　瑚 78　鼓 78　賈 79　14 滬 76　箇 77　滸 79　箍 162　15 踞 51　糊 78　蝴 78　16 鴣 77　錮 77　醐 78　餬 78　18 瞽 78　21 顧 76　23 蠱 179

こ 3 子 102　小 129　4 木 230　5 仔 102

ゴ 4 牛 50

午 79　五 79　互 79　6 伍 79　沍 79　后 85　7 冴 24　忤 79　吾 79　沍 79　呉 80　9 胡 78　後 247　10 悟 79　圄 79　唔 79　娯 80　莫 80　11 晤 79　梧 79　牾 79　12 圉 87　期 42　棋 42　御 115　13 碁 43

瑚 78　蜈 80　14 語 79　寤 79　誤 80　15 篌 87　16 醐 78　檎 60　17 夔 80　18 護 30　20 鼯 79　22 齬 79

こい 10 恋 255　13 稠 120　16 濃 198　18 鯉 256

こいし 20 礫 31

こいねがう 11 庶 128　12 幾 44　16 冀 5　覦 243

コウ 3 口 80

4 工 81　勾 80　孔 81　亢 82　公 82　5 尻 48　句 60　弘 80　巧 80　叩 80　功 81　甲 83　広 83　6 攷 80　扣 80　扛 81　江 81　伉 82　仰 83　交 84　向 84　光 84　行 85　后 85　亙 85　亘 85

考 86　合 90　好 102　7 劫 50　亨 54　佝 61　攻 81　杠 81　汞 81　肛 81　吼 81　宏 82　坑 82　抗 82　吭 82　匣 83　孝 86　更 86　肓 227　8 怯 50　狗 61　拘 61　苟 61　矼 81　肱 81　杭 82

肴 82　昂 83　岬 83　呷 83　狎 83　佼 84　効 84　岡 87　幸 87　庚 89　肯 93　昊 186　杲 230　9 香 22　狭 52　洪 54　哄 54　巷 54　厚 54　枸 61　紅 81　虹 81　缸 81　胛 83　郊 84　狡 84

咬 84　恍 84　洸 84　垢 85　恒 85　姮 86　拷 86　荒 87　侯 87　皇 87　哈 90　恰 90　洽 90　後 247　10 耿 20　格 28　倥 62　耕 63　訌 81　貢 81　紘 81　航 82　蚣 82　校 84　桃 85　胱 85

晃 85　桁 85　逅 85　降 86　栲 86　哮 86　哽 86　剛 87　倖 87　候 87　莾 88　羔 88　高 88　盍 89　浩 92　烋 230　耗 239　11 寇 34　控 62　悾 62　釦 80　淆 82　皎 84　梗 86　崗 87　凰 88

康 89　黄 90　皐 90　袷 90　晧 92　12 港 54　腔 62　鈎 80　項 81　絞 84　蛟 84　傚 84　絖 85　絎 85　絳 86　硬 86　慌 87　喉 87　猴 87　徨 88　惶 88　隍 88　蛤 90　皓 92　窖 92　13 鉤 61

頏 82　閘 83　鉱 83　較 84　觥 85　幌 85　滉 85　詬 85　粳 86　煌 88　遑 88　溝 88　媾 88　搆 88　塙 89　蒿 89　溘 89　蓋 89　14 閧 54　箜 62　熕 81　槓 81　酵 86　綱 87　睾 87　構 88

遘 88　槁 88　犒 88　敲 88　膏 89　豪 89　慷 89　槹 90　閤 90　誥 92　摎 261　15 餃 84　篌 87　篁 88　蝗 88　稿 88　横 90　靠 92　膠 261　16 鬨 54　衡 85　鋼 87　篝 88　縞 89　嚆 89　薨 236

興 247　17 磽 57　鴻 81　鮫 84　鴴 84　鍠 88　講 88　購 88　覯 88　藁 89　糠 89　鴿 90　18 壙 83　鎬 89　闔 89　簧 90　鵠 92　19 鏗 73　曠 83　羹 88　20 礦 84　鰉 88　21 纊 84　纐 84　22 鱇 89　23 攪 28

25 釁 90
こう
3 乞 47　9 神 139　15 請 149
ゴウ
5 号 80　6 合 90　7 吽 50　劫 50　迎 83　8 昂 83　9 拷 86　哈 90　10 降 86　栲 86　剛 87　11 強 55　郷 55　毫 89　盒 90　敖 91　13 楽 31　傲 91　業 98　14 豪 89

嗷 91　15 熬 91　遨 91　17 壕 89　濠 89　螯 91　18 嚙 109　21 囂 69　轟 114　24 黌 28　鼇 91
こうがい
12 笄 64
こうし
19 犢 193
こうじ
13 糀 20　14 酵 86　19 麴 46　22 糵 70
こうぞ
13 楮 114
こうのとり
28 鸛 37
こうむる
10 被 205

13 蒙 239　こえ　7 声 150　こえる　7 沃 247　8 肥 40　12 越 13　超 131　13 逾 243　腴 243　16 踰 243　こおり　5 氷 209　10 郡 62　こおる　6 冱 79　7 沍 79　10 涸 77　凍 190　こおろぎ　12 蛬 53　こがね　8 金 59　19 鏐 261　こがらし　6 凩 231

コク　5 石 151　7 谷 91　克 92　告 92　8 刻 27　国 92　9 剋 92　10 哭 71　11 斛 30　梏 92　黒 92　14 穀 30　酷 92　15 槲 30　17 轂 30　18 鵠 92　こぐ　14 漕 165　ゴク　12 極 58　14 獄 92　こけ　8 苔 173　20 蘚 248　こげる

12 焦 135　こごえる　10 凍 190　ここに　3 于 8　6 聿 6　9 爰 15　茲 108　ここのつ　2 九 48　こころ　4 心 138　13 意 5　こころざす　7 志 103　こころみる　13 試 112　こころよい　9 快 69　ござ　13 蓙 96　こさめ　16 濛 239　こし　13 腰 249　17 輿 246

こしかけ　8 牀 129　こしき　17 轂 30　甑 161　こしらえる　9 拵 169　こじり　21 鐺 190　こじる　7 抉 69　こす　12 越 13　超 131　14 漉 268　18 濾 258　こずえ　8 杪 130　11 梢 132　こする　8 刮 154　12 揩 26　15 摩 233　17 擦 97　こせこせする　11 偓 18

24 齷 19　こたえ　12 答 91　こたえる　7 応 18　対 98　9 荅 91　12 答 91　こだま　11 谺 24　こち　17 鮲 215　18 鯒 249　コツ　3 乞 47　兀 93　7 汨 13　8 矻 47　忽 240　10 骨 93　笏 240　11 堀 62　惚 240　13 滑 93　14 榾 93　21 鶻 93

ゴツ　3 兀 93　こて　19 鏝 235　21 鐺 190　こと　8 事 104　10 殊 117　12 琴 93　14 箏 163　ごと　6 毎 233　ことごとく　6 尽 143　9 咸 36　11 悉 113　畢 209　16 儘 143　ごとし　6 如 129　7 似 3　ことなる　11 異 5　ことば　7 言 75　12 喙 16

詞 104　13 辞 154　14 語 79　ことぶき　7 寿 118　こども　16 豎 190　ことわざ　16 諺 75　ことわり　11 理 256　ことわる　11 断 67　17 謝 115　こな　10 粉 216　こながき　15 糂 143　17 糝 100　こねる　10 捏 197　この　3 之 103　6 此 105　11 這 75　このしろ

16 鮗 189　このむ　6 好 102　このような　10 恁 143　こばこ　15 匳 73　こはぜ　15 鞐 135　こばむ　8 拒 50　こひつじ　10 羔 88　こびる　12 媚 208　こぶ　15 瘤 228　22 癭 11　こぶし　10 拳 71　こぶね　13 艇 184　17 艚 165　こぼれる　13 零 264　こま

15 駒 61
20 齣 61
こまい
13 椐 210
こまいぬ
8 狛 201
こまかい
11 細 108
密 235
14 綢 120
16 緻 106
17 縷 268
こまぬく
9 拱 53
ごまめ
23 鱓 175
こまやか
16 濃 198
こまる
7 困 94
こみち
8 徑 64
17 蹊 67
こむ
5 込 197
11 混 94

こめ
6 米 219
こめる
13 罩 174
こも
12 菰 22
16 薦 177
こもる
22 籠 258
こもん
14 閨 65
こよみ
14 暦 266
こらえる
8 怺 10
12 堪 143
こらしめる
18 懲 181
ごり
17 鮴 231
こりる
18 懲 181
こる
16 凝 45
これ
6 伊 6

此 105
9 是 147
12 斯 109
14 維 145
ころ
11 頃 67
ころがる
11 転 157
17 輾 186
ころす
10 殺 99
12 弑 112
13 戡 143
15 劉 228
戮 261
17 獮 112
ころも
6 衣 3
こわい
8 怖 213
こわす
16 壊 26
コン
4 今 93
6 艮 93
7 近 58

困 94
8 金 59
昏 94
昆 94
坤 139
9 建 73
恨 93
很 93
狠 93
10 衮 82
根 93
悃 94
國 94
11 紺 33
痕 93
梱 94
婚 94
混 94
崑 94
菎 94
12 渾 63
棍 94
焜 94
13 蒟 61
献 71
壼 78

跟 93
溷 94
14 魂 10
褌 63
滾 82
16 諢 63
墾 94
17 懇 94
18 鯀 66
19 鯤 94
20 鶤 63
21 齦 94
22 龕 90
ゴン
6 艮 93
7 言 75
8 欣 58
12 勤 59
琴 93
15 権 38
16 諢 63
17 懃 59
厳 76
ごんずい
15 楞 9

【さ】

サ
3 叉 95
5 左 95
乍 95
6 再 88
扠 95
7 佐 95
作 95
些 106
沙 130
岔 216
8 苴 160
9 炸 95
砂 130
査 160
柤 160
茶 246
10 差 96
唆 127
紗 130
娑 130
莎 130
11 做 77
釵 95

梭 127
12 詐 95
皶 95
渣 160
13 嗄 23
嗟 96
嵯 96
搓 96
裟 130
蓑 146
14 槎 96
瑳 96
瑣 96
15 磋 96
16 鮓 95
17 蹉 96
18 鎖 96
鯊 130
ザ
7 坐 96
10 座 96
挫 96
サイ
3 才 96
4 切 153
6 再 88

西 148
7 材 96
災 155
8 采 97
妻 97
斉 149
9 哉 96
柴 106
洒 148
砌 153
砕 168
10 豺 96
財 96
栽 96
殺 99
砦 106
眥 106
宰 140
衰 146
栖 148
晒 148
倅 168
11 釵 95
彩 97
採 97
菜 97

祭 97 崔 97 細 108 猜 149 済 150 斎 150 啐 168 淬 168
12 靫 95 裁 96 最 98 犀 98 焠 168
13 塞 38 載 96 催 97 歳 98 滓 140 蓑 146 債 153
14 寨 38 綵 97 際 97 蔡 97 摧 97
16 綷 140

儕 150
17 賽 38 擠 149
18 顋 108 臍 150
20 鰓 108
21 躋 150 齎 150
22 霽 150 灑 266
23 纔 102 齏 150 曬 266
さい
11 埼 41
12 犀 98
14 骰 117
ザイ
6 在 96
7 材 96
10 財 96 剤 150
13 罪 206
17 薺 149
さいころ
14 骰 117

17 賽 38
さいわい
8 幸 87 祉 103
10 祚 95 烋 230 祥 248 禄 269
12 祺 42
13 禎 185 福 215
17 禧 45
さえぎる
14 遮 128
16 閼 17
さえずる
10 哢 268
21 囀 157
さえる
6 冱 79
7 冴 24
さお
9 竿 33
12 棹 174
さおさす
7 找 20

12 棹 174
さか
7 坂 202 阪 202
8 陂 205 坡 205
9 逆 47
さかい
9 界 25 垓 27
11 域 270
12 堺 25
14 境 55
19 疆 56
さかえる
9 栄 10
さかき
14 榊 139
さがす
10 捜 163
11 探 140
さかずき
5 卮 202
8 杯 212
12 觚 22
13 盞 156

18 觴 134
さかだる
21 罍 253
さかな
8 肴 82
11 魚 52
さかのぼる
8 泝 151
14 遡 98
さかほこ
18 鏦 47
さかみち
15 嶝 192
さかもり
23 讌 17
さからう
7 忤 79
9 逆 47
11 牾 79
さがる
3 下 135
さかん
6 壮 162
8 旺 17 昌 133
10 殷 8

晟 148 奜 162
11 盛 148 隆 258
16 熹 45 熾 137
さかんに
8 祁 109
さき
6 先 156 尖 172
9 前 159
11 埼 41 崎 41
さぎ
24 鷺 29
さきがけ
14 魁 44
さきに
19 嚮 55
21 曩 136
さきばらい
18 蹕 209
サク
5 冊 99
7 作 95

9 昨 95 柞 95 炸 95 柵 99 削 132
10 窄 95 朔 98 索 107
12 酢 95 策 107 筴 53
13 筰 95 搾 95 数 268
14 槊 98 愬 98 嘖 153
15 醋 152
16 錯 152
17 簀 153
22 齪 166
28 鑿 98
さく
8 拆 151 析 152
9 咲 248

10 剖 201
12 割 27 裂 266
15 劈 219
さくら
10 桜 11
さぐる
11 探 140
13 摸 222
ざくろ
14 榴 228
さけ
10 酒 245
17 鮭 65
さげすむ
14 蔑 220
さけぶ
5 号 80
6 叫 48
12 喊 36
14 嘖 153
16 嚆 89
さける
13 辟 219
16 避 219
さげる

12 提 147
さこ 11 逧 91
ささ 11 笹 148
ささえる 4 支 103
ささげる 11 捧 226　13 献 71
さざなみ 14 漣 266
ささやく 18 聶 135　21 囁 135
ささら 12 筅 156　17 篩 121
さし 4 尺 116
さじ 2 匕 204　11 匙 147
さしあし 17 蹐 152
さしがね 10 矩 50
さしはさむ 16 搢 141
さしまねく 15 麾 233
さす 8 刺 107　9 指 106　10 差 96　挿 163　14 箚 91　17 螫 151
さすが 13 逌 185
さずける 11 授 119
さぞ 15 嘸 237
さそう 14 誘 121
さそり 15 蝎 32　蜊 254　18 蠆 234　19 蠍 32
さだめる 8 定 184　12 奠 122
さち 8 幸 87
サツ 4 扎 99　5 札 99　冊 99　8 刹 99　刷 99　9 拶 99　10 殺 99　11 剳 91　紮 99　14 箚 91　察 97　颯 257　15 撮 98　撒 101　17 薩 75　擦 97
サッ 6 早 162
ザツ 14 雑 123
さつき 11 皐 90
さて 6 扠 95　11 偖 114
さと 7 里 256　11 郷 55
さとい 8 怜 264　14 聡 164　17 疑 45
さとうきび 14 蔗 128
さとす 12 喩 242　16 諭 242
さとる 2 了 259　10 悟 79　12 惺 150
さなぎ 13 蛹 249
さなだ 13 條 244
さば 19 鯖 149　23 鰓 67
さばく 10 捌 25　12 裁 96
さび 16 錆 149
さびしい 11 寂 125　淋 262　13 寞 222　14 寥 260
さびる 15 銹 121
さま 14 態 198　様 248
さます 12 覚 28
さまたげる 7 妨 223　13 碍 193　19 礙 45
さまよう 7 彷 223　9 徊 25　11 逍 132　徘 206　12 徨 88
さむい 8 冽 266　11 凄 97　12 寒 38　15 凛 263
さむらい 3 士 102　8 侍 110
さめ 17 鮫 84
さめる 16 醒 150
さや 8 苛 212　10 莢 52　16 鞘 132
さら 5 皿 219　7 更 86
さらう 10 浚 127　17 濬 11　23 攫 31
さらす 10 晒 148　11 梟 181　19 曝 230
さる 5 去 50　申 139　12 猴 87　13 猿 16
ざる 10 笊 161
されこうべ 23 髑 138
さわ 7 沢 12　11 皐 90　17 隰 73
さわがしい 15 閙 105　16 噪 166　20 譟 166
さわぐ 18 騒 165　20 躁 166
さわす 15 醂 262
さわやか 11 爽 165
さわら 13 椹 144　20 鰆 127
さわる 13 触 138　14 障 134
サン 3 山 99　三 100　6 汕 99　7 刪 99　杉 100　芟 117　8 疝 99　衫 100　参 100　戔 156　9 閂 6　珊 99　10 蚕 142　桟 156　11 産 75　惨 100　斬 101　12 跚 99

散 101　傘 101　孱 158
13　粲 100　蒜 100　盞 156
14　蔘 100　算 101　嶄 101　酸 127
15　撒 101　賛 101　槧 101　糂 143　潺 158　撰 169
16　餐 100　篡 101
17　燦 100　糝 100
18　繖 101　簪 142　竄 161
19　鏨 101　儳 102
20　霰 101

纂 101　巉 102　懺 158
21　驂 100　饌 169
22　攢 101　讃 101
24　讒 102
25　纘 101
27　鑽 101
29　爨 247

ザン
8　戔 156
10　残 156
11　惨 100　斬 101
14　塹 101　嶄 101　漸 101
15　暫 101　慙 101　槧 101
18　竄 161
19　鏨 101　儳 102
20　巉 102

懺 158
24　讒 102

さんしょううお
19　鯢 111

【し】

シ
3　子 102　尸 102　巳 102　士 102　之 103
4　止 103　支 103　氏 104
5　仔 102　仕 102　㠯 104　四 104　史 104　只 104　司 104　矢 105　市 105　示 109　卮 202
6　芝 103　此 105　旨 106　至 106　朿 107　死 107　糸 107　自 110　次 111　弛 241
7　似 3　私 80　孜 102　志 103　址 103　沚 103　伺 104　豕 107　卮 199
8　苡 3　祀 102　祉 103　枝 103　肢 103　泗 104　使 104
姉 105　呰 105　刺 107　侍 110　侈 170　始 173　抵 183
9　俟 3　屎 102　咫 104　枳 104　柿 105　指 106　屍 107　思 108　茲 108　恃 110　姿 111　茨 111　咨 111　食 137　是 147　施 241
10　耆 43　差 96　翅 103
紙 104　舐 104　祠 104　疵 106　眥 106　脂 106　師 108　虒 109　蚩 109　恣 111　砥 183　祗 183
11　趾 103　徙 103　耜 104　笥 104　偲 108　視 109　時 110　瓷 111　梓 140　匙 147　梔 199
12　竢 3　痣 103　詞 104
覗 104　紫 105　觜 105　貲 106　滋 108　孶 108　斯 109　歯 109　粢 111　弑 112　廁 167　揣 176　啻 185
13　嗜 43　蓍 43　嗣 104　飼 104　慈 108　獅 108　嗤 109　蒔 110　塒 110　詩 110　資 111　試 112　滓 140
肆 171　蜍 246
14　誌 103　雌 105　緇 108　磁 108　漬 153
15　賜 12　駟 104　駛 104　嘴 105　髭 106　輜 108　鰤 108　廝 109　撕 109　摯 113　幟 137
16　錫 12　諡 64　縒 96　錙 108　篩 108　諮 111　熾 137　積 153

鵈 183　17 鮨 106　鵄 106　18 贄 113　19 鰡 108　識 137　21 鰤 108　齎 150　22 鷙 113　ジ　2 二 196　5 仕 102　示 109　尼 196　6 字 102　而 110　寺 110　自 110　耳 111　次 111　弐 196　地 241　7 似 3　児 111　8 事 104　侍 110

治 173　怩 196　9 茲 108　持 110　峙 110　恃 110　10 時 110　珥 111　除 246　11 痔 110　畤 110　瓷 111　12 滋 108　孳 108　13 雉 105　慈 108　輀 110　蒔 110　塒 110　辞 154　馳 241　14 磁 108　爾 112　15 餌 111　16 膩 196　18 邇 112

臑 120　19 璽 112　じ　13 路 29　シイ　12 弑 112　しい　12 椎 144　しいたげる　9 虐 47　しいな　9 秕 205　しお　6 汐 150　13 塩 40　15 潮 181　しおから　17 醢 244　しおからい　14 滷 267　20 鹹 36　しおき　6 刑 64　しおけ　24 鹼 72　しおち

11 鹵 267　しおり　10 栞 64　しか　11 鹿 268　しかし　8 併 217　12 然 159　しかして　6 而 110　しかと　14 聢 184　しかばね　3 尸 102　9 屍 107　しかめる　18 蹙 125　しかも　6 而 110　しがらみ　9 柵 99　しかり　9 兪 242　12 然 159　しかる　5 叱 112

8 呵 21　9 咤 173　11 喝 32　12 訶 21　シキ　4 仄 166　6 式 112　色 136　9 拭 112　18 織 137　職 137　19 識 137　しぎ　16 鴫 187　23 鷸 47　ジキ　8 直 182　9 食 137　しきい　16 閾 270　しきみ　11 梻 216　15 樒 235　しきりに　9 荐 169　17 頻 211

しく　5 布 213　6 如 129　15 敷 214　鋪 221　17 藉 152　ジク　6 肉 196　7 忸 178　宍 196　8 竺 178　10 逐 173　衄 178　11 舳 242　12 軸 242　しげる　8 茂 222　9 茲 108　12 滋 108　15 蕃 204　16 薈 26　繁 211　29 鬱 181　しごく　6 扱 49　しごとば

15 廠 133　しこり　13 瘤 77　しころ　16 錏 2　錣 186　20 鏂 2　しし　6 肉 196　7 宍 196　11 猊 111　13 獅 108　15 貎 111　しじ　14 榻 192　じじ　13 爺 241　しじみ　13 蜆 72　しずか　12 閑 230　14 静 149　17 閴 68　謐 208　しずく　11 雫 135

しずむ　7 汨 13　沈 182　没 231　11 淪 262　12 湮 7　涵 238　しずめる　18 鎮 141　した　3 下 135　6 舌 154　したう　14 慕 222　したがう　8 服 214　9 徇 128　10 従 124　殉 128　11 扈 76　12 順 154　随 170　15 遵 169　16 隷 144　18 蹤 124　したがき

15 稿 88
したしい
16 親 141
したたる
14 滴 185
漓 256
19 灑 266
シチ
2 七 112
5 叱 112
15 質 113
シッ
2 七 112
5 叱 112
失 112
9 室 106
10 疾 105
桎 106
11 悉 113
執 113
12 湿 73
蛭 106
13 嫉 105
瑟 209
14 漆 113
15 膝 113

質 113
蝨 143
17 隰 73
蟋 113
19 櫛 167
20 騭 222
ジツ
4 日 196
8 実 38
9 昵 196
衵 196
ジッ
2 十 123
しつけ
16 躾 248
しつらえる
11 設 117
しとね
9 茵 7
13 蓐 138
15 褥 138
しとみ
14 蔀 201
しとやか
11 婉 14
淑 125

しな
9 品 210
しなう
15 撓 57
しなやか
5 冉 158
12 靭 142
しぬ
6 死 107
8 歿 231
14 殞 8
しの
17 篠 244
しのぎ
18 鎬 89
しのぐ
10 凌 260
11 陵 260
しのだけ
14 箘 59
しのびごと
13 誄 253
しのぶ
7 忍 142
11 偲 108
しのぶぐさ

10 葸 142
しば
6 芝 103
9 柴 106
しばし
16 霎 133
しばしば
9 亟 58
14 屢 268
しばらく
5 且 160
8 姑 76
11 頃 67
15 暫 101
しばる
16 縛 214
しび
17 鮪 245
しびれる
13 痹 206
痺 207
痲 233
しぶ
11 渋 103
しぶい
11 渋 103

しぶき
8 沫 234
しべ
15 蕊 138
しぼむ
10 凋 120
しぼりぞめ
21 纈 46
纐 84
しぼる
12 絞 84
13 搾 95
しま
9 洲 120
10 島 181
16 縞 89
しみる
7 沁 138
9 染 48
14 滲 100
しめす
5 示 109
7 呈 183
22 覿 193
しめる
5 占 155

11 閉 96
12 湿 73
紋 84
15 締 185
しも
17 霜 164
しもべ
16 隷 144
しもやしき
14 墅 246
シャ
3 叉 95
5 写 153
7 車 113
沙 130
社 188
8 邪 24
者 114
舎 115
姐 159
炙 196
9 卸 115
砂 130
洒 148
柘 151
10 射 115

紗 130
娑 130
借 152
11 這 75
偖 114
捨 115
赦 151
斜 246
12 煮 114
奢 114
畲 246
13 鉈 170
14 遮 128
蔗 128
16 赭 114
17 謝 115
18 藉 152
瀉 153
21 麝 115
22 鷓 129
灑 266
ジャ
7 社 188
8 邪 24
11 蛇 170
12 惹 116

17 闍 115
21 麝 115
シャク
3 勺 115
4 尺 116
5 石 151
6 妁 115
芍 115
7 杓 115
灼 115
赤 151
折 153
8 昔 152
9 斫 151
10 迹 12
酌 115
借 152
11 釈 12
惜 152
責 153
13 跡 12
14 綽 174
16 錫 12
積 153
17 爵 116
蹟 152

18 蹟 153　19 爍 31　繳 56　21 嚼 116　癪 153　23 鑠 31
しゃく　10 笏 240
ジャク　8 若 116　10 弱 116　11 著 114　寂 125　雀 129　12 着 114　惹 116　13 搦 116　蒻 116　19 鵲 152　20 籍 152　21 鶸 116
じゃこうじか　21 麝 115
しゃち　19 鯱 78
しゃっくり　16 噦 98
しゃべる　12 喃 196　喋 250
しゃも　20 鶤 63
シュ　4 手 116　5 主 117　6 守 117　朱 117　舟 120　8 侏 117　取 118　9 炷 117　狩 117　茱 118　首 118　10 株 117　殊 117　珠 117　修 244　酒 245　11 娶 118　陬 118　掫 118　12 娵 118　蛛 118　衆 120　棕 121　須 144　13 腫 124　鄒 146　溲 163　数 268　14 銖 118　種 124　15 趣 118　諏 118　鋳 119　撞 193　16 塵 117　輸 243　17 趨 146　20 繻 119　鐘 193　22 鬚 144
ジュ　2 入 197　6 戍 222　7 寿 118　8 呪 64　受 119　乳 213　10 従 124　11 訟 82　授 119　12 就 244　13 頌 82　14 銖 118　綬 119　需 119　聚 120　誦 249　16 樹 78　儔 119　儒 119　豎 190　17 濡 119　嬬 119　孺 119　懦 120　18 臑 120　19 襦 119　20 繻 119　蠕 120　23 顬 119　鷲 244
シュウ　4 収 48　5 汁 123　囚 142　6 舟 120　州 120　7 秀 121　8 呪 64　周 120　宗 121　泅 142　帚 164　岫 242　9 祝 64　拾 90　臭 110　洲 120　秋 121　酋 122　柊 189　10 芻 146　袖 242　修 244　11 菘 82　渋 103　執 113　娶 118　掫 118　週 120　崇 121　習 122　售 145　羞 178　終 189　脩 244　衆 120　12 葺 121　揖 121　啾 122　愀 122　湫 122　萩 122　集 123　痩 163　就 244　13 蒐 44　嵩 89　酬 120　綉 121　楫 121　愁 122　楸 122　遒 122　楢 122　溲 163　14 聚 120　甃 122　箒 164　15 銹 121　踪 121　緝 121　皺 146　16 穐 44　輯 121　褶 122　17 隰 73　鍬 122　螽 189　醜 245　18 鞦 122　19 繡 125　蹴 244　20 鰍 122　鰌 122　22 襲 258　23 讐 145　鷲 244　24 驟 120
ジュウ　2 十 123　入 197　4 什 123　廿 123　中 178　5 汁 123　6 充 123　戎 123　7 住 117　狃 178　忸 178　9 拾 90　重 124　柔 124　10 従 124　紐 178　11 渋 103　絨 123　12 揉 124　鈕 178　14 銃 123　15 糅 124　16 蹂 124　縦 124　獣 176

18 糅 124
しゅうと
13 舅 49
しゅうとめ
8 姑 76
シュク
6 夙 232
8 叔 125
9 祝 64
10 俶 125
11 淑 125
菽 125
宿 125
粛 125
倏 244
12 粥 126
14 蓿 125
15 槭 125
17 縮 125
18 蹙 125
19 蹴 244
22 囓 126
ジュク
11 孰 55
14 塾 55
15 熟 55

シュツ
5 出 126
朮 126
8 卒 168
9 恤 69
11 術 126
率 168
17 蟀 168
20 齣 61
ジュツ
5 朮 126
6 戌 126
8 述 126
9 恤 69
11 術 126
シュン
6 旬 128
7 吮 6
9 俊 127
春 127
徇 128
恂 128
洵 128
荀 128
10 峻 127
悛 127

浚 127
隼 127
准 127
11 逡 127
12 竣 127
皴 127
筍 128
13 惷 127
準 127
雋 127
舜 127
詢 128
遁 128
馴 154
14 蓴 157
15 醇 55
諄 55
儁 127
蕣 128
遵 169
17 濬 11
駿 127
18 瞬 127
19 蹲 169
20 鰆 127
21 蠢 127

ジュン
6 旬 128
巡 154
9 徇 128
恂 128
洵 128
荀 128
盾 128
10 笋 6
隼 127
准 127
殉 128
純 194
11 惇 55
淳 55
12 閏 17
筍 128
循 128
順 154
13 準 127
詢 128
楯 128
遁 128
馴 154
14 蓴 157
15 潤 17

醇 55
諄 55
遵 169
19 鶉 55
じゅんさい
8 茆 228
14 蓴 157
ショ
5 処 128
且 160
疋 160
7 初 189
抒 246
8 所 76
杵 79
咀 159
沮 160
苴 160
9 胥 128
俎 160
10 書 114
恕 129
疽 160
砠 160
梳 161
11 庶 128

蛆 160
野 246
12 黍 22
暑 114
渚 114
絮 129
詛 160
疏 161
疎 167
舒 246
13 署 114
雎 160
鼠 161
14 緒 114
蔗 128
蔬 161
墅 246
15 諸 114
鋤 160
16 嶼 247
17 薯 114
18 曙 114
19 藷 114
20 齟 160
ジョ
3 女 129

6 汝 129
如 129
7 助 160
序 246
抒 246
8 杼 246
茹 129
9 叙 246
10 恕 129
除 246
徐 246
12 絮 129
舒 246
13 耡 160
蜍 246
15 鋤 160
17 薯 114
ショウ
3 小 129
上 135
4 升 129
少 130
井 147
5 召 131
生 147
正 147

6 匠 58
庄 131
丞 131
壮 162
7 床 129
妝 129
抄 130
劭 131
肖 132
声 150
8 松 82
牀 129
昇 129
炒 130
招 131
沼 131
邵 131
承 131
尚 132
昌 133
妾 133
姓 147
性 147
青 149
耖 164
9 省 131

																10									
祥	笑	秤	悚	症	将	倡	悄	峭	哨	消	宵	烝	称	陞	従	浹	庠	咲	相	荘	星	政	乗	拯	昭
248	248	217	166	148	134	133	132	132	132	132	132	131	130	130	124	53	248	248	164	162	150	147	136	131	131

					12																				11
詔	鈔	椒	湫	愀	焼	渉	菁	清	笙	旌	春	商	章	接	淁	捷	菖	猖	娼	唱	淌	逍	梢	紹	訟
131	130	125	122	122	57	221	149	149	147	147	134	134	134	133	133	133	133	133	133	133	132	132	132	131	82

						13																			
睫	筲	蛸	照	腫	楫	頌	葉	翔	勝	竦	湘	廂	装	猩	証	甥	象	焦	椄	晶	敞	掌	稍	硝	粧
133	132	132	131	124	121	82	250	248	191	166	164	164	162	150	148	147	135	135	133	133	133	132	132	132	131

															14										
誦	箏	精	像	摏	嶂	彰	障	蔣	裳	嘗	誚	韶	種	摺	慴	詳	聖	勦	剿	搶	腥	鉦	摂	傷	奨
249	163	149	135	134	134	134	134	134	133	132	132	131	124	122	122	248	183	165	165	164	150	147	135	134	134

				16																				15	
鞘	蕭	嘯	縦	踵	憧	樔	瘡	箱	諍	請	憔	蕉	璋	樟	殤	漿	廠	賞	霄	銷	樅	慫	衝	餉	慵
132	125	125	124	124	193	165	164	164	163	149	135	135	134	134	134	134	133	132	132	132	124	124	124	84	251

19							18											17							
簫	鎗	聶	觴	醬	鮹	蹤	鬆	篠	蹌	檣	襄	礁	償	牆	聳	鍾	鍬	燮	橦	錆	薔	橡	樵	瘴	霎
125	164	135	134	134	132	124	82	244	164	137	136	135	132	129	124	124	122	14	193	149	137	135	135	134	133

9		8			7		6	5		4		3	ジョウ	27	26	23	22		21	20					
茸	定	帖	条	杖	状	成	丞	仗	仍	冗	丈	上		顳	鱶	鷦	鱆	懾	囁	鐘	證	鯖	艢	鏘	瀟
111	184	155	244	136	129	148	131	136	172	142	136	135		135	252	135	134	135	135	193	192	149	137	134	125

			15		14					13		12					11			10					
縄	諚	鄭	蕘	滌	静	牒	條	誠	蒸	嫋	場	畳	掟	情	盛	剰	常	娘	奘	烝	貞	浄	城	乗	拯
249	184	122	57	244	149	250	244	148	131	116	251	160	184	149	148	136	133	259	162	131	185	163	148	136	131

16 遶 57
橈 57
壌 136
嬢 136
錠 184
濃 198
17 臈 129
襄 136
18 蟯 57
繞 57
聶 135
穣 136
擾 245
19 瀞 149
20 譲 136
醸 136
攘 136
21 饒 57
囁 135
22 穰 136
25 躡 135
26 鑷 135
27 顳 135
驤 136
じょう
11 尉 5

12 掾 15
しょうが
16 薑 56
しょうのふえ
11 笙 147
19 簫 125
しょうぶ
11 菖 133
ショク
4 仄 166
6 式 112
色 136
7 即 167
8 昃 166
9 拭 112
食 137
11 側 167
埴 182
12 属 138
寔 147
喞 167
惻 167
植 182
殖 182
粟 257
13 軾 112

飾 137
嗇 137
蜀 138
触 138
続 193
15 蝕 137
禝 137
稷 137
嘱 138
16 薔 137
17 謖 137
燭 138
18 織 137
職 137
穡 137
19 識 137
22 贖 193
26 矚 138
ジョク
10 匿 116
辱 138
13 溽 138
蓐 138
15 褥 138
16 濁 138
縟 138

しらかげ
21 驃 210
しらげる
14 精 149
しらせ
12 報 214
しらべる
9 按 2
査 160
12 検 72
13 詮 159
15 調 120
18 鞫 46
19 覈 56
しらみ
15 蝨 143
しり
5 尻 48
17 臀 187
しりがい
9 紂 146
18 鞦 122
しりぞく
7 却 51
9 卻 47
退 171

しりぞける
5 斥 151
17 黜 126
擯 211
21 鐫 127
しりのあな
7 肛 81
しる
5 汁 123
8 知 177
11 液 241
15 漿 134
18 瀋 204
19 識 137
しるし
6 印 83
14 徴 181
17 徽 208
19 璽 112
24 讖 158
しるす
9 紀 40
10 記 40
13 署 114
14 誌 103
16 録 269

18 験 72
19 識 137
しろ
5 白 201
9 城 148
しろい
11 皎 84
晧 92
12 皓 92
13 晳 152
15 皚 28
しろがね
14 銀 94
19 鏐 261
20 鐐 261
しろぎぬ
8 帛 201
しろつち
11 堊 2
しわ
12 皴 127
15 皺 146
19 襞 219
しわぶき
18 謦 150
シン

4 心 138
5 申 139
7 岑 93
芯 138
沁 138
伸 139
臣 139
辰 139
身 140
辛 140
忱 182
8 参 100
呻 139
抻 139
枕 182
9 津 6
矧 7
信 75
怎 95
神 139
侵 140
哂 148
10 針 123
疹 138
眕 138
袗 138

振 139
娠 139
唇 139
宸 140
浸 140
真 141
晋 141
秦 141
訊 143
11 紳 139
晨 140
深 140
進 145
清 149
12 診 138
軫 139
森 262
13 腎 139
蜃 140
寝 140
新 140
慎 141
嗔 141
蓁 141
斟 143
罧 262

滲 14 100　蔘 100　賑 140　槙 141　榛 141　箴 15 36　震 140　瞋 141　請 149　蕈 176　審 204　薪 16 140　親 141　縉 141　臻 141　鍼 17 36　糝 100　駸 140　齓 204　簪 18 142　瀋 204　譖 19 142　鐔 20 176　襯 21 141　鷏 141　贐 143

鐔 23 176　讖 24 158
ジン　人 2 142　刃 3 142　壬 4 143　仁 196　仞 5 142　迅 6 143　任 143　尽 143　臣 7 139　忍 142　妊 143　沈 182　神 9 139　紉 142　荏 143　甚 143　陣 10 113　荵 142　訊 143　恁 143　陳 11 139　祇 143　靭 12 142

尋 13 144　胥 139　蜃 140　賃 143　椹 144　稔 198　認 14 142　塵 269　糂 15 143　潯 144　蕁 144　蕈 176　儘 16 143　燼 18 143　贐 21 143　鐔 23 176
しんし　籭 22 72

【す】

ス　子 3 102　主 5 117　守 6 117　寿 7 118　洲 9 120

素 10 107　芻 146　笥 11 104　須 12 144　数 13 268　諏 15 118　塵 16 117　雛 18 146　蘇 19 22　鬚 22 144
す　州 6 120　洲 9 120　巣 11 165　酢 12 95　鬆 18 82
ズ　手 4 116　杜 7 188　豆 190　図 207　事 104　受 8 119　徒 10 188　途 246　逗 11 190

厨 12 146　廚 15 78　頭 16 190
スイ　水 4 144　出 5 126　吹 7 70　炊 8 70　垂 144　帥 9 109　祟 10 126　衰 146　粋 168　崔 11 97　捶 144　陲 144　推 144　彗 146　酔 168　悴 168　萃 168　率 168　椎 12 144　遂 145　惴 176　睡 13 144

瘁 168　綏 170　榱 146　翠 14 168　穂 15 67　誰 144　膵 168　錘 16 144　錐 144　隧 145　雖 17 144　燧 145　騅 18 145　邃 145
すい　酸 14 127
ズイ　随 12 170　隋 171　惴 176　瑞 13 176　蕊 15 138　隧 16 145　髄 19 170
ずいむし　螟 16 238

スウ　枢 8 60　芻 10 146　菘 11 82　陬 118　崇 121　嵩 13 89　鄒 146　数 268　皺 15 146　趨 17 146　雛 18 146
すう　吸 6 49　吮 7 6
すえ　末 5 234　季 8 42　陶 11 190
すえる　据 11 51　饐 21 6
すが　菅 11 34
すがた　姿 9 111

すがめ　眇 9 130
すがる　縋 16 182　攀 19 204
すき　耜 11 104　犂 12 255　隙 13 68　耡 160　銚 14 180　鋤 15 160
すぎ　杉 7 100　椙 12 133
すきま　郤 10 47　罅 17 77　釁 25 247
すぎる　過 12 23　軼 112
スク　宿 11 125
すく　好 6 102

10 梳 161
14 漉 268
ずく
14 銑 156
すくいとる
15 撈 11
すくう
6 匡 17
7 抔 211
9 拯 131
11 掬 46
救 49
済 150
15 橾 165
すくない
4 少 130
13 尠 144
14 寡 23
17 鮮 248
すくむ
12 竦 166
すぐれる
8 卓 173
9 俊 127
10 俶 125
桀 157

11 逸 238
13 雋 127
傑 157
14 犖 10
15 儁 127
17 優 245
22 儻 133
すけ
7 佐 95
助 160
9 亮 260
14 輔 221
すける
10 透 121
すごい
10 凄 97
11 淒 97
すこし
4 少 130
7 些 106
すこぶる
14 頗 206
すこやか
11 健 73
すごろく
14 槊 98

すさ
7 苆 153
すさまじい
10 凄 97
すし
16 鮓 95
17 鮨 106
すじ
7 系 66
条 244
12 筋 262
13 腱 73
15 線 157
ずし
22 龕 90
すす
13 煤 229
すず
13 鈴 264
16 錫 12
21 鐸 12
23 鑞 260
27 鑾 255
すすき
6 芒 227
すずき

27 鱸 267
すすぐ
9 洒 148
11 雪 146
14 漱 167
滌 244
すずしい
10 清 149
11 涼 54
すずな
11 菘 82
すすむ
10 晋 141
11 進 145
14 漸 101
すずめ
11 雀 129
すすめる
8 侑 245
13 勧 37
奨 134
14 遷 249
15 慫 124
16 薦 177
17 餤 14
すずり

12 硯 72
すすりなく
11 欷 41
16 歔 51
すする
9 哈 90
11 啜 186
13 歃 163
19 歠 186
すそ
13 裾 51
すだれ
19 簾 74
すたれる
12 廃 202
ずつう
14 瘋 214
すっぽん
25 鼈 219
すでに
3 已 102
10 既 43
すてる
10 捐 71
11 捨 115
13 棄 194

すな
7 沙 130
9 砂 130
すなお
6 朴 230
12 順 154
すなどる
14 漁 52
すなはら
13 漠 222
すなわち
2 乃 172
7 即 167
9 則 167
10 迺 148
14 輒 180
すね
11 脛 65
13 骭 33
18 臑 120
すねる
8 拗 247
すのこ
17 簀 153
すばしり
18 鯐 160

すばやい
14 慓 210
すばる
9 昴 228
すべて
3 凡 232
6 全 159
12 渾 63
惣 162
14 総 164
すべる
5 辷 6
12 統 123
13 滑 93
14 綜 121
すぼむ
10 窄 95
すみ
9 炭 20
11 陬 118
12 隈 4
隅 62
14 墨 92
すみか
10 栖 148
すみやか

9 亟 58
すみれ
11 菫 59
すむ
7 住 117
10 栖 148
11 済 150
12 棲 97
15 澄 192
すもも
7 李 102
する
8 刷 99
9 為 4
11 掏 190
13 搨 192
14 摺 122
ずるい
9 狡 84
するどい
15 鋭 13
するめ
19 鯣 12
すれる
17 擦 97
すわる

7 坐 96
10 座 96
スン
3 寸 146
6 吋 146
17 駿 127

【せ】

セ
5 世 148
9 施 241
13 勢 68
せ
9 背 230
10 畝 233
19 瀬 254
ゼ
9 是 147
セイ
4 井 147
5 生 147
正 147
世 148
6 成 148
西 148
7 声 150
8 妻 97
姓 147
性 147
征 147
青 149
制 149
斉 149
9 省 131
穽 147
牲 147
政 147
城 148
星 150
砌 153
10 脆 41
凄 97
背 106
晟 148
栖 148
清 149
倩 149
剤 150
逝 154
11 悽 97
淒 97
旌 147
盛 148
清 149
菁 149
済 150
哲 153
12 税 13
棲 97
犀 98
婿 128
甥 147
貰 148
晴 149
掣 149
惺 150
猩 150
毳 239
13 蛻 13
勢 68
歳 98
鉦 147
誠 148
筬 148
睛 149
靖 149
腥 150
聖 183
14 筮 213
精 149
蜻 149
静 149
製 149
誓 154
15 嘶 109
撕 109
請 149
16 整 147
錆 149
儕 150
醒 150
噬 213
橇 239
擠 149
17 薺 149
贅 91
臍 150
18 鯖 149
19 鶄 149
瀞 149
21 躋 150
齎 150
22 霽 150
23 齏 150
ゼイ
10 脆 41
12 税 13
毳 239
13 蛻 13
蜹 197
14 筮 213
説 13
16 噬 213
橇 239
18 贅 91
せおいおび
16 襁 55
せがれ
10 倅 168
11 躮 216
セキ
3 夕 150
4 尺 116
5 石 151
斥 151
6 汐 150
7 赤 151
8 刺 107
舎 115
昔 152
析 152
炙 196
10 迹 12
射 115
隻 152
脊 152
席 153
11 釈 12
寂 125
戚 125
惜 152
淅 152
責 153
12 跖 151
晰 152
13 跡 12
裼 12
晳 152
蓆 153
勣 153
碩 151
14 蜥 152
適 185
15 槭 125
瘠 152
潟 153
16 錫 12
積 153
磧 153
17 螫 151
藉 152
蹐 152
績 153
18 蹙 125
蹠 129
蹟 153
20 齣 61
籍 152
21 鶺 152
せき
9 咳 27
12 堰 14
14 関 34
せきばらい
18 謦 150
セク
22 齪 166
せぐくまる
14 踽 57
セチ
11 設 117
13 節 167
ゼチ
12 絶 136
セツ
4 切 153
7 折 153
8 刹 99
拙 126
9 泄 148
洩 11
窃 153
10 殺 99
屑 132
浙 153
11 梲 13
設 117
接 133
雪 146
紲 148
哲 153
12 啜 186
絏 11
椄 133
絶 136
掣 149
渫 250
13 楔 66

摂 135　節 167　14 説 13　截 145　15 緤 250　16 薛 70　17 褻 68　19 歠 186　22 鱈 146
ゼツ　6 舌 154　12 絶 136
ぜに　14 銭 156
せぼね　14 膂 258
せまい　9 狭 52　陋 217　10 陝 53　窄 95　13 隘 13　14 褊 220
せまる　8 迫 201　9 撈 99

13 遒 122　逼 215　19 瀕 211
せみ　18 蟬 175
せめぐ　18 鬩 112
せめる　7 攻 81　11 責 153　13 誅 118　14 誚 132　21 譴 74
せり　7 芹 58　25 糶 252
せる　20 競 64
ゼロ　13 零 264
セン　3 山 99　川 154　千 155　5 仙 99　仟 155

刋 155　占 155　亘 85　6 阡 155　先 156　舛 156　全 159　尖 172　7 吮 6　串 34　芟 117　8 疝 99　苫 155　沾 155　戔 156　9 穿 24　染 48　茜 148　洗 156　浅 156　専 157　泉 157　宣 157　前 159　荐 169　10 涎 15

閃 142　倩 149　扇 158　栓 159　栫 169　栴 174　旃 174　船 14　11 釧 154　笘 155　旋 157　痊 159　剪 159　12 筅 156　愃 157　孱 158　筌 159　揃 159　善 159　喘 176　13 羨 70　僉 72　雋 127　尠 144　跣 156　践 156

腺 157　詮 159　煎 159　戦 175　亶 176　14 塹 101　僭 142　銛 154　銑 156　銭 156　箋 156　綫 156　塼 157　煽 158　僊 158　銓 159　15 槧 101　潜 142　賤 156　線 157　璇 157　潺 158　遷 158　箭 159　翦 159　選 169

撰 169　嬋 175　簒 101　16 暹 145　甎 157　膳 159　擅 176　薦 177　17 獮 112　篸 121　餞 156　纖 158　氈 176　鮮 248　18 燹 107　濺 156　繕 159　瞻 175　蟬 175　19 簽 72　蟾 175　羶 176　20 霰 101　孅 158　譫 175　贍 175

闡 175　蘚 248　21 鐫 127　殲 158　饌 169　22 顫 177　癬 248　23 籤 158　鱓 175　24 韆 158
ゼン　5 冉 158　6 全 159　8 苒 158　9 染 48　前 159　荐 169　単 175　10 涎 15　11 軟 70　12 善 159　然 159　喘 176　13 羨 70　禅 175　14 漸 101

銭 156　髟 158　15 賤 156　嬋 175　16 膳 159　燃 159　繕 159　18 蟬 175　20 蠕 120　贍 175　23 鱓 175
せんき　8 疝 99
センチグラム　14 瓱 256
センチメートル　15 糎 256
センチリットル　14 竰 256
ぜんまい　16 薇 208

【そ】
ソ　5 処 128　疋 160

7 初 189
8 所 76　泝 151　阻 159　狙 159　咀 159　姐 159　岨 160　徂 160　沮 160
9 怎 95　胙 95　胥 128　祖 159　爼 160
10 祚 95　素 107　租 159　疽 160　砠 160　梳 161
11 措 152　組 159　粗 159　曽 161
12 酥 22

甦 86　酢 95　訴 151　詛 160　疏 161　踈 167
13 塑 98　耡 160　楚 160　鼠 161　想 164
14 遡 98　愬 98　蔬 161
15 醋 152　噌 161
16 錯 152
18 礎 160
19 蘇 22
20 齟 160
33 麤 269
ゾ
11 曽 161
ソウ
3 中 162
4 卅 123

双 152　爪 161
5 匆 162　匝 162
6 扱 49　庄 131　艸 162　早 162　壮 162　争 163
7 找 20　床 129　妝 129　抄 130　走 160　抓 161　皁 162　宋 230
8 宗 121　牀 129　炒 130　帚 164　[illegible] 164
9 哈 90　怎 95　怱 162

草 162　荘 162　送 163　奏 163　相 164
10 笊 161　奘 162　挿 163　叟 163　捜 163　倉 164　蚤 165　桑 166
11 掫 118　娵 118　淙 121　曽 161　偬 162　崢 163　掃 164　窓 164　爽 165　曹 165　巣 165
12 棗 107　棕 121

鈔 130　粧 131　稍 132　惣 162　葱 162　葬 162　装 162　湊 163　痩 163　嫂 163　廂 164　創 164　喪 165
13 筲 132　僧 161　腠 163　歊 163　溲 163　想 164　愴 164　搶 164　滄 164　蒼 164　搔 165　剿 165　勦 165

14 慥 92　粽 121　綜 121　層 161　増 161　憎 161　箏 163　箒 164　総 164　聡 164　槍 164　遭 165　漕 165　臧 166　嗽 167　漱 167　蔟 168　嗾 168　颯 257
15 踪 121　噌 161　諍 163　箱 164　瘡 164　槽 165　樔 165

蔵 166
16 霎 133　薔 137　錚 163　輳 163　艘 163　艙 164　操 166　噪 166　懆 166　澡 166
17 甑 161　霜 164　蹌 164　糟 165　艚 165　燥 166　簇 168
18 鬆 82　叢 118　鮹 132　贈 161　鎗 164　騒 165　藪 268
19 鏘 134

繰 166　藻 166　臓 166
20 孀 164　譟 166　躁 166
21 囃 123　贓 166　鐺 190　竈 250　籔 268
22 鰺 100
そう
8 沿 14
ゾウ
10 造 92　奘 162
11 曽 161　曹 165
12 象 135
14 慥 92　雑 123　像 135　増 161　憎 161　臓 166

15 蔵 166　16 橡 135　17 艚 165　18 贈 161　19 臟 166　21 贓 166
そうろう
10 候 87
そえうま
21 驂 100
そえる
11 添 186
ソク
4 仄 166　7 足 166　束 166　即 167　8 昃 166　9 促 166　則 167　10 息 110　捉 166　速 166　11 側 167　12 喞 167　測 167

惻 167　粟 257　13 塞 38　触 138　数 268　14 熄 110　嗽 167　蔟 168　17 燭 138　簇 168　19 鏃 168　26 矚 138
ゾク
9 俗 91　11 族 168　12 属 138　粟 257　13 賊 167　続 193　14 蔟 168　17 簇 168　19 鏃 168
そこ
8 底 183
そこなう
8 戔 156

10 害 27　残 156　13 損 8　賊 167
そしる
8 呰 105　非 206　12 詆 183　13 毀 45　14 誣 213　15 誹 206　17 謗 226　19 譏 44　譖 142　24 讒 102
そそぐ
8 注 117　15 漑 43　澆 57　潑 202　18 瀉 153　濺 156　20 灌 37　22 灑 266
そそのかす
10 唆 127

14 嗾 168
そだてる
8 育 194
ソツ
8 卒 168　9 帥 109　10 倅 168　11 猝 168　啐 168　率 168
そで
10 袖 242
そと
5 外 230
そなえる
8 供 53　12 僎 122　備 208　21 饌 169
そなわる
8 具 61
そねむ
11 猜 149
その
8 其 42　9 囿 245

12 厥 70　13 園 16　14 爾 112
そば
11 側 167　12 傍 226
そばだつ
6 屹 47　8 岨 160　9 峙 110　11 崛 62
そばだてる
12 欹 42
そびえる
17 聳 124
そま
7 杣 100
そむく
6 舛 156　8 乖 230　9 叛 203　背 230　刺 254
そめる
9 染 48　10 涅 197

そら
4 天 186　8 空 62　昊 186　宙 242　15 霄 132
そらんじる
16 諳 19
そり
16 橇 239　17 艝 146　18 轌 146
そる
4 反 202　9 剃 184
それる
11 逸 238
そろえる
6 扦 64　12 揃 159
ソン
6 忖 146　存 169　7 村 146　邨 194　9 拵 169

10 孫 66　栫 169　12 巽 169　尊 169　13 損 8　14 遜 66　15 噂 169　16 樽 169　19 蹲 169　23 鱒 169
ゾン
6 存 169

【た】

タ
3 大 172　4 太 171　5 他 241　6 多 170　朶 172　7 佗 170　妥 170　汰 171　岔 216　8 沱 170　陀 170

侘 173　9 柁 170　咤 173　10 粏 171　荼 246　11 唾 144　舵 170　蛇 170　12 詑 170　跎 170　惰 170　13 鉈 170　綏 170　躱 172　詫 173　14 駄 171　15 駝 170　16 駝 170　22 驒 175
た
4 手 116　5 田 187　9 [illegible] 104
ダ
5 打 179　6 朶 172

7 兌 14　妥 170　那 196　8 沱 170　陀 170　柁 170　9 拏 189　10 拿 90　娜 196　茶 246　11 唾 144　舵 170　蛇 170　梛 196　12 跎 170　惰 170　堕 170　13 楕 170　14 駄 171　15 駝 170　16 駞 170　17 懦 120　20 糯 120　21 儺 37　22 驒 175

タイ
3 大 172　4 太 171　5 代 172　台 172　7 兌 14　対 98　汰 171　体 265　8 岱 172　苔 173　9 耐 110　待 110　退 171　玳 172　怠 172　胎 172　殆 173　帝 185　10 帯 171　泰 172　11 堆 145　逮 171　袋 172　紿 173　梯 184　12 隊 145

棣 171　替 171　貸 172　詒 173　躰 231　13 碓 145　滞 171　瑇 194　14 腿 171　蔕 171　颱 173　態 198　15 褪 171　駘 173　16 黛 172　諦 185　頽 193　17 戴 97　擡 172　薹 172　18 鎚 182　藟 234　20 鐓 195　24 靆 171

たい
19 鯛 121

ダイ
2 乃 172　3 大 172　4 太 171　内 197　5 代 172　台 172　7 弟 184　8 奈 196　10 迺 148　悌 184　11 第 184　12 提 147　睇 184　15 駘 173　16 醍 147　餒 170　17 擡 172　薹 172　18 題 147

だいこん
14 蔔 215

だいだい
16 橙 192

たいふう
14 颱 173

たいまつ
9 炬 50

たいら
5 平 217　6 幵 64　8 坦 174

たえ
7 妙 130　10 栲 86

たえる
9 耐 110　12 絶 136　堪 143

たおやか
11 婀 2　13 嫋 116

たおれる
4 仆 230　10 倒 189　15 僵 56　16 殪 6　18 斃 219　19 顚 141

たか
24 鷹 18

たが
14 箍 162

たかい
7 岌 49　8 尭 57　10 高 88　11 隆 258　12 喬 56　敞 133　13 嵬 43　嵩 89　17 嶷 45　21 巍 4

たがい
4 互 79

たかつき
7 豆 190

たかどの
13 楼 268　14 閣 29

たがね
19 鏨 101

たかぶる
4 亢 82　8 昂 83

たかむしろ
18 簟 176

たかむら
15 篁 88

たがやす
10 耕 63　13 農 198

たから
8 宝 58　10 財 96　12 貲 106

たき
13 滝 258　18 瀑 230

たきぎ
15 蕘 57　16 薪 140

たぎる
14 滾 82

タク
6 托 173　宅 173　7 択 12　沢 12　8 拓 151　拆 151　卓 173　9 柝 151

度 189　10 託 173　啄 173　倬 173　11 琢 173　啅 173　12 棹 174　15 磔 151　17 濯 252　擢 252　18 謫 186　戳 252　21 鐸 12

たく
8 炊 70　9 炷 117　12 焚 262

ダク
13 搦 116　15 諾 116　16 濁 138

たぐい
10 般 203　15 耦 62　17 醜 245　18 類 264

19 疇 119
たくましい
11 逞 183
たくみ
3 工 81
5 巧 80
6 匠 58
たくわえる
10 畜 178
12 貯 179
13 蓄 178
19 蘊 19
たけ
3 丈 136
6 竹 178
8 岳 92
9 茸 111
15 蕈 176
たけかご
17 篗 268
たけなわ
12 酣 33
17 闌 254
たけのこ
10 笋 6
12 筍 128
たけりくるう
15 獗 70
たこ
5 凧 58
9 胝 183
12 胼 218
13 蛸 132
18 鮹 132
22 鱆 134
たしか
14 慥 92
たしかめる
15 確 30
たしなむ
10 耆 43
13 嗜 43
たしなめる
12 窘 63
たす
20 贍 175
だす
5 出 126
ダース
5 打 179
たすき
22 襷 247
たすけ
9 祐 244
たすける
4 介 25
5 右 244
6 丞 131
7 佐 95
助 160
扶 212
佑 244
8 侑 245
9 拯 131
11 翊 257
12 援 15
掾 15
弼 209
13 裨 207
14 輔 221
15 賛 101
17 幫 214
たずさえる
13 携 66
たずねさがす
7 找 20
たずねる
10 訊 143
12 尋 144
19 繹 12
ただ
5 只 104
7 但 174
11 唯 145
惟 145
たたえる
12 湛 143
15 賛 101
たたかい
13 戦 175
たたかう
16 鬩 54
18 闘 190
たたく
5 叩 80
6 扣 80
13 搗 181
14 敲 88
17 擣 119
ただし
7 但 174
ただしい
5 正 147
9 是 147
貞 185
ただす
6 匡 17
9 糾 48
訂 179
11 規 44
12 董 124
13 督 125
15 質 113
18 鞫 46
たたずむ
7 佇 179
ただちに
8 直 182
ただに
12 啻 185
たたみ
12 畳 160
ただよう
14 漂 210
漾 248
たたる
10 祟 126
ただれる
17 糜 233
19 靡 233
21 爛 254
タチ
12 達 174
21 闥 174
たち
15 質 113
ダチ
12 達 174
たちばな
16 橘 47
たちまち
5 乍 95
8 忽 240
11 倏 244
13 溘 89
だちょう
16 鴕 170
タツ
8 怛 175
10 晣 154
11 棁 13
脱 14
12 達 174
14 靼 174
16 撻 174
17 燵 174
19 獺 254
21 闥 174
22 韃 174
たつ
5 立 257
7 辰 139
9 建 73
発 202
10 竜 258
11 断 67
12 裁 96
絶 136
14 截 145
ダツ
8 妲 175
怛 175
11 脱 14
捺 196
14 奪 145
19 獺 254
たづな
22 轡 207
24 羈 30
たつみ
12 巽 169
たて
3 干 32
9 盾 128
13 楯 128
16 縦 124
竪 190
たで
14 蓼 260
たていと
11 経 65
たてがみ
25 鬣 260
たてまつる
8 奉 225
たてる
9 建 73
たとえる
8 例 266
12 喩 242
20 譬 219
たどる
7 辿 100
たな
12 棚 226
たに
7 谷 91
10 峪 91

11 渓 67　15 澗 39　17 壑 91
だに　17 蟎 234
たにがわ　17 谿 67
たぬき　10 狸 256　12 猫 176
たね　9 胤 7　14 種 124
たのしい　12 愉 242　13 楽 31
たのしむ　7 佚 112　10 豈 28　娯 80　11 聊 228　13 楽 31　14 槃 203
たのむ　6 托 173　8 怙 76

9 恃 110　15 嘱 138　16 憑 209　頼 254
たば　7 束 166
たばこ　10 莨 259
たび　9 度 189　10 旅 258　19 襪 220　22 羇 42
たびびと　22 羇 42
たぶらかす　14 誑 17
たべる　9 食 137
たぼ　15 髱 225
たま　5 玉 58　10 珪 65　珠 117　11 球 49

12 弾 175　13 瑶 250　15 霊 265　18 璧 219
たまう　12 給 90　15 賚 253
たまき　21 鐶 39
たまご　7 卵 228　11 蛋 15
たましい　14 魂 10　15 魄 201　霊 265
だます　16 瞞 234　17 賺 74　19 騙 220
たまたま　12 遇 62
たまる　13 溜 228
だまる　15 黙 92

たまわる　15 賜 12
たみ　5 民 236　8 氓 227
たむし　22 癬 248
たむろ　4 屯 194
ため　9 為 4
ためいき　12 喟 5
ためす　13 試 112　18 験 72
ためらう　11 逡 127　15 踟 177　19 躇 114　21 躊 119
ためる　17 矯 56
たもつ　9 保 225
たもと

9 袂 69
たより　9 便 86
たよる　16 頼 254
たら　22 鱈 146
たらい　14 槃 203　16 盥 144
たりる　7 足 166　20 贍 175
たる　16 樽 169
だるい　16 懈 26
たるき　11 桷 29　13 椽 16　14 榱 146
たるむ　6 弛 241
だれ　15 誰 144
たれか

11 孰 55
たれがみ　14 髦 239
たれひも　13 綏 170
たれる　8 垂 144
たわごと　20 譫 175　21 囈 68
たわむ　15 撓 57　16 橈 57
たわむれる　13 詼 20　15 戯 51　16 謔 47　譚 63
たわら　10 俵 210
タン　4 丹 174　反 202　5 丼 147　旦 174　6 団 157

7 但 174　8 坦 174　怛 175　担 175　9 炭 20　胆 175　単 175　段 177　眈 182　10 站 156　疸 174　袒 174　耽 182　11 淡 14　啖 14　蛋 15　貪 93　探 140　酖 182　12 毯 14　堪 143　湛 143　赧 174　湍 176　猯 176　覃 176

短 190　13 痰 14　蜑 15　嘆 36　亶 176　椴 177　14 摶 157　靼 174　端 176　綻 184　15 談 14　誕 15　歎 36　蕁 144　憚 175　鄲 175　潭 176　緞 177　16 曇 10　憺 175　澹 175　殫 175　壇 176　17 餤 14　賺 74　檐 175

襢 175 檀 176 鍛 177 18 簞 175 19 壜 10 譚 176 20 鐔 176 22 灘 37 攤 37 驒 175
ダン 5 旦 174 6 団 157 7 但 174 男 187 9 段 177 南 196 11 断 67 12 弾 175 喃 196 13 暖 15 煖 15 椴 177 15 談 14 緞 177 16 壇 176

17 檀 176 18 難 37 19 譚 176 22 灘 37

【ち】

チ 6 地 241 池 241 弛 241 8 治 173 知 177 9 持 110 峙 110 胝 183 10 致 106 恥 111 値 182 11 笞 173 12 遅 98 智 177 黹 177 植 182 13 稚 98 雉 105 輊 106

痴 177 置 182 馳 241 14 蜘 177 徴 181 15 褫 109 質 113 踟 177 16 薙 105 緻 106 篪 109 19 癡 45 21 魑 256 22 躓 113 23 黐 256
ち 3 千 155 6 血 69
ちいさい 3 小 129 14 瑣 96
ちかい 7 近 58 18 邇 112
ちかう 13 盟 237

14 誓 154
ちがう 13 違 4
ちかづく 9 昵 196
ちから 2 力 261
ちぎる 9 契 66
チク 6 竹 178 10 逐 173 畜 178 11 舳 242 12 筑 178 軸 242 13 蓄 178 16 築 178
ちすじ 9 冑 242
ちち 4 父 212 8 乳 213
ちぢむ 17 縮 125
チツ

8 帙 113 10 秩 113 11 窒 106 15 膣 106 17 蟄 113
ちどり 17 鵆 85
ちぬる 25 釁 247
ちのふえ 16 篪 109
ちのみご 17 孺 119
ちびる 7 禿 193
ちまき 14 粽 121
ちまた 7 岐 103 9 巷 54 24 衢 61
チャ 9 茶 246
ちゃ 9 茗 237
チャク

11 著 114 12 着 114 14 嫡 186 18 擲 122 謫 186 19 躇 114
チュ 12 蛛 118 13 誅 118 15 駐 117
チュウ 4 中 178 丑 178 6 仲 178 虫 179 7 肘 146 沖 178 狆 178 8 注 117 忠 178 抽 242 宙 242 9 昼 6 柱 117 紂 146 衷 178

冑 242 冑 242 10 酎 146 紐 178 11 惆 120 紬 242 偸 243 12 註 117 厨 146 鈕 178 13 誅 118 稠 120 14 綢 120 15 廚 78 駐 117 鋳 119 16 儔 119 17 蟄 113 鍮 243 19 疇 119 20 籌 119 21 躊 119 籀 228
チュツ 5 朮 126 17 黜 126

チュン 4 屯 194
チョ 7 佇 179 8 苧 179 杼 246 11 著 114 紵 179 12 猪 114 貯 179 13 楮 114 14 緒 114 15 樗 9 箸 114 18 儲 114 19 躇 114 瀦 114
チョウ 2 丁 179 4 弔 180 5 打 179 庁 179 6 吊 58 兆 180 7 町 179 疔 179

8 耴 180 帖 155 佻 180 長 180
9 袒 10 重 124 迢 131 挑 180
10 凋 120 冢 173 釘 179 晁 180 𦥑 181 挺 184
11 釣 115 彫 120 笘 155 掉 174 頂 179 眺 180 窕 180 帳 180 張 180 悵 180 鳥 181 梃 184
12 超 131 貂 131 提 147 貼 155 畳 160 塚 173 脹 180 朝 181 裎 183 幀 185 喋 250
13 稠 120 跳 180 誂 180 牒 250 腸 251
14 肇 6 蜩 121 趙 132 銚 180 輒 180 漲 180 蔦 181 徴 181 暢 251
15 調 120 髫 131 潮 181 嘲 181 澄 192
16 蝶 250 雕 121 褶 122 諜 250
17 聴 182
18 懲 181
19 鯛 121 寵 258
20 齠 131 鰈 250
25 糶 252
チョク
8 直 182
9 勅 167
10 捗 222 陟 222
13 飭 137
20 躅 138 騭 222
ちり
14 塵 269
ちりばめる
19 鏤 268
ちる
12 散 101
チン
7 沈 182
8 抻 139 枕 182
9 珍 139
10 陣 113 砧 155 朕 163
11 陳 139 酖 182
12 趁 139 湛 143
13 椿 127 賃 143 椹 144
14 碪 144
15 鴆 182
18 鎮 141 闖 199
ちん
7 狆 178

【つ】

ツ
10 通 249
11 都 114
つ
9 津 6
ツイ
7 対 98
9 追 182
11 堆 145
12 椎 144 隊 145
13 碓 145
14 槌 182
15 墜 145
16 縋 182
18 鎚 182
ついえる
15 潰 44
ついたち
10 朔 98
ついたて
11 屏 218
ついに
11 竟 55
12 遂 145
ついばむ
10 啄 173
11 啅 173
ついやす
12 費 216
ツウ
10 通 249
12 痛 249
つえ
7 杖 136
9 枴 25
つか
12 塚 173
14 塿 268
つかう
8 使 104
13 遣 74
つかえ
12 痞 211
つかえる
5 仕 102
9 宦 139
11 閊 100
つかさ
11 曹 165
13 衙 79
つかさどる
5 司 104
10 宰 140
12 掌 132
つかむ
14 摑 92
23 攫 31
つかれる
7 劬 61
10 倦 36 疲 205
12 敝 218
13 瘁 168
15 罷 198 弊 218
16 憊 208
19 羸 11
つかわす
13 遣 74
つき
4 月 70
7 坏 212
15 槻 44
つぎ
6 次 111
つきる
6 尽 143
つく
5 付 212
7 即 167
8 突 71 附 212
12 着 114 属 138 馮 209 就 244
13 搶 164 搗 181
14 摏 134
15 衝 124 撞 193
16 橦 193
17 擣 119
つぐ
6 次 111
7 亜 2
11 紹 131 接 133
13 継 67 嗣 104

つくえ　2 几 40　6 机 40　8 卓 173
つくす　6 尽 143　9 殄 139　14 竭 32　21 殲 158
つくだ　7 佃 187
つくづく　15 熟 55
つぐなう　15 賠 200　17 償 132
つぐみ　19 鶇 190　20 鶫 35
つくり　10 旁 226
つくる　7 作 95　10 造 92　12 創 164　14 製 149
つくろう　18 繕 159
つげ　9 柘 151
つける　5 付 212　8 附 212　12 着 114　14 漬 153
つげる　7 告 92
つじ　6 辻 123
つた　14 蔦 181　22 蘿 253
つたえる　6 伝 157
つたない　8 拙 126
つち　3 土 188　12 椎 144　14 槌 182　16 壌 136　18 鎚 182
つちかう　11 培 200
つちのえ　5 戊 222
つちのと　3 己 40
つちぶえ　17 壎 63
つちふる　22 霾 256
つつ　12 筒 192
つづく　13 続 193
つつしむ　8 劼 46　9 恪 28　10 祗 183　虔 217　11 寅 8　粛 125　12 欽 59　敬 68　13 慎 141　14 愨 30　愿 76　17 謹 59
つつみ　8 陂 205　坡 205　12 堤 147　13 塘 191
つづみ　13 鼓 78
つつむ　5 包 224　14 裹 22　19 韜 19
つづる　14 綴 186
つと　8 苴 160　苞 224
つとに　6 夙 232
つとめ　18 職 137
つとめる　7 孜 102　劭 131　努 188　8 劼 46　10 勉 238　11 勖 229　務 236　12 勤 59　13 黽 249　17 懋 236
つな　14 綱 87
つなぐ　7 系 66　11 紲 148　12 絏 11　13 継 67　14 維 145　17 縻 233　18 羂 71　19 繫 69
つね　9 恒 85　11 常 133　18 彝 5
つねに　6 毎 233
つねる　7 抓 161
つの　7 角 29
つのさかずき　13 觥 85
つのよもぎ　10 莪 25
つのる　12 募 222
つば　11 唾 144　17 鍔 31　20 鐔 176
つばき　13 椿 127
つばさ　10 翅 103　17 翼 5
つばめ　16 燕 17
つぶ　11 粒 257　17 顆 23
つぶさに　8 具 61
つぶす　15 潰 44
つぶて　20 礫 31
つぶやく　8 呟 75
つぶる　15 瞑 238
つぶれる　15 潰 44
つぼ　8 坪 217　12 壺 78
つぼみ　10 莟 40　16 蕾 253
つま　4 爪 161　8 妻 97　13 褄 97　17 嬬 119
つましい　10 倹 72
つまずく　12 跌 113　跎 170　17 蹉 96　19 蹶 70　22 躓 113
つまだてる　11 跂 103　18 翹 57
つまびらか　15 審 204
つまみ　12 鈕 178
つまむ　7 抓 161　8 拈 155
つみ　12 辜 77　13 罪 206
つむ　13 詰 46　14 摘 185　16 錘 144　積 153
つむぎ　11 紬 242
つむぐ　10 紡 223　15 緝 121　17 績 153
つむじかぜ　12 猋 71

17 颶 61
21 飆 71
つめ
4 爪 161
つめたい
7 冷 264
つめる
13 詰 46
つや
19 艶 224
つゆ
5 汁 123
21 露 29
つよい
8 侃 35
9 勁 65
10 勍 54
剛 87
11 強 55
13 遒 122
14 豪 89
15 毅 45
16 彊 56
22 驍 57
つら
9 面 238

つらい
7 辛 140
つらつら
10 倩 149
つらなる
10 連 266
14 綿 201
17 聯 34
つらぬく
7 串 34
11 貫 38
つらねる
6 列 266
11 陳 139
15 劉 228
つる
8 弦 75
11 絃 75
釣 115
13 鉉 75
14 蔓 235
21 鶴 30
つるぎ
10 剣 72
つるす
6 吊 58

つるばみ
16 橡 135
つれあい
6 伉 82
11 逑 49
21 儷 265
つわもの
7 兵 58
13 賁 207
つんざく
17 擘 220

【て】

て
4 弖 48
手 116
デ
7 弟 184
であう
14 遘 88
てあし
8 肢 103
てあつい
12 渥 18
腆 186
テイ
2 丁 179
打 179
5 叮 179
庁 179
汀 179
7 低 183
呈 183
廷 184
弟 184
体 265
8 底 183
抵 183
邸 183
彽 183
定 184
9 洟 3
訂 179
酊 179
亭 179
柢 183
牴 183
剃 184
貞 185
帝 185
10 剔 12
遆 109
釘 179
庭 184
挺 184
悌 184
涕 184
11 袋 172
頂 179
停 179
羝 183
逞 183
梃 184
梯 184
第 184
掟 184
偵 185
12 堤 147
提 147
棣 171
替 171
渟 179
觝 183
詆 183
程 183
裎 183
睇 184
幀 185
13 啼 185
裼 12
艇 184
蜓 184
碇 184
禎 185
遉 185
鼎 185
髢 241
14 蔕 171
酲 183
綴 186
15 鄭 122
霆 184
締 185
16 薙 105
醍 147
錠 184
赬 185
諦 185
蹄 185
17 聴 182
騁 218
18 題 147
嚔 177
鵜 184
19 蟶 183
デイ
7 佞 196
8 泥 196
14 寧 197
17 濔 112
19 禰 112
デカグラム
7 瓧 123
てかせ
11 梏 92
てがた
9 券 71
てがみ
9 柬 35
デカメートル
8 籵 123
デカリットル
7 竍 123
テキ
7 狄 185
8 的 115
迪 242
10 剔 12
倜 125
荻 185
11 逖 185
笛 242
14 摘 185
滴 185
適 185
嫡 186
滌 244
15 敵 185
17 擢 252
18 擲 122
19 鏑 186
22 躑 122
覿 193
糴 252
デキ
13 溺 116
14 滌 244
できもの
7 疔 179
てぐるま
15 輦 212
てこ
7 杆 33
11 梃 184
14 楨 81
でこ

5 凸 18
デシグラム
9 瓱 216
デシメートル
10 粉 216
デシリットル
9 竕 216
てすり
7 杆 33
9 柤 160
17 闌 254
20 欄 254
21 櫺 265
テツ
3 中 162
7 佚 112
8 迭 113
9 姪 106
咥 106
垤 106
10 哲 154
11 啜 186
12 蛭 106
耋 106
跌 113
13 鉄 113
畷 186
14 銕 3
綴 186
15 輟 186
徹 186
撤 186
16 錣 186
18 餮 139
19 轍 186
デツ
10 捏 197
涅 197
てのひら
12 掌 132
てら
6 寺 110
8 刹 99
てらう
11 衒 75
てらす
13 照 131
でる
5 出 126
テン
4 天 186
7 辿 100
佃 187
甸 187
8 店 155
沾 155
忝 186
典 186
9 殄 139
恬 154
点 155
畋 187
10 展 186
11 甜 154
転 157
淀 184
添 186
唸 198
12 奠 122
覘 155
貼 155
腆 186
13 椽 16
電 139
塡 141
鈿 187
殿 187
14 槙 141
15 篆 16
諂 34
碾 186
廛 187
靦 72
16 霑 155
澱 187
17 輾 186
18 簟 176
癜 187
19 顚 141
21 鷆 141
囀 157
纏 187
22 巓 141
躔 187
24 癲 141
てん
12 貂 131
デン
5 田 187
6 伝 157
7 佃 187
甸 187
8 拈 155
9 畋 187
11 粘 155
淀 184
捻 198
12 奠 122
13 電 139
鈿 187
殿 187
15 撚 159
碾 186
16 鮎 155
澱 187
輾 186
17 臀 187
18 癜 187
21 鷆 141

【と】

ト
3 土 188
4 斗 187
6 吐 188
7 抖 188
兎 188
杜 188
肚 188
図 207
8 妬 151
9 度 189
10 蚪 188
徒 188
途 246
荼 246
11 都 114
菟 188
兜 229
12 堵 114
屠 114
渡 189
登 192
13 塗 246
14 睹 115
跿 188
16 賭 114
頭 190
17 闍 115
鍍 189
24 蠹 151
と
4 戸 76
8 門 240
ド
3 土 188
5 奴 188
7 努 188
8 弩 188
孥 188
帑 188
呶 188
9 怒 188
度 189
15 駑 188
とい
15 樋 249
といし
10 砥 183
トウ
2 丁 179
刀 189
4 斗 187
5 本 123
叨 189
冬 189
6 时 146
当 189
灯 192
同 192
7 投 117
抖 188
豆 190
8 宕 151
帑 188
到 189
苳 189
東 190
沓 191
9 荅 91
逃 180
洞 192
恫 192
俑 249
10 透 121
党 133
討 146
桃 180
套 181
島 181
蚪 188
倒 189
疼 189
凍 190
唐 191
胴 192
桐 192
納 197

										12															11
痘	幀	棹	棠	董	統	道	等	答	搭	塔	桶	偸	兜	堂	掏	淘	陶	逗	掉	悼	啅	淌	動	割	盗
190	185	174	133	124	123	118	110	91	91	91	249	243	229	192	190	190	190	190	174	174	173	132	124	91	70

					15								14							13					
嶝	滕	踏	嘲	鬧	撓	読	僮	榻	稲	綯	慟	骰	箚	絛	搨	溏	塘	滔	搗	罩	湯	童	筒	登	棟
192	191	191	181	105	57	193	192	192	191	190	124	117	91	244	192	191	191	191	181	174	251	192	192	192	190

		18											17							16					
鼕	檮	鞜	遢	鍮	瞳	螳	磴	謄	蹈	鞱	檔	擣	濤	橦	瞠	橙	滕	螗	糖	頭	蕩	樋	幢	撞	鄧
189	119	91	251	243	192	192	192	191	191	191	189	119	119	193	192	192	191	191	191	190	251	249	193	193	192

4	ドウ	17	13	11	とう	24		22			21				20				19						
内		薹	詢	問		蠹	儻	饕	籐	騰	鐺	鰈	竇	鐙	騰	韜	鶇	蟷	禱	櫂	艟	藤	鬪	襠	礑
197		172	128	240		194	133	80	191	191	190	250	193	192	191	191	190	190	119	252	192	191	190	189	189

				15			14		13			12				11				10			9	8	6
幢	撞	導	鬧	撓	僮	銅	慟	農	働	童	棠	道	脳	堂	萄	動	能	悩	桐	胴	衲	恫	洞	呶	同
193	193	118	105	57	192	192	124	198	124	192	133	118	198	192	190	124	198	198	192	192	197	192	192	188	192

11	とおい	2	とお		12	とうとい	9	とうしん	9	とうげ	22	21	20			18				17			16		
遜		十		尊	貴		炷		峠		囊	曩	鐃	檸	艟	臑	膿	獰	瞳	蹈	瞠	耨	橈	儂	憧
185		123		169	44		117		135		136	136	57	197	192	120	198	197	192	191	192	138	57	198	193

9	8	とき	6	とがる	21	8	4	とがめる	10	とがた	23	15	とかす		9	とが	16	15	12	10	7	とおる	14		13
秋	刻		尖		譴	咎	尤		枅		鑠	銷		栂	科		融	徹	疏	通	亨		夐	遐	遠
121	27		172		74	29	244		64		31	132		222	22		179	186	161	249	54		68	23	16

	14	13	12	11			10	9		8	7	トク	16	ときのこえ	12	11	ときあかす	7	とぎ		17	16	15	12	10
徳	慝	督	董	得	啄	匿	特	独	毒	竺	禿		鬨		註	釈		伽		鴾	鵇	穐	鴇	期	時
182	116	125	124	193	173	116	110	138	194	178	193		54		117	12		21		229	198	44	227	42	110

読 193
16 篤 178
18 瀆 193
19 牘 193
犢 193
20 竇 193
23 髑 138
24 蠹 194
27 黷 193
とく
13 解 26
14 説 13
とぐ
9 研 64
16 磨 233
ドク
8 毒 194
9 独 138
10 特 110
14 読 193
23 髑 138
とぐろ
13 畤 110
とげ
6 束 107
8 刺 107
12 棘 107
とける
13 解 26
溶 249
16 融 179
とげる
12 遂 145
とこ
7 床 129
8 牀 129
11 常 133
とこしばり
16 輹 215
ところ
5 処 128
8 所 76
とざす
18 鎖 96
とし
6 年 198
13 歳 98
17 齢 264
どじょう
19 鰍 17
20 鰌 122
とじる
9 封 214
11 閉 96
15 緘 36
18 闔 89
とち
9 栃 264
16 橡 135
トツ
5 凸 18
7 充 194
吶 197
8 突 71
咄 126
9 柮 126
11 訥 197
13 頓 194
ドツ
7 吶 197
8 朒 197
とつぐ
9 姻 7
13 嫁 23
とても
8 迚 178
とどける
8 届 242
とどこおる
13 滞 171
ととのう
15 調 120
16 諧 26
ととのえる
8 斉 149
16 整 147
とどまつ
13 椴 177
とどまる
11 逗 190
12 渟 179
15 駐 117
とどめる
10 留 228
13 遏 32
禁 60
15 輟 186
とどろく
21 轟 114
となえる
9 徇 128
10 称 130
11 唱 133
14 誦 249
となり
16 隣 263
との
13 殿 187
どの
13 殿 187
どばと
17 鴿 90
とばり
11 帷 145
帳 180
12 幃 4
幄 19
とび
16 鴟 183
17 鵄 106
とびら
12 扉 206
18 闔 89
とぶ
9 飛 9
12 翔 248
13 跳 180
どぶがい
10 蚌 224
とぼける
9 恍 84
とぼしい
4 乏 228
とぼそ
8 枢 60
とま
8 苫 155
17 篷 225
とまる
4 止 103
8 泊 201
10 留 228
11 停 179
とみ
12 富 215
とみに
13 頓 194
とむらう
4 弔 180
とも
4 友 243
6 共 53
8 供 53
朋 226
9 侶 267
11 舳 242
14 鞆 217
22 艫 267
ともえ
4 巴 199
ともがら
10 們 240
16 儔 119
儕 150
ともしび
6 灯 192
17 燭 138
ともづな
27 纜 254
ともなう
7 伴 203
ともに
10 倶 61
11 偕 26
どもる
6 吃 47
7 吶 197
11 訥 197
17 謇 38
とら
8 虎 78
11 寅 8
どら
20 鐃 57
とらえる
4 勾 80
5 囚 142
8 拘 61
9 拏 189
10 拿 90
捉 166
捕 221
11 逮 171
16 擒 60
とり
7 酉 245
11 鳥 181
13 禽 60
とりいれる
18 穫 30
とりかえる
7 兌 14
とりこ
9 俘 213
13 虜 258
16 擒 60
とりしまる
17 轄 27

とりで　9 柵 99　10 砦 106　12 堡 225　塁 253　13 塞 38　14 寨 38
とりもち　23 黐 256
とる　8 采 97　取 118　11 採 97　執 113　14 搴 38　15 撮 98　24 攬 254
ドル　5 弗 215
とろ　19 瀞 149
どろ　8 泥 196　11 淤 17
とろける　15 蕩 251

トン　4 屯 194　5 丼 147　6 団 157　7 呑 186　沌 194　9 砘 194　11 惇 55　貪 93　豚 194　12 鈍 194　敦 194　13 遁 128　頓 194　飩 194　15 褪 171　遯 194　16 噸 194　暾 194　燉 194
ドン　7 呑 186　11 貪 93　12 鈍 194　13 飩 194　14 嫩 167　15 緞 177　遯 194　16 曇 10　19 壜 10
どん　5 丼 147
とんび　14 鳶 252
どんぶり　5 丼 147

【な】

ナ　7 那 196　8 奈 196　9 拏 189　南 196　10 拿 90　娜 196　納 197　11 梛 196　20 糯 120　21 儺 37
な　6 名 237　11 菜 97
ナイ　2 乃 172　4 内 197　8 奈 196　10 迺 148　19 禰 112
ない　3 亡 227　4 毋 222　10 莫 222　12 無 237
なえ　8 苗 210　10 秧 18
なえる　11 萎 4　13 痿 4
なお　8 尚 132　12 猶 122
なおす　8 直 182
なか　4 中 178　6 仲 178
ながあめ　16 霖 262
ながい　5 永 10　8 長 180　11 曼 234
ながえ　17 轅 16
ながしめ　9 眄 221
なかす　7 沚 103
なかだち　12 媒 229
なかば　5 半 203
なかま　10 党 133
ながめ　11 眺 180
ながら　5 乍 95
ながらえる　6 存 169
なかれ　4 勿 240　10 莫 222
ながれる　10 流 257
なぎ　6 凪 103　11 梛 196　14 彅 159
なぎさ　5 汀 179　12 渚 114
なきはは　7 妣 205
なく　8 泣 257　10 哭 71　12 喑 19　啾 122　喞 167　啼 185　14 鳴 181　20 嚶 11
なぐ　16 薙 105
なぐさめる　15 慰 5
なぐる　8 殴 60
なげうつ　9 挌 29　15 撲 231　18 擲 122
なげうつ　8 抛 224　18 擲 122
なげく　6 吁 8　9 咨 111　13 嗚 9　嘆 36　愾 41　慨 43　嗟 96　慷 89　14 慟 124　15 歎 36
なげる　7 投 117
なこうど　6 妁 115
なごむ　8 和 22
なさけ　11 情 149
なし　11 梨 255
なずな　17 薺 149
なすび　8 茄 21
なずむ　8 泥 196
なぞ　17 謎 219
なぞらえる　10 准 127　13 準 127　17 擬 45
なた　5 屶 189　13 鉈 170
なだ　22 灘 37
なだめる　9 宥 245
ナッ　11 捺 196
ナツ　10 納 197
なつ　10 夏 23

なつかしい
16 懐 26
なつぜみ
15 蝘 14
16 螗 191
なつめ
12 棗 107
なでる
8 拊 212
11 捫 240
15 撫 237
ななつ
2 七 112
ななめ
11 斜 246
なに
7 何 21
なにがし
9 某 229
なびく
19 靡 233
なぶる
17 嬲 129
なべ
14 銚 180
17 鍋 23

18 鎬 89
なまぐさい
13 腥 150
19 羶 176
なます
17 膾 26
23 齏 150
24 鱠 26
なまず
15 ⿰魚片 220
18 癜 187
19 鯰 198
なまめかしい
15 嬌 56
なまり
11 訛 20
13 鉛 14
なみ
8 波 205
並 218
10 浪 259
17 濤 119
20 瀾 254
なみだ
8 泗 104
泪 240

9 洟 3
10 涕 184
涙 265
なめしがわ
10 韋 4
14 靼 174
なめす
18 鞣 124
なめらか
13 滑 93
なめる
7 吮 6
10 舐 104
14 嘗 132
なや
14 墅 246
なやむ
10 悩 198
16 懊 18
なら
13 楢 122
ならう
10 倣 223
11 習 122
13 肆 3
ならす
7 均 59
14 慣 38
鳴 181
18 擾 245
ならぶ
8 並 218
18 駢 218
21 儷 265
ならわし
9 俗 91
14 慣 38
なり
3 也 241
なる
6 成 148
なれる
7 狃 178
8 狎 83
13 馴 154
14 慣 38
なわ
9 紉 142
10 索 107
15 縄 249
なわて
13 畷 186

ナン
7 男 187
9 南 196
10 納 197
11 軟 70
12 喃 196
13 煖 15
楠 196
18 難 37
なんじ
2 乃 172
6 汝 129
14 爾 112
なんぞ
7 那 196
8 奈 196
9 曷 32
胡 78
10 奚 67
盍 89
なんなんとする
8 垂 144

【に】

ニ
2 二 196
4 仁 196
5 尼 196
6 弐 196
7 児 111
14 爾 112
16 膩 196
18 邇 112
に
4 丹 174
10 荷 21
にい
13 新 140
にえ
15 錵 20
摯 113
18 贄 113
にお
13 鳰 197
におい ざけ
10 ⿱罒巴 181
におう
4 匂 204
9 臭 110
にがい
8 苦 77
にがな
10 荼 246
にかよう
8 彿 216
にかわ
15 膠 261
にきび
10 皰 224
14 靤 225
にぎる
12 握 18
にぎわう
14 賑 140
ニク
6 肉 196
7 宍 196
10 辱 138
にくむ
11 悪 2
14 憎 161
にげる
5 北 230
9 逃 180
18 竄 161
にごりざけ
18 醪 261
にごる
12 渾 63
13 溷 94
16 濁 138
にし
6 西 148
17 螺 263
にじ
9 虹 81
16 霓 111
にしき
16 錦 59
にじむ
8 泌 208
14 滲 100
にじゅう
4 廿 123
にしん
19 鯡 206
20 鰊 35
にせ
11 偽 4
修 75
19 贋 40
ニチ
4 日 196
にな

ニョウ
9 茹 129
6 如 129
3 女 129
ニョ
9 柔 124
8 乳 213
2 入 197
ニュウ
8 乳 213
ニュ
13 蒻 116
10 弱 116
8 若 116
ニャク
8 若 116
ニャ
18 鮸 238
にべ
15 駘 173
12 鈍 194
にぶい
8 担 175
になう
21 蠡 16
14 蜷 36

12 煮 114
11 烹 54
肖 132
7 似 3
にる
睥 207
睨 111
13 睚 27
俾 207
10 背 106
眈 182
9 盻 64
にらむ
12 焠 168
11 淬 168
にらぐ
12 韮 50
にら
21 饒 57
20 鐃 57
18 繞 57
橈 57
16 遶 57
14 寧 197
7 尿 144
4 仍 172

6 任 143
仁 196
4 壬 143
3 刃 142
2 人 142
ニン
19 鶏 67
にわとり
15 潦 261
にわたずみ
13 溘 89
11 猝 168
9 勃 200
にわかに
24 驟 120
17 遽 51
16 霍 31
9 俄 24
にわか
12 棣 171
にわうめ
10 庭 184
にわ
13 楡 243
にれ
16 爛 39

19 鵺 241
ぬえ
16 縫 225
ぬう
19 繡 125
17 黻 202
13 綉 121
12 黹 177
ぬいとり
15 駑 188
9 怒 188
8 孥 188
5 奴 188
ヌ
【ぬ】
14 蔘 100
にんじん
14 認 142
13 稔 198
11 袵 143
恁 143
10 荵 142
9 荏 143
妊 143
7 忍 142

9 窃 153
ぬすむ
12 睇 184
ぬすみみる
5 主 117
ぬし
13 蛻 13
ぬけがら
12 揩 26
9 拭 112
ぬぐう
11 脱 14
ぬぐ
7 抜 202
ぬく
17 擢 252
10 挺 184
ぬきんでる
17 蹐 152
ぬきあし
17 濘 197
ぬかるみ
13 頓 194
ぬかずく
17 糠 89
ぬか

値 182
10 根 93
9 音 19
3 子 102
ね
19 禰 112
10 涅 197
ネ
【ね】
17 濡 119
ぬれる
10 冤 188
ぬれぎぬ
10 栲 86
ぬるで
13 塗 246
ぬる
8 沼 131
ぬま
5 布 213
ぬの
20 饅 235
ぬた
偸 243
11 盗 70

ねずみ
捩 265
11 捻 198
ねじる
8 拗 247
ねじける
11 捩 265
ねじ
11 猫 210
ねこ
13 啀 110
ねぐら
14 犒 88
ねぎらう
12 葱 162
ねぎ
19 願 76
17 覬 28
7 希 41
ねがう
18 檸 197
濘 197
17 嚀 197
14 寧 197
7 佞 196
ネイ

8 拈 155
6 年 198
5 冉 158
ネン
14 練 35
13 寝 140
12 寐 235
ねる
8 狙 159
ねらう
14 閨 65
ねや
13 睡 144
10 眠 236
ねむる
11 粘 155
ねばる
15 熱 68
涅 197
10 捏 197
ネツ
13 嫉 105
10 悋 262
8 妬 151
ねたむ
13 鼠 161

10 納 197　9 衲 197　4 内 197　ノウ　11 野 246　2 乃 172　の

【の】

嚀 197　懇 94　17 懃 59　15 鄭 122　14 綣 36　ねんごろ　19 鯰 198　17 輾 186　燃 159　16 鮎 155　15 撚 159　13 稔 198　12 然 159　捻 198　粘 155　11 軟 70　念 198

6 芒 227　5 禾 22　のぎ　19 簷 175　17 檐 175　10 軒 33　6 宇 8　のき　15 鴇 227　のがん　15 遯 194　13 遁 128　11 逋 221　のがれる　9 逃 180　のがす　22 嚢 136　21 曩 136　17 膿 198　16 濃 198　15 儂 198　農 198　13 瑙 198　11 脳 198　能 198　悩 198

のたまわく　9 宣 157　のたまう　18 臨 210　歛 72　17 覬 28　16 覦 243　11 望 227　10 莅 257　のぞむ　16 窺 44　12 覗 104　10 除 246　のぞく　13 載 96　12 搭 91　9 乗 136　のせる　10 残 156　のこる　15 遺 44　貽 173　12 詒 173　のこす　16 鋸 51　のこぎり

8 延 15　7 伸 139　のびる　18 燹 107　のび　12 舒 246　7 伸 139　のばす　15 罵 199　13 詬 85　12 詈 75　ののしる　20 臙 17　13 頏 82　12 喉 87　9 咽 7　7 吭 82　4 亢 82　のど　16 憲 74　13 楷 26　9 律 6　のっとる　9 後 247　のち　4 曰 13

のむ　28 鑿 98　10 蚤 165　6 耳 111　3 已 102　のみ　21 躋 150　20 騭 222　12 登 192　陟 222　10 陞 130　8 昇 129　4 升 129　3 上 135　のぼる　15 幡 204　幟 137　のぼり　11 陳 139　9 叙 246　宣 157　8 述 126　7 抒 246　のべる　14 暢 251　9 昶 10

ノン　17 燧 145　11 烽 225　のろし　12 詛 160　8 呪 64　のろう　12 鈍 194　のろい　12 搭 91　9 乗 136　のる　15 駕 21　のりもの　18 彝 5　16 憲 74　15 糊 78　11 規 44　10 矩 50　9 紀 40　のり　歠 186　19 嚥 17　飲 70　12 喫 66　7 呑 186

葩 199　12 琶 199　11 菠 205　破 205　粕 201　耙 199　10 笆 199　玻 205　派 199　9 哈 90　波 205　坡 205　陂 205　怕 201　爬 199　8 杷 199　伯 201　芭 199　7 把 199　5 叭 201　4 巴 199　ハ

【は】

14 嫩 167　13 暖 15

7 吠 71　ハイ　12 場 251　ば　21 魔 233　磨 233　16 蟇 223　碼 199　15 罵 199　麼 233　14 瑪 199　13 痲 233　麻 233　11 婆 205　10 馬 199　7 芭 199　バ　葉 250　12 歯 109　3 刃 142　は　簸 206　19 覇 30　15 播 204　14 頗 206　跛 206

沛 199 孛 200 坏 212 8 佩 200 拝 200 杯 212 9 肺 105 派 199 胚 212 背 230 10 配 41 旆 199 珮 200 悖 200 倍 200 俳 206 11 敗 200 培 200 排 206 徘 206 12 湃 200 焙 201 廃 202 牌 207 13 碚 201 稗 207

14 裴 206 15 霈 199 輩 206 16 憊 208 薜 220 17 癈 202 18 擺 198

はい
6 灰 20

バイ
6 毎 233 7 吠 71 貝 200 売 200 8 枚 231 玫 231 苺 233 妹 235 9 昧 235 10 唄 200 狽 200 倍 200 梅 233 眛 235 11 培 200 陪 200

12 買 200 媒 229 13 煤 229 楳 229 15 賠 200 16 邁 234 22 霾 256 23 黴 208

はいたか
21 鷂 250

はいる
2 入 197

はう
11 這 75 匐 215

はえ
17 鮠 41 19 蠅 249

はえる
9 映 18

はか
13 塋 10 墓 222 15 墳 207

はがす
10 剝 269

はかどる
10 捗 222

はかない
15 儚 236

はがね
16 鋼 87

はかま
11 袴 77

はかり
10 秤 217 14 銓 159 16 衡 85

はかりごと
12 揆 43 策 107 13 猷 122

はかる
7 図 207 9 咨 111 計 123 度 189 10 料 219 12 測 167 量 261 13 詢 128 15 諏 118

16 諮 111 謀 229 17 謨 222 20 議 45

はぎ
12 萩 122

ハク
5 白 201 6 百 209 朴 230 7 伯 201 8 拍 201 迫 201 泊 201 狛 201 怕 201 帛 201 佰 209 9 柏 201 珀 201 陌 209 10 剝 269 11 舶 201 粕 201 12 博 214 13 搏 214

雹 225 14 駁 82 箔 201 膊 214 15 魄 201 16 駮 84 縛 214 薄 214 樸 231 璞 231 擘 220 17 檗 220

はく
6 吐 188 8 欧 60 刷 99 帚 164 佩 200 9 穿 24 哇 65 彗 146 11 掃 164 12 喀 29 14 嘔 60 箔 201 18 瀉 153

はぐ
9 矧 7 10 剝 269

バク
7 麦 253 9 陌 209 10 脈 199 10 莫 222 12 博 214 13 貊 209 摸 222 漠 222 寞 222 獏 222 幕 223 14 駁 82 膜 223 15 暴 229 16 駮 84 縛 214 17 檗 220 貘 222 藐 229 18 瀑 230 19 爆 230 曝 230

20 驀 223

ばく
13 獏 222 17 貘 222

はぐき
21 齦 94 24 齶 31

はぐくむ
7 孚 213 10 哺 221

はぐさ
10 莠 121

ばくち
9 奕 12

はげしい
10 烈 266 15 劇 52 16 激 56

はげます
7 励 264 16 激 56

はげむ
7 励 264 14 厲 264

はける
10 捌 25

はげる
7 禿 193
ばける
4 化 20
はこ
2 匚 223
7 匣 83
8 函 35
12 筐 17
13 筥 267
15 篋 53
箱 164
18 簞 175
はこぶ
12 運 63
13 搬 203
はざま
12 硲 91
はさみ
11 剪 159
15 鋏 53
はさむ
7 夾 52
8 拑 33
9 挟 52
10 挿 163
14 箝 33
はし
14 端 176
15 箸 114
16 橋 56
はじ
10 恥 111
はじかみ
12 椒 125
16 薑 56
はしけ
13 艀 213
はじける
9 炸 95
はしご
11 梯 184
はしため
11 婢 207
はしばみ
14 榛 141
はじめ
1 一 6
4 元 74
7 初 189
甫 221
8 孟 239
14 肇 6
はじめる
8 刱 164
始 173
12 創 164
はしゃぐ
17 燥 166
はしら
9 柱 117
13 楹 11
はしる
7 走 160
8 奔 207
11 逸 238
17 趨 146
24 驟 120
はじる
7 忸 178
8 怩 196
11 羞 178
12 赧 174
13 愧 43
15 慙 101
はす
7 芙 212
13 蓮 266
18 藕 62
はず
12 筈 154
はずかしい
10 恥 111
はずかしめる
8 忝 186
10 辱 138
13 詬 85
はずれる
5 外 230
はぜ
18 鯊 130
はせる
13 馳 241
15 駛 104
17 騁 218
はた
10 秦 141
旃 174
旆 199
11 旌 147
14 旗 42
端 176
15 幢 193
幡 204
16 機 44
18 旛 204
はだ
6 肌 40
15 膚 267
はたあし
12 旒 257
はだか
12 裎 183
13 裸 23
はたかざり
10 旄 239
はたがしら
19 覇 30
はだぎ
10 袢 203
19 襦 119
21 襯 141
はたけ
9 疥 25
畑 187
10 畠 187
圃 221
はたざお
16 橦 193
はだし
13 跣 156
14 跿 188
はたす
8 果 22
はたと
18 礑 189
はだぬぐ
10 袒 174
13 裼 12
はたはた
21 鰰 139
24 鱩 253
はたぼこ
24 纛 194
はたらき
7 労 11
10 能 198
はたらく
9 拮 46
13 働 124
ハチ
2 八 201
10 捌 25
13 鉢 231
15 撥 202
はち
8 盂 8
13 蜂 225
16 甌 60
バチ
14 罰 75
15 撥 202
ばち
9 枹 224
11 桴 213
ハツ
6 伐 202
7 抜 202
9 発 202
10 捌 25
12 跋 202
筏 202
13 鉢 231
14 罰 75
髪 202
閥 202
15 撥 202
潑 202
魃 202
19 醱 202
ハッ
8 法 51
はつ
7 初 189
バツ
5 末 234
6 伐 202
7 抜 202
8 抹 234
沫 234
10 袙 201
秣 234
12 跋 202
筏 202
14 罰 75
閥 202
靺 234
15 魃 202
19 襪 220
はて
9 垓 27
11 涯 27
はと
13 鳩 48
はな
7 花 20
10 華 24
14 鼻 206

はないき
17 嚊 206

はなし
8 咄 126
13 話 154
16 噺 140
19 譚 176

はなじる
8 泗 104

はなす
8 放 223

はなだいろ
17 縹 210

はなぢ
10 衄 178
20 衊 220

はなつ
8 放 223
9 発 202

はなはだ
9 甚 143

はなびら
12 葩 199

はなひる
18 嚏 177

はなぶさ
8 英 18

はなみず
9 洟 3

はなむけ
17 餞 156
21 贐 143

はなれる
18 離 256

はなわ
13 塙 89

はに
11 埴 182

はね
6 羽 9
10 翅 103

はねる
6 刎 240
13 跳 180
15 撥 202

はは
5 母 222

はば
12 幅 215

ばば
9 姥 268

はばかる
15 憚 175

はばき
18 鎺 160

ははそ
9 柞 95

はばむ
8 阻 159
沮 160

はびこる
9 衍 15
14 蔓 235

はぶく
9 省 131
11 略 29

はま
10 浜 211

はまぐり
10 蚌 224
12 蛤 90

はますげ
10 莎 130
16 薛 70

はまち
15 魬 203

はめる
12 嵌 33

はも
24 鱧 265

はや
17 鮠 41
19 鰙 116

はやい
6 迅 143
早 162
夙 232
10 疾 105
速 166
15 駛 104
16 駃 69

はやし
8 林 262
21 囃 123

はやす
21 囃 123

はやぶさ
10 隼 127
21 鶻 93

はら
7 肚 188
10 原 76
13 腹 215

はらい
10 祓 202

はらう
5 払 215
11 掃 164
14 禊 66

はらか
20 鰚 157

はらす
13 腫 124

はらのむし
12 蛔 26
18 蟯 57

はらぼう
9 匍 221

はらむ
7 妊 143
9 胎 172
胚 212
10 娠 139

はらわた
12 腑 212
13 腸 251
19 臓 166

はり
10 針 123
11 梁 259

15 箴 36
17 鍼 36

はりつけ
15 磔 151

はりねずみ
13 彙 5
15 蝟 4

はる
9 春 127
11 張 180
12 貼 155

はるか
8 杳 230
9 迥 66
迢 131
11 逖 185
悠 244
12 渺 130
遥 250
13 遐 23
14 敻 68
15 緬 238
遼 261
17 藐 229

はれもの
10 疸 160
23 癰 251

はれる
12 晴 149
脹 180
13 腫 124
22 霽 150

ハン
3 凡 232
4 反 202
5 犯 202
氾 202
半 203
6 帆 232
汎 232
7 坂 202
阪 202
返 203
伴 203
判 203
扮 216
泛 228
8 范 202
板 202
版 203
拌 203
9 叛 203
10 胖 203
畔 203
袢 203
班 203
般 203
11 笵 202
販 203
絆 203
12 飯 203
鈑 203
斑 203
番 204
13 煩 69
搬 203
頒 216
14 槃 203
15 範 202
飯 203
瘢 203
磐 203
盤 203
樊 204
蕃 204
潘 204
幡 204
16 燔 204

膰 204　繁 211　18 蟠 204　藩 204　旛 204　繙 204　翻 204　蹣 234　19 攀 204　20 礬 204　23 鷭 204
バン　3 万 234　6 卍 234　7 坂 202　伴 203　判 203　8 板 202　10 袢 203　挽 238　11 絆 203　曼 234　12 鈑 203　番 204　満 234　晩 238

蛮 255　14 槃 203　慢 234　漫 234　幔 235　蔓 235　輓 238　15 飯 203　磐 203　盤 203　蕃 204　播 204　16 瞞 234　17 縵 235　18 蟠 204　旛 204　蹣 234　謾 235　19 鏝 235　20 礬 204　饅 235　21 蘰 235　22 鰻 235　23 鷭 204
はんぎ　15 槧 101

はんぞう　13 榛 157

【ひ】

ヒ　2 匕 204　4 比 205　5 皮 205　丕 211　6 妃 40　7 批 205　妣 205　屁 205　庇 205　否 211　8 肥 40　枇 205　彼 205　披 205　陂 205　非 206　泌 208　沸 215　怫 216　狒 216　9 飛 9

胐 126　毘 205　砒 205　秕 205　卑 207　10 紕 205　疲 205　被 205　匪 206　俾 207　秘 209　11 菲 206　婢 207　12 跛 206　悲 206　扉 206　斐 206　琲 206　腓 206　脾 207　痞 211　費 216　13 蓖 205　痹 206　痺 207　裨 207

賁 207　辟 219　14 鞁 205　榧 206　緋 206　翡 206　蜚 206　碑 207　鄙 207　15 罷 198　誹 206　16 霏 206　糒 208　避 219　17 嚊 206　臂 219　18 髀 207　19 羆 198　鯡 206　鵯 207　鞴 208　靡 233　20 譬 219　21 贔 200　22 轡 207
ひ　4 火 20　日 196　5 氷 209　6 灯 192　8 杼 246　11 梭 127　15 樋 249
ビ　5 未 235　7 尾 208　8 弥 112　枇 205　味 235　9 弭 111　毘 205　眉 208　美 248　11 梶 208　12 琵 205　媚 208　嵋 208　備 208　寐 235　13 微 208　14 鼻 206　15 魅 235

16 糒 208　薇 208　17 瀰 112　蘗 219　糜 233　縻 233　19 鞴 208　靡 233　20 瀰 112　23 黴 208
ヒイ　21 贔 200
ひいき　24 屭 200
ひいでる　7 秀 121
ひいらぎ　9 柊 189
ひうち　17 燧 145
ひえ　13 稗 207
ひがい　20 鰉 88
ひかえる　6 扣 80

11 控 62
ひがし　8 東 190
ひがむ　15 僻 219
ひかり　6 光 84　13 暉 63
ひかる　15 熙 41
ひき　4 匹 208　5 疋 160
ひきいる　9 帥 109　10 将 134　11 率 168
ひきうす　17 輾 186
ひきがえる　16 蟇 223　19 蟾 175
ひきつけ　17 癇 39
ひきつる　12 痙 65

23 攣 255
28 攣 255
ひく
4 引 7
6 曳 11
8 抽 242
10 挽 238
11 掎 42
牽 75
12 惹 116
弾 175
14 輓 238
15 碾 186
22 轢 31
ひくい
7 低 183
13 矮 4
ひぐま
19 羆 198
ひぐらし
14 蜩 121
ひこ
9 彦 75
ひご
23 籤 158
ひこばえ
20 蘖 70
ひざ
15 膝 113
ひざかけ
17 韍 202
ひさぎ
13 楸 122
ひさぐ
12 粥 126
22 鬻 126
ひさご
11 瓠 77
匏 225
17 瓢 210
21 蠡 16
ひさし
7 庇 205
11 梠 267
12 廂 164
15 廡 237
17 檐 175
ひさしい
3 久 48
ひざまずく
13 跪 41
ひし
11 菱 260
ひじ
7 肘 146
8 肱 81
17 臂 219
ひしお
17 醢 244
18 醬 134
ひじかけ
2 几 40
ひしめく
12 犇 50
ひしゃく
7 杓 115
ひじり
13 聖 183
ひぜん
9 疥 25
ひぞう
12 脾 207
ひそか
10 秘 209
ひそかに
9 窃 153
11 密 235
ひそむ
15 潜 142
ひそめる
19 嚬 211
24 顰 211
ひだ
14 摺 122
16 褶 122
19 襞 219
びた
20 鐚 2
ひたい
18 額 29
ひたき
21 鶲 82
ひたす
10 浸 140
11 淹 15
涵 35
13 溲 163
ひだり
5 左 95
ヒチ
17 篳 209
ヒツ
4 匹 208
5 疋 160
8 必 208
泌 208
11 畢 209
12 筆 6
弼 209
13 逼 215
17 謐 208
篳 209
18 蹕 209
19 鵯 207
ひつ
14 匱 44
18 櫃 44
ビツ
11 密 235
14 蜜 235
15 樒 235
17 謐 208
ひつぎ
9 柩 48
12 棺 34
椁 55
ひつぎぐるま
13 輀 110
ひっさげる
10 挈 66
ひつじ
5 未 235
6 羊 248
ひつじさる
8 坤 139
ひづめ
16 蹄 185
ひでり
7 旱 33
15 魃 202
ひと
2 人 142
ひとえ
9 単 175
10 衫 138
17 襌 175
22 襴 254
ひとしい
7 均 59
8 斉 149
12 鈞 59
等 110
ひとつ
1 一 6
7 壱 6
9 単 175
ひとみ
11 眸 229
13 睛 149
17 瞳 192
ひとり
3 孑 69
9 孤 22
独 138
ひとりもの
13 煢 10
ひな
14 鄙 207
18 雛 146
ひねる
8 拈 155
11 陳 139
捻 198
15 撚 159
ひのえ
5 丙 217
ひのき
17 檜 26
ひのくち
13 閘 83
ひのし
15 熨 5
ひので
13 暘 250
ひのと
2 丁 179
ひび
12 皸 127
14 皹 63
17 罅 77
ひびき
19 韻 8
22 籟 254
ひびく
20 響 55
ひま
12 閑 230
13 暇 23
隙 68
ひめ
10 姫 41
12 媛 15
17 嬪 211
ひめる
10 秘 209
ひも
10 紐 178
23 纓 11

ひもとく 18 繙 204 ひもろぎ 9 胙 95 16 膰 204 ヒャク 6 百 209 8 佰 209 19 襞 219 ビャク 5 白 201 21 闢 219 ヒュウ 11 彪 78 ビュウ 17 繆 261 18 謬 261 ヒョウ 5 氷 209 平 217 7 兵 58 杓 115 8 凭 143 拍 201 表 210 苹 217

怦 217 10 豹 115 俵 210 11 彪 78 票 210 殍 213 12 猋 71 馮 209 評 217 13 剽 210 14 滮 209 漂 210 嫖 210 慓 210 15 標 210 16 憑 209 鮃 217 17 瓢 210 縹 210 20 飄 210 21 飆 71 驃 210 22 鰾 210 ひょう 13 雹 225 ビョウ

5 平 217 7 妙 130 8 杪 130 苗 210 9 秒 130 眇 130 10 病 217 11 描 210 猫 210 萍 217 屛 218 弸 226 12 渺 130 15 鋲 58 緲 130 廟 181 16 錨 210 17 藐 229 ヒョク 12 愎 215 13 逼 215 ひよこ 18 雛 146 ひよどり 19 鵯 207 ひら

4 片 220 5 平 217 8 枚 231 ひらく 8 拓 151 拆 151 披 205 11 啓 67 12 開 64 16 墾 94 18 擺 198 20 闡 175 21 闢 219 22 攤 37 ひらける 17 豁 28 ひらたい 5 平 217 9 扁 220 ひらめ 16 鮃 217 ひらめく 10 閃 142 ひる 3 干 32 9 昼 6

12 蛭 106 13 蒜 100 19 簸 206 ひるがえる 15 翩 220 18 翻 204 20 飄 210 ひるすぎ 8 昃 166 ひるむ 8 怯 50 ひれ 21 鰭 43 ひろ 5 仞 142 12 尋 144 ひろい 5 弘 80 広 83 6 汎 232 7 汪 17 宏 81 9 恢 20 10 浩 92 12 裕 91 博 214

13 滉 85 17 豁 28 19 瀚 37 20 瀰 112 ひろう 9 拾 90 ひろがる 5 氾 202 9 衍 15 ひろげる 8 拡 84 22 攤 37 ひろめる 5 弘 80 ひわ 21 鶸 116 ヒン 6 牝 204 9 品 210 10 浜 211 11 貧 216 彬 262 12 斌 210 13 稟 263 15 賓 211 17 嬪 211

擯 211 頻 211 18 檳 211 殯 211 19 嚬 211 瀕 211 蘋 211 20 繽 211 24 鬢 211 顰 211 ビン 8 旻 217 泯 236 9 便 86 10 敏 211 紊 216 秤 217 罠 236 貧 216 11 瓶 218 閔 217 12 愍 236 13 黽 249 憫 217 15 緡 236 17 頻 211

18 檳 211 24 鬢 211 顰 211 びん 19 壜 10 24 鬢 211

【ふ】

フ 4 不 211 父 212 夫 212 仆 230 5 付 212 布 213 6 缶 37 7 否 211 扶 212 芙 212 巫 213 孚 213 甫 221 8 斧 212 附 212 咐 212 坿 212

苻 212　拊 212　府 212　怖 213　阜 213　歩 221　9 負 200　罘 211　柎 212　俘 213　風 214　匍 221　枹 224　赴 230　訃 230　俛 238　10 釜 212　俯 212　浮 213　郛 213　峰 225　11 婦 164　趺 212　符 212　桴 213　埠 213

脯 221　逋 221　12 腑 212　傅 213　富 215　普 218　補 221　13 皃 40　艀 213　蜉 213　溥 214　蒲 221　14 腐 212　誣 213　孵 213　榑 213　輔 221　15 麩 212　敷 214　賦 214　鋪 221　撫 237　膚 267　16 鮒 212　餔 221　17 賻 214

18 覆 215　19 譜 218　黼 221　ふ　12 斑 203　ブ　3 亡 227　4 不 211　夫 212　分 216　毋 222　7 巫 213　8 附 212　坿 212　武 214　歩 221　奉 225　侮 233　9 負 200　柎 212　10 浮 213　捕 221　11 部 201　12 蔔 221　無 237　13 艀 213

蒲 221　14 誣 213　15 嘸 237　廡 237　憮 237　撫 237　蕪 237　舞 237　19 鞴 208　鵡 214　霧 236　20 鶩 236　ふいご　19 鞴 208　フィート　7 吠 116　フウ　4 夫 212　9 負 200　罘 211　封 214　風 214　10 浮 213　12 馮 209　富 215　13 艀 213

楓 214　14 瘋 214　16 諷 214　ブウ　14 鳳 232　ふうじる　9 封 214　ふえ　9 竽 8　11 笛 242　18 簧 90　23 籥 242　ふえる　12 殖 182　14 増 161　ふか　26 鱶 252　ふかい　11 深 140　窕 180　15 潭 176　17 濬 11　ふき　8 苳 189　16 蕗 29　フク

6 伏 215　8 服 214　9 茯 215　11 袱 215　副 215　匐 215　12 幅 215　愎 215　復 215　13 福 215　腹 215　14 箙 214　蔔 215　複 215　15 蝠 215　蝮 215　16 輻 215　輹 215　18 覆 215　馥 215　19 鞴 208　20 鰒 215　ふく　7 吹 70　9 拭 112　12 葺 121

15 噴 207　ふぐ　20 鰒 215　ブク　6 伏 215　9 茯 215　ふくさ　11 袱 215　ふくべ　11 瓠 77　ふくむ　7 含 40　10 哺 221　14 銜 59　ふくらはぎ　12 腓 206　ふくらむ　16 膨 227　ふくれる　12 脹 180　ふくろ　11 袋 172　22 嚢 136　ふくろう　11 梟 181　ふける

7 更 86　10 耽 182　11 淫 7　酖 182　ふご　10 畚 221　13 筲 132　ふさ　8 房 223　ふさがる　7 阨 241　11 梗 86　窒 106　13 塞 38　ふさぐ　7 杜 188　10 栫 169　12 堙 7　湮 7　13 隘 13　塞 38　塡 141　雍 251　16 闕 17　壅 251　29 鬱 181

ふし
13 節 167
ふじ
18 藤 191
ふしづけ
13 槑 262
ふじもどき
7 芫 74
ふす
8 臥 139
ふすま
10 衾 93
15 麩 212
18 襖 18
ふせぐ
6 扞 33
7 防 223
16 禦 115
ふせご
16 篝 88
ふせる
6 伏 215
10 俯 212
11 偃 14
ふた
13 蓋 89

ふだ
5 札 99
9 扁 220
11 票 210
12 牌 207
14 箋 156
榜 226
15 槧 101
18 簡 39
19 簽 72
ぶた
11 豚 194
ふたたび
6 再 88
ふたつ
2 二 196
双 152
弐 196
6 両 259
ふだんぎ
17 褻 68
ふち
12 淵 16
禄 269
15 縁 15
潯 144

潭 176
フツ
4 仏 216
5 弗 215
払 215
8 沸 215
彿 216
怫 216
10 祓 202
15 髴 216
17 黻 202
ブツ
4 仏 216
勿 240
8 物 240
ふで
6 聿 6
12 筆 6
ふとい
4 太 171
ふところ
16 懐 26
ふとる
8 肥 40
ふな
16 鮒 212

ぶな
12 椈 46
ふなぐら
16 艙 164
ふなばた
11 舷 75
ふなよそおい
19 艤 46
ふね
6 舟 120
11 船 14
16 艘 163
ふまき
8 帙 113
ふみ
4 文 216
5 史 104
10 書 114
ふみにじる
16 蹂 124
26 躪 263
ふむ
12 跋 202
15 踏 191
17 蹈 191
22 躔 187

ふもと
11 梺 136
19 麓 268
ふやす
12 殖 182
ふゆ
5 冬 189
ぶゆ
13 蚋 197
ぶよ
13 蚋 197
ぶり
21 鰤 108
ブリキ
16 錻 214
ふる
10 降 86
振 139
ふるい
5 旧 49
古 76
9 故 77
16 篩 108
ふるう
11 掉 174
12 揮 63

16 奮 145
ふるえる
15 震 140
22 顫 177
ふるわた
16 縕 19
ふれぶみ
17 檄 56
ふれる
12 觝 183
13 触 138
フン
4 分 216
6 刎 240
7 吩 216
扮 216
吻 240
8 忿 216
枌 216
氛 216
10 粉 216
紛 216
12 雰 216
焚 262
13 賁 207
15 噴 207

墳 207
憤 207
16 奮 145
濆 207
17 糞 5
ブン
4 分 216
文 216
6 刎 240
10 蚊 216
紊 216
紋 216
11 問 240
14 聞 240
ふんどし
14 褌 63

【へ】

へ
7 屁 205
べ
5 辺 189
ヘイ
5 丙 217
平 217
7 兵 58

8 秉 74
坪 217
苹 217
幷 217
併 217
並 218
9 柄 217
炳 217
10 陛 205
俾 207
病 217
娉 218
11 閉 96
萍 217
屏 218
12 瓶 218
評 217
塀 218
迸 218
敝 218
13 睥 207
聘 218
15 餅 217
幣 218
弊 218
蔽 219

21 闢 219　20 甓 219　19 襞 219　鷿 219　璧 219　18 癖 219　16 壁 219　劈 219　15 僻 219　14 碧 201　13 辟 219　ヘキ
18 彆 107　へいか
17 謎 219　迷 219　9 袂 69　6 米 219　5 皿 219　ベイ
18 斃 219　薜 220　嬖 219　鮃 217　憊 208　16 篦 205

12 距 50　へだたり
14 蔕 171　へた
18 臍 150　へそ
9 頁 69　ページ
5 可 21　べし
11 舳 242　へさき
5 凹 18　へこむ
11 竡 209　ヘクトリットル
12 粨 209　ヘクトメートル
11 瓸 209　ヘクトグラム
15 冪 223　13 幎 238　11 覓 161　7 汨 13　ベキ
霹 219

20 臙 17　9 紅 81　べに
16 諛 243　諞 220　15 諂 34　へつらう
21 竈 250　へっつい
25 鼈 219　20 鱵 220　19 韈 220　17 瞥 219　14 蔑 220　13 滅 126　10 捌 25　7 別 25　ベツ
25 鼈 219　11 閉 96　ヘツ
7 別 25　ベチ
14 障 134　13 隔 266　へだてる

12 胼 218　11 貶 228　偏 220　9 変 255　扁 220　7 返 203　5 辺 189　4 片 220　ヘン
14 歴 266　12 減 36　11 経 65　へる
17 謙 73　14 遜 66　へりくだる
12 絎 85　へり
12 減 36　へらす
16 篦 205　へら
9 室 106　へや
11 蛇 170　へび

13 黽 249　12 湎 238　11 冕 238　娩 238　10 勉 238　眠 236　面 238　俛 238　9 眄 221　便 86　8 免 238　7 泯 236　抃 221　5 弁 220　4 丏 221　ベン
19 騙 220　18 駢 218　鞭 86　16 諞 220　蝙 220　翩 220　15 篇 220　編 220　14 褊 220　遍 220

12 葡 221　補 221　逋 221　脯 221　埠 213　11 部 201　菩 201　畝 233　浦 221　10 圃 221　哺 221　9 捕 221　保 225　8 匍 221　歩 221　7 甫 221　ホ

【ほ】

18 鮸 238　16 駢 218　鞭 86　麵 238　15 緬 238　麪 221　14 綿 201

13 墓 222　12 媽 199　募 222　11 菩 201　10 莫 222　9 姥 268　拇 222　8 姆 222　牡 188　7 戊 222　5 母 222　ボ
15 穂 67　6 帆 232　ほ
19 黼 221　16 簿 214　鞴 208　餔 221　鋪 221　舗 221　15 褓 225　輔 221　14 蒲 221　13 堡 225　葆 225

8 宝 58　法 51　泛 228　呆 225　邦 224　防 223　妨 223　坊 223　彷 223　芳 223　抔 211　7 判 203　亨 54　5 包 224　乏 228　4 方 223　2 匚 223　ホウ
12 焙 201　ホイ
19 簿 214　17 謨 222　模 222　14 暮 222　慕 222　摸 222

8 怦 217　放 223　枋 223　房 223　肪 223　抛 224　抱 224　泡 224　咆 224　庖 224　苞 224　奉 225　朋 226　9 封 214　胞 224　枹 224　炮 224　保 225　10 剖 201　娉 218　倣 223　舫 223　紡 223　蚌 224　砲 224　疱 224

皰 224　袍 225　峰 225　俸 226　旁 226　11 烹 54　培 200　部 201　菠 205　訪 223　匏 225　蚫 225　烽 225　逢 225　捧 226　堋 226　崩 226　弸 226　萌 237　12 琺 51　焙 201　報 214　絣 218　迸 218　葆 225　堡 225

棒 226　棚 226　傍 226　彭 227　13 豊 224　飽 224　鉋 225　蜂 225　硼 226　滂 226　蒡 226　14 蔀 201　髣 223　靤 225　鞄 225　蓬 225　褓 225　榜 226　膀 226　鳳 232　15 魴 223　髼 225　鋒 225　褒 225　磅 226　澎 227

鴇 227　16 鮑 225　麭 225　縫 225　膨 227　17 幫 214　篷 225　繃 226　謗 226　19 鵬 226　爆 230　龐 258　ボウ 3 亡 227　4 乏 228　毛 239　5 母 222　戊 222　卯 228　矛 236　6 忙 227　芒 227　妄 227　牟 229　7 尨 100　牡 188

坊 223　妨 223　防 223　呆 225　忘 227　8 拇 222　茂 222　房 223　肪 223　氓 227　罔 227　盲 227　茆 228　茅 236　孟 239　9 厖 100　虻 227　茫 227　昴 228　冒 229　某 229　10 剖 201　紡 223　蚌 224　袍 225　旁 226

桙 229　畝 233　耄 239　旄 239　11 堋 226　望 227　惘 227　眸 229　袤 236　萌 237　莽 239　12 棒 226　傍 226　貿 228　帽 229　13 滂 226　蒡 226　夢 236　蒙 239　黽 249　14 榜 226　膀 226　鋩 227　鉾 229　貌 229　髦 239

15 暴 229　儚 236　甍 236　16 膨 227　謀 229　蟒 239　濛 239　17 謗 226　鴾 229　懋 236　朦 239　檬 239　曚 240　18 魍 227　瀑 230　矇 240　19 艨 240　ほうき 8 帚 164　11 彗 146　14 篲 164　ほうける 10 耄 239　ぼうふら 3 孑 52　ほうむる

12 葬 162　ほうる 8 抛 224　ほえる 7 吠 71　吼 81　8 咆 224　10 哮 86　ほお 16 頬 53　17 臉 72　ほおひげ 14 髯 158　ほおぼね 26 顴 38　ほか 5 他 241　ほがらか 10 朗 259　ホク 2 卜 230　4 仆 230　5 北 230　10 剥 269　11 袱 215　15 撲 231

19 曝 230
蹼 231
ボク
2 卜 230
4 木 230
5 目 240
6 朴 230
7 沐 230
8 牧 231
苜 240
9 冒 229
13 睦 257
14 墨 92
僕 231
15 黙 92
撲 231
16 穆 100
樸 231
17 繆 261
19 蹼 231
20 鶩 236
ほくろ
12 痣 103
26 黶 16
ぼける
11 惚 240
ほこ
4 戈 20
5 矛 236
10 桙 229
12 戟 20
14 槊 98
鉾 229
15 鋒 225
ほこら
10 祠 104
ほこり
10 埃 3
ほこる
6 夸 77
9 矜 93
13 誇 77
ほころびる
14 綻 184
ほさき
16 穎 67
ほし
9 星 150
ほしい
11 欲 91
ほしいい
16 糒 208
ほしいまま
10 恣 111
13 肆 171
亶 176
16 縦 124
擅 176
ほじし
11 脯 221
ほす
3 干 32
ほそい
11 細 108
ほた
14 榾 93
ほたる
11 蛍 10
ぼたん
11 釦 80
12 鈕 178
ホツ
9 勃 200
発 202
ホッ
8 法 51
ボツ
7 孛 200
8 没 231
9 歿 231
勃 200
10 悖 200
ボッ
7 坊 223
ほっする
15 慾 91
ほど
12 程 183
ほとぎ
6 缶 37
ほとけ
4 仏 216
ほどこす
9 施 241
ほととぎす
18 鵑 71
ほとばしる
12 迸 218
ほとり
7 沂 58
10 畔 203
11 陲 144
14 滸 79
ほとんど
9 殆 173
ほね
10 骨 93
16 骸 27
骼 28
ほのお
8 炎 14
12 焔 34
ほのめかす
4 仄 166
16 諷 214
ほばしら
17 檣 137
19 艢 137
ほふる
12 屠 114
ほぼ
11 略 29
ほまれ
13 誉 247
ほめる
13 頌 82
15 褒 225
22 讃 101
ほら
9 洞 192
ぼら
19 鯔 108
ほらあな
8 宕 151
ほり
9 洫 69
11 堀 62
14 塹 101
17 壕 89
濠 89
ほる
11 掘 62
彫 120
16 雕 121
19 鏨 101
21 鐫 127
ほれる
11 惚 240
ほろ
11 袰 222
13 幌 85
ぼろ
19 襤 39
ほろぐるま
15 輜 108
ほろびる
3 亡 227
8 泯 236
12 堙 7
13 滅 126
ほろぼす
13 剿 165
勦 165
21 殲 158
ホン
4 反 202
5 本 231
7 返 203
8 奔 207
9 叛 203
品 210
10 畚 221
11 笨 231
12 犇 50
13 賁 207
15 幡 204
噴 207
18 繙 204
翻 204
ボン
3 凡 232
5 犯 202
8 門 240
9 盆 216
11 梵 232
捫 240
13 煩 69
16 燔 204
ポンド
15 磅 226
ぼんやりする
11 惘 227

【ま】

マ
10 馬 199
11 麻 233
13 痲 233
14 嘛 233
麼 233
15 碼 199
摩 233
16 蟇 223
磨 233
21 魔 233
ま
5 目 240
10 真 141

馬 199
12 間 39
マイ
6 米 219
毎 233
8 枚 231
玫 231
苺 233
妹 235
9 昧 235
10 眛 235
埋 256
13 瑁 229
16 邁 234
22 霾 256
まい
15 舞 237
まいない
13 賂 29
賄 245
マイル
10 哩 256
まいる
8 参 100
13 詣 106
まえ
9 前 159
まがき
14 寨 38
15 樊 204
25 籬 256
まかす
6 任 143
まかせる
8 委 4
まかなう
13 賄 245
まがる
4 勾 80
6 曲 57
7 迂 8
9 紆 8
まき
8 牧 231
9 巻 36
14 槙 141
まぎれる
10 紛 216
マク
10 莫 222
13 漠 222
寞 222
幕 223
14 膜 223
まく
9 巻 36
13 蒔 110
15 撒 101
播 204
17 繃 226
まぐさ
10 芻 146
秣 234
まくら
8 枕 182
まくる
11 捲 36
まぐろ
17 鮪 245
まぐわ
10 耙 199
まげ
16 髷 57
まける
9 負 200
まげる
8 枉 17
まご
10 孫 66
まごころ
8 忠 178
10 悃 94
まこと
4 允 6
7 忱 182
孚 213
9 信 75
恂 128
10 洵 128
悃 94
真 141
11 惇 55
悾 62
13 誠 148
14 愨 30
15 諒 54
まことに
12 寔 147
まこも
14 蔣 134
まさ
9 柾 147
まさかり
5 戉 13
13 鉞 13
17 鍠 88
まじない
8 呪 64
まじる
11 淆 82
混 94
14 雑 123
15 糅 124
16 錯 152
まじわる
6 交 84
13 媾 88
14 際 97
ます
4 升 129
斗 187
8 枡 130
10 益 13
11 斛 30
桝 157
14 増 161
23 鱒 169
まずしい
11 貧 216
まぜる
11 混 94
また
2 又 243
6 亦 12
8 股 117
9 俣 186
またぐ
13 跨 77
またたく
18 瞬 127
まだら
11 彪 78
12 斑 203
14 駁 82
16 駮 84
まだらうし
12 犂 255
14 犖 10
まち
7 町 179
9 陌 209
12 街 65
18 襠 189
マツ
5 末 234
8 抹 234
沫 234
茉 234
10 秣 234
14 靺 234
まつ
8 松 82
9 俟 3
待 110
12 竢 3
須 144
まつげ
13 睫 133
まっしぐら
20 驀 223
まったく
6 全 159
まっとうする
7 完 34
まつり
11 祭 97
まつりごと
9 政 147
まつりのにわ
11 時 110
まつる
8 祀 102
10 祠 104
まつわる
9 紆 8
14 摎 261
18 繚 261
19 繳 56
21 纏 187
まで
7 迄 47
まてがい
19 蟶 183
まと
8 的 115
まど
11 窓 164
まとう
14 綢 120
18 繞 57
21 纏 187
まどう
12 惑 270
まどわす
23 蠱 179
まないた
9 俎 160
まなこ

11 眼 94
まなじり 10 眥 106　13 睚 27
まなぶ 8 学 28
まぬかれる 8 免 238
まねく 8 招 131　13 聘 218
まばら 12 疎 167
まぶし 14 蔟 168
まぶしい 10 眩 75
まぶた 18 瞼 72
まぼろし 4 幻 247
まま 16 儘 143
まみ 12 猫 176
まみえる 15 謁 32
まみれる 13 塗 246
まむし 15 蝮 215
まめ 7 豆 190　11 菽 125
まめがら 11 萁 42
まもる 6 守 117　戍 222　16 衛 4　20 護 30
まゆ 9 眉 208　18 繭 179
まゆずみ 16 黛 172
まゆみ 8 枋 223　17 檀 176
まよう 9 迷 219
まり 11 毬 49　17 鞠 46
まるい 3 丸 48　4 円 8　6 団 157　14 摶 157　16 圓 39
まるめる 14 摶 157
まれ 7 希 41　12 稀 41
まれに 7 罕 33
まろ 18 麿 233
まろうど 9 客 29
まわす 6 回 25　9 廻 25
まわり 8 周 120
まわる 6 回 25　巡 154　10 迴 25
マン 3 万 234　6 卍 234　8 孟 239　11 曼 234　12 満 234　14 慢 234　漫 234　幔 235　蔓 235　15 幡 204　16 瞞 234　17 縵 235　18 澷 234　蹣 234　謾 235　19 鏝 235　20 饅 235　21 鬘 235　22 鰻 235
まんじ 6 卍 234

【み】

ミ 5 未 235　8 弥 112　味 235　9 弭 111　眉 208　13 微 208　15 魅 235　17 瀰 112　糜 219　19 靡 233　23 黴 208
み 3 巳 102　7 身 140　8 実 38　其 42　14 箕 42
みうち 11 眷 71　戚 125
みお 16 澪 264
みおろす 17 瞰 38
みがく 9 研 64　11 琢 173　14 瑳 96　15 磋 96　16 磨 233　19 礪 265
みかづき 9 朏 126
みかど 9 帝 185
みかん 9 柑 33
みき 13 幹 37
みぎ 5 右 244
みぎり 9 砌 153
みぎわ 5 汀 179　11 涯 27　12 渚 114　14 滸 79　16 濆 207　19 瀕 211　20 瀲 73
みこ 7 巫 213
みことのり 9 勅 167　12 詔 131
みごもる 5 孕 172
みさお 16 操 166
みさき 8 岬 83
みさご 13 雎 160　20 鶚 31
みささぎ 11 陵 260
みじかい 12 短 190　13 矮 4
みじめ 11 惨 100
みず 4 水 144　13 瑞 176
みずうみ 12 湖 78
みずかき 19 蹼 231
みずがね 7 汞 81
みずから 6 自 110
みずたまり 19 瀦 114
みずち 12 蛟 84
みずのえ 4 壬 143
みずのと 9 癸 43
みずら 3 丫 2　16 髻 46　23 鬟 39
みせ 8 店 155　13 肆 171　15 廛 187　舗 221　鋪 221
みそ 4 卅 123

みぞ
洫 9 69
渠 12 50
溝 13 88
壑 17 91
瀆 18 193
みそか
晦 11 233
みそぎ
禊 14 66
みぞれ
霄 15 132
霙 16 18
みたす
満 12 234
みだす
攪 23 28
みたまや
廟 15 181
みだら
淫 11 7
婬 7
嫖 14 210
みだり
妄 6 227
猥 12 4
みだりに
叨 5 189
漫 14 234
濫 18 39
みだれる
乱 7 154
紜 10 9
紊 216
惷 13 127
撩 15 261
擾 18 245
みち
迪 8 242
途 10 246
倫 262
道 12 118
路 13 29
隧 16 145
みちびく
導 15 118
みちる
充 6 123
盈 9 11
満 12 234
ミツ
密 11 235
蜜 14 235
榓 15 235
みつぎ
賦 15 214
みつぐ
貢 10 81
みっつ
三 3 100
みとめる
認 14 142
みどり
翠 14 168
碧 201
緑 269
みな
皆 9 26
胥 128
僉 13 72
みなぎる
漲 14 180
みなごろし
鏖 19 269
みなしご
孤 9 22
みなと
港 12 54
湊 163
みなみ
南 9 196
みなもと
源 13 76
みならう
倣 12 84
みにくい
醜 17 245
みね
岑 7 93
峰 10 225
崟 11 59
嶂 14 134
嶺 17 264
みの
蓑 13 146
みのる
実 8 38
稔 13 198
穣 18 136
みはり
哨 10 132
みはる
瞠 16 192
みまかる
薨 16 236
みまわる
邏 23 253
みみ
耳 6 111
みみず
蚓 10 7
螾 17 8
みみなぐさ
苓 8 264
みめよい
姶 9 90
みや
宮 10 267
ミャク
脈 10 199
みやこ
京 8 54
府 212
洛 9 29
都 11 114
畿 15 44
みやびやか
雅 13 24
嫺 15 39
ミョウ
名 6 237
妙 7 130
明 8 237
命 264
眇 9 130
茗 237
冥 10 237
鳴 14 181
銘 237
暝 237
瞑 15 238
螟 16 238
藐 17 229
ミリグラム
瓱 9 239
ミリメートル
粍 10 239
ミリリットル
竓 9 239
みる
見 7 72
看 9 116
眄 221
視 11 109
診 12 138
察 14 97
睹 115
瞥 17 219
覧 254
観 18 37
瞿 61
瞻 175
みわける
甄 14 8
ミン
民 5 236
旻 8 217
泯 236
明 237
眠 10 236
罠 236
閔 12 217
愍 13 236
憫 15 217
緡 236

【む】

ム
亡 3 227
毋 4 222
矛 5 236
牟 6 229
武 8 214
眸 11 229
務 236
無 12 237
夢 13 236
鉾 14 229
嘸 15 237
憮 237
蕪 237
舞 237
謀 16 229
鴾 17 229
鵡 19 214
霧 236
むかう
向 6 84
嚮 19 55
むかえる
迎 7 83
邀 17 56
むかし
昔 8 152
むぎ
麦 7 253
むく
向 6 84

椋 12 54
むくいぬ
尨 7 100
むくいる
報 12 214
酬 13 120
讐 23 145
むくげ
毳 12 239
舜 13 127
槿 15 59
蕣 128
むぐら
葎 12 6
むくろ
骸 16 27
むこ
婿 12 128
むごい
惨 11 100
酷 14 92
むささび
鼯 20 79
むさぼる
叨 5 189
牟 6 229

貪 11 93
婪 262
愒 12 32
饕 22 80
むし
虫 6 179
むしあつい
溽 13 138
むじな
狢 9 29
貉 13 29
むしば
齲 24 9
むしばむ
蝕 15 137
むしる
毟 8 131
挘 9 131
むしろ
莚 10 15
席 153
筵 13 15
蓆 153
寧 14 197
むす
烝 10 131

蒸 13 131
餾 19 228
むずかしい
難 18 37
むすぶ
紉 9 142
結 12 46
むすめ
娘 10 259
孃 16 136
むせぶ
咽 9 7
哽 10 86
噎 15 6
むせる
噎 15 6
むだ
冗 4 142
贅 18 91
むち
笞 11 155
笿 173
策 12 107
鞭 18 86
むちうつ
捶 11 144

撻 16 174
韃 22 174
むつ
六 4 256
むつき
褓 14 225
襁 16 55
繦 17 55
むつまじい
睦 13 257
むながい
鞅 14 18
鞁 205
むなしい
虚 11 51
廖 14 260
曠 19 83
むね
旨 6 106
胸 10 52
棟 12 190
膺 17 18
むら
村 7 146
邑 245
むらがる

蔟 14 168
簇 17 168
闠 19 59
むらさき
紫 12 105
むれ
群 13 62
むろ
室 9 106
榁 13 107
むろあじ
鰘 20 106

【め】

メ
馬 10 199
瑪 14 199
碼 15 199
め
女 3 129
中 162
目 5 240
芽 8 24
眼 11 94
メイ
名 6 237

明 8 237
命 264
迷 9 219
茗 237
冥 10 237
酩 13 237
盟 237
溟 237
鳴 14 181
銘 237
瞑 237
瞑 15 238
螟 16 238
謎 17 219
めい
姪 9 106
めかけ
妾 8 133
めかす
粧 12 131
めぐみ
恩 10 7
めぐむ
恤 9 69
恵 10 67
めくる

捲 11 36
めぐる
匝 5 162
巡 6 154
廻 9 25
週 11 120
旋 157
循 12 128
匯 13 270
斡 14 37
圜 16 39
徼 56
遶 57
環 17 39
躔 22 187
めし
飯 12 203
めしつかい
廝 15 109
めしびつ
盧 16 267
めす
召 5 131
牝 6 204
雌 14 105
めずらしい

奇 8 41
珍 9 139
畸 13 42
メツ
滅 13 126
めっき
鍍 17 189
めでたい
瑞 13 176
めどき
蓍 13 43
筴 53
筮 213
めとる
娉 10 218
娶 11 118
メートル
米 6 219
めばえる
萌 11 237
めまい
暈 13 63
メン
免 8 238
眄 9 221
俛 238

面 238
12 棉 201
湎 238
14 綿 201
15 麪 221
瞑 238
緬 238
16 麺 238
18 鮸 238

【も】

モ
5 母 222
姆 222
8 茂 222
9 姥 268
10 莫 222
12 募 222
13 媽 199
摸 222
14 模 222
麼 233
17 謨 222
懋 236

も
12 喪 165
19 藻 166

モウ
3 亡 227
4 毛 239
6 忙 227
妄 227
7 忘 227
8 氓 227
罔 227
盲 227
孟 239
9 虻 227
茫 227
冒 229
10 耗 239
耄 239
旄 239
11 望 227
惘 227
猛 239
莽 239
13 蒙 239
14 鋩 227
網 227
髦 239
15 儚 236
薨 236
16 蟒 239
濛 239
17 朦 239
檬 239
曚 240
18 魍 227
矇 240
19 艨 240

もうける
11 設 117
18 儲 114

もうす
5 申 139
白 201
11 啓 67

もうせん
17 氈 176

もうでる
13 詣 106

もえさし
18 燼 143

もえる
16 燃 159

もがさ
10 疱 224

モク
4 木 230
5 目 240
7 沐 230
8 牧 231
苜 240
13 睦 257
14 墨 92
15 默 92
16 穆 100

もく
7 杢 231

もぐさ
5 艾 27

もぐら
22 鼹 14

もぐる
15 潜 142

もし
22 儻 133

もしくは
8 若 116

もず
15 鴃 69
20 鶪 68

もすそ
12 裙 62
14 裳 133

もたい
9 瓮 82

もだえる
12 悶 240
18 懣 234

もたげる
17 擡 172

もたらす
21 齎 150

もたれる
8 凭 143
14 凴 209
15 靠 92

モチ
4 勿 240

もち
15 餅 217

もちあわ
5 朮 126

もちいる
5 用 248
11 庸 251
12 須 144

もちごめ
20 糯 120

モツ
7 没 231
8 物 240

もつ
9 持 110

もっこ
10 畚 221
18 簣 44

もって
5 以 3

もっとも
4 尤 244
12 最 98

もっぱら
9 専 157
15 醇 55

もつれる
17 縺 266

もてあそぶ
7 弄 268
8 玩 74
15 翫 74

もてなす
22 饗 55

もと
4 元 74
5 本 231
10 原 76
素 107
11 基 42
13 資 111

もとどり
16 髻 46

もとめる
7 求 49
10 索 107
11 覓 161
14 僥 57
需 119
16 徼 56

もとる
9 很 93
狠 93
剌 254
悖 200
12 愎 215

もどる
7 戻 265

もの
8 者 114
物 240

ものいみ
11 斎 150

ものうい
14 慵 251
19 懶 254

もののけ
15 魅 235
18 魍 227
魎 259

もみ
9 籾 142
15 樅 124

もみじ
11 椛 20

もむ
12 揉 124

もめる
12 揉 124

もも
8 股 117
10 桃 180
12 脾 207
14 腿 171
18 髀 207

もや
24 靄 32

もやう
10 舫 223
もやし
22 蘖 70
もやす
16 燃 159
もよおす
13 催 97
もらう
12 貰 148
もらす
8 泄 148
14 漏 9
もり
6 守 117
7 杜 188
12 傳 213
森 262
14 銛 154
もる
14 漏 9
もれる
9 洩 11
もろい
10 脆 41
もろみ
18 醪 261
もろもろ
11 庶 128
15 諸 114
モン
4 文 216
8 門 240
10 紋 216
們 240
11 問 240
捫 240
12 悶 240
14 聞 240
18 澵 234
もんめ
4 匁 240

【や】

ヤ
3 也 241
7 冶 173
8 邪 24
夜 241
9 耶 241
11 野 246
12 揶 241
13 椰 241
爺 241
14 墅 246
19 鵺 241
や
2 八 201
5 乎 77
矢 105
8 弥 112
9 屋 18
哉 96
10 家 23
15 箭 159
16 輻 215
17 歟 247
やいと
7 灸 48
やいば
3 刃 142
やかた
16 館 34
やがて
24 軈 18
やかましい
21 囂 69
やから
11 族 168
15 輩 206
ヤク
4 厄 241
7 役 117
扼 241
阨 241
9 奕 12
約 116
疫 117
10 益 13
11 訳 12
軛 241
12 葯 116
13 隘 13
搤 13
16 薬 31
17 龠 242
21 躍 252
23 籥 242
25 鑰 242
やく
7 灼 115
10 烙 29
12 焼 57
焚 262
16 燔 204
やくしょ
16 廨 26
やぐら
19 櫓 267
やける
17 燬 45
やさしい
8 易 12
17 優 245
やし
13 椰 241
やしき
8 邸 183
15 廛 187
やしなう
10 畜 178
13 豢 71
15 養 252
やじり
19 鏃 168
やしろ
7 社 188
やすい
6 安 2
11 康 89
13 廉 74
やすむ
6 休 230
10 息 110
やすらか
9 恬 154
10 晏 2
泰 172
13 靖 149
綏 170
やすり
23 鑢 258
やすんじる
6 安 2
やせおとろえる
17 癆 11
やせち
10 埆 29
やせる
12 痩 163
15 瘠 152
やち
11 萢 225
やつ
5 奴 188
やっこ
5 奴 188
やっつ
2 八 201
やつれる
11 悴 168
15 憔 135
16 窶 268
やど
8 舎 115
11 宿 125
ヤード
15 碼 199
やとう
12 雇 76
13 傭 251
やな
17 簗 259
やなぎ
9 柳 228
13 楊 251
やぶ
18 藪 268
やぶさか
10 悋 262
やぶる
10 破 205
11 硅 65
16 壊 26
やぶれる
11 敗 200
12 敝 218
15 弊 218
やま
3 山 99
やまい
10 疾 105
病 217
13 痾 2
やまいぬ
10 豺 96
やまぐわ
9 柘 151
やましい
8 疚 48
やまなし
12 棠 133
やまなみ
22 巒 255
やみ
17 闇 19
やむ
3 巳 102

4 止 103
やめる
9 弭 111
11 偃 14
13 歇 32
辞 154
輟 186
15 罷 198
やもお
21 鰥 52
やもめ
14 寡 23
20 孀 164
やや
12 稍 132
やり
14 槍 164
18 鎗 164
22 鑓 74
やる
13 遣 74
やわらかい
9 柔 124
11 軟 70
やわらぐ
8 和 22
12 凱 28
13 雍 251
15 熙 41
16 穆 100
21 靡 251
やわらげる
17 燮 14

【ゆ】

ユ
5 由 242
8 油 242
9 柚 242
兪 242
臾 243
12 愉 242
喩 242
揄 243
渝 243
萸 243
遊 245
13 楡 243
愈 243
瑜 243
逾 243
腴 243
雍 251
15 蝓 243
16 諭 242
輸 243
覦 243
踰 243
諛 243
18 鼬 242
癒 243
ゆ
12 湯 251
ユイ
5 由 242
11 唯 145
惟 145
15 遺 44
ユウ
2 又 243
4 友 243
尤 244
5 由 242
右 244
幼 247
6 有 245
7 佑 244
酉 245
8 邑 245
油 242
肬 244
侑 245
9 柚 242
祐 244
囿 245
宥 245
幽 247
勇 249
莠 121
10 悒 245
蚰 242
11 悠 244
郵 245
12 裕 91
揖 121
猶 122
釉 242
雄 244
遊 245
游 245
湧 249
13 猷 122
楢 122
14 誘 121
熊 198
15 蕕 122
牖 221
蝣 245
憂 245
16 融 179
17 鮪 245
優 245
黝 247
18 鼬 242
ゆう
3 夕 150
12 結 46
ゆえに
9 故 77
ゆか
7 床 129
8 牀 129
ゆがけ
4 夬 69
ゆがむ
9 歪 211
ゆかり
15 縁 15
ゆき
11 裄 85
ゆぎ
12 靫 95
ゆく
3 之 103
6 行 85
8 往 17
征 147
徂 160
10 逝 154
ゆず
9 柚 242
ゆずる
12 揖 121
13 禅 175
20 譲 136
ゆたか
8 阜 213
9 胖 203
12 裕 91
13 豊 224
21 饒 57
ゆだねる
8 委 4
ゆだめ
16 檠 68
ゆでる
9 茹 129
ゆはず
9 弭 111
ゆばり
13 溲 163
ゆばりぶくろ
14 膀 226
ゆび
9 指 106
ゆみ
3 弓 48
ゆみがた
17 窿 258
ゆめ
13 夢 236
ゆるい
15 緩 15
ゆるがせ
8 忽 240
ゆるす
4 允 6
8 免 238
9 宥 245
10 准 127
恕 129
11 許 79
赦 151
17 聴 182
ゆるむ
6 弛 241
15 緩 15
ゆるやか
17 縵 235
ゆれる
12 揺 250

【よ】

ヨ
3 与 247
4 予 246
7 余 246
9 舁 246
11 唹 17
淤 17
12 畬 246
13 預 246
誉 247
飫 247
16 蕷 246
輿 246
17 歟 247

よ 5 世 148 代 172
よい 6 价 25 吉 46 7 良 259 8 佳 65 10 宵 132 12 善 159 13 義 45 14 嘉 21 臧 166 15 慶 177 17 徽 208 22 懿 6
ヨウ 3 幺 247 4 夭 247 5 永 10 孕 172 幼 247 用 248 6 羊 248 7 妖 247 8 快 18
杳 230 拗 247 殀 247 佯 248 9 頁 69 姚 180 洋 248 要 249 俑 249 勇 249 昜 250 10 窈 247 恙 248 容 249 涌 249 11 陶 190 痒 248 庸 251 12 葉 250 揺 250 遥 250 陽 250 揚 250 13 溶 249 蓉 249 腰 249
蛹 249 徭 250 瑶 250 暘 250 楊 251 煬 251 傭 251 雍 251 14 厭 16 銚 180 様 248 漾 248 榕 249 熔 249 踊 249 慂 249 瘍 250 慵 251 15 曄 24 影 54 窯 88 養 252 16 踴 249 謡 250 擁 251 壅 251
17 膺 18 邀 56 18 曜 251 燿 251 瀁 252 19 蠅 249 20 耀 251 癢 252 21 瓔 11 鷂 250 廱 251 23 纓 11 靨 16 癰 251 24 鷹 18
よう 9 酊 179 11 酔 168 13 酩 237
ようやく 12 稍 132 14 漸 101
ヨク 3 弋 252 7 抑 83 沃 247
杙 252 10 峪 91 浴 91 11 欲 91 翌 257 翊 257 15 慾 91 16 薏 5 閾 270 17 翼 5
よく 7 克 92
よこ 15 横 90
よこいと 16 緯 4
よこしま 6 奸 33 7 佞 196 8 邪 24 9 姦 129 14 慝 116
よごす 6 汚 9
よし 5 由 242
12 葭 23 13 葦 4
よしみ 15 誼 45
よじる 11 捩 265
よそおう 7 妝 129 扮 216 12 粧 131 装 162
よだれ 10 涎 15
よつ 5 四 104
よど 11 淀 184
よなげる 7 沙 130 汰 171 11 淘 190
よぶ 8 呼 77 12 喚 35
よみがえる 12 甦 86
19 蘇 22
よむ 12 詠 10 14 読 193
よめ 11 娵 118 13 嫁 23
よもぎ 5 艾 27 13 蒿 89 14 蓬 225 16 蕭 125
よりかかる 8 依 3 10 倚 42
よりどころ 8 拠 128
よる 4 仍 172 5 由 242 6 因 7 8 拠 128 夜 241 10 倚 42 11 寄 41 12 馮 209
13 搓 96 15 撚 159 16 憑 209
よろい 5 甲 83 9 冑 242 18 鎧 28
よろいぐさ 8 苙 257 12 葯 116
よろこぶ 7 兌 14 8 忻 58 欣 58 怡 173 10 悦 13 12 喜 45 14 僖 45 15 歓 37 慶 177 16 懌 12 20 懽 37 27 驩 37
よろしい 8 宜 45
よろず

よろめく
3 万 234
17 蹌 164
18 蹣 234
よわい
10 弱 116
12 孱 158
17 懦 120
齢 264
19 羸 11
よん
5 四 104

【ら】

ラ
7 良 259
8 拉 257
12 喇 254
13 裸 23
15 蝸 23
17 螺 263
19 羅 253
21 蠡 16
騾 263
22 蘿 253
23 邏 253
27 鑼 253
ライ
5 礼 265
6 耒 253
7 来 253
11 萊 253
13 雷 253
14 綟 265
15 磊 151
賚 253
16 蕾 253
擂 253
頼 254
17 儡 253
癘 264
19 瀬 254
藾 254
20 糲 265
醴 265
21 罍 253
癩 254
22 籟 254
ラク
9 洛 29
10 烙 29
珞 29
12 落 29
絡 29
13 酪 29
楽 31
14 犖 10
16 駱 29
らくだ
16 駱 29
ラツ
8 拉 257
9 剌 254
12 喇 254
溂 254
14 辣 254
15 蝲 254
20 糲 265
らっきょう
16 薤 50
らば
21 騾 263
ラン
7 乱 154
卵 228
10 浪 259
11 婪 262
12 嵐 214
16 燗 39
闌 254
17 覧 254
18 濫 39
藍 39
19 襤 39
懶 254
嬾 254
蘭 254
20 籃 39
欄 254
瀾 254
21 爛 254
22 襴 254
巒 255
23 欒 255
24 攬 254
25 欖 254
27 纜 254
鑾 255
30 鸞 255

【り】

リ
6 吏 104
7 李 102
利 255
里 256
9 茘 189
俐 255
俚 256
10 悧 255
莉 255
哩 256
浬 256
狸 256
莅 257
11 梨 255
理 256
12 詈 75
痢 255
犂 255
13 蜊 255
裏 256
14 璃 256
漓 256
15 履 215
黎 256
16 罹 253
18 鯉 256
釐 256
離 256
19 麗 265
21 蠡 16
25 籬 256
29 驪 265
リキ
2 力 261
4 仂 262
6 朸 261
16 篥 257
リク
4 六 256
11 陸 256
13 勠 261
14 蓼 260
15 戮 261
リチ
9 律 6
リツ
5 立 257
9 律 6
10 栗 257
11 率 168
12 葎 6
13 慄 257
16 篥 257
リットル
5 立 257
リャク
11 略 29
掠 54
14 歴 266
18 擽 31
リュウ
5 立 257
7 充 194
8 苙 257
9 柳 228
10 留 228
流 257
竜 258
11 粒 257
笠 257
琉 257
隆 258
12 硫 257
旒 257
13 溜 228
14 榴 228
15 瘤 228
劉 228
17 窿 258
18 霤 228
嚠 228
瀏 228
19 餾 228
鏐 261
リョ
7 呂 266
9 侶 267
10 旅 258
11 梠 267
13 虜 258
14 絽 266
膂 258
15 慮 258
閭 267
18 濾 258
19 櫚 267
20 廬 267
臚 267
23 鑢 258
リョウ
2 了 259
5 令 264
6 両 259
7 良 259
8 苓 264
9 亮 260

10 料 219 竜 258 倆 259 凌 260
11 涼 54 掠 54 聊 228 梁 259 陵 260 崚 260 菱 260 猟 260 羚 264 聆 264
12 椋 54 喨 260 量 261
13 楞 223 裲 259 粱 259 稜 260
14 漁 52 踉 259 綾 260 寥 260 蓼 260
廖 260 僚 261 領 264
15 諒 54 輛 259 寮 261 撩 261 遼 261 霊 265
16 燎 261
17 繆 261 療 261 瞭 261 嶺 264
18 魎 259 繚 261 糧 261
19 壟 258 隴 258 鏐 261
20 鐐 261
21 櫺 265
23 鷯 261
25 鬣 260
26 鱲 260
リョク
2 力 261
4 仂 262
6 朸 261
14 緑 269
16 録 269
22 籙 269
リン
7 吝 262
8 林 262 侖 263
9 厘 256
10 竜 258 悋 262 倫 262
11 淋 262 淪 262
12 琳 262
13 痳 262 稟 263 鈴 264
14 綾 260 綸 263
15 醂 262 輪 262 凜 263
16 霖 262
隣 263 廩 263 懍 263
17 燐 263
18 臨 210
19 藺 263
22 驎 263
24 鱗 263 麟 263
26 躙 263
りんびょう
13 痳 262
【る】
ル
10 留 228 流 257
11 琉 257 婁 268
12 硫 257
13 僂 268
14 瑠 228 塿 268 屢 268
16 瘻 268 褸 268
17 簍 268 螻 268 縷 268
19 廬 267 鏤 268
22 籠 258
ルイ
6 耒 253
8 泪 240
10 涙 265
11 累 263
12 塁 253
13 誄 253
16 瘰 263
17 縲 263
18 類 264
19 羸 11
るつぼ
8 坩 33
12 堝 23
【れ】
レイ
5 令 264 礼 265
7 冷 264 伶 264 励 264 戻 265
8 囹 264 怜 264 苓 264 例 266
9 茘 189 玲 264
10 莉 255
11 羚 264 聆 264 蛉 264 唳 265 捩 265
12 犂 255
13 鈴 264 零 264
14 厲 264 綟 265
15 黎 256 霊 265
16 隷 144 鴒 264 澪 264
17 齢 264 嶺 264 癘 264
18 藜 256
19 礪 265 麗 265
20 蠣 265 糲 265 醴 265
21 蠡 16 櫺 265 儷 265
24 鱧 265
29 驪 265
レキ
14 暦 266 歴 266
18 擽 31
19 櫟 31 瀝 266
20 礫 31 櫪 266
21 癧 266
22 轢 31
24 靂 266
レツ
6 劣 131 列 266
8 冽 266
9 洌 266
10 烈 266
11 捩 265
12 裂 266
レン
10 恋 255 連 266
13 煉 35 楝 35 廉 74 蓮 266
14 練 35 漣 266
15 匳 73 輦 212
16 錬 35 薐 260 憐 263
17 聯 34 臉 72 斂 73 縺 266
18 鎌 74
19 簾 74

蠊 74
鏈 266
20 鰊 35
瀲 73
23 攣 255
25 [illegible] 255
28 [illegible] 255
れんじ
21 櫺 265

【ろ】

ロ
7 呂 266
炉 267
8 侶 267
9 旅 258
10 梠 267
11 鹵 267
13 路 29
賂 29
輅 29
虜 258
絽 266
14 膂 258
滷 267
15 閭 267
魯 267
16 蕗 29
盧 267
18 濾 258
19 櫚 267
櫓 267
廬 267
蘆 267
20 櫨 267
臚 267
21 露 29
艪 267
髏 268
22 艫 267
23 鑢 258
轤 267
24 鷺 29
鑪 267
25 顱 267
26 驢 267
27 鱸 267
ロウ
6 老 268
7 労 11
牢 50
弄 268
8 拉 257
9 陋 217
郎 259
10 朗 259
浪 259
狼 259
莨 259
哢 268
11 琅 259
婁 268
12 廊 259
13 楞 223
滝 258
稜 260
楼 268
僂 268
14 漏 9
踉 259
榔 259
塿 268
15 撈 11
潦 261
16 [illegible] 32
螂 259
[illegible] 260
瘻 268
褸 268
窶 268
17 癆 11
簍 268
螻 268
縷 268
18 醪 261
糧 261
19 壟 258
蘢 258
隴 258
龐 258
臘 260
鏤 268
20 朧 258
瓏 258
21 露 29
蠟 260
髏 268
22 籠 258
聾 258
23 鑞 260
ロク
4 六 256
仂 262
6 朸 261
肋 262
10 烙 29
11 陸 256
勒 262
鹿 268
12 禄 269
13 碌 269
14 漉 268
緑 269
16 録 269
18 轆 268
19 麓 268
22 籙 269
ろくろ
12 鈞 59
ろば
26 驢 267
ロン
7 乱 154
8 侖 263
11 崙 263
15 論 263

【わ】

ワ
8 和 22
9 哇 65
10 倭 4
12 萵 23
蛙 65
13 話 154
14 窪 65
わ
15 輪 262
17 環 39
21 鐶 39
ワイ
9 歪 211
11 淮 270
12 隈 4
猥 4
13 矮 4
賄 245
匯 270
16 薈 26
18 穢 98
わかい
4 夭 247
8 若 116
わかじに
8 殀 247
15 殤 134
わがねる
14 綰 34
わかる
4 分 216
7 判 203
13 解 26
わかれる
7 別 25
岐 103
9 派 199
11 訣 69
わき
6 亦 12
10 脇 53
11 掖 241
12 腋 241
わきあがる
15 滕 191
わきばさむ
11 掖 241
わきまえる
5 弁 220
ワク
8 或 270
12 惑 270
19 蠖 30
わく
8 枠 168
沸 215
10 涌 249
12 湧 249
わけ
11 訳 12
わげ
23 鬟 39
わける
4 分 216
5 弁 220
7 別 25
判 203
10 班 203
11 部 201
13 頒 216
わざ
6 伎 103
7 芸 68
技 103
11 術 126
13 業 98
わざわい
4 厄 241
7 災 155

9 殃 18
13 禍 23
19 孽 70
わし
15 儂 198
16 雕 121
23 鷲 244
わずか
3 寸 146
10 涓 71
11 毫 89
13 僅 59
14 銖 118
16 鎦 108
23 纔 102
わずらう
11 患 34
13 煩 69
わすれる
7 忘 227
わた
12 絖 85
絮 129
棉 201
14 綿 201
わたいれ
10 袍 225
21 纊 84
わだかまる
18 蟠 204
わたし
7 私 80
わだち
9 軌 48
19 轍 186
わたる
6 亙 85
亘 85
10 航 82
11 渉 221
12 渡 189
ワツ
14 斡 37
わな
10 罠 236
16 蹄 185
18 羂 71
わに
20 鰐 31
わび
7 侘 170
わびしい
7 佗 170
8 侘 173
わびる
13 詫 173
わめく
12 喚 35
わら
12 稈 33
15 稿 88
17 藁 89
わらう
7 听 58
9 哂 148
10 笑 248
11 [illegible] 17
13 嗤 109
わらじ
15 鞋 65
わらび
15 蕨 70
わらべ
12 童 192
14 僮 192
わらわ
8 妾 133
わり
12 割 27
わりあい
11 率 168
わりあてる
15 課 22
わりふ
11 符 212
わる
12 割 27
わるい
4 凶 52
6 兇 52
8 毒 194
非 206
11 悪 2
14 慝 116
17 獰 197
わるがしこい
13 猾 93
16 獪 26
18 黠 46
わるもの
12 棍 94
われ
4 予 246
7 我 24
吾 79
余 246
10 朕 163
ワン
12 腕 14
椀 14
湾 255
13 碗 14
14 綰 34
22 彎 255

〔編著者略歴〕　山本康喬（やまもと・やすたか）

1935年（昭和10）、和歌山市生まれ。小学校４年生の夏、疎開先で終戦を迎える。高等学校卒業まで和歌山県紀の川市で育つ。1958年、京都大学工学部電子工学科卒、住友金属工業入社。定年まで技術系社員として勤務。定年後、趣味で漢字を勉強して、1997年（平成９）漢検２級、1999年準１級、2001年１級に合格。現在までに１級に19回合格している。

2003年（平成15）より漢字音符字典の編集に取り組み、2007年９月に『漢字音符字典』をアドポポロ社より自費出版。第５刷まで版を重ねた。

2012年（平成24）10月、『漢字音符字典　増補改訂版』を東京堂出版より刊行した。『漢字音符字典』の編集を四半世紀にわたり継続して行い、この度『漢字音符字典　改訂新版』として完成させた。

2023年没。

漢字音符字典　改訂新版

2021年12月20日初版発行
2023年10月10日再版発行

編著者　山本康喬
発行者　金田　功
発行所　株式会社東京堂出版
〒101-0051　東京都千代田区神田神保町1-17
電話　03-3233-3741
http://www.tokyodoshuppan.com/
本文DTP　株式会社あおく企画
印刷・製本　中央精版印刷株式会社

ISBN978-4-490-10924-5 C1581